現代中国の社会と行動原理

現代中国の社会と行動原理

関係・面子・権力

翟 学偉

朱 安新
小嶋華津子……編訳

岩波書店

中国人的关系原理：时空秩序、生活欲念及其流变
and
人情、面子与权力的再生产（修订版）
by 翟学偉

First published 2011, 2013 by Peking University Press, Beijing.
This Japanese edition published 2019
by Iwanami Shoten, Publishers, Tokyo
by arrangement with Peking University Press, Beijing.

日本語版序

国家や民族を対象とした研究において、日本人は恵まれている。というのも、「日本人論」という呼称が生まれるほどに、多くの学者が日本研究に関心を寄せてきたからである。もちろん、その内実は玉石混交であり、「研究の氾濫」とも言えるが、それらが多かれ少なかれ、我々中国の読者が日本人について、そして日本社会について知る際の基礎となってきたことは間違いない。議論の成熟は、研究の蓄積から生まれるのだ。対して、中国人および中国社会に関する研究は、数も少なく、比較検討や選別ができるまでにいたっていない。今日までのところ、中国研究の傑作としては、アーサー・スミス（Arthur Henderson Smith）の『中国人的性格』（*Chinese Characteristics*）、林語堂《りんごどう》の『中国＝文化と思想』（*My Country and My People*）、梁漱溟《りょうそうめい》の『中国文化要義』、費孝通《ひこうつう》の『郷土中国』、フランシス・シュー（Francis L. K. Hsu. 許烺光）の『アメリカ人と中国人』（*Americans and Chinese*）、ジョン・キング・フェアバンク（John King Fairbank）の『アメリカと中国』（*The United States and China*）などを挙げることができる。しかしお気付きのとおり、ここに挙げた書籍の多くは海外で出版されたものである。つまるところ、これらの中国論を知る中国人は決して多いとは言えず、後に中国語訳が出版されたとはいえ、影響力はさほど大きくなかった。中国国内の読者に向けて書かれた梁漱溟の書は、中国理解に比較的大きな影響を与えたと言えるが、内容は、近代の中国人が繰り返し議論してきた文化論を中心としており、人や社会に関しては十分に論じられていない。また、同様に中国語で書かれた費孝通の書は、彼が授業や講演で述べた内容を整理し編集したものであり、体系性に欠ける。

いったいなぜ、中国人および中国社会に関する研究書はかくも少ないのであろうか。客観的な要因としては、中国の歴史があまりにも長く、王朝の交替を繰り返し、国土も広大であること、多くの少数民族をかかえ、異なる文化が融合し、様々な思想学派が並び立ち、独特な近代化を経てきたことなどが挙げられるだろう。すなわち、広大で多様性を孕んだ中国という総体をつかむのは困難だということである。私はあるとき、次のような問いかけを受けたことがある。「あなたが研究しているという、いわゆる中国人とは、いったいどこにいるのですか」と。もしこのとき、中国人らしい顔つきの、中国語を話す人物がそこにいたならば、私は彼を指さし、「彼のことだ」と答えたかもしれない。しかし厳密に言えば、彼が中国人であるということが事実だとしても、その彼が、本書で論ずる様々な特徴を兼ね備えた人物なのかどうかまでは断言できない。とはいえ、これまで行った数多くの公開講座での聴衆の反応から、私は、自らの語る内容が、多くの中国人のふるまいを言い当てているという確信を得ている。

実のところ、人と社会にかかわるテーマは、膨大すぎて学術界ではあまり評価されない。人と社会の研究を志す学者は、膨大なテーマの一断面——例えば、思想、歴史、人物、地域、文化、生活、市場などのように細分化されたテーマ——を選ぶよりほかはない。私の知るかぎり、中国研究という領域において、日本には細分化された分野に突出した研究の蓄積がある。欧米の歴史と文化に育まれ、発展を遂げた社会科学もまた、人と社会にかかわる多くの問題を、いわゆる哲学、倫理学、社会学、経済学、政治学、心理学などといったディシプリンに落とし込み、異なる専門領域の学者が断片化された研究に従事することにより、方法論の精度を高めてきた。しかし、細分化され、断片化された知識が蓄積される一方で、我々が、自らの人と社会にかかわる、生き生きとした総体的な理解を見失ってしまったことも事実だ。この状況を表すに、まさに「群盲象を撫でる」という故事が妥当であろう。皆自分は正しいと思っているものの、結局のところ、全体を見通すような知見——それが少々荒っぽいものであったとしても——を得ることは不可能になってしまっているのである。

社会科学の領域において、精度が高いと評価される研究方法は、実証主義が重んずる社会統計学の運用である。ここでは、人と社会はバラバラに分割され、さらには計算上の都合から、研究が必要とする多くの独立変数と従属変数とに細分化され、どの変数とどの変数に相関関係があるか、どの変数とどの変数に因果関係があるか、という分かりやすい形態へと読み替えられる。このような研究の方法の普及により、もともとは生気に溢れ、変化に富んだ人と社会という対象は、平均と分散に姿を変え、正規分布こそが人と社会を解明する見取り図として受けいれられている。だが、こうした統計データとて、経費上の制約や研究者の主観から自由ではない。一時的に人を信じ込ませることができたとしても、実のところその結論の多くは暫定的なものであり、検証不能で持続性に欠ける。研究方法の精度について、安易な確信は禁物である。

とりわけ残念なのは、人と社会にかかわる細分化された研究領域において、研究者の多くが欧米の学者により提起された概念や理論を受けいれ、使いつづけているということである。社会科学の辺境に位置する日本と中国は、欧米の社会科学の主流に追随し、その概念や理論を使用する役回りを演じるのみであり、それらに挑戦したり、積極的に対話の場を設けたりといったことはあまりしようとしない。もともと特定の人や社会を解釈するために作られたはずの概念や理論、方法論が、異なる人や社会を解釈するために用いられているのが社会科学の現状である。これでは、現実世界において人々がどれほど異なる生活をしていようとも、それを理解するための理論はどれも同じということになってしまう。心理学原論、社会学原論、経済学原論、さらに、いわゆる人格理論、交換理論、社会関係資本論、ゲーム理論はいずれも「真理」であるかのように使われつづけている。「個人」を社会の構成単位とする統計学も、あらゆる社会に適用可能なツールであるかのように用いられ、異なる個体性が社会に与える意味合いについて顧みられることはない。

日本人と日本社会に関する研究も、上述のような学問の細分化と偏った手法の影響を受けてきたが、同時にそうした理解は様々な批判をも喚起してきた。他方で、中国人や中国社会に関する研究については、いまだにそのような議論の成熟が見られない。それは、「欧米式教育」を導入する過程で、意図的に批判をやめてきたためである。上述の限られた中国論は、あくまで欧米の研究手法がいまだ確固たる地位を築いていなかった時代の産物であった。今後、グローバル化の影響により、国家や民族の個性を解明する地域研究というものは途絶えていくのかもしれない。だが私はやはり、人や社会は総体として認識することができ、その知的可能性は、グローバル化の進展や欧米の社会科学における「普遍性」への志向によって消失するものではないと思うのだ。四〇年にわたる改革開放は中国人を欧米人へと変えることはなかったし、明治維新以来の近代化もまた、日本人を欧米人へと変えることはなかった。時代の変化は、各国の人々の伝統を変化させるが、それは時代に応じた伝統の微調整にすぎず、伝統が失われるということではない。

ここで、私個人の一風変わった研究遍歴を紹介しよう。私の辿ってきた遍歴こそ、自らの研究を、細分化された専門や特定分野の理論、概念から解き放つに至った経緯を示しているからだ。私は、学部時代は英語学科にて英米文学を学び、修士課程では社会学を専攻し、理論構築の方法を学んだ。博士課程では中国近代史を専攻し、史料と史実について見識を深めた。その後は、図らずも心理学部の学部長を担当することになり、同僚らから実験と測量について学ぶ機会を得た。現在、私は再び社会学の研究に従事しているが、一貫して社会学畑を歩んできた学者との違いを感じることも多い。最大の違いはやはり、専門分野への拘りであろうか。私は、多分野を渡り歩いた遍歴ゆえに、それぞれの専門分野の長所と限界に気付くことができた。しかし、多くの学者は、自らの専門分野に強いアイデンティティとプライドを持つ一方、専門分野の持つ限界を忘れてしまっているか、あるいは、たとえ限界に気付いていたとしても、自分はこれで飯を食っているのだから、これまでの慣例にならってやりつづければよいのだと割り切っている。私に言わせれば、専門分野を問わず、社会科学というものは人と社会の問題を解き明かすために生まれたのであり、その目的こそが重要で、どの専門分野が答えを出すかなどちっとも重要なことではない。人と社会を解明する上で有用な学問は、いずれも良い学問なのである。実証主義が良き方法論として捉えられたのは、それが、人と社会を知る上で役に立つと考えられたからである。だが、その方法論の限界が次第にはっきりしてきた今、その他の方法——非実証主義的方法——も同様に使ってみるべきである。一部の実証主義者は、日本人論の研究者が、しばしば例を挙げて説明することを「実例主義」、日本文化の特徴を表す日本語の語彙を探し求めることを「言語主義」と呼んで批判する。実証主義の立場によれば、例を挙げても何かを説明したことにはならない。なぜなら、それらの例は恣意的に選別されたものであり、代表性に乏しいからである。また、特定の語彙の存在をもって社会の特質を証明することもできない。言葉が存在しなくとも、その社会においてその言葉が指し示す心理状態や感情のありようが存在しないことにはならないからである。このような批判を前に、実例主義者と言語主義者はなすすべがない。これは、日本人論の一つの危機である。

実例主義や言語主義に上記のような問題があることは認めよう。しかし、実証主義の方にも同様に問題があることを忘れてはならない。無論、問題があるからと言ってそのやり方が無効だというわけではなく、重要なのは可能なかぎり問題を解決しようする姿勢にある。私が思うに、文化人類学において国民性の研究が衰退してきた原因は、国民性がその国民である個々人によって体現されていることの証明が不可能だという点にある。実証主義の観点に立つかぎり、分析の基本単位である個人にその国民性の現出を見てとらなくてはならず、少なくとも複数の個人による集団を対象に、正規分布を用いて、その特性の存在を証明する必要に迫られる。このことに鑑みると、国民性研究の衰退の原因の一つは、実証主義的方法論に与《くみ》したことにある。

本書では、中国人と中国社会を論ずるが、いわゆる実証主義的方法論とは異なるアプローチをとる。各個人が何らかの問題に対して示す見解や行動をかき集めたり、統計表を作成してデータで提示したりはしない。実例、文学、映画や動画などを材料に、中国社会の営みに見られる法則を描き出したい。事例は、社会の法則を映し出す。そして言語は、人々の思いや情感の媒介手段（vehicle）として、社会および民族の文化の深層構造を映し出す。一部の語彙は、他の国の言語に正確な翻訳語を見出すことができないが、このことこそ、その語彙が表す意識や体験の特殊性を明らかにしている。だが、それらの語彙は一旦既存の社会科学概念として処理されるや、本来孕んでいたニュアンスや文化に根ざした意味は失われる。ひとつの言葉が孕んでいる意味を理解し、その特殊性を明らかにするという作業は、実証の問題ではなく、読解と理解の問題であり、深い事例分析を必要とする。丹念な読解と理解のなかから、社会の法則——社会的、文化的規範や運営のメカニズムなど——を見出していく。個々の人間は多様であり、社会には法則に則った行動を嫌う者もいるが、彼らの反発もまた、社会における法則の存在を裏付ける材料となる。

〈関係〉・〈人情〉・〈面子〉・〈権力〉は、中国人がもっとも頻繁に用いる言葉である。私はこれらの用語を、社会科学の概念として議論してみて、それらが中国の社会の営みにおいて最重要法則であり、中国人が最も大事にする法則であることに気付いた。このような概念を無視したり、あるいは欧米の社会科学の概念に安易に読み替えて用いたりすれば、中国社会の営みを支える重要な法則は覆い隠され、明らかに異なるメカニズムで動く中国を理解する術を失い、中国理解はいわゆる「普遍性」の原理に惑わされてしまうだろう。上述したいくつかの中国論も、この点について多少言及しているが、それほどはっきりとした問題意識は見てとることができず、これらの概念をもって中国人および中国社会を理解するための視座、枠組み、理論をうち立てようとする姿勢はなおさら見出すことができない。

このように、本書の研究の目的は、中国社会の営みを支える法則を見出すところにある。私は議論したい問題を一つの専門分野、一つのディシプリンに落とし込んで、専門分野の用語や方法論を用いて、一歩一歩手順を踏んで研究を行う手法はとらない。一つの問題を解明することのほうが、専門的知見から一つの問題を見ることよりもさらに重要だと思うからである。専門的視座から問題を論ずる学者は大勢いるので、私がここで何かを付け加える必要がないということもある。私が議論したいのは、専門的視座においては議論されてこなかった問題群である。分野ごとに細分化され、分断され、見えなくなってしまった問題群である。中国社会の営みを支える法則を明らかにする代わりに専門家が論じたのは、象の骨がどれほど太いか、耳がどれほど大きいか、身体はどれほど重いのか、さらには関節、骨格、筋肉はどうなっているのか、脂肪とタンパク質の含有量はどうか、といった問題である。専門家たちは、純粋に、肉と骨について調べれば、象の様子が分かると考えているのかもしれないが、こうした細部にわたる記述を読んで、象という生きものの容姿や行動を理解できる人はどれほどいるだろうか。私は三〇年にわたる研究人生を経て、すでに自分の研究がいかなる専門分野に属するのか、自分でも分からなくなってしまっているが、それはそれでかえって気楽なもので、問題を自由に思考にすることができ、より価値ある問題を発見することもできる。

このような問題意識に立ち、私は本書の枠組みと内容を設定し、これまで発表してきた中国語の論文集から一部を選定し、本書のために構成しなおした。本書が中国人および中国社会を知るための入り口の一つとなれば幸いである。本

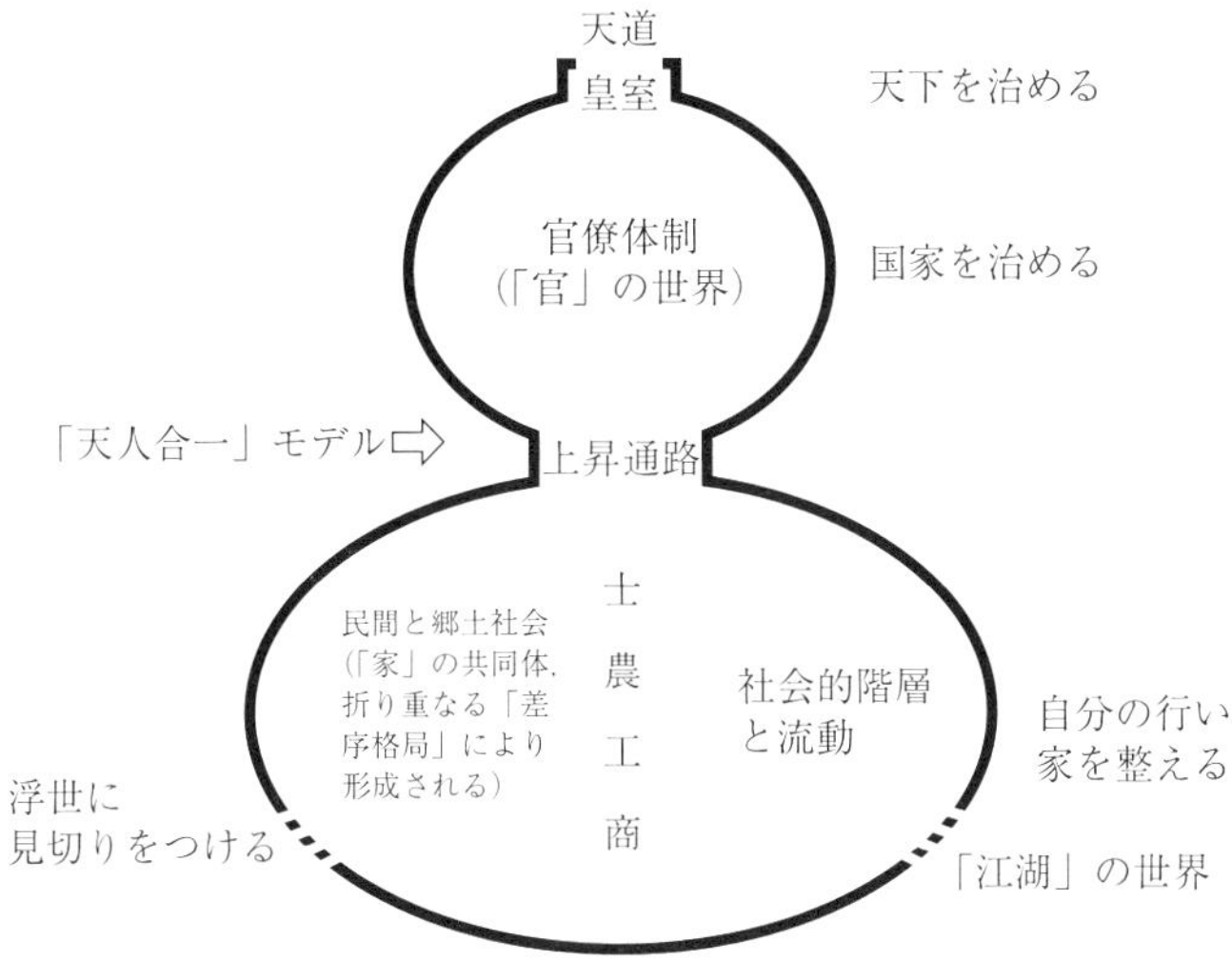

図1　ヒョウタンモデル：中国人の社会構造と政治世界

書を執筆するにあたっては、日本の読者が中国人の行動のありかたと社会構造をより体系的に理解できるよう、あえて中国の長い歴史を顧みず、複雑な文化や社会を、一つの図式（一つの比喩）で提示するように努めた。行き過ぎた単純化のリスクについては承知しているつもりだが、読者の理解の便宜をはかることを優先し、こうしたやり方をとった。

本論に入る前に、中国社会の構造をヒョウタンにたとえて、イメージしてもらいたい。中国人は、「なんだかよく分からないけれど、どういうことなんだろう」と問いかけるとき、よく「ヒョウタンのなかにどんな薬を入れて売っているんだろう（中国語：〔不知葫蘆里売的什么薬〕）」という表現を使う。この言い回しにかこつけて、中国社会の構造をヒョウタン型に表現してみたのが図1である。

これはいわば「修身、斉家、治国、平天下（自分の行いを正しくし、家を整え、国家、ないし天下を治める）」さらには「天人《てんじん》合一《ごういつ》（訳者注：天と人を本来一体のものであるとする思想）」の理念を示した図である。ヒョウタンの上下二つの膨らみは、それぞれ「官（上層）」と「民（下層）」の世界を表す。ヒョウタンの一番上の部分に君臨し、開かれた口で天とつながっているのが「天子」を名乗る帝王である。「官」の世界と「民」の世界の間は隔てられているが、まったく閉ざされているわけではない。中国の階層は、中世ヨーロッパの貴族やインドのカーストとは異なり、上昇／下降が流動的である。上昇のチャンスとして、隋の頃より実施された官僚登用試験——科挙——については日本でも知られていることだろう。この国家には永遠の官僚や永遠の庶民はおらず、絶えず交替が起こってきたのである。逆に言えば、こうした流動性は、ほぼすべての人々に希望を与えるとともに、社会に対し、造反や王朝交替の機会を与え、それが長い歴史をつうじマクロ的にも、ミクロ的にも帝王個人の行為をも超越する社会の秩序の基盤となってきたのである。

上昇／下降の流動性は、自ずとヒョウタンの内部に、賄賂をも駆使した激しい競争や抗争をもたらしたが、その単位となったのが、「家」であった。一つの「家」は、一人の成功を獲得するためにしばしば「家」をあげて取り組み、成功すれば構成員全員が、その果実と栄誉を共にした。平民の家庭の息子が試験に受かり官僚となれば、まさに「一人が道を得ると、鶏や犬も天に昇る(一人が出世して権勢を握れば、一族郎党までその恩恵にあずかる)」であった。逆に、官職は世襲でなかったため、「家」単位の下降も見られた。すなわち、息子が勉強を好まなかったがために、官僚の一家が没落の憂き目に遭うということも珍しくなかった。かくのごとき慣例により、どの「家」にとっても教育が重要なものだとみなされたが、それ以前の問題としてより重要だったのは、子々孫々「家」を絶やさず、しかも科挙を受ける資格のある男子を生むことであった。男子を持つことこそ、上昇のための資本構築に必要なことであり、逆に男子に恵まれなければ、それは「家」の破滅を意味した。極論すれば、たとえ一家を没落に導くダメ息子だったとしても、生殖能力さえ有していれば、将来の上昇への希望の火が消えることはなかったのである。もちろん、流動性にかかわる以上の説明には、若干の但し書きが必要である。まず、帝王は世襲であり、造反が成功した場合を除き、その位置に揺らぎはなかった。次に、浮世に見切りをつけた人物は、このモデルを飛び出し、隠遁者ないし出家人となった。また、社会規範を守らず、常軌を逸し、強盗などを繰り返しながらも、単なるごろつき、無頼、ならず者とは異なる人々——俠客——がいた。彼らは「江湖《こうこ》道義(武俠的世界の道徳)」を重んじ、義俠心、公平感、そして正義感を有しているとして下層民衆の崇拝するところとなった。

次に指摘しておきたいのが、「郷紳《きょうしん》」と呼ばれる地元の名士たちの存在である。中国の巨大な官僚機構は、緊密な分業と協業により成り立ち、その制度や規則も相当に厳しいものであったが、いわば官僚によって官僚を治めるためのしくみにほかならなかった。いったん庶民に向き合うとき、「民」の統治に直接携わったのはヒョウタンのくびれの部分に位置する限られた数の下層の小役人だけであり、これらの小役人が地方をうまく治めようと思っても、大小様々な庶民の事柄をこなすには力不足であり、「民」のまとめ役とも言える郷紳の力に頼らざるをえなかった。郷紳は、地方で名を成した者、試験に合格して官僚となる準備をしている者、あるいは官職を勤め上げたのちに郷里へと戻った者たちであった。家族の中に、王朝にて官僚を勤めている者がいるだけの場合もあった。地方の小役人は、地元において名声と権力を有している郷紳に取り入り、彼らを官と民とのつなぎ役として利用することによってはじめて、自らの地位を保つことができたのだ。

ヒョウタンの中下層に位置する庶民は、様々な労働――農業や商売、力仕事、あるいは乞食など――に従事していたが、官僚となるための試験は一般に開かれているため、皆、自分あるいは次の世代の勤勉な学習によって現状を変えることを望んでいた。むろん、現実を見れば、官僚登用試験の平等な機会は理論上の話であって、運用の上では平等・公正ではなかった。試験での不正行為や、試験官への賄賂、捐納《えんのう》〔訳者注：中国の歴代王朝で行われた公的な売官制度〕などは横行しており、そのことは、結局のところ金持ちの子弟は上昇の機会に恵まれ、庶民は底辺から脱却しにくいということを意味していた。それでも、まったく希望がないわけではないということが、世代を経た将来への期待を生み、社会の活力の源になっていた。社会のダイナミクスはやはり重要ということであろう。

さらに、このようなダイナミックなヒョウタン型階層社会の中に、よりミクロなレベルで、同じくダイナミックな階層社会が入れ子のごとく存在していることを指摘しておきたい。例えば、「家」の中にも、長幼の序や性別、血縁上の遠近によって序列があった。それは、きわめて複雑であり、かつそこでの上昇も、「移ろいゆく補償のメカニズム」と呼ぶべきダイナミクスを有していた。つまり、「家」のなかの強弱関係は、相手との相対的な位置と役割によって決まり、かつ自らの位置と役割は、時間軸の経過とともに次の世代へと引き継がれていくものであった。いかなる人も、この世に生まれた以上、一度は孫となり、最後には祖父になる。女性の場合、嫁げば「息子の嫁」となり、数十年後には姑となる。

入れ子構造を成すミクロレベル、マクロレベルの階層社会を並べてみれば、「家」での等級こそ優先されるべきものであった。たとえある人が社会においていかに大きな成功を収めようと、高級官僚に昇格しようと、「家」に帰れば、自分の祖先そして父親の世代に対して下の地位に置かれるのである。こうした規範は、孔子の「孝」の思想に由来する。ここで改めて、中国の人と社会を理解する際に、「官本位」と「家本位」が二つの基礎を成し、それぞれが階層構造をもちながら、「待つ」ことさえすれば、長期的には機会が均等に開かれているダイナミックな社会であったことを確認しておきたい。

むろん、中国とそれを取り巻く世界は、激しい変化の只中にある。中国も近代以降、社会構造、社会制度、文化的価値観など、いずれの面でも大きな変化を遂げた。こうしたなかで、果たして今日の中国人と中国社会が上述のごとくあるのだろうかと疑念をもたれる方もいるだろう。これは難しい問題である。社会の変動は複雑なメカニズムを成しており、すべての変化が同じ速さで進むわけではないからである。簡単に言えば、時代も文化も価値観も生活のあり方も変わりゆくものである。しかし、あるものは急速に変化し、あるものの変化は緩慢である。変化が大きいものもあれば小さいものもあり、またあるものはあまり変化しない。変化の規則を解明することが本書の目的ではない。ここで述べておきたいのは、本書で扱う諸テーマ――〈関係〉・〈人情〉・〈面子〉・〈権力〉――がいずれも、中国社会の根幹を成すものであり、最も変わりにくい部分だということである。そして、もし変化が起こっていたとしても、中国の現在と過去を上記のヒョウタンのなかに映してみることにより、何が変化し、何が変わっていないかを見出すことができるだろう。

欧米人はフィールドを取り囲み、限られた場で展開されるサッカーの試合を観戦するのを好む。中国人はスポーツ競技としてのサッカーはそれほど得意とは言えないが、中国人の生き様は、あたかもサッカーの試合のようであり、中国社会の断片は、サッカーフィールドにたとえることができる。フィールド上では、一人きりでプレーするのは不可能であり、チームメイトのドリブルとパス、協力が必要である。勝利と凱旋、失敗と屈辱は全メンバーのアシストとゴール前でのシュートにかかっている。時には勝利を得るため、何らかの利益を得るため、あるいは特定の誰かの意向にかなうよう振る舞うために、プレイヤーは反則ぎりぎりのラフプレーを行わざるを得ず、両チームの暗黙の了解に基づき八百長を行うこともある。審判の判定もフェアなのかアンフェアなのか、つかみづらく、時には審判による八百長が起こったり、裏で賄賂がやり取りされたりする。審判のルール違反が明るみになれば、審判協会はその者の資格を取り消すことができるが、だからといって次の審判がフェアであることは保証できない。スタンドの観衆は、このような不正行為に不満や怒りを覚えるかもしれないが、一旦サッカーファンになるといくぶん冷静になり、ある種のルール違反も時には必要だと考えるようになる。彼らはそれぞれ立場と贔屓を持ち、そのために、観戦中には声を張り上げ、時に殴り合いのけんかもする。だが、このことは必ずしも彼らの執着心や一貫性を意味しているわけではなく、彼らは特定のスター選手の熱狂的ファンとなったかと思えば、同じ選手のミスに唾棄することもある。選手はそれぞれのステータスを有しており、ある者は社会的エリートを後ろ盾とし、ある者は広告会社の雇われ広告塔として有名人に仕立てられる。時に選手のスキャンダルが暴かれることもあるが、名声が十分でさえあれば、「要人」が現れ彼を守る。かつてのスター選手も、現役を退くや人々から忘れ去られてしまう。この競技は、秩序、理性、冷静さ、公平さ、チームワーク、テクニック、名誉などを必要とするのと同時に、熱狂、称揚、痛罵、ルール違反、演技、買収などをともない、両者は互いに混ざり合い、切り離したり分別したりできないのである。

ヒョウタンとサッカー競技の二つの比喩は、ほとんど関連性がなく、一つの事象を説明するには無理があるように思われるかもしれないが、そのようなことはない。ヒョウタンは中国の社会構造についての比喩であり、人々の行動の路線や目標を描き出すものである。それに対し、サッカー競技は社会行動の特徴についての比喩であり、人々が目標を実現するためにどのような取り組みを行うかについて述べたものである。社会学では、構造は行動を規制し、行動もまた目的なしに為されることはなく、両者のあいだには均衡と駆け引きの関係が成立しているとされる。同時に私は、この両者の関係性は、状況対応的なものだと考えている。そのため、一見ルールがあるかに思えるサッカーの試合も、実際には、陰に陽に、軽重様々な違反行為をともなうが、それが通常どおりの試合の進行を妨げることにはならないのである。むろん、時には試合の中断が起こるが、それは度を越えた反則行為が集団殴打事件を招いてしまうような場合に限られる。

本書のなかで、もし理解の難しい箇所に出くわしたときには、ぜひ、上記のヒョウタンの図式に引きつけて考えてみてほしい。また、どこかの章や段落で疑問を抱いたときには、このサッカーの比喩に引きつけて考えてみてほしい。本書をつうじて、これらの比喩の意味を把握できたとき、中国の〈関係〉・〈人情〉・〈面子〉・〈権力〉についての皆さんの理解も深められるのではないだろうか。

また本書の編集にあたっては皆さんの読みやすさを考え、各章のはじめに導入の文章を用意した。そこでは、その章が論ずる主な観点を提示したり、読解の助けとなるような身近な事例を挙げたりしている。本書が、日本の皆さんが中国人と中国社会を理解するための一つの窓となることを切に願っている。

目　次

第二部

第三部

第一部

第一章　儒家の社会構築——中国社会研究の視座と方法——

中国人と中国社会を認識しようとするとき、最初に直面するのが、思考の方法、概念の理解、そして視座などの問題である。本章では具体的に、次のような問いを立ててみたい。

儒家が好んで用いる「修身、斉家、治国、平天下」というフレーズからは、どのような思考のつながりや推論が読み取れるだろうか。中国人が好んで用いる〈人情〉や〈面子《メンツ》〉、「礼」、「孝」などの概念が孕む意味合いを、明確に定義することができるだろうか。経済学、社会学、歴史学などいずれの専門分野にも、ミクロとマクロの区別があるが、我々が中国を理解しようとするとき、これら二つの異なる視座から対象を別々に見つめる必要はあるだろうか。

これらの疑問を解決できたなら、中国人と中国社会についての後段の議論を、より深く理解することができるだろう。序文で紹介したいくつかの中国論が成功したのも、これらの著作の提起した核心となる概念が、各書の結論とかみあっているからだ。したがって、概念について論ずることは、本書においても不可欠の作業である。

いかなる知識人も、社会というものを構想ないし構築するにあたり、社会についての想定と理解を前提にするものだが、社会についての想定と理解は、社会文化の違いに応じてまったく異なるものとなる。本章では、次のような一連の問題群を論じたい。欧米の社会学において作りあげられた理論は、社会というものに対するいかなる想定に基づいて提起されたのか。彼らの研究が歩んできた道は、中国の知識人による社会構築の道のりと合致するのか。我々は欧米の知識人による想定に基づいて、中国社会を解釈したり、構築したりすることができるのか。さらに、もし、これまでの中国社会の構築のありようが中国本土の先賢たちの思想に先導されてきたものだとするならば、これらの思想が有する社会学上の意義とは何か。先賢の思想は、どのような社会のあり方から生み出され、逆に、どのように自らの社会を再構築してきたのか。すなわち、中国社会の思想的伝統は、いかにして中国人の思考法を形成し、どのような社会の特性を生み出したのか、という問いについて考察を深めねばならない。この論点を探究していけば、欧米の社会学とは異なる方法で、人を捉え、社会を捉える視座と方法論をうち立てられるかもしれない。

一　制度と言説——中国社会の構造を分析する際の基点

概して、欧米社会の知識人は、自らの社会を個人主義の社会であると理解し(認識論的個人主義)、解釈する(方法論的個人主義)。社会学の形成は、ある意味で個人主義の潮流への反動という側面をもっていたと言えるだろう。例えば、草創期に社会物理学をうち立てたサン・シモン主義者は、個人主義を標榜する研究者らに対し、体系的な反論を展開した。また、オーギュスト・コント(Auguste Comte)が提唱した実証主義は、実証とは恒久的に社会的なものであると論じた。すなわち、我々は、個別的な要素ないし原子的成分を通して社会を理解しなければならないわけではない。むしろ、構造と変遷から社会を認識すべきである。たとえ実証主義的研究の単位が依然として個人に置かれたとしても、ここでの個人は現実社会への入り口にすぎず、折り重なった多数の個人こそが社会学的研究の価値を有するのだ、と。コントの遺した社会学の遺産は、後世の学者に多くの議論を巻き起こした。総体的視座から社会を研究すべきなのか、あるいは個人に着目して社会を研究すべきなのか。具体的な研究を行う際には、社会構造から着手すべきか、あるいは人々の行動から着手すべきなのか。この論争は社会学の研究に二つの志向を生み出した。一つは、個人に着目して社会を研究するミクロ社会学の志向である。ここでは、社会の成り立ちが個人に還元され、研究者は心理学的方法を受容した。いま一つは、総体的な社会に着目して社会を研究する、マクロ社会学の志向である。ここでは社会学と心理学が明確に区分され、社会現象を個人の心理や行動に還元して解釈することはなかった。

では、中国人と中国社会を研究するにあたり、上記二つの志向に則り、またはそのうちの一つを選択して研究を進める必要はあるだろうか。ここでは、制度と言説という側面からこの問いに答えてみたい。

制度とは、人々が社会的相互行為をつうじて生み出した一連の原則と規範を意味する。この原則と規範は、一方では行為者個人を拘束する作用をもち、個人が他者の行為を予期し、協調的な関係を維持するのに役立つ。また同時に、原則と規範は、社会の正常な営みを保証するものでもある。欧米の社会制度の成立過程を見ると、この二つの作用は次第に分化してきたことが分かる。個人の行為に対する拘束が及ぶのは私的領域であり、社会秩序の正常化は公共領域に属するものである。古代ローマ法において、すでに私法と公法の別があったことが、この特徴を象徴的に示している。では、中国社会の成り立ちには、同様に私的領域と公共領域の分化傾向が見られるのだろうか。

制度分析により、我々は現実社会の成り立ちを知ることができる。そして、制度の成立を理解するには、制度を構築し、維持し、改造し、認識し、解釈するためにどのような言説が使われているかを理解しなければならない。なぜなら、社会を作る数多くの制度は、まさに特定の言説のなかで確立されたものだからである。私がここで言説と言うとき、それは基本的にミシェル・フーコー（Michel Foucault）の言説理論のことを指している。なぜなら、フーコーの言説理論の重心は、社会的制度と言説的実践が歴史的に作り上げた関係に置かれているからである。フーコーによれば、言説的実践とは人々の日常的な言葉ではなく、権威ある主体が、人々に受けいれられるように発する言説であり、いわゆる「言表」である。言表は厳粛なものであり、一旦生みだされると、社会の構成員はその真理性を承認するよう求められる。通常、権威的主体が有する言語上の権威性は、その言葉が社会において専門家らにより専門家の身分をもって発せられることに由来する。フーコーが言説分析の際に重視したのは、人々がある言説の真偽を検討するところではなく、言説が実践のなかでいかにして真だと見なされるようになるのかという点であった。これがいわゆる、知の考古学と言

われるものである。(1)

便宜上、ここでは中国人の言説を二つのレベルに分けて分析したい。第一に考えたいのは、ある言説を用いて思想を表現しようとするとき、その言説自体の特性(例えば、言語の構成)は、言説を用いる者が無自覚のうちに、社会の成り立ちに関する当人の想定や理解を特定の方向に導く作用を有しているかという問題である。例えば、チャド・ハンセン(Chad Hansen)はかつて、漢語それ自体が部分―全体のモデルを体現していると論じた。すなわち、漢語に可算名詞と不可算名詞の別がないことにより、中国人は事物を描写する際に、世界を個人により組成されるものとして描写する必要を感じず、一族の行為を家族単位で解釈しようが、個人単位で解釈しようが大差ないとの認識をもつというのだ。(2) 第二に、社会的権威をもつ人物による知識の実践、すなわちフーコーの言う厳粛な言説がどのように伝播し、受容されるかという問題である。中国の専門的知識人は、統治者や大衆に対し、社会構築に関する自らの思想を有効に指導し、伝播させ、強化し、推進してきただろうか。彼らには社会を構築するための独自の方法論があったのだろうか。中国社会は、知識人によってどのように解釈されてきたのだろうか。紙幅の都合上、これらの問題について全面的に議論を展開することはできないが、ここで初歩的な検討を試みたい。

二　宗法社会――社会構成の複製と伸縮

まず、中国社会が自ら設立した制度のあり方について考えてみよう。中国の歴史において、社会の構築に常に影響を与えてきた制度が、宗法《そうほう》制である。いわゆる宗法制とは、宗子《そうし》(一族の長となるべき子)の権力を確立し、行使し、擁護する各種の規程を指す。宗法規程は、一方では、中国社会が当時すでにつくりあげていた社会構造との関わりのなかから生まれた。原始氏族社会から国家形態を備えた社会へと移行する過程で、中国は、あらゆる歴史家の目に明らかな特徴を示した。すなわち、中国において、国家は、血縁関係を打ち破ることなく、むしろ既存の血縁関係の基礎の上に建設されたのであった。換言すれば、中国の原始的な氏族組織と国家形態のあいだに実質的な違いは見られなかったのである。他方で、中国社会は、氏族と国家の結合の過程において、いかにして王位をうち立て、世襲するかという問題に直面した。歴史上繰り広げられた王位をめぐる闘いを前に、周《しゅう》の時代の人々は、宗法制を構築することによって、この問題を解決しようとした。

　宗法とは宗子の法のことである。それは、おおよそ殷《いん》・商《しょう》の時代に現れ、周の時代に完成を見た。その社会構築の方法は、次の三つの柱を有していた。第一に、立子立嫡の制度（嫡男を後継として擁立する制度）である。これにもとづき宗法および服喪の制度、封建的子弟の制度および君天子諸侯の制度が確立された。第二に、宗廟についての制度、第三に同姓不婚の制度である。これら三つの制度は、周王朝が天下に規範を構築するためのものであり、周公の目指すところは、上下関係を道徳の下に治め、天子、諸侯、卿《けい》、大夫《たいふ》、士、庶民を一つの道徳団体として統合することにあった[3]。そして周の時代以降、中国社会は父系血縁関係を基盤に構築され、同姓、同氏の人々はともに宗子の絶対的統治を受ける一つの共同体を形成してきた。とりわけ後の中国社会の成り立ちに大きな影響を与えたのは、宗法制度における分封原則であった。それは、嫡子である長男が大宗《たいそう》となって父位を継承し、その他の息子は小宗となって分封（領地を分け与えて支配させること）を受けるというものであり、大宗は祭祀によって小宗と区別された。周の時代には、大宗から分かれ出た小宗は諸侯となり、また諸侯の嫡子たる長男は諸侯の爵位を継承し、その他の男子は卿の地位を与えられた。卿はまた、同じ原則に則って大夫を、大夫はまた同じく士を封出した。士以下の者は庶民となるため、士の嫡子以外の男子は封ぜられることがなかった。だが、封ずるか封じないかにかかわらず、庶民もまたこの方式に則って自らの一族の内部に宗法制を構築した。このような歴史から、我々は、複製および伸縮という中国社会の成り立ちの特徴を見て取ることができる。国家、そして特定の階層内部の秩序を成り立たせる原則が、異なる社会等級のなかにおいても貫徹、あるいは模倣されたのである。その結果、国家機構と社会集団は分離せず、「家」と「国」とのあいだには同一の一貫性ある原則が作られたのであった。

上述の分析にもとづき、ここで中国の社会学に見られる二つの伝統的な考え方を紹介しておこう。一つは、中国の政治、社会、家族および個人のあいだの関係は、他国のそれとは異なり、連続性と同一性を特徴とするという見方である。いま一つは、中国社会が構築された過程を見るかぎり、そこにはマクロな現象とミクロな現象を隔てる明確な区別は存在せず、複製と伸縮の現象があるのみだとする見方である。むろん、複製と伸縮の過程においては、様々な社会現象のあいだに差異が見られたものの(4)、社会を貫く発想は、上述のとおりに定められてきたと言える。

中国の宗法制度の歴史について考えるとき、留意すべき問題は、この制度が春秋時代以降、国家制度としては徐々に溶解していったものの、王朝の交替と時代の変化に適応しつつ、思考と行動のモデルあるいは日常的な社会構築の方法として、儒家の思想と言説の実践のなかで一貫して存続してきたということである(5)。時代の変化にともない、宗法制度は、大宗から小宗へ、貴族の世襲制から平民の家譜制へと広がり、その機能も、政治的なものから社会的なものへと転換しながら存続してきた。要するに、中国の宗法制は、それぞれの歴史的段階において神聖化から世俗化へと向かい、その結果、ほぼすべての中国人が複製と伸縮という方法を習得し、それによって、自らの生活空間を認識し、解釈するようになったのである。

三　国家と個人――中国人の言説分析

個人と社会、ミクロとマクロに関わる中国の言説的実践としては、宗法制の影響を受け、「国」と「家」という二つの文字が結合し「国家」という言葉を構成していることが象徴的である。長い歴史において、国家形態は度重なる変化を遂げ、今日的な意味での国家はすでに歴史上のいかなる宗法、専制とも形態を全く異にするものになっているが、我々は依然として他の語彙を当てることをせず、「国家」という言葉を用いて、この二文字の結合とはまったく文脈を異にする政治制度を言い表しているのだ。現在、学術界では「国民国家」という欧米の表現を用いることが多いが、その実、中国人はこの概念についてはよく理解しておらず、多くの人々は、メディアも含めて、「天下」という言葉を好んで用いる。このように、言説の変遷と制度の変遷を比較した場合、言説の方が明らかに安定性を持ち、変化に対して遅れをとっていることが見てとれる。

中国の古代社会の言説的実践において、「国」という文字は、都市や地域、氏族、政治機構など実に多様な意味あいを併せ持っていた。それは、中国社会の宗法制度に照らせば次のように整理される。第一に、君主である。国そのものは抽象的かつマクロな概念であるが、中国ではそれを一国の君主を指す言葉として用いることができた。そのため、中国人の思想観念において、国家に忠誠を尽くすということは、すなわち君主に忠誠を誓うということに等しく、この点は国家のもつ意味あいの変化にもかかわらず変化することはなかった。

第二に、社会である。社会という言葉は外来語の一つであり、それゆえに中国の伝統的な言説的実践のなかには、直接的に国家＝社会と解釈しうる用法は見られない。しかし、社会という言葉が映し出す内包と外延から判断すれば、その意味する内容は、集団、家、地域など、国家という言葉が意味する内容と重なりをもっている。欧米の政治学、社会学、法学などの伝統的専門分野において、国家と社会の関係は、ある種対立的な関係として捉えられる。すなわち前者は、政府による、統治に関わる、階層的で、管理志向をもつ政治実体を指すのに対し、後者はそれとは対立するもの――人々の集落や自発的な相互交流の形態、ならびに生活、労働、娯楽のための集団――を指す。かくのごとき欧米式の二項対立モデルは、かつては中国の学者が、中国の歴史上の「公共領域」、「市民社会[中国語：公民社会]」およびそれにかかわる問題を分析する際にも、しばしば用いられていた。だが、中国社会の言説的実践から見れば、中国人にとって国家と社会とは決して対立関係にあらず、むしろ互換的関係にあった。すなわち、社会という言葉で国家を指すこともでき、国家という言葉で社会を指すこともできたのである。梁漱溟は、この点について次のような卓見を示している。「中国人はどうしてこのように考えるのだろう。これを一概に先哲の思想に導かれた結果だとするのは誤りである。これは、国家が社会のなかに融解し、社会と国家が互いに溶け合っているという一つの重要な事実を映し出しているのだ。国家は対抗性を持つものであるが、社会はそうではない。天下という観念はここから生まれたのである[6]」。

第三に、天下である。伝統的な中国の言説において、国家は、多重性をもつ国家形態を指していた。すなわち、構造の面から見ると、中国の伝統社会は、皇帝、諸侯王、列侯など、大国のなかに小国が重なり合っていた。また、中国の領域は広大であったために、人々は観念上、中国を世界と見なし、この世界は一つの皇室によって統治されていると認識した。それゆえ、中国人が国家と表現する時、それはまた天下をも意味した。かつて、顧炎武《こえんぶ》は『日知録』のなかで、国家と天下の概念上の差異は、国の滅亡が天下の滅亡を意味しない点にあるとしたが、その解釈からは、顧炎武が国の滅亡と天下の滅亡の違いをあくまで内容と程度の違いとして認識し、必ずしも国家と天下の概念上の違いを論じていなかったことが分かる[7]。このように、「天下の興亡、匹夫も責あり［天下興亡、匹夫有責］」は「国家の興亡、匹夫も責あり」と言い換えることができるし、その他の言いまわし——例えば「家天下（天下を一家族の私物とする）」、「打天下（天下を取る）」、「平天下（天下を治める）」、「共天下（天下を共同で分け合う）」など——における天下の意味あいは、いずれの場合も国家という意味あいと大差ないのである。

中国語の語彙のなかでは、「家」の含意も同様に豊富であり、社会や国家といった意味あいが含まれる。家という言葉の意味あいは、次の二つに整理できる。第一に、家族や一族、宗族など、血縁ないし準血縁関係でつながった人々の集団である。第二に、国や封地のことである。例えば『左伝』や『孟子』のなかに、このような用法を見ることができる。中国の伝統において家と国が混同され、互換的に用いられてきたことこそ、中国社会の成り立ちに見られる強い独自性——構造上の複製と伸縮、内包におけるミクロとマクロの不分、思考上の非二項対立的傾向、社会規範上の推論可能性（後述）など——を示している。これらの特徴は、家と国が併用された言いまわしにも見出すことができる。伝統的な中国人の言説的実践は、国家が形態の上で変化を遂げた後も、依然として言説の歴史的慣性と思考上の特色を保持している。例えば、今日の中国人の言説のなかにも、「〜家王朝（〜家の王朝）」や「保家衛国（家を守り国を守る）」、「親如一家（家族のように親しい）」、「国興家旺（国が繁栄し家が栄える）」、「国破家亡（国が破れ家が滅びる）」などといった言いまわしがある。また、最近の歌の歌詞にも、「我們的大中国、好大的一個家（我々の偉大な中国はなんと大きな家）」や「我們是相親相愛的一家人（私たちは相思相愛の一つの家族）」などといったフレーズが見られる。

ここまで、中国社会の言説的実践の伝統から、中国人が社会の成り立ちをどのように理解しているかを分析してきた。以下では、先述した欧米の個人主義に基づく言説が中国社会でいかに実践されているのかを考察し、社会と個人との関係が中国において誤読されてきた過程を分析してみたい。

個人と社会の対立という思想は、当初、海外留学した中国人学者によって、中国に紹介された。厳復はハーバート・スペンサー（Herbert Spencer）の思想を称賛し、スペンサーの『社会学研究』（旧訳版は『群学肄言』）を翻訳することにより、中国の知識界全体を戒めた。同書はヨーロッパで最も重要な社会学思想の書であり、訳書が出されたことにより、スペンサーの思想は中国の知識人たちのあいだに広く深く伝播し、非常に大きな影響を与えた。だが、ベンジャミン・シュウォルツ（Benjamin Schwartz）は、厳復の思想には矛盾が内在していたことを鋭く指摘している。

一つの文化としてよりも、一つの社会・国民国家として観念される中国を模索していた厳復にとって、生物有機体とほぼ完全に相似するものとして描かれた社会有機体という概念は、もっとも鮮明な国家のイメージを与えてくれるものであった。それはダーウィニズム的な環境のなかで生存と成長と優越を求めて闘争しあう、多くの有機体の一つとされていた。彼は言う。「一つの社会集団が形成されるとき、それは構造、機能についても能力についても、一個の生物と異ならない。規模に違いはあっても、器官や機能のあいだの対応関係は類似している。私は、私という個体の生命を維持する原理を知っているように、社会集団の生存の原理をも知っている。私は、何が個人に長い生命をもたらすかを知っているように、何が国家に強い脈搏を打ち続けさせるかをも知っている。個人においては肉体と精神が互いに依存し、国家や社会においては物質的な力と道徳が相互に依存する。個人においては自由が尊重され、国家においては独立が尊重される」。

ところでいま一つ、スペンサーが社会有機体の生理学的概念化との関連でうち出した観念に、社会的「集合体《アグリゲート》」の資質は「単位《ユニット》」もしくは個々の細胞の資質によって定まるという観念がある。しかし、これまでにもしばしば指摘されたように、「社会有機体」概念と個人の資質を重視することとのあいだの論理的関連性は、表面的には真実であるかのように見えて、実はきわめて薄いものである。ところが、厳復はこの連鎖関係に疑問をさしはさもうとはしなかった。なぜなら、この二つの観念こそが彼の最大の関心に直接的な関連をもつものであったからである。(8)〔邦訳は、B・I・シュウォルツ著、平野健一郎訳『中国の近代化と知識人——厳復と西洋』東京大学出版会、一九七八年、五五—五六頁を参照し、中国語原文に合わせて適宜、改変を加えた〕

厳復の抱いたこのような思いは彼個人にとどまらず、当時の中国の知識人たちの共有するところでもあった。シュウォルツの引用によれば、厳復の富国強兵論は、スペンサーの言うところの「身体に擬《なぞら》えた社会」を「社会に擬えた身体」と変換していたほか、ミクロをマクロへと押し広げ、ミクロ／マクロの両者を対立的に捉えない傾向を明らかにしていた。厳復の思想は当時、多くの著名な知識人、例えば、梁啓超《りょうけいちょう》、康有為《こうゆうい》、孫文《そんぶん》などに影響を与え、いかにして個人と集団、「小我（個人や局部）」と「大我（集団や全体）」、一族と国族、私徳と公徳などのあいだに有機的なつながりをうち立てられるかについて、彼らの探究を促した。

五四運動の前後になると、欧米の思想が中国に伝播し普及するにつれ、中国における個人主義の言説はいっそう曖昧になり、異なる文脈のなかで、完全に相反する概念として使用されるようになっていった。ある学者は個人主義を用いて中国の伝統を批判し、またある者は個人主義を中国の伝統だと見なした。リディア・リウ（Lydia H. Liu, 劉禾）の研究が、この点を明確に論じている。彼女は次のように述べる。中国において、「個人主義の言説は、通常の理解とは真逆の様相を呈しており、民国初期に出現した国民国家のメタナラティヴと個人主義とのあいだにはつかず離れずの関係ができていた。当時流行したその他の言説と同様に、個人主義は独自の方法で、近代的意識形態と権利の再構築という重要なプロセスに関わった。このような関わり方について、真の個人主義だ／偽の個人主義だというような単純な結論を下すことはできない。個人主義は必ずしも民族主義への対抗言説を形成していたのではなく、また啓蒙運動も民族存亡の危機を救うといった考えに反対するものではなかった。この二つの言説のあいだの張力は、それぞれが歴史的に内包する不安定性から生まれたものであり、同時に両者のあいだの相互浸透、相互結託から生まれたものでもあった(9)。

欧米において出現した国家主義、社会主義、民族主義という相対立する概念は、中国においては明らかに一連の相互補完的な概念へと転化したのであった。中国人は根本的に、国家あるいは社会に対立するところの個人とはどのようなものであるのかを理解することができなかったため、両者の間には依存の関係だけが成り立ち、それもすべて「家」を介在させた関係であった。

結果として、個人主義という概念が中国では大きく転化したのだが、ここで一つの問題が浮上してくることになった。すなわち、数千年にわたり続けられてきた複製と伸縮、家から国へと押し広げるかたちでの社会構築のあり方が表立って議論されなくなればなるほど、個人と社会とのあいだの対立関係が容易に見出されるようになったということである。今日にいたるまで、人々が民主の問題、市民社会の問題、私人と公共領域の問題などを議論する際、その議論は往々にしてこの種の議論の欠落の上に展開される。ここで重要なのは、複製と伸縮の長きにわたる歴史の影響を論じないまま、新たに議論を展開しても、概念上の議論に止まらざるをえず、現実に即した社会構築(social construction of reality)にかかわる議論にはなりえないのではないかということである。たとえ、ある種の言説が移植され、実践され、中国社会の構築に影響を与えたとしても、それらは実践の過程で、旧来の社会構築モデルの影響を受け、曲解と変形をともなうということを忘れるべきではない。

四　儒家――知識エリートの言説実践

私見によれば、中国社会の構築とは、ほぼ儒家の社会構築に等しい。それは次の二つの理由による。第一に、儒家は孔子が創設したものではなく、周公により始められたものであり、荀子《じゅんし》の言葉を借りるなら、周公こそ最初の儒学の大家である。孔子は儒学を集大成した人物にすぎず、彼は堯《ぎょう》と舜《しゅん》、湯《とう》、文《ぶん》、武《ぶ》、とりわけ周公の思想を継承し、発揚し、更新し、儒家思想を体系化したのである。そして、その後の歴史文化において、儒家思想は各思想流派のなかで優位に立ち、時代の変遷や王朝の交替を経てもなお衰えることなく存続してきたのであった。周公の儒学は、その大部分が、社会構築に関する思想と制度の体系に関するものであった。孔子により儒学の内容はいっそう豊富になり、より哲学的意味あいを含むものとなったが、それでも社会構築の原則は、孔子の思想においても最も重要な要素であった。むろん、このことは他の思想流派が中国人の社会生活に影響を与えたことを否定するものではない。しかし、伝統的思想が中国人に与えた影響を総合的に見わたすならば、他の学説の影響は、社会構築というよりも、人生のその他の面――生命や宇宙、養生、謀略など――に及ぶものであったと言えるだろう。

第二の理由は、儒学が社会構築を論ずる「学説」という位置付けを超え、歴史をつうじ、まさしく中国社会の構築を導いてきた思想だという点にある。この学説は中国の宗法社会と緊密に結びついていたため、中国社会の官民いずれもが社会構築に関する儒家の学説を必要とし、それに依拠して社会を認識し、理解し、解釈し、治めるようになった。つまるところ、儒学は、大小様々な家で生活する人々に受容され、中国人の社会心理や行動に影響を与え、彼らを導いてきたのだ。

早期の儒家の社会構築にとって最も重要な概念は、「礼」であった。だが、礼の意味するものは非常に広い。『礼記《らいき》』冒頭部には次のように記されている。

> 夫《そ》れ礼は親疎《しんそ》を定め、嫌疑を決し、同異を別ち、是非を明らかにする所以《ゆえん》なり。……道徳仁義も、礼に非《あら》ざれば成らず。教訓俗を正すも、礼に非ざれば備わらず。争《あらそい》を分ち訟《うったえ》を弁ずるも、礼に非ざれば決せず。君臣上下《じょうか》、父子兄弟《けいてい》も、礼に非ざれば定まらず。宦学し師に事《つか》うるも、礼に非ざれば親しからず。朝《ちょう》を班《わか》ち軍を治め、官に涖《のぞ》み法を行うも、礼に非ざれば威厳行われず。禱祠《とうし》祭祀、鬼神《きしん》に供給するも、礼に非ざれば誠ならず荘《おごそか》ならず。是を以て君子は、恭敬撙節《そんせつ》退譲、以て礼を明かにす。鸚鵡《おうむ》は能《よ》く言《ものい》えども、飛鳥《ひちょう》を離れず。猩猩《しょうじょう》は能く言えども、禽獣《きんじゅう》を離れず。今《いま》人《ひと》にして礼無ければ、能く言うと雖《いえど》も、亦禽獣の心ならずや。夫れ惟《ただ》禽獣は礼無し。故に父子、麀《ゆう》を聚《とも》にす。是の故に聖人作《た》ち、礼を為《つく》りて以て人に教え、人をして礼有るを以て、自ら禽獣より別つことを知らしむ。〔竹内照夫『礼記』上（『新釈漢文大系二七』）明治書院、一九七一年、一三—一五頁〕

この一段には二重の意味がある。一つは、礼というのは、あらゆる面に気を配ることであり、異なる種類、異なるレベル、異なる領域におけるあらゆる人の行為には、礼の規定が重要だということである。もう一つは、礼を、人が人である所以であり、人と畜生とを区別する基準であると抽象化する認識である。この記述は、社会構築についての儒家の解釈をよく表している。すなわち、儒家の概念体系においては、そもそもミクロとマクロ、具体と抽象とを区別するような概念が備わっていなかったということである。一つの概念の意味についての適切な理解は、状況に応じて異なる。言い換えれば、儒家の概念はそれ自体、含意、レベル、大小の区別などが弁別できないものなのだ。この点は、社会構築についての孔子の考え方にもはっきりと表れている。

例えば、儒学の発展が孔子にいたったとき、その核心となる概念は「仁」へと変化した。仁とは一つの概念に見えるものの、文脈に応じて、その意味するところは非常に多様である。ある時は、家庭内における子女の父母に対する行為を指し、ある時には個人の人格の特徴を指し、ある時には、身の処し方を指し、またある時には個々人による規範の順守を指す。つまり、仁という概念は、具体的なものであると同時に抽象的なものでもあるのだ。仁とは、ミクロな意味においては、「巧言令色鮮《すくな》し仁〔言葉が巧みで、人から好かれようと愛想を振りまく人には仁の心が欠けている〕」というフレーズが示すように一個人の表情や動作を指し、マクロな意味においては、「仁政」というように国家の統治原則を意味する。

儒家のいう「孝」の概念も同様である。『孝経』には次のようなくだりがある。

子曰く、先王《せんのう》 至徳の要道《ようどう》有りて、以《もっ》て天下を順《おさ》む。民 用《もっ》て和睦し、上下《しょうか》 怨み無し。汝《なんじ》 之を知るか、と。

曾子《そうし》 席を避けて曰く、参《しん》や敏《と》からず、何ぞ以て之を知るに足らん、と。子曰く、夫《そ》れ孝は、徳の本《もと》なり。教えの由《よ》りて生ずる所なり。復《かえ》り坐《お》れ。吾《われ》 汝に語《つ》げん、と。

身《しん》・体《たい》・髪《はっ》・膚《ぷ》、之を父母に受《う》く。敢《あ》えて毀傷《きしょう》せざるは、孝の始めなり。身を立て道を行い、名を後世に揚げ、以て父母を顕《あら》わすは、孝の終わりなり。夫れ孝は親に事《つか》うるに始まり、君《きみ》に事うるに中《なか》ごろし、身を立つるに終わる。〔加地伸行『孝経』講談社、二〇〇七年、一八―二八頁〕

この一段において、孝の含意は明らかに、小から大へ、個別から一般へ向かう過程で変化している。概念の操作および概念を使用する際の抽象的混同は、儒家の概念の特徴の一つだと言えるだろう。

こうした概念上の特色は、儒家が社会を構築する上での各命題に映し出されている。例えば、孟子は次のように述べる。「親親、仁也。敬長、義也。無他、達之天下也（親に親しむは仁なり、長を敬するは義なり、他は無し、之を天下に達するなり）」（尽心《じんしん》上）。「父子有親、君臣有義、夫婦有別、長幼有序、朋友有信（父子親有り、君臣義有り、夫婦別有り、長幼序有り、朋友信有り）」（滕文公《とうぶんこう》上）。

欧米の社会学の発想に立てば、父子と君臣、夫婦と子女、家庭関係と社会関係、血縁関係と政治関係などは同一のレベルでは論じられず、明確に区別しなければならない。しかし儒家の言表においてはそれらが同じレベルに放り込まれ、具体と抽象、ミクロとマクロが一つに結合している。孟子の五倫にも、董仲舒《とうちゅうじょ》の三綱五常にも、社会構築についての儒家の明確な考えとして、異なる領域・範疇にある概念のあいだに、互いに相いれ、包容する関係が認められる。これは、形式論理学における概念や外延のもつ排斥の原則とは相いれないものであるし、個別と一般、具体と抽象のあいだに形成された帰納と演繹の思考とも相いれない。儒家が強調する一般と抽象は、帰納から導かれるものではなく、個別の経験から導かれるものなのである。例えば、『論語』の一節――「孝弟也者、其為仁之本與（孝弟なる者は、其れ仁のもとたるか）」――や、『孟子』の一節――「老吾老以及人之老、幼吾幼以及人之幼（吾が老を老として以て人《たにん》の老に及ぼし、吾が幼を幼として以て人の幼に及ぼさば）」、『孝経』の一節――「資於事父以事母、而愛同。資於事父以事君、而敬同。……故以孝事君則忠、以敬事長則順（父に事《つか》うるに資《よ》りて以《もっ》て母に事う。而《しか》して愛同じ。父に事うるに資りて以て君《きみ》に事う。而して敬同じ。……故に孝を以て君に事うるは忠、敬を以て長《ちょう》に事うれば則ち順）」などはみな、個人の体得や経験が汎用性をもつことを示している。中国の多くの思想家が、人は「尽心（心を尽くし）」、「尽性（性を尽くし）」、「窮理（理を窮める）」できるものだとの認識に至ったのは、まさにこうした理由による。

欧米の科学哲学の基準を用いれば、儒学はおそらく概念の運用に混乱をきたしていると見なされるだろうし、欧米の社会学の理論と方法論に照らせば、儒学は社会の異なるレベルを一緒くたにしていると映るだろう。だが、具体と抽象、ミクロとマクロ、意味あいのあいだの包容性こそが、まさに、儒家が社会構築に携わる際の方法論上の重要な特徴なのだ。すなわち、儒家の認識に立てば、各概念のあいだに対立関係がない、個人の事柄と社会現象のあいだに伸縮性があるなどということはすべて、宗法制のなかで実践され、証明済みのことなのである。

このような視座から中国社会を眺めたとき、我々は中国の社会構築のなかに実に多くの概念を発見することができるだろう。天と人、情と理、徳と法、孝と忠、家と国、私と公、内聖《だいせい》と外王《がいおう》、親親と尊尊、世襲と人材登用、等級と平等、君主と庶民、個人と社会などは、みな対立関係を形成しなかった。これら対となる概念のあいだの非対立的な関係は、概念そのもの、ないしは対となる概念のあいだに、包摂と伸縮の余地があることを意味する。そうであるからこそ儒家は、家庭における孝の発想をそのまま治国にまで押し広げ、修身を斉家に、斉家を治国にまで押し広げ、さらに治国を平天下にまで押し広げることができたのだ。この種の思考は、欧米人には見られない。フェアバンクも、やむをえずこの種の思考を連鎖推論法(method of chain reasoning)と呼んだものの、筋の通らないものと見なしていた[10]。『孝経《こうきょう》』は、概念の包摂的関係をとおして連鎖推論関係をうち立てれば、社会の調和と秩序に至ると論じた書物であった――「君子の親に事うるや孝。ゆえに忠をば君に移すべし。兄に事うるや悌。ゆえに順をば長に移すべし。家に居りて理む、ゆえに治をば官に移すべし。ここをもって行いは内に成って、名は後世に立つ」(『孝経』広揚名《こうようめい》)。また、『論語』にある孔子の言葉――「己立たんと欲して人を立て、己達せんと欲して人を達す。能く近く譬えを取る」、「己の欲せざる所は人に施す勿れ」、「忠恕(自分に真心を尽くし、他人を思いやる)」などの言葉――は、後世の人々が孔子の社会思想を理解し実践する上での鍵となった。

五　結語　中国社会研究の理路

儒家の構築した社会理論は、ある種の基礎理論であり、それは長きにわたり中国社会の構築に深くかかわってきた。したがって、今日、我々が中国社会の構築にかかわる新しい理論を提起する際にも、儒家による構築の特徴、影響、さらにはその変遷について考慮しないわけにはいかない。上記の分析を通して、私は儒家の社会構築には概ね次のような特徴があると考える。

第一に、儒家の社会構築は中国の宗法社会とかみ合うように進められた。儒家の社会構築は、宗法社会の制度から生まれたものであると同時に、宗法社会の構築を導いてきた。

第二に、儒家の社会構築は、それ自体が非常に強力な社会的基礎を有していた。なぜなら、儒家の社会構築は、個人と家族の生活を起点とし、すべての人がそれを実践しており、社会の構築と解釈の権限が、統治者や知識人に限定されていなかったからである。

第三に、儒家の社会構築の概念と命題には、ミクロとマクロ、具体と抽象、理論と実践、個別と一般といった対立概念を相貫くような、あるいはそれらに通底するような特色が備わっていた。この特徴により、儒家は、一連の社会現象の対立面に依拠するのではなく、社会現象の融合的側面を基盤に社会を構築してきたのである。したがって、これらの社会現象が生み出した概念群は、相互に交差し、相互に包摂し合うものとなった。社会構造の理解と解釈においては、対応の面に重きが置かれ、対立の面は軽んじられた。

第四に、儒家が社会構築に際し想定したのは、人心皆同じく、相通ずるとする方法論であった。この方法論は、個人の経験や身の周りで起こった出来事、他者との関係、家庭の規範や制度など、すべてがより大きな範囲にまで拡張されうることを人々に信じさせようとした。

上述の発想を、中国の現有の社会理論と比較検討すれば、たとえ初歩的なものであろうと、概念上の構想にとどまっていようと、このような特徴を備えた理論が、中国社会を解釈する上で非常に優れているということに気付くだろう。ここでは、四つの例を挙げてみたい。第一に、梁漱溟の「倫理本位」の理論である。彼は、世界の学者による中国社会の誤読と誤解を排除しようと努め、中国社会に存在する家本位、倫理性、そして家と国、社会と個人のあいだの非対立的関係といった特徴を見出した[11]。

第二に、費孝通の提起した「差序格局」の考え方である。これは、自身を、家族の「五服図（喪服の図。死者との親疎の関係に基づき斬衰《ざんさい》、斉衰《しさい》、大功《たいこう》、小功《しょうこう》、緦麻《しま》からなる五種類の喪服を着用し分ける習慣にかかわる社会規範）」と「修身、斉家、治国、平天下」の枠組みのなかにしっかりと結びつけることであり、費孝通は、この概念を用いて、自己を中心に、外に向かって次第に押し広げられていく中国社会の構造を描出した[12]。

第三に、フランシス・シューの「情境中心(situation centered)」である。この理論は宗法社会の核心的構成についての研究を通して提起されたものであり、中国人が社会行為を行う際に、他人、親族、国家とのあいだに依存関係を形成し、家庭内の二者関係の構造(dyad)を社会にまで押し広げていくことを指摘する。[13]

第四の理論は、社会科学の研究者はあまり注目しないが、私が見るところ、中国の社会構築に対する把握が簡潔かつ深みを持つ林語堂のものである。林語堂は著書『中国＝文化と思想』のなかで「陰性の三位一体(female triad)」理論を提起した。これは、中国人の精神を主宰する概念を、三人の女神――「面子、運命、恩典」――になぞらえて示したものである。[14]この三つの概念こそ、中国人の社会行為を説明するキーワードとして適切であると言えよう。さらに、記述が不十分だとはいえ、林語堂がそれらのあいだに一体的関係を見抜いていたことは重要である。

ここまでの分析を経て、皆さんは、欧米の社会学におけるミクロな概念としての「役割」もまた、中国社会の研究においては、マクロな社会にまで拡張して議論できることに気付くだろう。なぜなら、「君君、臣臣、父父、子子(君君たり、臣臣たり、父父たり、子子たり)」は、単に人間関係における役割にかかわる命題であるばかりでなく、社会秩序と社会制度上の等級にかかわる命題でもあるからである。若干繰り返しになるが、中国社会で非常に重んじられている「礼」とは、中国に特殊なものであろうか、それとも普遍的なものであろうか。礼の概念がはっきりと定義できるものであるならば、もしくはその対立概念を探し出すことができるならば、その判断は容易にできるだろう。だが、礼が含意する内容は非常に豊富であり、かつ「法」という概念と対立の関係にあるとも言いきれないため、この問いに答えるのは難しい。余英時がかつて述べたように、「表面的には『礼』は『特殊主義』に近いようであるが、『礼』それ自体はやはり普遍性を備えた原則なのである」。だが余英時はさらに続けて、このようにも述べている。「『礼』には秩序を重んじる一面があるとはいえ、その基礎はやはり個人にあり、かつ、特に個々人の特殊な状況について考慮したものである」と。[15]ここから、中国の知識人がローカルな概念を処理しつつ欧米の概念に向き合う時、心はやれど力およばずの感があることが見て取れるだろう。私はかつて、中国人の社会行為の傾向について研究した際、中国の集団的営みにおける四つのファクターを指摘した。すなわち、家長の権威、道徳規範、平均的分配、血縁関係である。この四つの要因の配置こそ中国人の社会行為の志向を決定する鍵となると考え、これにより、個人主義対集団主義という二項対立のパラダイムを打破しようと試みたのであった。しかしながら、この四つの要因にもまた、包摂的関係が存在している。中国における集団ないし社会全体に、血縁集団の複製と伸縮性が見られるとすれば、現実社会の営みがはるかに複雑であるとしても、家族構造から演繹してきたこの四つのファクターは、家族集団以外の集団を論ずる際にも援用することができるのだ。

さて、ここで私が答えなければならないのは、もし儒家の社会構築において、個人と社会、ミクロとマクロが対立するものでなく、方法論の上でも個人主義と全体主義のあいだの論争がないのだとするならば、儒家が構築してきた社会とはいったいどのような様相を呈しているのかという問題である。構築のあり方、認識論あるいは方法論において儒家が我々にもたらしたのは、連続体としての社会(a society of continuum)であったと言えるのではないか。むろん、こう言い切るには、若干の困惑もある。中国の学者は欧米の分類学の影響を受け、自らが欲するものをここから切り出そうとする。しかし一旦切り出してしまうと、その断片はすでにもとの様相を留めないものとなってしまうのである。たとえ我々がこの断片をいくら精緻に研究したとしても、その本来の意味や役割については説明することができない。例えば、〈人情〉を欧米で言うところの感情あるいは社会的交換の類とし、中国人の言う〈関係〉を"interpersonal relationship"等とし、「臉面(顔)」や〈面子〉を"face"等と翻訳するとき、すでにこの種の過ちを犯してしまっているのである。同様に、我々が中国の経済の営みを、経済学書のなかに記された概念やモデル、原理によって研究しようとするのもまた、無邪気に過ぎる試みである。欧米の分類学から中国という連続体の社会を見つめるとき、もし何らかの類型を見つけようとするならば、どのようなものも見つけることができる。そこに「私」があった、そこに「公」があったと言ってもよいし、中国人は純朴であると言っても狡猾であると言ってもよい。中国社会は一握りの散砂のようであると捉えることもできるし、きわめて凝集力が強いと捉えることもできる。等級観念が強固であるとも言えるし、また極端にフラットであるとも言える。強固な保守的傾向を見出すことも、無限の包容力を見出すこともできる。文明性と愚昧さ、勤労と怠惰、公正さと不正、信頼性の有無、節度と貪欲、親しさと冷たさなど、すべてのものが、この連続体のなかには対立することなく共存しているのであり、要するにそこには何でも欲しいものがあるのだ。いったいこれはなぜなのか。そもそも、不可分な連続体に欧米式の対立形式の分類を当てはめてしまうからである。

私がここまで論じてきた多くの考えは、いまだに粗く、またその多くが伝統から説き起こしてきたものだとはいえ、少なくとも、対応性や有効性において、むやみに欧米社会学の理論を引用するよりは、中国社会のより良い理解に資するものと言えよう。またこうした分析をさらに推し進めることにより、中国の内発的な社会理論の創出ないしは中国社会の再構築に、より影響力をもつことができるのではないだろうか。むろん、欧米社会や欧米の社会理論は、我々が中国社会を研究する上での一つの参照体系としては、永久に不可欠なものである。内発的な理論が欧米理論とのあいだにある種の対立関係を形成するのではないかと言う者もあるかもしれないが、私はそのようには考えない。まず、少なくとも本章で私が論じたかったのは、儒家が中国社会を構築する際に、中国社会の諸要素を対立させず、また自らの社会構築が欧米社会の構築のありようと対立するものなのか否かを議論する可能性も余地もなかったということである。また、中国の実情に基づいた内発的理論と欧米理論は必ずしも対立関係にある必要もない。本国の実情を踏まえ内発的理論の構築を試みる際、欧米の理論との対立面を基盤に自らの理論を構築しようとするならば、彼らの試みは失敗に終わるだろう。第一に、その試み自体が二項対立的発想から抜け出せていないし、第二に、今日の欧米の理論には、西洋と東洋、個人主義と集団主義、罪悪感と羞恥心、普遍主義と特殊主義など、十分かつ示唆に富んだパラダイムが提供されており、我々が理論を構築する際の苦労を軽減させてくれるからである。

（1）徐賁『走向後現代與後植民』北京：中国社会科学出版社、一九九六年、一二八—一二九頁。

（2）史蒂文・盧克斯「個人主義與集体主義」王賓、阿譲・熱・比松編『獅在華夏——文化双向認識的策略問題』広州：中山大学出版社、一九九三年、二七二頁。

（3）王国維「殷周制度論」『王国維論学集』北京：中国社会科学出版社、一九九七年、二頁。

（4）杜維明『現代精神與儒家伝統』北京：三聯書店、一九九七年、一四三頁。

（5）馮爾康『中国宗族社会』杭州：浙江人民出版社、一九九四年、一二―一八頁。

（6）梁漱溟「中国文化要義」『梁漱溟全集』第三巻、済南：山東人民出版社、一九九〇年、一六三頁。

（7）顧炎武『日知録集釈』石家荘：花山文芸出版社、一九九〇年、五九〇頁。

（8）本傑明・史華兹『尋求富強――厳復與西方』南京：江蘇人民出版社、一九九六年(Schwartz. Benjamin. *In Search of Wealth and Power*. The Belknap Press: Harvard University Press, Cambridge, Massachusetts, 1964. 邦訳は、B・I・シュウォルツ著、平野健一郎訳『中国の近代化と知識人――厳復と西洋』東京大学出版会、一九七八年)、五〇頁。

（9）劉禾「跨語際的実践――往来中西之間的個人主義話語」『学人』第七期、南京：江蘇文芸出版社、一九九五年、一〇〇頁。

（10）Fairbank J. K. *The United States and China*. Cambridge: Harvard University Press, 1983, p.77.

（11）梁漱溟、前掲『中国文化要義』九二頁。

（12）費孝通『郷土中国』北京：三聯書店、一九八五年、二三頁。

（13）許烺光『文化人類学新論』台北：聯経出版事業公司、一九七九年、一三三頁。

（14）Lin. Yutang. *My Country and My People*. New York: The John Day Company, 1935, pp.159-202.

（15）余英時「従価値系統看中国文化的現代意義」『中国思想伝統的現代詮釈』南京：江蘇人民出版社、一九八九年、三〇頁。

第二章　中国人と中国社会の文脈理解に向けて

私は長い間、いったいどこから着手すれば、中国の社会科学研究に適切な方向を示すことができるだろうか、と思索を続けてきた。中国人と中国社会の研究はいかなる視座から、どのような方法論により行うべきであろうか。また、理論や方法、概念や命題などについて、我々は何を為すことができるだろうか。

これらの問いは、一九八〇年代に台湾の社会学者の関心を惹きつけ、彼らによって、社会科学の「本土化」（輸入学問の現地化）が提唱され始めた。中国大陸において、私は早期の追随者であった。現在では新たな知見をもつにいたり、「本土」的な研究のみを強調するようになったのである。では、本土化とは何を意味するのであろうか。欧米の一連の理論や研究方法は確かに学術界でパワーをもっているが、いざ中国研究にもってこようとすると、強引に当てはめてしまっているような感覚、隔靴《かっか》掻痒《そうよう》の感が拭えない。これはいったいどうしたらよいのであろうか。必要なのは、欧米の理論や方法論を「本土化」することである。つまり、修正し補塡し改良を加え、自らの社会と文化の分析にふさわしい程度にまで「化」する必要があるというわけである。それで私は、本土性を追求してきたわけだが、必ずしも何かを転換させたわけではなく、問題意識に根ざして、視座、概念、理論、方法論を探究することに特化した。この点が、私の研究と人文学、国学との違いでもある。それらの学問は、概念や理論を構築する必要がないからである。私の理論構築作業においては、社会科学が強調する概念的要素が必要であり、概念と概念のあいだにもまた命題や論理的推論を形成する必要があったが、その際、欧米の理論や概念に全面的に依拠して満足したくはなかったというわけだ。

この試みを実現するためには、欧米の社会科学研究におけるいくつかの基本的特性を克服する必要があった。第一に、欧米における二項対立的な(binary opposition)世界認識である。二項対立とは、人の大脳を左脳と右脳に分け、左脳を抽象的思考に特化した理知をつかさどるもの、右脳を具体的思考に特化した感情をつかさどるものと捉えるような発想である。大脳についてのこのような認識は、欧米人が世界を見る際にも二項対立という方法を用いるよう導いている。例えば、空間には上下左右があり、性別には男女があり、年齢には成年と未成年とがあり、そして、人には身体と心があり、良し悪しがあり、善と悪がある。世界には神と人があり、世俗と神聖があり、伝統と近代があり、国家と社会がある、などといった具合にである。欧米の学者は、社会学の理論はもちろんのこと、どのような理論に対しても、それが実証的なものか／現象学的なものか、構造の理論か／行為の理論か、集合に関する理論か／個人に関する理論か、といったように区別することを好む。欧米の文学作品にもこの種の傾向はみられる——例えば、『知性と感性』、『高慢と偏見』、『赤と黒』、『戦争と平和』、『ボディ・アンド・ソウル』などのように。社会科学の領域においても、「国家と社会」、「集団主義と個人主義」、「普遍主義と個別主義」といった視座が中国の多くの学者に多大な影響を与えているが、私個人はこれらに対し一定の距離を置いている。

中国人が形成した社会においては、主観によって認識された客観的事象であろうと、あるいは主観によって形成された生活世界であろうと、いずれも二元論的方法によって構築されたものではない。例えば、「天人合一」、「政教合一」、「儒道仏互補〔儒教・道教・仏教は相互に補完的である〕」、「陰陽転化」、「万物相生相克《そうせいそうこく》」などは二項対立とは異なる発想である。このような社会では、多くの者が精神文明と物質文明のどちらがより重要なのかをはっきりさせたいと考えたとしても、結論は結局のところ「両方とも手綱を緩めてはならない〔両手都要硬〕」ということになる。またある人が「社会の多くの問題をどのように解決すればよいか」と問うたなら、皆が「総合的に治める」、「各側面から同時に進める」という答えに同意するだろう。はたまたある人が、政府と企業、政府と市場、公共領域と私的領域を分けることができるだろうかと問うたならば、中国人の場合、理論上は分けることができても、ひとたび実践するとなると分けがたいことに気付くだろう。「官と商の結託［官商勾結］」、「警察とやくざが一味となる［警匪一家］」といった言い回しまであるほどである。欧米人ならば、白は白、黒は黒であり、黒が白だということはないと言いきれることでも、中国人の場合、「灰色」ではだめか、白でも黒でもない、となるのだ。中国人は連続性の思考に慣れているのである。読者の方が私の研究に疑問を抱いた時にも、どうか二項対立的な問いかけはしないでいただきたい。中国人や中国社会に対する私の捉え方もまた、連続性の発想に依拠したものだからである。欧米にて提起された理論や欧米の社会生活には、明確な境界が見て取れるが、中国人の場合、一つの問題を見る際にも、そこに連続性やつながりを見いだし、総合的に捉える方法に慣れているのだ。

論理と分類に関する理解において、欧米では社会科学、人々の生活、さらには世界全体に対し、境界をともなう分類によって認識する傾向にある。境界の設定と分類を基礎に実践と測定が行われるのだが、このような研究においては、人と社会にとって外在的なものをもって人と社会の内部を判断したり、判断が外在的なものに留まってしまうことが少なくない。中国人の場合、こうしたテーマについては、隠喩を用いたり、物語を用いて説明したりしたがるのだが、それを軽々しく貶めたりあざ笑ったりしてはならない。こうしたやり方にこそ、中国人や中国社会に対する視座を探究する鍵があるからである。例えば、中国人は〈面子〉を気に掛ける。英語ではこれを「face」と翻訳するが、それを人の顔のことだと思う欧米人がいたら、それは中国において〈面子〉が一つの隠喩であることを理解できていないということだ。〈面子〉に含まれる文化的意味を理解するためには、まずは、「顔」がもつ象徴的意味を捉える必要がある。むろん、それはそうだとしても、欧米の社会科学は、やはり一つの物差しを設定し、それによってある人の〈面子〉を測定したいと志向するかもしれない。だが残念ながら、すでに述べたごとく、一つの隠喩的世界を測量して、いったい何が見えてくるだろう。私には、その結果が芳しいもののようには思えない。こうした場合には、物語による理解こそ、測量の結果よりも有効なのであり、象徴としての〈面子〉に関するかぎり、その微妙な含意はそもそも測量不可能なのである。もう一つ例をあげよう。中国人がしばしば用いる〈関係〉という言葉もまた隠喩であり、その原義は、関節や環節、関門、関所より派生し、さらにここから発展して、「裏門をとおる＝裏口を使う［走後門］」という意味あいをもつようになった。だが、これを“relationship”や“communication”などと翻訳したとたん、これらの隠喩は消滅してしまう。さらに言えば、「山に靠《もた》れかかる＝後ろ盾［靠山］」も、「腰を支える＝後押し［撑腰］」も、「大樹の下は涼みやすい＝寄らば大樹の陰［大樹底下好乗涼］」も一つの隠喩であり、いずれも〈関係〉を表現する際に用いられるものであるが、その文化的意味もまた、〈関係〉に一つの測量可能な定義を与えた瞬間に消失してしまう。このように、中国人と中国社会の理解のためには、隠喩の解読が必須なのである。

隠喩および物語は中国人が社会現象を理解する上での手助けとなるものであり、多くの人々は、学者を含め、概念の境界の確定には興味を抱いていない。私も長年の研究をつうじ、中国社会にかかわる最も重要な概念はいずれも定義できないものだということを体得した。一旦定義してしまうと、それはかえって不明瞭なものになるのである。その筆頭に挙げられるのが、儒家の「仁」である。定義不可能なこの概念を定義したとたんに、それは誤ったものとなる。しかし、「仁」とあわせて儒家の「義」「礼」「孝」などが抽象的な倫理概念として定義不可能なのは分かるが、日常生活において多用される概念――〈面子〉・〈人情〉・〈関係〉なども定義できないとは驚かれるかもしれない。だが、定義ができないということすなわち理解できない、研究できないということを意味するのであろうか。奇妙なことに、人々のあいだでは、これらの概念について何も問題になっていないのである。定義をしない方が、中国人にとってはかえって理解しやすいということもあるし、一旦定義すれば、誰もがその定義に違和感を覚えるだろう。

中国人のもう一つの特徴は、物事を背景や状況という視座から見るところにある。ここで私は、中国人および中国社会の研究について、「文脈式」という視座を提起したい。「文脈式」の研究とは、中国の文化、社会、そして中国人すべてを一つの基本的枠組みのなかで認識するものであり、物事と物事のあいだに分類不可能でかつ不可分なつながりがあることを前提にする。宇宙から天へ、天から地へ、さらに人と他の物事のあいだの関係などが、こうしたつながりのなかで把握される。

このような視座および方法論を踏まえ、改めて思うのは、中国人や中国社会の研究は、それらを簡単に分割し、特定の専門分野のいわゆる研究対象にしてしまうべきではないということだ。むしろ、連続性と文脈を重視する観点に立ち、一つの問題から別の問題を引き出すといった作業をする必要がある。

それでは、中国という総体を捉えたとき、その最大の特徴は何であろうか。私見によれば、それは成熟した農耕文明にある。その具体的な特徴は、互いにつながりをもつ以下の四つの側面として見出すことができる。

第一に、農業——農作物の栽培——は、中国人のあいだに、生産労働をつうじた天と地への眼差しを育み、さらには、天、地、人の調和への関心を醸成した。伝統的農業において、人は天に依存して食べていたのであり、良い天候を望んだが、気候が良くとも土地が痩せていれば農作物は育たない。逆に土地が肥えていても気候が悪ければやはりだめ、ということで、天と地双方の条件が整わなければならなかった。両者が不調和である場合、例えば旱魃《かんばつ》や水害の被害が生じた場合には、人為的対応として水利を行わねばならなかった。要するに、農耕文明であることはすなわち、人の行為すべてが天に従わなければならず、良好な風雨のめぐりにこそ人々の願いがあったことを意味する。欧米の文化において、人間は自然を征服しようと努めてきたのであり、つまるところ、自然とは、人の知恵と道具、そして創造的な発明と知識により改造できるものであった。例を挙げて対比してみよう。中国人は冬になると綿入れの上着や掛布団を使用して、自らの側を調整してきたが、これに対し欧米人は空調設備を発明し、冬期の屋内を夏のごときものへと変化させた。夏になると我々は薄着になるが、欧米人はクーラーを用いることにより、服を着込まなければならなくなっている。中国人は総じて、人と道との関係を「道があれば前に進み、前に道なきときは迂回して進む」と捉えているのに対し、欧米人は道をつくり、路面を舗装し、さらには山をうがち、橋を架けてきた。中国人は上天を述べるに際し神話を語ってきたが、欧米人は本当に飛行機をつくり、多数の人間をつめこみ、天上を飛び回った。農耕社会においては、人々が天に雨を降らせてほしいと思うときには降ってくれず、降ってほしくないと思う時に雨が降る。どうしたらよいか。中国人は人工的に雨を降らせることなど思いつきもせず、元来、水利灌漑の唯一の方法は、多雨の時にそれを蓄え、少雨のときに放水するというものであった。中国人は自然に対し、征服ではなく調節を試みてきたのだと言えよう。昨今、中国政府は「新しさを創造しよう［創新］」というスローガンを提起しているが、中国人はまったくもって創造的な思考というものに乏しいのであり、むしろ調節においてこそ非常に秀でているのだ。それは、生計の調節にも表れる。中国人はかねてからいくらの金があればどれだけのことができるのかを認識しており、家の中には常に幾ばくかの金を残しておかなければならないと考え、平時においても万一のための備えをしている。このような社会でいったいどうして経済危機が起こりえようか。我々の銀行は「儲蓄所」とも呼ばれており、庶民は日常的に貯めた金をそこに預け、不測の事態に備え、あるいは「塵も積もれば山となる」という発想で、新居の購入や結婚、進学など大きな出費に向けて準備する。近年、欧米より生まれた消費者ローンは、これとはまったく相反する意味あいを持つ。すなわち、未来の金をまず使いきり、その後ほぼ生涯にわたって銀行に債務を返還せよと人々を鼓舞するものである。

　第二に、中国の農耕文明における経済と生存の形態は、小農経済と家族生活を基盤としていた。小農経済は、市場経済に対立する営みとも言える。すなわち、小農経済が自給自足的で、自らの生産したものを自ら消費するのに対し、市場経済は、他の人の消費のために生産することにより成り立つのだ。前者においては、流通および市場が成り立たないが、後者の場合それは必須である。中国の農民は自らのために働いてきたのであり、このことは、私利私欲に根ざした価値観を形成した。人の労働とは協力を必要とするものだ。社会の性質の違いに応じて、異なる協力のあり方が望まれる。しかし中国人の場合、農業社会における労働を、何らかの組織形態――大集団式、荘園式、農場式、合作社《がっさくしゃ》あるいは公社式など――によって行う必要があるなどということは考えたことすらなかった。中国人にとってもっとも重要な協力のかたちは、家族の成員によるものであった。毛沢東《もうたくとう》時代には合作社や人民公社が試行されたものの成功しなかった。中国の農民は一旦家を離れるとどのように田畑を耕したらよいのか分からなくなってしまうのである。したがって、中国人は家の外にはいかなる別の組織も作らず、家という範囲を超えた価値観にも乏しかった。中国人が崇拝するのは自らの祖先であり、福・禄・寿の神仙を祭祀するのも、これらが家族のなかに価値をもたらすことに期待したからであった。中国で大量に祀られている観音像でさえも、同様に世俗的な求めから生まれたものであり、とりわけ送子観音は、息子が欲しいというその一心により祀られてきた。

利己性は、欧米では個人のためのもの、エゴや自利だとされている。だがこうした解釈をそのまま中国で用いると誤解のもととなる。この誤解の原因は、「個人」と「他者」とを二項対立的関係として用いるところにある。中国人の「己」とは単に個人を指すだけではなく、連続性という視座から見れば、「小我」と「大我」の関係を意味する。「己」は、内側に向かって縮小することもできれば、外に向かって伸長することもでき、ひいては利己性と同時に利他性をも持ちうる概念なのである。例えば、中国人が「自私(自己中心的)」という場合、それは彼個人が自己中心的なのではなく、人間関係の上でその行為が自己中心的になっているということを意味する。彼が、彼の家族や親族、あるいは同郷の者、ひいては天下について考えることを放棄しているという意味ではない。表面的に見れば、自己中心的であれば、それはすなわち利己的だということになるのだが、これを関係性のなかで捉えるならば、その関係に含めて考えるべき他者が増えれば増えるほど、彼が利他的であることの可能性も大きくなる。この「自私」という概念は、費孝通が生み出した重要な概念——「差序格局」——にも結び付く。費孝通は次のように述べる。私たちが一塊の石を水面に投げたとき、そこにはその石を中心に次第に外に押し広がっていくような波紋が生まれるが、それこそが中国人の関係の構造なのである、と。中心から外へと押し広がる波紋——これは儒家のいう「修身、斉家、治国、平天下」の発想に符合するものであるが、ここで石が水の波紋の中心になっていることは同時に、自己中心的で自我主義である中国人の特質を表している。費孝通によれば、一個人は国のために天下を犠牲にし、家のために国を犠牲にし、己のために家を犠牲にするのである。だが、個人の伸縮自在性を体現した「差序格局」をもって、中国人の自我主義を推論するのはあまり正しくないだろう。なぜなら、費孝通はあまり明確に理解していなかったと思われるが、「差序格局」の原則で外から内へと幾重にも犠牲にすることはできても、最後に「己」のみが残るという状況は、中国人の価値観にそぐわないものだからだ。ここで鍵となるのは、中国人にとって「私」とは個人ではなく、関係的なものだということである。それゆえに私心が現れたとき、中国人は、彼個人ではなく、むしろ最後の一層の関係を守ろうとするであろう。これは通常、彼の血縁に基づく肉親関係である。個人が最後に残った肉親への情のために、往々にして彼自身をも犠牲にすることに留意すべきであろう。これは、中国社会を理解する上できわめて重要なことだ。例えば、中国の家庭において慈しみ育てられた子供は、人生の諸々の大事——趣味、結婚、就職など——に際し、自分で自由に選択し決定できるわけではない。肉親をはじめ家族の意見が優先される場合が多いのだ。「差序格局」という論点の重心は、関係の包摂する範囲の大きさにあり、最終的に彼自身が重要かどうかという点にはないのである。

続けて、社会組織の発展について考えてみたい。組織とは本来、人々が家の外で、契約、目的、分業協力に基づき形成する人間の集合体を指す。その組織の制度、運営および人員構成などもまた、家とは共通するところをもたない。だが、中国社会では組織の根本に「家」の思想と制度があり、家族関係の拡張が見られる。中国の組織は、何らかの事業目的を有する家とは別種の集合体ではないし、個人的な関心、趣味、信仰などから結成されるのでもない。今日、一部の民間組織や協会、ないし学会が活性化しているように見えるが、その実、これらの組織のありようは家をモデルとしている。いわば、それらの組織において重要なのは、目的や規程、資格などではなく、家長制を実行し、派閥を作り［拉山頭］、資源を占有し、職位を分配することなのである。あるいはまた、多くの社会組織は「組織」を謳いながら、実際には関係のネットワークと呼ぶべき実態にある。中国社会における「家」の概念と欧米の社会学で議論される「家族」概念の最大の違いは、欧米社会における家族が、社会を構成する生活単位であり、かつ一つの実体として捉えられるのに対し、中国の場合には、「家」がすなわち社会そのものであり、両者が虚実同居したものとして捉えられる点にある。「家」は、生活単位としての実体を指すこともあるが、同時に「想像の共同体」を指すこともある。例えば、戸、房、族、宗、村、郷などは実体であるが、いわゆる「炎帝《えんてい》と黄帝《こうてい》の子孫［炎黄子孫］」、「五百年前は一つの家だった［五百年前是一家］」、「中華民族大家庭」などといった言いまわしは、いずれも「想像の共同体」を語るものである。日常生活のなかでも、中国人は外で誰か見知らぬ人に挨拶するとき、「大爺」、「大伯」、「大叔」、「大媽」、「大姨」、「大嫂」、

「大哥」、「大姐」など、親族の呼称を用いて相手を呼ぶ。「四海《しかい》の内は皆兄弟たり［四海之内皆兄弟］」というわけである。中国人の現実の生活において、家の包摂性は非常に大きく、政治のレベルにも及ぶ。例えば、官僚は「父母官」と呼ばれるし、軍人は「子弟兵」と呼ばれる。また、現実社会にみられる多くの組織――いわゆる「幇」や「会」として括られる同郷会、商会、会館など――も、家の延長である。今日の出稼ぎ労働者の集団や犯罪者集団についても、それらは明らかに同郷ネットワークに基づく団体としての特徴を有している。同郷ネットワークの識別という点において、常々学者は方言のもつ重要性を軽視してきたが、多くの場合、「差序格局」が実際の運用においてどこまで押し広げられるかを決定づけるのは、方言である。やや通俗的な言い方になるが、同郷ネットワークであるかを見分ける基準は、方言なのだ。中国のビジネス界で有名なのは「寧波幇」と呼ばれる幇派であり、ヨーロッパで最大の影響力を誇る中国人は温州《おんしゅう》人であるが、彼らの方言は他の中国人には聞き取ることもできない。また、政治の幇派として最も有名なのは、かつての「四人組」（一九六〇年代後半から七〇年代半ばにかけ、プロレタリア文化大革命を主導した江青《こうせい》、張春橋《ちょうしゅんきょう》、姚文元《ようぶんげん》、王洪《おうこう》文《ぶん》）であるが、彼らの関係も上海出身者であることを基礎に作られたものであり、その意味では彼らを「上海幇」と呼ぶこともできる。

欧米の社会学は「組織」を一つの核心的概念と見なしているが、中国の農耕社会としての長い歴史は、中国人を「組織」という概念から遠ざけてきたのであり、この概念が語彙として導入された後にも、多くの場合、党派を指す言葉として用いられた。例えば、あなたが帰宅し妻に「今日ついに組織に入ったよ」と言えば、それは「仕事を見つけた」という意味ではなく、どこかの党派に加入したのだという意味に解される。欧米の工業化の産物である組織という概念は、確かに中国にも影響を与え、中国人は、家の外に社会組織というものがあり、それは必ずしも党派を意味するのではないということを知っている。しかし、我々は依然として、所属組織を指し示すとき、「組織」という言葉ではなく「単位」という言葉を用いるのだ。「単位」制度は元は社会主義計画経済の産物であり、社会学的意味においては、都市化と伝統的家族モデルの結合とも呼べるものであった。つまり、一方では企業組織の要素を吸収しつつ、他方では家族的要素を多分に吸収していた。このように、中国の都市部では、家庭と「単位」は分かちがたく結びつき、多くの場合、「単位」が家族の保障を担っていた。伝統的農民が、必要なものを家に求めたのに対し、都市の人々は「単位」からの提供に頼っていた。新居が欲しければ、「単位」が新居を建て、腹が減れば、「単位」が食堂を用意した。子供の世話が必要なときには「単位」が幼稚園を建て、子供が進学する際も、大きな「単位」は子弟学校を用意した。調理の際に油がなければ「単位」が油を提供し、北方都市の「単位」は、冬になると白菜を配給してくれた。家に風呂がなければ「単位」がシャワー室を用意した。また時に「単位」は、「単位」に所属している若い男女に相応しい相手を紹介したり、はたまた家庭内のいざこざの解決に助力したりしてきたのである。知りうるかぎり、欧米の社会科学で用いられる「組織」概念にこのような含意はなく、もし欧米の組織理論を用いて中国の「単位」での生活や労働を分析しようとするならば、多くの重要な内容が見落とされてしまうだろう。むろん、市場化を経て、中国式の「単位」は瓦解し、改造され、消滅し、中国社会にも企業や公司、会所、クラブなど、より明確な組織概念が登場した。しかし、家の観念は依然として強く作用し、多くの場合、これらの組織の構造と営みには家族的なものの影響が見られる。その最たる例が同族経営の企業である。よく知られているとおり、華人《かじん》のいるところでは同族経営の企業が発達する傾向がある。

農耕社会の第三の特徴は、中華帝国の官僚システムである。孫文はかつて、中国人はあたかも一握りの散砂のごときものだと述べた。中国では広大な農村地帯に家がぽつぽつと点在しており、この社会は組織的団結力に欠け、社会的中間層に乏しいというのだ。同郷の者たちを組織することはできても、数億もの同胞らを組織するのは難しい。国家は、政治、安定、治安、軍事、灌漑、動員などの必要から、何らかの政治の枠組みを築き上げねばならなかった。こうして、家と家のつながりが緩やかである一方で、官僚制度についてはより強固なものになるよう、中央集権制が築かれたのであった。近代官僚制度を研究したヨーロッパの社会学者マックス・ヴェーバー(Max Weber)は、中国のこの状況を非常な驚きをもって考察した。ヨーロッパの官僚制度と異なる点をもつとはいえ、古き中国文明において、かくのごとき官僚制度が存在していたことを発見したからである。ヴェーバーにしてみれば、中国のような伝統的農耕社会に、かくも膨大な官僚制度が築き上げられたということ、しかもそれが君主思想と融合していることは、実に難解なことであった。君主思想は、近代的官僚システムの形成を妨げ、近代的な官僚とは、君主主義の観念を打ち破ってこそ生まれるものだというのがそれまでの理解であった。だからこそ、イギリスや日本は他の道へと進んでいったのである。しかしこれに対し、中国においては、君主と官僚との間に連続性すら見受けられたのだ。

　中国の社会的官僚システムには非常に奇妙な特徴がある。それを歴史学者は、逆ピラミッド型と呼び、私はヒョウタンの上の部分にたとえるわけだが、いずれにせよ、中国の官僚システムは、庶民に近い官僚ほど人数が少なく、位が高くなるほど、人数が多くなる。したがって、中国人が「官界[官場]」と言うとき、それは庶民と官僚との関係を指すのではなく、ヒョウタンの上半分にいる官僚と官僚の関係を指す。ここに立ち入ると、周りはすべて官僚であり、みなそれぞれ各部門に配置されている。そして誰もが、自分がどこにいるのか、どの部門が重要なのか、どの場所に資源が集まっているのかに関心を寄せる。また、同郷観念や派閥観念が浸透しているために、自分の親族、同郷者、同級生、戦友などがどこにいるのかにも気を配る。このようにして、官界のシステムが形成されるのである。真に庶民と関わりを持つ機構は「衙門《がもん》」と呼ばれていた。中国の多くの伝統的戯曲で語られるのはこうしたところの官僚であった。彼らは最も基層にいる官僚であり、「県衙《けんが》」とも呼ばれていた。直接的に庶民の様々なことを処理し、同時に、庶民に自らの権威と特権ないし腐敗のありようを見せつけた。このような官僚に向き合ったときの、羨望と嫉妬、そして恨みは容易に理解できる。実に、多くの庶民が、自分も彼らのようになってやると誓ったのである。ここに、中国文化が設計した、官僚システムの開放性が見て取れる。すなわち、「お前が私を羨むならばよろしい、お前は試験に参加するがいい、合格さえすればお前は私と同じようにできるのだ」ということである。これが科挙制度であった。科挙制度は、いかなる出自の受験生にも開かれており、勉強ができさえすれば官僚になるチャンスがあった。いわゆる、「王侯将相《おうこうしょうしょう》寧《いず》くんぞ種《しゅ》有らんや[王侯将相寧有種乎]」、「あらゆる営みはどれも下等であり、ただ学問のみが高尚である[万般皆下品唯有読書高]」である。このような制度的枠組みは、社会に蔓延する深刻な矛盾や対立を解消する機能をもっていたように思われる。というのも、このような社会的枠組みにおいては、どの家も皆一つのこと、すなわち息子を生むということに精力を注いだからである（女子には科挙の受験資格がなかった）。農業人口論から見れば、男子を生むことは労働力の増加を意味するのが常識である。確かに大昔はそうだっただろうが、私見によれば、中古の時代、とりわけ隋・唐以降、状況は変化した。生まれた息子に、進んで畑仕事をさせたいだろうか。まずは科挙試験に挑戦し、不合格であれば、やむなく畑仕事をさせるだろう。古今を問わず、中国の家では、息子が生まれると、家族みなが食を切り詰め、節約し彼を育てる。一番の理想は、子供が賢く勉強がよくでき、試験で良い成績をおさめることである。これは家族全員にとってなによりの喜びであり、息子にしてみれば、家族への最高の恩返しであった。科挙制度の開放性により、官僚システムは社会に対する大きな吸引力となり、中国社会を超安定的なものにした。だがこれは同時に、一つの新たな問題を生み出した。すなわち、人々のあいだで、知の探求は、単に官僚になるという目的のための手段として矮小化され、学問は、知の探求ひいては真理の探究としての内実を失ったのである。

官僚システムのもつ絶大な影響力は、中国人のあいだに「官僚になる」ことを人生の理想であり希望とする傾向を生み出してきた。たとえその他の道で活路を見出したとしても、それは官僚になることと比べれば、大きく劣るものだった。これが「官本位」の源泉である。今日、発展を遂げつつある様々な組織を見ても、いずれも官僚に近づこうとする志向をもっている。例えば、教育分野もそうである。大学は、教育および科学研究の機関ではあるが、ここにも官僚志向の影響が見られる。教授たちが集まって議論する話題といえば、学術的話題ではなく、誰にまだ官僚になるチャンスがあるか、誰が主任から院長、校長に出世できるか、最終的に国家のなんとか部門のポストに就けるかどうか、といったことである。そして政府がひとたび官僚の募集をかけると、数少なからぬ教授がそわそわし始める。大学内部の管理のあり方も官僚機関化しており、教授はいわば「窓際族」である。教授らは、自分が教授にしかなれないと悟るや、教授が行政機構上どのランクの官僚に相当するのか、ということを気にかけ、自らの官僚としてのランクを調べるのだ。

中国の農耕文明の第四の特徴は、先に述べた農耕文明の最も成熟した部分に見られるものである。すなわち、このような社会は、農業労働、天文学、二十四節気、天災の防止、冷兵器や兵法、生産技術、統治術などの各方面において傑出した発明を生み出したが、より重要なのは、これらに関連する思想体系をもたらした点にある。春秋戦国時代、様々な思想流派が互いに競い合ったが、この競争において最終的な勝利を収めたのは儒教と道教、そして外来の仏教であった。いったい、これはどうしてだろうか。これまで述べてきた社会システムのありように基づいて考えるならば、これらの思想はいずれも、上に挙げた三つの特徴に対し、生活、事業、世界観の形成という面で指導的な役割を担った。それゆえに、これら思想は中国文化の伝統となり、伝承されるに至ったのである。なかでも実質的に、農耕社会の生活体系を構成する上で指導的な思想となったのは、主として儒家思想であった。それは、儒家思想の核心が「君君、臣臣、父父、子子」すなわち「親親、尊尊（親しいものに親しみ、尊い者を尊ぶ）」にあったからである。このうち、君臣は官僚システムについて、父子は家族生活について述べたものであったが、いずれも最後には「孝」の一字、すなわち「孝をもって天下を治むる」に帰結するのだった。前章で述べたように、儒家と中国社会は相互に受容しあい、最終的に儒家を核心とする社会制度が築き上げられた。儒家の重心は「五倫」、すなわち父子の親、君臣の義、夫婦の別、長幼の序、朋友の信にある。このうち父子、夫婦、長幼は家族構造に、君臣の倫理は官僚システムに、朋友の倫理は社会生活に属するものである。しかし、私が繰り返し述べてきた連続性の観点から中国社会を見るならば、君臣は父子のごとし、朋友は兄弟のごとし、となる。そう、このようにして、すべての関係が家族のなかに吸収されるのである。「四海の内は皆兄弟たり」である以上、この他にいかなる関係があると言うのだろう。このような訳で、見知らぬ者同士の関係、組織という関係、および契約にもとづく関係などについて、儒家は思考することがなかった。儒家の思想が中国において興隆したのは、この思想が家のなかおよび官僚システムのなかの秩序を導くのに有用だったからであるが、実践においては、法家の思想を借りねばならなかった。一方、道家はというと、その思想の多くは、上述の第一の特徴に関するものであった。すなわち、天、地、人の間の関係や、人と自然の関係、人と生命の関係、生命と自然の関係、また人の健康や寿命と自然との関係などであった。これらは最終的には、中国人が皆知りたいと願う「命」の概念に帰着する。

孔子は「五十にして天命を知る[五十而知天命]」と述べた。人は五十歳に達する前に知りたいと願っても知るすべがないが、五十歳になると、自らの歩んできた半世紀を振り返ることで自然と分かるものがある、それが命である、と。だが、儒家は命それ自体についてはつきつめなかった。これは道家のテーマであり、通常、陰陽五行の概念のなかで議論される。道家が命という問題に立ち戻って問いかけたということは、すなわち個人性という問題、生命哲学の問題に立ち戻ったということであり、それゆえに道家の思想は中国人の心の奥深い所にまで入り込み、中国文化の根底を形成するに至ったのである。儒家、法家、道家が中国史上重要な位置を得たのは、それぞれが社会構造にかかわる意義を有し、中国の社会システムに埋め込まれたからであると言えよう。他方、外来の仏教が中国人を惹き付けたのは、生きる上で回避できない根本的な苦難——例えば生老病死《しょうろうびょうし》——から逃れたいという人の願いによるものだった。

ここで、これまで論じて来た中国の社会システムを、次のように整理してみたい。その最大の特徴は、最も成熟した農耕文明だという点にある。それは具体的には次のような特性により成り立っている。

(一)天、土地、生命　→　天―地―人　→　「天人合一」
(二)小農経済と家族生活　→　血縁、地縁共同体　→　〈関係〉本位
(三)官僚システム　→　官／民の階層分化　→　官民間の社会的流動
(四)関係する思想　→　儒教・道教・仏教　→　礼制説、生命説、解脱説

この四つの特性について確認したうえで、さらに上述の文脈式方法を用いて、中国人の行動モデルを中国の社会システムから導きだしてみたい。上記のまとめにもとづいて、図式化すると図2のようになる。

ここに示したとおり、まず農耕文明は農業生産をつうじて人々の天への関心を導いた。ここで「天」の概念は非常に大きく、星回り、気象、季節、二十四節気などの変化を含む。その結果、中国人のあいだには「天」の観念が作り出さ

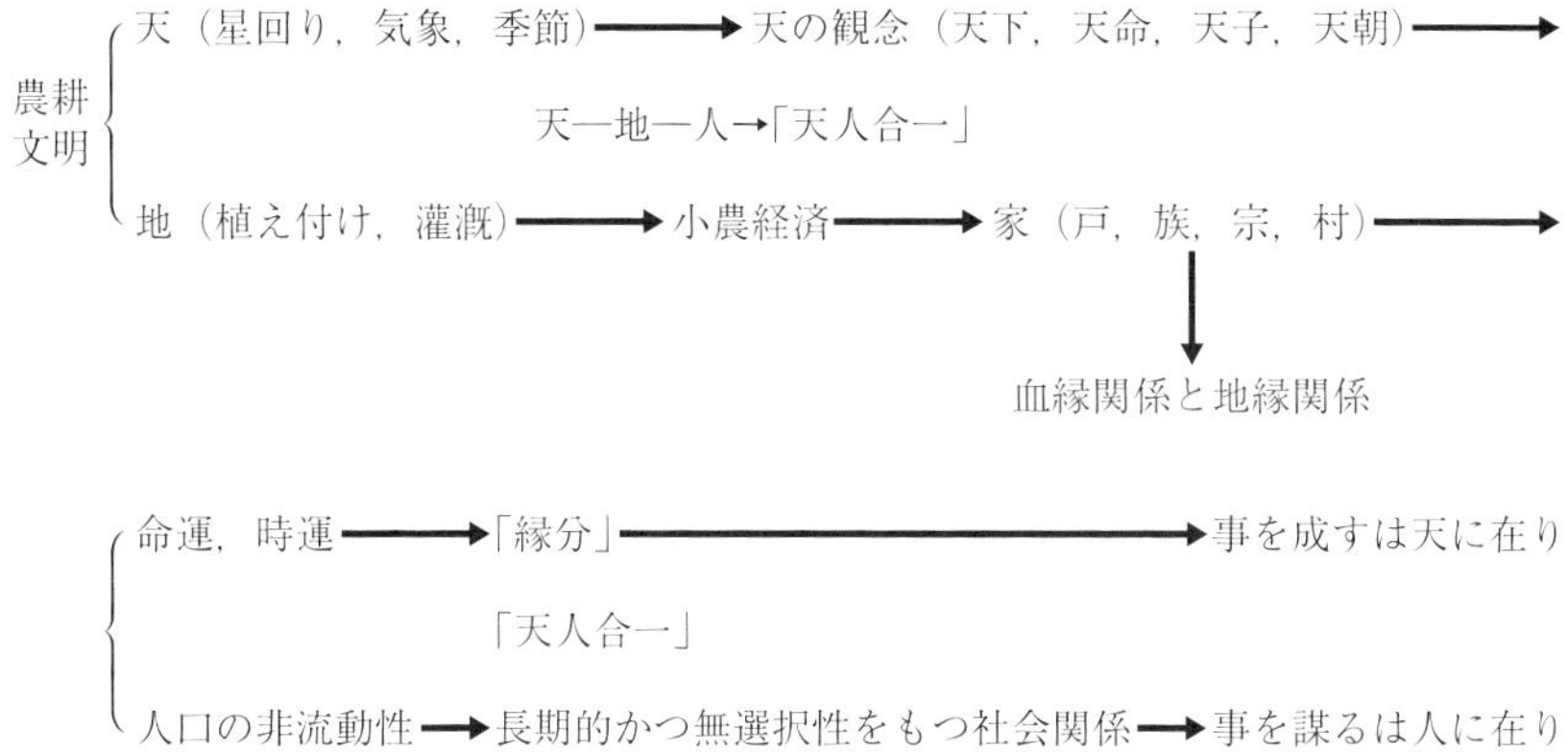

図2　中国の社会システムから導き出される中国人の行動モデル

れ、中国に数多ある重要概念の多くも、天に関わりあるものとなった。例えば、中国にはもともと「天下」という言い方はあるが、国家や民族という概念はなく、これらは近代以降に徐々に形成されてきたものである。また、中国には強烈な天命《てんめい》観がある。どれくらい強烈か。二一世紀の中国社会がどれほど発達したと言おうとも、中国の現実の生活を見れば、中国人の頭のなかに依然として天命という思想が存在しているのが分かるだろう。中国人は普段から天命について話すのが好きである。民国期、数々の軍閥は戦いにおいて天命を信じ、成功や失敗は、天数《てんすう》(天の定め)、気数(天運)、命運、時運と結びつけて捉えられた。欧米人の多くは、家を建てるに際し、まず建築芸術を重視し、その後に周辺環境を考慮するのだが、中国人の場合、家を建てるのもまた天命にかかわると考えている。これがいわゆる「風水」である。それは建築や環境の問題なのではなく、家運を巻き込むものである。多くの人にとって、自分の生業は、商売も含めて自分で把握しなければならないものであるが、中国人は商売をする上でも「天の時、地の利、人の和」を考慮しなければならないと考えている。香港は著しい発展を遂げたが、そこで我々が目にするのは、非常に高く造られた中国銀行のタワーが、なぜか刀の形状を成し、隣の香港上海銀行を脅している光景である。香港上海銀行にしてみれば、自分の頭の上に永遠に刀が突き立てられていることになる。これにどう対応したか。香港上海銀行は、自分たちのビルの頂上に四つの大砲を置いて対応するしかなかった。欧米の理論から見れば、これは荒唐無稽な話として片付けられるのだろうが、天命や風水を理解すれば、このような対応が必要だと分かる。天の観念は、時代の変化を経てもなお、中国人の頭から簡単に消えたりはしないのだ。女性に対し、なぜボーイフレンドが見つからないのかと尋ねれば、彼女は、きっと「『縁分』の巡りあわせが必要なの。私の『縁分』がまだ来ていない（まだ縁が巡って来ない）だけよ」と答えるだろう。私はまた次のようにも思いを巡らせてみる。袁世凱《えんせいがい》は中国で最強の官僚となったとき、いやしかし、総統とて最強ではないと考えたのではないだろうか。この問題も一旦中国文化のなかに位置づけると理解しやすくなる。すなわち、人民が同意したことについても、やはり天が同意するかどうかを見なくてはならない。総統という職位は天に及ばず、天子こそが天に及ぶのだ。だからたとえ人々の投票で同意が得られたところで、それではまだダメなのであり、天に同意してもらわねばならない、と。天の同意こそが、中国の政治の合法性の源なのである。一人の人間が皇位にとって代わりたいと考えたとき、彼の合法性は、「天に替わって道を行う［替天行道］」とするところにあるのだ。中国の連続体思想――社会は単独で動くようなシステムではないとする思想――の下では、あらゆる面が、天の社会に対する影響とされ、ゆえに人間界の事柄は天の事柄となる。先述の官僚システムが中国で「天朝」と呼ばれる所以である。

客観的な耕作の必要から生じた天への依存、より具体的には季節、気候、天気が農作物の生長に与える影響などにより、中国人は、自らの一生が天に支配されていると考えるに至った。社会的な付き合いもその例外でない。これは中国語で「縁分」と呼ばれているが、ここで「縁」は天の領域を、「分」とは人の領域を指す。一人の人間が誰かと知り合いたいと思うこと、これは「分」であり、最終的にその人とお近づきになれれば、それが「縁」である。「縁分」とはまさに「天人合一」の思想の表れだ。「縁はあるが分がない」とは、天の部分は到来したが人の部分がともなっていないということであり、「縁がないが分はある」とは、人は努力したが天の助けがないということである。例えば、一組の男女が死ぬほど愛し合ったが結婚することができなかった、というのが「無縁有分」であり、これに対し、一組の男女が生まれながらにカップルとなり、周りの人もそれを見て「郎才女貌」だとか「金童玉女」だとか（いずれも「似合いのカップル」という意味）と言っていたが、結局のところ結婚はしていない、というのが「有縁無分」である。こうした発想から、中国人は婚姻関係を「姻縁」と呼ぶ。これは、天の部分と人の部分双方が揃ってはじめて良縁に結ばれるということを意味する。中国人にとって、愛しているかどうかで夫婦の関係を表現するのは難しい。なぜなら夫婦の関係とは「縁分」の問題であり、愛情の問題ではないからである。ある者は言う。今は良くなった、二一世紀に入って、若い男女は「非誠勿擾（冷やかしお断り）」というテレビ番組（中国の人気お見合い番組）にこぞって出ているし、インターネット上の結婚紹介所まである、と。だが、これによって「縁分」の重要性が変わったわけではない。例えば、こういったテレビ番組の参加者の一人を見初めて、急いで参加申し込みをしたが、あなたが番組に出る段になった時、その女性はすでに誰かに選ばれてしまったあとだったとしよう。そうした場合、あなたはその場で慌てて誰か一人を選び直すほかはないのである。また逆に、あなたが見初めた女性がまだそこにいたとしよう。それは、彼女とあなたとのあいだに縁があったということを意味する。だか「分」があるかどうかはまだわからない。彼女があなたを見てスイッチを押すかもしれないからである（同番組では女性がスイッチを押し拒絶の意を示す）。では、欧米のロマン主義の影響を受けた現在、縁と愛のあいだでは、愛の方に行けばよいのか、はたまた縁の方に行けばよいのだろうか。これは何とも言い難い。自分自身の生活態度を考え、安穏と静かな日々を送りたいのか、それとも死にものぐるいで愛しあいたいのかを考えなければならないことだろう。私見では、多くの中国人は折衷案をとるようになってきている。折衷案とはすなわち「配（つり合い）」と呼ばれるものである。「配」とは愛と縁が混じりあったものである。中国人のよく使う言いまわしに「あなたたち二人はとても『般配（お似合い）』ですね」というものがある。「お似合い」なのに愛し合わないというのは、もったいないことである。逆に、あなたが誰かに片思いをしたが、いつまでたっても振り向いてもらえないとする。「こんなに君を愛しているのに、あなたはどうして相手にしてくれないの」と言うあなたに、彼女は一言、「あなたは私に『配（つり合う）』と思うか」と。このことは、愛したいならば、「つり合う」かどうかを見なければならないということを示している。神話はいつも「天仙配（七人の仙女と人間の男性が恋に落ちる異類婚姻譚）」であり、現在はテレビのなかの「スピーディ・カップル［速配］」に替わっているが、一度として「スピーディ・ラブ［速愛］」になったことはない。なぜ中国人は、愛をあまり重要視してこなかったのか。なぜ欧米人のように、愛を二人の関係を維持する基礎だと見なすことがなかったのか。この問題に私はとくと悩まされてきたが、やっと分かった。例えば、ここに蓋とペットボトルがあるとしよう。これを合わせることを「配（蓋を閉める）」という。「配」することの長所とは何だろうか。それは、堅固になるということである。愛は確かにとても甘いものであるが、必ずしも堅固である必要はない。愛に数日、数ヶ月、数年といった期限があるのかどうかは難しい問題だが、いつかは愛さないという日がやってくる。それがいわゆる「七年目の浮気［七年之痒］」である。親はいつでも子供を諌めるものである。「この人は可愛いし、見た目もいい、でも頼りにはならないから、あなたたち二人はそう長くは続かないよ」と。これはどういう意味であろうか。中国人は婚姻というものを長続きすればするほど良いと考えているのであり、死ぬほど愛せば良いのだとは考えていないのである。ゆえに中国人が望む愛とは一生の愛であり、眼前の狂おしいほどの愛のことではない。欧米人にも「共に白髪になるまで添い遂げる」人はいるではないかという反論があるかもしれない。しかしここで私が思うに、欧米人の長続きというのは加算法である。つまり、一日の愛があって、その一日を過ごすのであり、それが最後まで続く可能性も出てくる。これに対し中国人の場合は、まず先に「長続き」という想定があり、それから一日が過ぎれば一日が減るといったように、減算法なのである。前者の愛は緊張感のあるものであり、いつの日か愛さなくなるかもしれないという前提がある。ここに、強く美しさを求める気持ちが生まれ、女性は化粧をし、男性はスポーツに励むのだ。これに対し後者の場合、一生を共にすることばかりが求められ、美しさはどうでもよくなる。このような婚姻では、離婚や別居などが発生した場合、それは一生を台無しにするものとされる。このため、中国の夫婦は忍耐を強調し、またお互いを受け入れる。怒りをじっとこらえたとしても、二人が別れる事態は起こらないのである。欧米人は毎朝起きると挨拶とキスで愛を表現し、また帰宅したときにも同じやり方で、愛がまだあることを説明し、その面倒を厭いはしない。だが、「縁分」観で動く中国人の場合は、こうしたことを完全に余計なことだと考えるのであり、何のしぐさもありはしない。すべては

「命」なのだから、そんな余計なことをする必要はない、となるのである。私見では、「縁分」の最大の利点とは、一生、人を婚姻という休暇のなかに置くことにある。ここでいう休暇とは、つまりは緩みとたるみである。一例を挙げよう。未婚の彼（ないし彼女）は、毎日鏡をみて、服を着替え、おしゃれをし、颯爽としている。だが数年ぶりに、彼（ないし彼女）を見ると、彼（ないし彼女）は体型が変わり、だらしない感じになっている。あなたが「あなただと分からなかったよ」と言うと、彼（ないし彼女）は答えていわく「結婚したんだ」と。結婚したとはどういう意味だろうか。つまりは、彼（ないし彼女）がもう身なりに頓着しなくてもよくなったということであり、自分の見た目を気にしなくてもよくなったということであり、果てはこのような変化が婚姻の解体を招くといったことまで一向に気にならなくなったということである。かたや欧米人は老婦人になってもなお、美しさを求めている。それは、相手を惹きつける力を持ち続けたいと願うからこそである。私は欧米の学生に言う。「中国人は君たちよりも幸せだ。我々はこうしたことを考えなくてもいいからね」と。

農耕社会において、家族の農作業とは土地を耕すことであり、このことが人口の流動性を抑制してきた。中国において、外来者やよそ者には特殊な含意がある。例えば、素性があやしい、いじめられる、安全ではない、といった意味が暗に含まれているのである。人口の非流動性は、日常生活のなかに明らかに見てとれる。例えば、中国人が記入する数多くの書類には、出生地を問うものは少なく、代わりに祖籍地を問うものが多い。中国人はふだんの会話で「あなたはどこの人ですか」と尋ねるが、それはまず間違いなく、現在の戸籍の所在地を尋ねているのでもないし、出生地を尋ねているのでもない。故郷、つまりあなたのおじいさんがどこの人かと尋ねているのである。このことはまるで、その人物の祖宗八代をはっきりさせることのほうが、彼個人について知るよりも重要だという認識を示しているかのようである。また例えば、中国人が人を罵倒する時は、絶対に本人を罵倒することはしない。本人を罵倒する社会とは、流動性のある社会である。ここでは人はあちらこちらへと移動する根無し草なのだから、その人本人を罵倒すればよいのである。これに対し、もし彼が生涯にわたりほとんど移動しないとなると、罵倒は連続性をもち、対象はその人だけに留まらず、彼と関係が緊密な年長者にまで及ぶようになる。それゆえ、中国人が人を罵倒する時は「さお登り式」に罵倒する。まずは相手の母を、次に祖母を、そしてその祖先を、さらには一八代の祖先を罵るのだ。ここで注意すべきは、人口の非流動性は、長期的で、無選択性をもつ社会関係をもたらす。この点については、中国人の婚姻に関する議論の中でもすでに言及したが、非常に重要な問題であるため、章を改めて検討したい。

以上、様々なことを述べてきたが、私が強調したいのは、我々が中国人と中国社会の研究を志すならば、「事を謀るは人に在り、事を成すは天に在り［謀事在人、成事在天］」という孔子の言葉を起点にするとよいということである。このフレーズこそ、中国人の社会行動の合法性の枠組みであり、中国人はこの思考に基づき、「命運」と「人為」との間で妥協、策略、平衡を追求してきた。「人事を尽くして天命を待つ［尽人事而待天命］」に示される認識と行為の枠組みから見出されるのは、天の至高性は、それが中国人の行為の合法的根拠を構成しているところにあるということである。そしてこのことは、中国人のあいだに、行為の結果を、外在的なものに帰結させる合理的解釈をもたらしてきた。そしてこのような解釈法は、一方ではいかなる結果にも泰然と向き合う姿勢を可能にし、同時に自ら事象の変化と方向性を操らんとする姿勢を促してきた。「事を為すは人にあり［事在人為］」というわけである。

＊本章は二〇一〇年九月二九日、北京大学で行った基調講演の一部をもとにしたものであるため、やや口語調の文体となっている。

第二部

第一章　中国人の関係ネットワークにおける構造的均衡モデル

中国の日常生活において、しばしば見られるのが「請客送礼」である。「請客送礼」とは、人にご馳走したり、贈り物をしたりといった、単純きわまりないことのように見えるが、実は、この至極簡単な事柄の背後には奥深い条理が広がっているのであり、その条理に疎ければ、せっかくのご馳走も贈り物も無駄骨に終わってしまうのだ。例えば、中国人が結婚するとき、結婚式の通知を受けた招待客は祝儀を出すことが一般的であるが、これは単に個人の意思の問題なのだろうか、それともなんらかの規範の縛りによるものなのだろうか。また、ある人が誰かにご馳走しようとするとき、単に奢りたい人に奢ればよいのか、それとも、周到に考える必要があるのか。また、これは誘う側のみ考えればよい問題ではなく、誘われる側にとっての問題でもある。すなわち、お礼をするかどうか、参加するかしないかは、自らの意思で選択してよいのか、それとも目に見えない圧力により、暗黙のルールに従わざるをえないのか。ここではまず、一九九一年九月一八日付『中国老年報』に掲載された、山西省方山県下昔郷連家坡村の事件を見てみよう。

楊宝生と渠俊梅の暮らしむきは貧しかった。年老いた母を養い、二人の子供を養育しなければならず、日常生活にも支障をきたしていた。またこの二人には兄弟姉妹も多く、最近はどの家が嫁入りだ、どこの息子が結婚だと相次ぎ、さらには葬儀も続いたために、祝儀や香典で出費がかさみ、どうにも大変な状況にあった。五月一五日、渠俊梅のおいが結婚するということで、なんとか人から二〇元の借金をして結婚式に参加した。彼女の同輩たちが祝儀帳に祝儀四〇元、新婦へ五元と記帳するなか、渠俊梅は祝儀帳に祝儀一六元、新婦へ四元と記すしかなかった。すると、これが相場に達していないと、親戚一同皆、彼女を辛辣にあざけり、ある者は皆の前で「恥知らず」と責めたてた。彼女と夫は非常に辛く、食事ものどを通らず、人と目を合わせることもできなかった。これからも祝儀や香典が続くならもう払いきれないと、渠俊梅は思い余って、水がめに身を投げ自殺してしまった。楊宝生は深い衝撃を受け、あとを追うように首をつり、自殺したのだった。

「請客送礼」のルールは、一見、日本人の義理に関する議論に重なる部分があるように思われる。だが、中国人の感覚において、「請客送礼」の規則性と弾力性は、絶えず調節と変更を受けるものであり、確固たる倫理法則ではない。また、指摘すべきは、本章で論ずる問題は、中国人の日常生活の基本原則というにとどまらず、中国の政治、経済、教育などの各分野にまで及んでいるということである。これを研究すれば、一見単純な現象の背後に深い文化的語法が隠されていることが分かるだろう。そして、これらの行為を欧米の社会心理学でいう「迎合(conformity)」、「衡平(balance)」などの理論に帰結させることが重大な誤解をもたらすことに気付くだろう。

一　研究の目的と方法

中国の人間関係についての研究は、中国人の社会的心理と行為、さらには中国社会の営みを明らかにする鍵である。かつて、学者の中には、比較的抽象的なレベルにおいてこの問題について概括的な議論を展開した者が少なからずいた。例えば、梁漱溟の「倫理本位」[1]、費孝通の「差序格局」[2]、フランシス・シューの「情境中心論」[3]、楊国枢の「社会志向」[4]などである。そのほかには、質的研究として、金耀基による〈人情〉と〈面子〉に関する研究、[5]喬健による〈関係〉研究、[6]黄光国による〈人情〉と〈面子〉に関するモデル、[7]加えて私自身が構築した人間関係の三位一体モデルなどがある。定量的研究もある。例えば、楊中芳による贈答に関する研究[8]、朱瑞玲による〈面子〉に関する研究[9]、李美枝による他者と自己の境界に関する研究[10]などである。これらの研究は、我々が中国の人間関係の特徴を理解する上で疑いなく重要なものである。だが、研究が深まるにつれ、少なからぬ研究者が気付いたのは、これらの研究方法が、一般性を有している一方で、「生々しさ」に欠けているということであった。これらの研究は思弁的分析に留まるか、あるいは我々に多くの変数、説明変数と従属変数の関係を示してくれたにすぎない。これら研究はいずれも、現実社会に生きる中国人が、いかにして戦略的にかつ構造的に社会行為を行うのかについて説明できなかった。すなわち、一人の中国人が具体的な社会的相互作用のなかで、いかにしてこれらの変数を操作するのかを説明できなかったのである。

中国の人間関係のリアリティは、「請客送礼」、生死、婚姻、通院、年越しや祭日、卒業、就職、弟子入り、昇進、出稼ぎ、異動、転居、買い物、表彰、さらには、幼稚園への入園、進学、就職活動、諸々の事務的手続き、商売、ビジネスなどの場面において、一個人が家族、隣人、友人、同級生、同郷者、戦友、同僚、あるいは通りすがりの人とのあいだに取り結ぶ交際のあり方のなかに立ち現れるものである。そして、こうした具体的な交際のあり方から研究を進めてはじめて、我々は、現実社会に存在しない一般人なる対象ではなく、生活を営むごくありふれた具体的な人間を解釈することができるのだ。そういう意味で、我々は先行研究が作り出した研究モデルをうち破らなければならない。我々は、おしなべて、定量的な方法によって理論の正しさを検証したり、いくつかの変数を操ってその相関性を調べたりする必要はないのであり、それぞれの問いに応じた適切な研究方法を探求すればよいのである。方法論ありきで問題を探究するのではなく、問題に応じて適した研究方法を探求すればよいのであり、重要なのは、問題がどのように解決されるかにある[11]。

本章の議論は、このような方法論上の認識に基づく試みである。ここで私は、一人の患者が入院した際の出来事を事例として描き出し、そこに中国の人間関係に共通して見られる現象を読み取り、一つの理論モデルをうち立てる。そうした作業をつうじ、中国人が特定の人間関係のなかでしばしば用いる規則とはどのようなものか、中国人がこの規則の下でいかにして人付き合いを処理し、その社会的関係を安定させ、強化させ、さらには拡大しているのかという問いに答えてみたい。

医師と患者のあいだの社会的相互行為については、既にいくつかの研究成果がある。例えば、李沛良による「医縁(医師と患者のあいだの縁)」関係についての研究[12]、また、アーヴィング・ゴッフマン(Erving Goffman)による、医師が患者に向き合う際の印象操作(impression management)についての研究[13]などである。本章では、問題意識に基づいて適切な研究方法を導くとともに、一人の中国人の人間関係のなかに何らかの原則を見出し、その原則が中国社会において普遍性をもつことを示し、さらにこのモデルと欧米の社会心理学における人間関係モデルとの異同を論じたい。このような研究方法は一つの事例研究として見なされうるが、それは半分正しく半分誤りである。事例研究をつうじて、我々は、ある特定の状況における中国の人間関係の全過程を、深く、総体として明らかにすることができる。だがこのとき問題になるのは、中国人の人付き合いが非常に繊細なものだということである。どのような場合に、誰に対してどのような対応をすべきなのか、彼らはわきまえている。ゆえに、もし自らが研究対象になっていると気付いたならば、その人のふるまいは本来とは異なるものとなってしまうだろう。この問題を解決するために、私は研究を行う際、ひとまずは社会的相互行為の参与者として接し、後に研究者としてその状況を振り返り考察を行うよりほかない。このようにしてはじめて、私は、被験者に警戒心を抱かせることなく、単なる生活のなかの一個人として付き合ってもらえるのである。そして、この研究のいま一つの重要な側面は、事例それ自体を論ずるにとどまらず、その基礎の上に一般性を有するモデルを提起するところにある。事例研究の欠点は、その事例の典型性と普遍性について証明できない点にある。そこで、本章の事例研究のなかに、「網羅的かつランダムな帰納原理」に基づく分析を関係ネットワーク研究に取り入れてみた(この着想については、管見のかぎりどの理論書にも記載が無く、これを用いた研究論文も無いため、私が最初なのかもしれない)。その目的は、研究対象者を起点とし、徐々に議論を、彼女と社会的付き合いをもつ様々な人々にまで拡げていくことにある(ここで言う様々な人々もまた、研究対象としてそれぞれがランダム性を有している)。かくして、もし我々が、彼女と直接付き合いをもったり、あるいは、関連して登場したりする人々の間に、同じあるいは似通った行動モデルを普遍的に見てとることができるとするならば、その行動モデルは、中国の人間関係を規定する普遍的な原則であると帰納することができる。他方、事例自体に諸々の現象が観察される以前に、予め方法論を作り上げた上で研究を行うのは非常に困難である。第一に、研究方法を確定したとしても、私自身が、研究対象となる人々のネットワークの営みに参与できるかどうかは保証の限りではない。第二に、最もわざとらしくなく自然な状況（すなわち、研究者本人以外には、誰もその現場が研究対象となっていることを知らない状況）を維持するという観点から見れば、中国人が重んずる親しさの度合いや機会こそが、研究の成功にとっておそらく最も重要になってくる。確固たる方法論があっても、親しさや機会に恵まれなければ、被験者が何らかの示唆を受けたかどうか、本来の行動を見せうるか否かを保証することはできない。逆に、参与可能な馴染みの環境があったとしても、方法論をもちあわせていなければ、やはり研究の機会を失ってしまうことになる。第三に、私の研究上の仮説はある出来事の成り行きのなかで着想されたものであり、事前に分かっていたものではない。したがって、方法論も、事の成り行きに応じて調整されたものである。

ここで扱う事例研究の過程において、私はまず、日常生活上の行為者として一つの機会を得た。もっとも親しい人物が入院し、手術を受けることになったのである。私はまず、一人の友人という立場で、この出来事の進展に関心を寄せた。だが、ことが進展するにつれ、私は社会学を専門とする立場から、一連の出来事を一つの事例として観察するようになり、相手に気付かれずに関心のある問題を調べ、同時に見舞い客の身分で病室に入ってこれらの点の信憑性を直接確かめた。このように、自分自身の経験によって問題を発見し、単なる見舞いでは得られない情報を補ったのである。それができたのは、まさに私が上に述べた機会や親しさなどの条件を十分に備えていたためであった。第一に、私はこの患者の日常生活、彼女の家族や職場の同僚をよく知っていた。したがって私は、患者の語りの信憑性を確認することができた。第二に、私は頻繁にその患者を見舞うことで、病院内の人間関係に参与し、実際の状況を自ら観察し、それをつうじて患者の語りの信憑性を確認し、必要な情報を補充することができた。第三に、私はざっくばらんに患者と話し、後に詳細な記録を残すことができた。第四に、私は友人である患者を通して、世間話をするように、彼女の同室の患者とも話をすることができた。

二　事例　ある入院患者の人間関係

本事例で取り上げる患者は現在三一歳である。八年前に父母とともに外地から某市へと移り住んできた。そのため、地元の人のように、小さい頃から、同級生や近隣住民などとの関係ネットワークを築いてきたわけではなく、日頃から、積極的、経常的に人付き合いをする方でもなかった。彼女は現在、ある進学校(中学校)の英語教師であり、一年生のクラス担任も務め、夫の勤め先の集合住宅に住む。一九九四年九月末のある夜、彼女は腹痛を覚え、早朝より耐え難い痛みに襲われたため、すぐさま近くの病院に行き急診にかかった。医師は彼女の腹部に腫瘍を見つけ、直ちに入院し手術を受ける必要があると告げた。彼女が入院した病院は市でも有名な大病院であり、入院病棟には広報のため「樹高尚医徳、攀技術高峰〔高尚な医師の道徳を樹立し、技術の高峰を登ろう〕」という巨大な標語が掲げられていた。また、彼女の入院した一角の壁には入院患者への通知と職員の守るべき規則が貼られていた。さらに目を引いたのは、手術室の扉の上に貼られた一枚の通知である。そこには、夏の暑い時期、患者の家族が手術の前後に医師に冷たい飲み物などを贈ることを禁ずる、という内容の通知であった。

ここではまず、入院し手術台に上る前までの出来事について、患者本人の語りを見てみよう。

私の夫が入院病棟に行き、入院のための手続きを進めようとしたのですが、当直の看護師によれば、入院病棟にはベッドに空きがないとのこと。そこで私は〈関係〉を頼って入れてもらおうと思いました。私の職場の同僚の妻がその病院の看護師だったし、私の学生の親やその友人にも確かその病院の関係者がいたからです。そうしたところが翌日、もう一度行ってみたところ、思いがけないことに、その日の当直の看護師は私のカルテを見て、私が市の進学校の教員だと気付き、すぐに三人部屋の病室に入院できるよう手配してくれ、しかも婦人科の主任が私の手術を担当できるよう日程を組んでくれました。どう言おうが、これは最高の待遇でした。どうしてそうなったのかそのときは分からなかったのですが、入院した後になって、その看護師からこんなことを聞きました。彼女の親友の子供が一般の中学に通っており、なんとかして進学校の試験問題集が手に入らないかと探している。今後その友人に、試験問題集を渡してあげてくれないか、それからできることなら、その子供に同学年の友達を探してあげてくれないか、そうすれば、いつでも進学校についての情報を得ることができるから、と言うのです。

入院して三日目に、手術の日が巡ってきました。その日の朝早く、患者を手術室まで連れて行く役目の看護師が来て私のベッドの番号を呼び、手術時に必要な使い捨ての帽子を買うための一元を用意するように言いました。そこで私の夫がポケットから一元を取り出したところ、隣りのベッドにいた同室の患者が、これまた思いがけないことを言いました。「あの人が一元と言ったとしても、一元ではダメだよ。この前退院した人が教えてくれたんだけど、あの人が一元と言っても、患者の家族はみんな五元あげているらしい」と。そんなことを言われては、私としても、もし五元あげなかったら、その看護師が私を連れて体を支えてくれるときの態度が悪くなるのではないかと心配しました。それで、私はすぐに夫を呼び、一元ではなく五元札をその看護師に渡すように頼みました。看護師はお釣りを探す風を装っていましたが、私がお釣りはいいですよと合図すると、すぐにそのお金をしまいました。

以下は、彼女とその同室患者の会話、および同室患者と医師についての観察記録である。彼女の話はいくつかの重要な問題を示唆している。

入院している間、私は早いうちから、同室の患者といろいろなことについて語り合えるようになりました。あるとき、私は彼女に、いま病院では皆「紅包（個人的に医師に渡すお金や贈り物）」を贈っていると聞いたが、あなたは贈ったのかと尋ねました。彼女が、「こういうことはお互い話さないものだ」と答えたので、私は彼女が自分のことを話したくないのだと気付き、他の人はどうなのかと尋ね直しました。すると彼女は、医師の自宅の住所を聞いている人もいるし、診察を受けるときに医師を隅に引っ張って行って、封筒を渡す人もいるよと答えました。金額は一般的に二〇〇元を下らず、主に執刀医と麻酔医に渡すが、副執刀医に渡すケースもある、とのこと。数日後、彼女が手術を終えた後、麻酔医が彼女のところに来て、やけに気遣いを見せていること、そして、彼女の病状について詳しく説明し、立ち去るときに何度も礼を述べているのに、私は気付きました。私は、彼女があの麻酔医に「紅包」をあげたのだなと思いました。その後、また気付いたのですが、執刀医も彼女を特別扱いしており、手術後にも特別の計らいをしていました。検査のときには、手術の痕が痛むのを心配して自ら彼女を助け起こしていましたし。私は、あの執刀医も彼女から「紅包」を受け取ったのだと推測しています。私に対してそのようにしてくれた執刀医はいませんでしたので。とはいえ、医師だって私のことをほったらかしにしていたわけではなく、その同室の患者に気遣いを見せた後には、私の方にも少し来て、一言二言、病状はどうかと聞いてきました。そうなんです、私のいた三人部屋は、一つのベッドは空いたままで、医師が気遣っているのは同室の彼女一人だけであり、それがあまりにも行き過ぎているようで、私は少し居たたまれない気持ちになりました。ご飯をもってきてくれた夫に、「紅包」を贈ることはできないかと打診しましたが、「手術は終わったのだし、もういいだろう」と言われました。結局私は最後まで「紅包」を贈ることはなかったのですが、ずっと不安な気持ちでした。また補足になりますが、退院後、私はある店で、二人の人が、まさにあの病院での手術や入院について話しているのを耳にしました。その二人ともが、手術の際、執刀医と麻酔医それぞれに二〇〇元、さらに副執刀医にも五〇元を個人的に渡したようでした。またその二人は、看護師にも何かあげなければいけないと思い、お金ではなく、ちょっとした贈り物をしたと言っていました。これで今や、患者が入院し手術するときには、皆「紅包」を贈っていること、主治医に贈る金額が一律二〇〇元であることがより明らかになりました。

見舞いという行為もまた、患者の人間関係のネットワークを理解する上で重要なものである。次の一段は、見舞い客に対する彼女の回顧である。

今回の入院中は、多くの人が見舞いに来てくれました。たいていは私の夫が付き添ってくれたのですが、私の母も時折夫に代わって付き添ってくれました。義母も遠くから来てくれ、私のために子供の世話をしてくれましたし、私にご飯も作ってくれました。私の父や弟、妹も、忙しい仕事の合間に、栄養のあるものを持って数回見舞いに来てくれました。後からは私の義父も来てくれました。私の勤め先の上司も一度来てくれましたし、私の受け持ちの学年の先生たちも見舞いに来てくれました。それから、同じ教員室の先生も来てくれました。どの方も皆、見舞いの品を持って。私のクラスの生徒も、私が病気になったことを知り、臨時のクラス担任の言いつけによって来ることを許された学級委員が、代表として見舞いに来てくれました。気持ちを伝えるために、彼らは、クラス全員の名前が書かれた見舞いカードを用意するとともに、クラスの全員が各家から一つずつ持ち寄ったリンゴも持って来てくれました。リンゴには一つ一つにお見舞いのメッセージが貼られていたんです。それから、その病院で働いている私のクラスの学生の親も見舞ってくれました。見舞い客のなかには、以前私が教えていた生徒もいました。私が退院した後は、夫の友人からも贈り物をいただきましたが、その人はなにがしかの理由で見舞いに来られなかったことを何度も弁明していました。

退院後、家で休んでいるあいだ、学校が二度にわたり、全教職員にリンゴ一箱を配りました。私は受け取りにくるよう連絡を受けましたが、あまり動ける状況ではなかったので、代わりに夫に取りに行ってもらいました。でもそのとき、ふと先学期、私たちの学年主任が病気になった際、学校からの配布物は同学年の担当者が彼女の家まで届けていたことを思い出し、結局私は小者なのだなと実感しました。

上記の事例に基づき、私はこの患者が退院した後、関連する問題について尋ねた。

問　手術が終わっていたのに、なぜそれでも「紅包」を贈りたいと思ったのですか。

答　皆が贈っていると思ったら、やっぱり贈らないのは良くないし、他の人も私がケチだと思うでしょう。あるいは、私が義理人情が分からない人だということになってしまう。またもう一つには、今後また彼女に診察してもらわなければならないかもしれないということも考えました。今回「紅包」を贈らなければ、これから診てもらいにくくなるでしょう。

問　あなたは学校の指導者も見舞いに来たと言いましたが、指導者全員が来たのですか。

答　来てくれたのは党書記と校長と事務室の主任でした。彼らは、学校の全指導者を代表して見舞いに来たと言っていました。

問　仕事上付き合いのある先生たちに、見舞いに来なかった者はいますか。

答　私が入院したのは婦人科病棟だったので、同じ学年を受け持っている男性の教員たちは来ませんでした。それから、同じ教員室で留学経験がある二人の教員も来ませんでしたし、もう一人退職間近の教員も来ませんでした。

問　彼らの代わりに、来られなかった理由を説明してくれた人はいましたか。

答　二、三人いました。彼らはクラスの事情で見舞いには来られないが、私によろしく伝えてほしいと言付かったということでした。

問　生徒からもらったリンゴを数えましたか。

答　数えていないです。私のクラスは五七人なので、数えなくてもリンゴが五七個だと分かるからです。

問　学校側は、福利の品を学年主任の家に届けていた以上、あなたの家にも届けるべきだった、と思いますか。
答　それは違うでしょう。彼女は学校の中で地位もキャリアもありますが、私は違いますから。電話をくれて、取りにくるよう伝えてくれただけで十分です。

以上の記述から我々は、中国において、入院によって生ずる人間関係のありようをおおよそ理解することができる。私にとって価値ある発見だと思われるのは、この患者が自身のネットワークにおいて異なるキャストに応対するときも、キャスト間の相互作用においても、共に均衡という問題が存在していることである。

三　事例に見られる関係ネットワークと均衡性

上述の描写のなかで、主役である患者の社会関係は大きく次のように分類できる。すなわち患者および夫の親族、職場の上司と同僚、受け持ちクラスの生徒、病院の医師と看護師、同室の患者、夫の職場の上司、夫の友人、夫側の遠縁の親族、生徒の親、かつて教えていた生徒などである。この患者は外地からの移住者であり、夫の職場の集合住宅に住んでおり、近所の住民の多くは未婚の単身者であったため、上記の分類のなかに近隣住民や友人、また同窓生といった関係は登場しなかった。患者の人間関係のネットワーク構造を、患者にとって直接的関係か間接的関係かという分類に基づき一〇の類型に体系化するならば、図3のようになる。

ここに示した付き合い上の大まかな区別は大変重要なものであり、後段で改めて、直接的関係と間接的関係が均衡性の表出という点でどのような違いをもたらすのかについて検討したい。ここでは次のことを確認しておこう。A、B、Cに属する人々(A1...An)、(B1...Bn)、(C1...C57)は基本的に皆、患者(X)の見舞いに来た人たちである(来なかったごく少数の人については、以下で検討する)。また、Xと(D1...Dn)および(E1...En)との間には、「紅包」により規定され

患者X
- 直接
  - A．自身と夫の直系親族（A＝A1, A2, A3, ...An）
  - B．職場の上司と同僚（B＝B1, B2, B3, ...Bn）
  - C．クラスの生徒（C＝C1, C2, C3, ...C57）
  - D．病院の医師と看護師（D＝D1, D2, D3, ...Dn）
  - E．同室の患者（E＝E1, E2, E3, ...En）
- 間接
  - F．夫の職場の上司（F＝F1, F2, F3, ...Fn）
  - G．夫の友人（G＝G1, G2, G3, ...Gn）
  - H．夫側の遠縁の親族（H＝H1, H2, H3, ...Hn）
  - I．生徒の親（I＝I1, I2, I3, ...In）
  - J．かつて教えていた生徒（J＝J1, J2, J3, ...Jn）

図3　患者の社会関係

た関係があることに留意すべきであろう。そこで私は、Xと直接的関係にある人たちとの付き合いのなかで生まれた贈答と「紅包」の関係を、人間関係ネットワークにおける均衡性の原則として定義したい。

いわゆる均衡性は、三人以上の相互行為において、ある個人の行動が、特定の状況のなかで決められる基準に従わねばならないことを指す。この基準は突発的で、アドホックで絶えず変化するが、一旦出現すると、相互行為の渦中にある個々人に心理的圧力を加えるため、個々人は、自らの意思で他の基準に則って行動を決めることができなくなってしまう。結果として、全ての個人が、この基準に則り、できるだけ他の人と同じ振る舞いをしないと、お互いの関係が崩れてしまうのではないかと考えるようになるのだ。この定義に基づき、私は、次の仮説をうち出そう。すなわち、中国の人間関係で三者以上の付き合いが生ずる場合、均衡性こそが、相互行為における最も重要な原則となる、ということである。

そこで以下では、上に述べた患者の語りと質問に対する答えを結びつけながら、「網羅的かつランダムな帰納法」を用いて、患者を中心に、それぞれの類型の人々との関係に観察された均衡性の問題を一つ一つ分析していきたい。

1．患者（X）が維持しなければならないと考えた均衡関係。今回の非日常的な出来事において、彼女が維持しなければならなかった均衡の問題とは、執刀医（D1）および麻酔医（D2）との関係において、同室の患者（E1）が彼らと取り結んだのと同様の関係を維持することができるか、という問題であった。彼女は、自分が「紅包」を贈ること(一つの基準)をしなかったがために、同室の患者と同じ待遇を受けることができていないと気付いたとき、一方では「紅包」が間違った風習であると認識しながら、他方ではこのようなやり方もまた均衡性を維持する上では必要なことだと考えた。そして彼女は、自分がこの点に思い至らなかったこと、あるいは術後に不備を補わなかったことについて不安を感じ始めた。ここで思い出してほしいのは、この病院の手術室のドアの上に貼られた通知である。そこには、患者の家族が手術前後に医師に贈り物をすることを禁ずると書かれていた。つまり、「紅包」を贈る行為は病院規則によって禁止されており、通常の心づけとして見なすことはできないということである。

2．執刀医(D1)が維持しなければならないと考えた均衡関係。執刀医にとって、自分が「紅包」を受け取らなかったり、あるいはこうした行為を拒絶したりした場合、自分と患者の相互行為の基準は、病院の規則ないし医師としての倫理のみとなる。しかし「紅包」を受け取ることによって、元来患者との関係に成り立っていた均衡性は破壊され、「紅包」こそが新しい均衡の基準となる。医師として、もし彼女が今後この種の均衡性を維持したいと思うなら、今後かかわるすべての患者(En)に「紅包」を期待すれば、その基準で彼らに平等に応対することが可能になる。そうなると、患者が「紅包」をくれなかった場合には、自ずとその応対には違いが出てくることになる。だが逆に、もしこの医師が患者(E1)から「紅包」を受け取りながら、相互行為において、「紅包」をくれた人(E1)とくれなかった人(例えばX)に同じ態度で接するならば、これまた新たな均衡の基準を破壊してしまうことになる。すなわち執刀医の対応は、「紅包」をくれない患者には責務を果たし、「紅包」をくれた患者にはさらに心配りを加えることにより、新旧の二つの基準を守ろうとしたものだと受け取れる。医師としては、こうすることにより、本来の均衡の基準(医師としての倫理)、新しい均衡の基準(「紅包」)をどちらも破らずにすんだのである。だが、我々が患者(X)の答えに見出したとおり、二つの基準の均衡を維持しようと試みた医師の行為は、結局のところ患者に不均衡な関係を感じ取らせ、均衡を回復させるために「紅包」を贈らなければと思わせることになったのであった。

看護師(D3)が維持しなければと考えた均衡関係は、次のようなものである。患者にしてみれば、治療から生活にいたる入院中の様々なシーンにおいて、看護師の助けが必要である。そこで彼らは、看護師らにささやかな贈り物を準備するのだ。患者を手術室に連れていく役割の看護師(D3)にとって、もし彼女との相互関係に「五元」という基準をうち立てた患者がいなかったならば、規定どおりの「一元」という基準で、手術を受けるすべての患者(En)との間に均衡関係を維持することができていたであろう。だが今となっては、「一元」はもはや均衡を維持できる基準ではなく、「恥ずかしい(ケチな)」行為の基準に変わってしまった。無論新しい基準は、病院の規則に違反したものなのだが、現行の相互関係の維持にとっては必要なものなのだ。

DnやEnとの相互行為を見ると、いずれの関係の構築も、隠れて個人的になされたものであり、双方とも言わずもがなのこととして了解しあっていたのであった。その良いところは、たとえ不均衡な状況が生まれたとしても、それは個々人の思い込みにすぎず、表面的、形式的には均衡な関係が維持されうるということである。

3．患者の職場(B)が維持しなければと考えた均衡関係。患者の職場の上司と同僚は病人を見舞うという行動において、二つの基準を考慮しなければならなかった。第一に、自分たちがかつてどのように他の病人(Bn)を見舞ったかである。彼らは先例の基準に基づいて患者(X)を見舞わなければならなかった。見舞いのやり方に明らかな差別があった場合、職場の扱いが不平等だとして、かつて見舞いを受けた者(例えばB1)あるいは今回の患者(X)が上司に対し不満を抱く恐れがあるからである。したがって、職場は、関係の均衡を図るために、いずれの患者に対しても同じ方法を取らざるをえないのである。第二に、職場としては今回の患者との付き合いのなかでも、何らかの基準を探し求めなければならない。今回患者が所属する教員室および学年チームの各成員にとっては、皆が仲良く付き合える均衡関係を維持することこそが重要であり、見舞いは、その関係の維持のあり方を体現するものなのだ。具体的には、病院の見舞いに、意識的に誰か(例えばB7)を外すことはできないし、どのように贈り物をするのかということにも注意を払わねばならない。それが誰かにかかわらず、見舞いに行かない者がいたり、あるいは見舞いだけで贈り物をしない者がいたりするだけで、この種の均衡は壊れてしまうため、職場の同僚としては、こうした事態を極力避けようとする。

4．クラスの生徒（C）が維持しなければならない均衡。クラス担任が病気になったということは、彼女のクラスにとって一大事であった。特殊なケースを除き、彼女はこのクラスの生徒を中学三年生そして卒業へと導く人物なのであり、彼女と生徒との付き合いは三年に及ぶのである。中学一年という時期は、生徒と教師が精神的な絆を形成する上で重要な時期である。この時期、生徒は試験で合格して小学校から中学校へと進学したばかりで、学習や態度において突出した違いはない。また、中国の子供の社会化の特徴としてしばしばその受動性が挙げられるように、子供の良し悪しは親や教師により決定づけられる。そのため、教師と良い関係を維持すること、教師に目をかけてもらうことは、生徒がより良く学習するための必要条件であった。そういうわけで、教師が病気になったとき、生徒は当然見舞いに行くべきなのである。だが、見舞いに行くにあたり、均衡のための何らかの基準が無く、生徒がそれぞれに振る舞えば、今回の相互行為を経て教師が生徒らに抱く印象に違いが生まれてしまう。さらにここで難しいのは、病院というところが他の場所とは異なる性質を持っており、クラス全員で見舞いにいくのは不可能だし、何度かに分けて行くのもまた望ましくないということだ。結果として、学級委員がクラス全体の代表として見舞いに行くよりほかはないのだ。むろんここでは学級委員の優先性が発揮されてしまうのであり、ここには均衡の原則が働かないのであるが、そのような不均衡を補うべく、一人の名前も漏らさぬようにカードに署名し、さらに生徒全員が一つずつリンゴを贈るという行為がとられたと解釈できる。

5．家族（A）が維持しなければならないと考えた均衡関係。一人の既婚者が入院するとき、影響を受けるのは双方の家族関係である。いかなる家も介護が怠慢であったり、それに言い訳をしたりすれば、夫婦関係や両家の関係に悪影響をもたらす。そのため、双方の家族は皆できるかぎりのことをするのであるが、この患者の夫の遠縁の親族（H1）は当初、彼女の入院について知らなかった。後になって彼らは入院の件を聞き、夫を責め、また盛大に贈り物をすることで補おうとしたのであった。このことは、中国の家族内部のこの種の均衡が非常に重要だということを示している。

6．間接的関係に見られる均衡性の表出。間接的関係ネットワークの中においては、均衡をとらなければならないという圧力は比較的に緩やかであり、それほど強制性を有するわけではない。私の観察によれば、患者の夫の職場では、職場の上司（F1）が何か見舞い品を買って届けようと述べたものの、主たる上司（F2）は、おそらく患者との関係の遠さゆえに口頭での慰問以外はあまり関心を示さず、最終的に患者と何らかの接触をもった者は一人もいなかった。この職場の上司にとっては、口頭での慰問こそが一つの均衡のあり方だったのかもしれない。というのも、この職場にとって、従業員の妻や子供の病気に際して多くをしないということが慣例だとするならば、見舞い品を届けるという行為が職場の人間関係に不均衡をもたらすことが想定されるからである。このほか、この患者のかつての生徒も一部（Jn）見舞いに来た。このケースについては、患者が見舞いに来なかった生徒に対し良くない印象をもつということはまずありえない。現在彼らを教えてはいない以上、均衡性はあってもなくてもよいものだからである。生徒の親も、三名が見舞いに来たが、うち一人はその病院の薬剤室にいる薬剤師であった。これは、見舞いに行かなかったならば申し開きがたたない特殊な状況である。だがほかの二名の親については、私の仮定した原則に照らして見ると、まさしくすべての生徒の親と患者のあいだに維持されてきた均衡を破壊したといえる。上述したとおり、この種の均衡は医師と患者のあいだの均衡と同じく、一定の隠蔽性をともなうものであり、他の親が聞き及んだ場合にのみ、均衡性の瓦解をもたらすことになる。こう考えたとき、概ね均衡性の原則を守り抜いたのは患者の夫の友人（G）であろう。彼らのなかで、病気や入院について知らされた者は皆見舞い、見舞わなかった者も後に挨拶し、見舞いに来られなかった理由を説明したからである。

四　均衡モデル

上述した各種関係に関する帰納的分析を通して、我々は、均衡性が中国人の人間関係のネットワークにおいて重要でありながら、今まで論じられたことのない原則であることに気付く。中国の人間関係が複雑であることは言うまでもないが、この原則を用いて複雑な関係を読み解くならば、この複雑さが分かりやすく解釈できるようになるだろう。ここでは、均衡性の構成要素およびその営みについて、分析をさらに一歩進めてみたい。上述の事例分析から分かるのは、均衡性の要素として以下の五点が重要だということである。

1．均衡の原則は、二人あるいは三人以上の関係に成り立つ。二人の関係であれば、その付き合い方はこの二者のあいだで決められる。そこでは、他の人々の相互行為のあり方が参照されるかもしれないが、参照しなくてもよいのであり、要は双方が満足すればそれでよいのである。もっとも顕著な例は夫婦関係である。これに対し、三人あるいは三人以上の相互行為においては、ある種の均衡性が出現する。この中では、誰か二人が相互関係を構築し、それ以外の者が、この二人のうちのどちらかと同様の関係を構築できないと気付いたとき、彼／彼女は不満を抱く。その不満が継続すれば、最終的にはこの三人ないし三人以上の相互行為には衝突ひいては関係の瓦解が起こりうる。

2．均衡の原則は、当事者たちが同じ類型に属しているときに成り立つ。一般に、ある種の均衡性の維持は属性を共にする者のあいだ——親族のあいだ、同僚のあいだ、友人のあいだなど——に見られる。親族と生徒のあいだなどのように、異なる属性の人々の関係はそもそも均衡的でない。

3．均衡の原則は、一つあるいはいくつかの基準にしたがって現れる。三人あるいは三人以上の相互行為が均衡しているか否かを判断する際には、一つあるいは複数の基準を用いる必要がある。この基準には有形のもの——金銭や贈り物、奨励品など——もあれば、無形のもの——回数や言葉、動作や感情など——もある。どの基準が効力をもつかは、事柄の質や設定によって異なる。先ほどの事例で見たように、贈答という基準は重要である。だが、患者の関係ネットワークから見れば、関係が近いほど、無形の基準が重要性を増し、関係が遠いほど、有形の基準が重要になる。基準の役割は、相互関係を結ぶ各主体がそれに則り均衡を実現できる具体的な方法を見出そうとするところにある。

4．均衡の原則は心理的圧力をともなう。相互行為者である各主体は、どのように関係の均衡状態を実現しようかと考えるにあたって、できるだけ他の者と同様の行為、あるいは似通った行為を行い、自分の本来の願望を抑制する。その思考パターンは、「他の人はこうしていないのだから、私もこうしないほうがいいだろう」、あるいは「他の人が皆こ

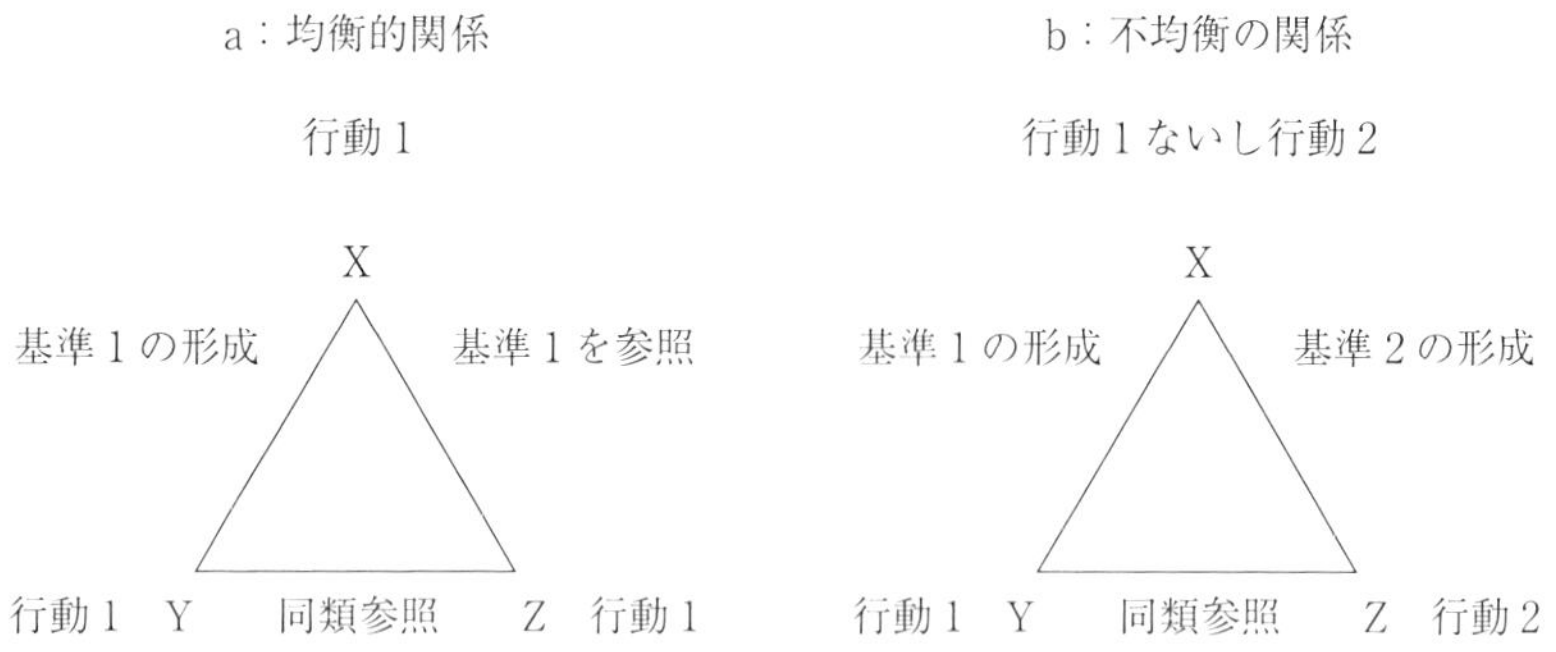

注：本章の事例において，X は患者を指し，Y と Z は患者と交流を持った同類型の人間，例えば A（A1，A2），B（B1，B2），D（D1，D2）などを指す．

図４　中国の人間関係における均衡とその喪失についてのモデル

うやっているのだから、私もこうやるしかないだろう」というものである。このようにして、一個人の真の動機は、均衡性への志向が作用することによって覆い隠されてしまうのである。例えば、事例のなかで、患者が「他の人がみな『紅包』を贈っているのだから、私も贈らなくては」と考えたり、同じ学年を担当する教師たちが「他の人が皆お見舞いにいっているのだから、私も行かなければ」と考えたりしたように。

5．均衡の原則は行動の一致をともなう。均衡性が人付き合いの原則となるとき、よく見られるのは、行為者が行動の上で他の人たちと同じように振る舞おうとする状況である。例えば、生徒全員が教師にリンゴを一つ贈るとならば、多めに贈る者も、贈らない者もいない。多くても少なくても、均衡の基準に符合しないというだけで異端分子になってしまうのである。これまで学者はこの問題に注意を向けず、こうした中国人の社会行為上の一致性を、単に集団主義的な行為あるいは突出した同調行為と見なしていた。だが実際には、その意味するところは、集団主義や同調行為とは異なり、明哲保身の傾向を強く帯びるものと言える。

上記の分析を、図示したのが図４である。

この図に明らかなように、人間関係が均衡状態にあるとき、相互行為者のうち二人（X、Y）が相互行為のなかで一つの基準を作り出し、これに依拠した行動をとる。するともう一人（Z）も、何があろうとこの基準を受けいれ、XやYと同じ行為をしなければならない。こうした状況ができたとき、人間関係は均衡状態に置かれる。対してもう一方のモデルでは、二人の相互行為者（X、Y）が相互行為のなかで一つの基準を作り出し、その基準に則って行動しても、もう一人（Z）はこの基準に従わず、あるいは独自の基準を作り出す。このとき人間関係は不均衡状態に置かれる。

ここで議論したいのは、人間の相互行為において均衡とはいかにして実現されるものなのか、あるいは、いかなる方法によって、不均衡状態から均衡状態を回復するのか、という問題である。

均衡状態についての上述の描写と分析から、中国人が人付き合いをする際、できるかぎり均衡性の基準をはっきりさせることが重要だと分かるが、理想的な均衡状態を得るのは容易なことではない（事例において、この種の理想的状態は、患者と双方の家族のあいだ、そして患者とクラスの生徒のあいだの相互行為のなかに見られた）。多くの場合、実に様々な要因によって相互行為者間の均衡関係は不安定な状態ないし緊張状態に陥る。とりわけ基準が個人的関係のなかで作られた場合、第三者がそれを知ることは考えにくい。理論的に言えば、均衡というものは最終的には破壊されるのだ。相互行為者の一人が均衡の揺らぎを意識したとき、とりうる戦略には以下のものがある。

1．挽回策をとる。これは非常によく見られる対応であり、効果的である。当初は集団のなかの均衡の基準を知らなかったり、あるいは意固地に自分の見解で行動をしようとしたりした人が、後になってこの基準に戻ってくる、というのがその大まかな流れである。患者の夫の遠縁の親族や同僚の幾人かが様々な理由から病院に患者を見舞うことはなかったものの、退院後に見舞い品を持って患者の家を訪ねた、というのが良い例である。

2．隠蔽性を保つ。時に人々はすでに出現した不均衡な関係を公にせず、それによって、もとの均衡を維持しようとする。例えば、同室の患者は自分が「紅包」を贈ったかどうかについて語りたがらなかったが、これは医師の道徳という基準に対し公然と挑戦するのを憚ったからである。病院の明文化された規定では、患者が「紅包」を贈ることを禁じていたため、ことが公になれば、医師に損害を与えるだけでなく、自分自身にも損失が発生する。また、「紅包」を贈るという基準を公にすれば、他の患者にそれに倣うよう圧力をかけることになり、そうなればこの患者の意図は報われなくなる。というのも、彼女が望んでいたのは、医師が自分に対し、他より少し良くしてほしいということであり、「紅包」に基づき新しい均衡が生まれるならば、医師がすべての患者に対して同じように対応する事態が予想されるからである。

3．外因性に基づき解釈する。人々は、不均衡な関係を前にして、それを上手く解釈できないとき、往々にして外因によるものだと考えることによりその不均衡状態を理解しようとする。例えば、私が患者に、同僚の教師は皆見舞いにきたかどうかと尋ねたとき、彼女は男性教員が来なかったことに気付いた。この種の行為は本来なら均衡性を脅かすものであったが、彼女は、来なかった理由を、彼女が婦人科病棟に入院していたからだという原因に帰結させた。彼女はまた、一人の女性教員も見舞いには来なかったことを思い出したが、それについても、その教員がもうすぐ退職するからだという解釈を即座に述べた。また、見舞いに行かなかった職場の同僚は、街中や学校でこの患者に出くわしたとき、本当は自分も行きたかったのだが仕事が忙しく行けなかった、家でよく休んでください、時間を見つけて見舞いに行くからなどと弁明した。

これまでの分析を通し、中国人が社会的相互行為においていかに均衡性の維持を重視しているかが分かっただろう。たとえ高い均衡性を達成するのが困難であったとしても、人々はなんとか手立てを講じて、この原則を達成しようとするのである。

五　考察　中国という現場からの解釈

本章の事例研究から、中国人の社会的相互行為に関し、次の五つの結論を導くことができるだろう。これらは同時に、今後実証研究を進める上での仮説となるものである。

1．中国人の関係ネットワークの構築方法には、「差序性（人間関係の遠近による格差）」がある。「差序格局」とは費孝通が提起した中国人の人間関係の構造に関わる重要概念であり、中国人の人付き合いを、自己を中心に、そこから外に向かって徐々に広がるものとイメージし、そこに自己と他者の関係の遠近が示されるとする発想である[14]。本章の事例で、患者が構築した関係ネットワークもまさにこの構造を体現したものであった。伝統的社会では、この構造において最も近しい関係とされたのは家族であった。だが、工業化にともない人口流動が激しくなるにつれ、この構造のなかで、個人にとっての「単位（職場組織）」の重要性が際立つようになった。その結果、「単位」という集団が、家族集団に代わって最も近しい関係となり、都市民の「単位」に対する依存が生まれ、中国人の「単位意識（職場意識）」が形成された。しかし、このような変化を経ても、「家」意識は依然として中国人の心に深く根差している。いわば組織の中の個人は家族・「単位」という二つの集団に依存しているのであり、人々が押し広げる関係ネットワークも、この二重の関係を基礎に構築されるのである。

2．「差序」式の関係ネットワークは、固定的な側面と流動的な側面を併せ持つ。本章の議論から、我々は、現代中国の人間関係のネットワークに、内にある集団が外の集団を排斥するのではなく、むしろ内にある集団を頼りに外に向けて拡張する特徴を見て取ることができる。こうした側面は、個人が社会生活のなかで特別な出来事に遭遇したときに現れる。通常のネットワークに閉じこもっていては、ネットワークの範囲やそれが持つ資源には自ずと限界があるため、特別な事態に対応することができない。そのような場合、彼は、事態の性質に応じて、通常のネットワークを基礎に、臨時に別のネットワークをつくることになる。本章の事例において、突発的出来事とは入院や手術であったが、このとき、通常のネットワークに頼るだけでは入院という問題が解決できないと気付いた患者は、職場の同僚の妻を通じて、自らのネットワークを拡大しようとしたのであった。固定的な関係ネットワークを頼りに、なんとかして臨時の、流動的な関係ネットワークを作ろうとする中国人の姿を、ここに見て取ることができるだろう。

3．ネットワークのなかのいずれの序列に位置する者も、中心に位置する個人と社会的交換を行う際には、できる限り均衡性の原則を通じて行う。ある個人は三人以上からなる何らかの集団（親族集団、同僚集団など）において社会的交換を行う場合、その方式は関係構造上の均衡性の維持を原則とする。三人以上による社会的相互行為にあっては、相互行為の原則が二者のあいだで形作られたとしても、その原則は第三者に影響を与える。第三者は、相互行為者の一人になることを望む以上、この原則に則って交換を行わねばならない。さもなければ、人間関係の構造上の不均衡を招き、当事者の望まぬ矛盾と衝突を生んでしまう恐れがある。本章の事例でも、異なる状況下にある相互行為者全てが、不均衡な状況の出現を回避するために細心の注意を払っていた。

4．関係が近いほど、均衡はより重要となり、均衡の基準も多くなる。相互行為においては一般的に誰もが、自分と相手の関係の距離に自分なりの判断を下す。そうすることで、いざ均衡性の問題を考えねばならなくなったとき、同じぐらいの距離にある関係の中から、一つないし複数の均衡の基準を選択することができるのである。基準に従う際の一種の心理的圧力は、関係の距離が近しいほど強くなり、考慮しなければならない均衡の要素もより複雑になる。他方、関係の距離が遠ければ、そのあたりはいい加減になる。本事例においては、親族関係、同僚関係、師弟関係そして医師と患者の関係のいずれもが、関係ネットワークにおいて距離が近しい（直接的）関係に属していたため、均衡性が重要になり、均衡の基準についても、認知、感情、贈答などの複数の基準が考慮されたのであった。対して、関係の距離がやや遠い（間接的関係）場合、均衡性が現れない場合もある。したがって、生徒の親全員が見舞いに行く必要は認識されなかったのである。

5．均衡性は、関係ネットワークの安定性を保つのに寄与する。比較的固定的な関係ネットワークの中で、中国人が均衡性の原則を重視するのは、一種の人付き合いの策であり、その目的は、当該集団の同調性、一致性を保証し、人々のあいだの不和や衝突を避けるところにある。したがって、中国人はこの原則の下で、一般的に軽々しく自分の思うところを述べたりせず、既定の基準に従って行動するのである。この基準が形成される過程はあまり心理的圧力をともなわないが、一旦形成されると、その基準は明らかに人々に心理的圧力をもたらし、自主的行動を放棄させ他の者への追随を迫る。これは中国人の間に「大勢に従う」価値観[15]を醸成する一つの原因と言える。このような前提の下では、この基準に従おうとしない人や我が道を行くような人は、関係を作りづらい人、付き合いづらい人だとみなされてしまうのである。

6．不均衡の発生は、常に関係ネットワークに新たな定義を与える。不均衡が生じた時、中国人の人間関係の構造には次の三つの状態が現れる。

第一に、地位の序列化。中国人は社会的相互行為において、通常当事者それぞれのあいだに均衡が維持されるべきだと仮定しているが、現実には、皆が守っている均衡の基準を破る者もいる。このとき、人間関係の構造は序列化へと向かい、同類であった集団は異化・分化へと向かい、人と人とのあいだの社会的地位の違いが顕在化する。留意すべきは、この種の不均衡は、これが認可されるという前提の下では、個人の心理に不均衡をもたらさないことである。序列化が生じても、人々はそれを合理的に解釈することにより、心理的な均衡を保つのである。つまり、関係構造上の均衡が破壊されても、人々は認可によって、認知構造上の協調性を保つのだ。本事例において、患者の職場の同僚の態度は、彼女と学年主任が病気になった時で異なっていたが、彼女がそれによって不満を感じることはなかった。このことは、序列の違いは関係構造上の不均衡をもたらしても、心理的な不均衡をもたらすことはないということを示している。

第二に、感情の差異化。感情的距離と地位の違いとはまったく異なるものである。前者が意味するのは、相互行為者が関係の距離について与える認可であり、地位についての認可ではない。感情的距離とは社会的なものではなく、心理的なものである。人々は、人間関係の構造的不均衡が地位の違いによって引き起こされたのではない場合に、人それぞれ関係の親密度は異なるものだと認める傾向にある。例えば、本事例の患者が、「紅包」を贈らない状況において、医師が同室の患者を特別扱いすることを認めなければならなかったことがこれに当たる。

第三に、緊張ないし衝突の発生。ある均衡構造が破壊され、かつ相互行為者が社会的地位の差異や感情の差異化を認可しない場合、人間関係上の緊張ないし衝突が生ずる。これは中国人が人間関係のなかで極力避けようとするものである。例えばもし患者（X）が医師や看護師に対し、病院の規則に則り患者に対して皆同じように対応すべきだという考え

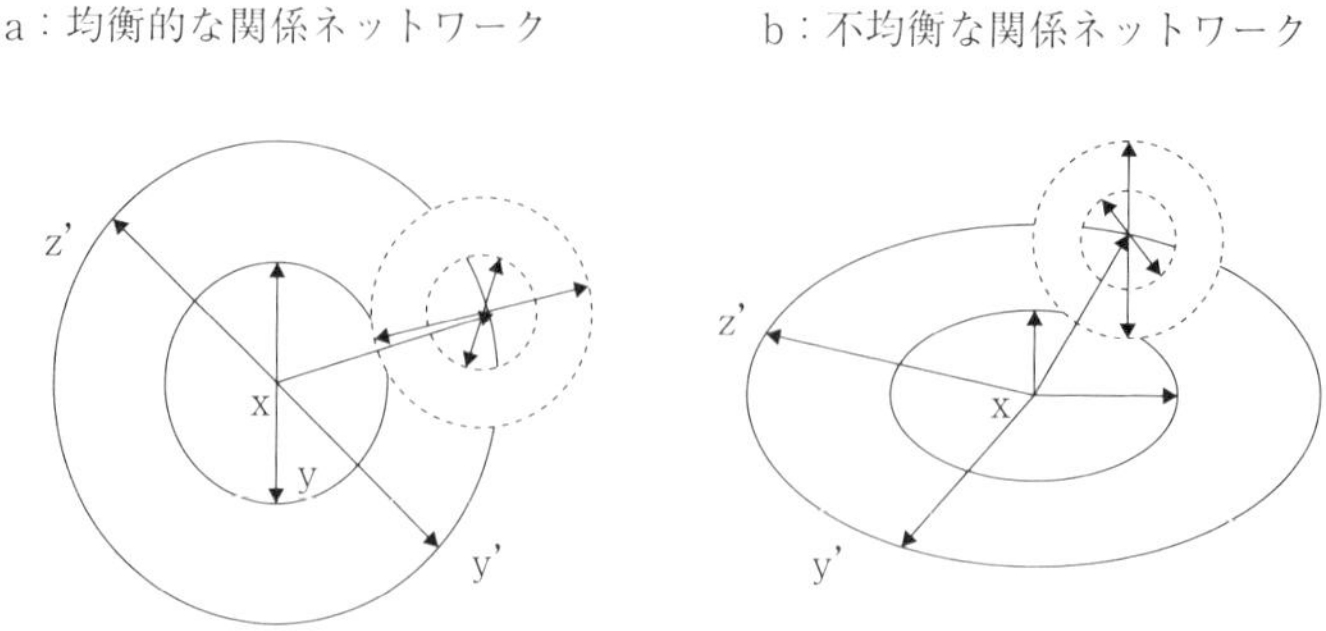

注：図中のアルファベットは個人，→は相互行為，実線は固定的関係，点線は流動的関係を指す．

図5　中国の人間関係ネットワークの均衡構造と不均衡構造

を曲げず、「紅包」という基準を認めなかったならば、彼らのあいだには緊張や衝突が生まれたであろう。だが実際には患者は、医師と患者の関係がこじれれば、自分に不利になるだけだと思い、こうした行動をとらなかったのである。

ここで、以上の結論に基づき、中国の人間関係における均衡性を図示するならば図5のようになる。

この図に示したように、中国の人間関係のネットワークは、個人を中心にして、その周りに距離の異なる関係ネットワークが広がるという構造を成している。どの距離で描かれる円も相互行為において同類型の集団を表し、より内側の円で表される集団にとっては、外集団を構成している。このとき均衡的な関係ネットワークが、個人を中心に正円をなす（中心に位置する個人と同類型に属する人々との距離を表す半径はみな等しい）のに対し、この距離の原則が崩れると、同類型の人々の関係ネットワークは楕円形となり、均衡の喪失が生ずる。だが、個別の人に対する地位や感情の差別化がなされた場合にかぎって、当人がある関係ネットワークから別の関係ネットワークに移動するのみで、全般的な不均衡へといたることはないのである。

中国の人間関係に関する多くの先行研究は、〈人情〉と〈面子〉が中国人の相互行為を理解する際の核心的概念であると論じている(16)。では、〈人情〉や〈面子〉は、均衡性の原則とどのような関係にあるのだろうか。本章での研究を通して、関係ネットワークの均衡性の維持はまさしく〈人情〉を重んずるための一つの策であるのだと提起したい。つまり、人が圧力を感じながらも特定の基準に基づく関係ネットワークの均衡を保とうとするのは、自らの〈面子〉を守り、同時に、他の人の〈面子〉を尊重する行為でもある。逆に、各人の〈面子〉を保つことはすなわち均衡的な関係を維持することを意味し、同時に〈人情〉ある行為にもなる。不均衡状態が生ずれば、それは誰かの〈面子〉を失わせたり、傷つけたりすることに等しいのだ。このことは、欧米人がいうところの感情とは本質的に異なるものである。例えば、本事例で患者が医師に「紅包」を贈らないことで〈面子〉がたたないと感じたように。このように、〈人情〉と〈面子〉の社会心理的メカニズムは、まさに人間関係の均衡モデルのなかに組み込まれているのである。

欧米の社会心理学の理論にも、社会的相互行為の均衡性に関する一連の研究がある。例えば、アメリカの社会心理学者フリッツ・ハイダー（Fritz Heider）のＰ－Ｏ－Ｘモデルや、セオドア・ニューカム（Theodore Mead Newcomb）のＡ－Ｂ－Ｘモデル、レオン・フェスティンガー（Leon Festinger）の認知的不協和理論などである。これら各理論の観点はそれぞれ異なるが、本研究が提示したモデルとの比較から言えば、いずれも基本的には個人を出発点とした議論だという点で共通している。すなわち、人間関係に関する彼らの研究においては、個人の認知および態度が、一貫して中心概念となっている。そこでは、個人の認知構造上の協調性／非協調性こそが、人間関係に影響を与える最も重要な要因であり、人と人との関係が調和するかどうかも、結局は個人の態度のいかんによって変わるものとされる。対して私の研究によれば、中国の人間関係においては、個人の態度は人と人との関係に影響を与えない。一個人がどのような態度をとるのかという問題は、人付き合いの作戦に基づく必要に完全に埋もれてしまっている。人々の相互行為における基準は個人にとって外在的なもの、あるいは個人を超越したものであるため、個人の態度や協調性云々は二の次となり、人間関係において構造上の均衡を実現できるか否かこそが問われることになる。それゆえ、中国では、社会的相互行為における個人の思想と行動の不一致や認知の不一致が、認知上の不調和を呼び起こすことも、態度の変化を促すこともない。深刻なのは、人間関係上の均衡が破壊される場合であり、均衡が破壊されてはじめて心理上の不公平感が引き起こされるのである。欧米の社会心理学理論の仮説が個人主義を出発点としているのに対し、中国人の社会行為には、全体性(と部分性)あるいは関係性が色濃く影響しているのだ。

中国の社会文化にもとづいてこの問題を考えるならば、上述の均衡モデルはかつて儒家が強調した「礼」の規範の産物なのであろう。周知のとおり、「礼」は行為規範として中国社会に普遍的にみられるものである。それは人と接する際の一挙手一投足から贈答の際のさじ加減まで含んでおり、それこそが均衡性の基準を多様にする要因となっている。逆に、均衡性は、「礼」というやや抽象的な概念を運用可能なものとし、最終的には儒家の強調する「和」の理想的価値へと至らせる。だが、ここで注意しなければいけないのは、結論から言うと、構造的均衡モデルの示すものが、儒家が到達しようとした内在的な道徳的境地ではなく、外在性に対する重視にあるという点である。また、中国の家族構成の影響を受け[17]、均衡性の運用過程では、しばしば公平性ならぬ平均性へと向かう傾向にある。すなわち、中国人が社会的相互行為のなかで均衡の原則を用いるとき、人々が表現したいのは集団内の同調性と一致性の必要であり、人々は均衡を維持することにより、互いのあいだに厳然と存在する社会的資源の差異を抹消しようとしているのである。現実には、抹消することなどできないのだが。逆に、表面化する不均衡はいずれも、社会的身分、地位、権威、名声などにおいて個人が差異性や優越性を追求することによって生ずる。多くの場合、人々の衝突は、関係ネットワークにいる人たちがこれら社会的資源における差異を承認したり、表面化させたりしたときに生ずる。例えば、中国人は寄付を行う際、しばしば皆一律同額を寄付するという方法をとるが、これも、収入、真心、地位などにおける差異を表面化させたくないという気持ちの表れである。

これまで様々な実証的資料を集めたかぎり、上述の人間関係の均衡モデルは、中国社会の各方面に成り立つ。例えば、表彰や昇進の審査、請客送礼、奨励金の分配、昇給、幹部昇進、著名人の招聘、会議での席次、労働の割り振りなどである。だからこそ、均衡モデルは、中国人が処世や集団を率いる際の重要な戦略となるのだ。また学者のなかには、こうした人間関係のモデルが、中国の市場経済のありように大きな影響を与えていると指摘する者もいる[18]。本章の事例研究を通じて、人間関係の均衡モデルが中国人の社会生活や人付き合いの多くの場面で重要な原則であり、このモデルにより、中国人の関係ネットワークの営みや行動上の戦略が解釈できることをお分かりいただけたのではないだろうか。

（1）梁漱溟「中国文化要義」『論中国伝統文化』北京：三聯書店、一九八八年、一三五頁。
（2）費孝通『郷土中国』北京：三聯書店、一九八五年、二一―二六頁。
（3）Hsu. Francis L. K., *Americans and Chinese: Reflections on Two Cultures and Their People*. New York: Garden City. 1970. p.10.
（4）楊国枢「中国人的社会取向――社会互動的観点」楊国枢・余安邦編『中国人的心理與行為』台北：桂冠図書公司、一九九三年、八七―一四二頁。
（5）金耀基「人際関係中人情之分析」楊国枢編『中国人的心理』台北：桂冠図書公司、一九八八年、七四―一〇四頁。
（6）喬健「〝関係〟芻議」楊国枢編『中国人的心理』台北：桂冠図書公司、一九八八年、一〇五―一二二頁。
（7）黄光国「人情與面子――中国人的権力遊戯」黄光国編『中国人的権力遊戯』台北：巨流図書公司、一九八八年、七―一三頁。
（8）楊中芳「価値変遷與送礼行為」楊国枢編、前掲『中国人的心理』三八三―四一四頁。
（9）朱瑞玲「面子心理及其因応行為」楊国枢・黄光国編『中国人的心理與行為』台北：桂冠図書公司、一九九一年、一七七―二一二頁。
（10）李美枝「従有関公平判断的研究結果看中国人之人己関係的界限」楊国枢編『本土心理学研究』創刊号、台北：桂冠図書公司、一九九三年、二六七―三〇〇頁。
（11）翟学偉「走出本土化的两難困境」『東方』一九九四年第六期。翟学偉「中国人的臉面観――有関其向度中的若干假設」楊国枢編『本土心理学研究』一九九四年第二期。
（12）李沛良「社会科学與本土概念――以医縁為例」楊国枢・文崇一編『社会及行為科学研究的本土化』台北：中央研究院、一九八二年、三六一―三八〇頁。
（13）Goffman. Erving, "The Nature of Deference and Demeanor". *American Anthropologist*. Vol. 58. 1956. pp.473-502.
（14）費孝通、前掲『郷土中国』二一―二六頁。

(15) 李銀河「論中国人的大概率価値観」『中国社会科学季刊』第一巻、一九九四年、六九—七五頁。
(16) 翟学偉『人情、面子與権力的再生産』北京：北京大学出版社、二〇一三年、一九七頁。
(17) 翟学偉「中国人群体意識的双重取向——〝内聚〟和〝内耗〟的社会学研究」『江海学刊』一九九二年第三期、五七—六三頁。
(18) 胡代光「市場不能靠人際関係平衡」『公共関係導報』一九九四年一〇月二九日(第一面)。

第二章　「報」の方向性

まず、中国の報恩の物語を紹介しよう(1)。

傅斯年という学者の父、傅旭安は、かつて、山東省東平県の書院にて院長を務めていた。ある日、ある店で、一人の青年が一心不乱に書を読んでいるのを見かけ、彼と話を交わし、この青年が名を侯雪舫といい、この店の見習工であることを知った。傅旭安はこの青年を高く評価し、のちに彼を書院に連れていき学問を受けさせ、その費用のすべてを支払った。侯雪舫は期待を裏切らず、続けざまに挙人《きょじん》、進士《しんし》〔それぞれ科挙の郷試《きょうし》、殿試《でんし》に合格した者を指す〕に合格し、その後、刑部の官僚となった。一九〇四年傅旭安が死去し、傅家は経済的基盤を失い困窮してしまった。侯雪舫は恩師の死を聞いて深く悲しみ、傅斯年やその弟の傅思厳を育てあげることで恩師に報いること〔報答〕を誓った。

天賦の才に恵まれた傅斯年により良い教育環境を提供するため、侯雪舫は天津で彼を学ばせようと思った。そこで、北京に戻る途中で天津に立ち寄り、天津の友人らに傅斯年のことを紹介した。その中にはのちに輔仁大学の創設者となる英斂之もいた。侯雪舫が傅斯年の書いた文章を友人らに見せたところ、皆が傅斯年の才能を認め、天津にて学ぶことに同意した。かくして侯雪舫の尽力の下、傅斯年は一九〇八年冬、故郷を離れ天津へと向かった。この年、一二歳であった傅斯年は英斂之の家に下宿した。数年間にわたり侯雪舫の赴任先は幾度も変わったが、彼はあらゆる手を尽くして傅斯年に対する経済的支援を続けた。侯雪舫の支えと援助があったからこそ、傅斯年は順調に北京大学に入学することができ、これが彼の運命を変えたのであった。のちに傅斯年は侯雪舫の助力について話した際、感極まって次のように述べた。「我が家の今は、侯氏なしにはありえないのです」と。

中国社会において「報」はよく目にする重要な概念の一つであり、中心的な文化的観念でもある。「報」は中国数千年の文明において一貫して重要な役割を演じ、その社会文化的意味の重要性は〈人情〉、〈面子〉、〈関係〉に勝るとも劣らない。しかし残念なことに、この重要な概念については、中国の社会科学のなかでも上記三つの概念ほど研究の蓄積がなく、その掘り起こしが待たれる状況にある。一九五〇年代、アメリカのハーバード大学に勤めた著名な歴史学者、楊聯陞(一九一四―一九九〇)は、フェアバンク編集の書『中国の思想と制度』(*Chinese Thought and Institutions*)に「報――中国の社会関係の基礎(The Concept of 'Pao' as a Basis for Social Relations in China)」(一九五七)という英語の論文を発表した(2)。この論文こそ、「報」に関する研究の嚆矢と言えるだろう。同論文については、学界での反響もあった。例えば、香港中文大学の新亜書院は楊聯陞を招き、彼はそこで同タイトルの講演を行った(3)。また、台湾の「張老師補習センター」と『張老師月刊』が実施したシリーズ講座「中国人の心理」でも、最初のテーマとして「報」がとりあげられた(4)。しかし、その後、このテーマに関する論文はいまだほとんど発表されていない。目下、探し出すことができる研究成果のうち、正面から「報」をタイトルに掲げている論文は、文崇一「報恩と復仇――交換行為の分析[報恩與復仇：交換行為的分析]」(一九八八)のみであり(5)、「報」という概念を用いて中国人の心理と行動を研究したものとしても、劉兆明「『報』の概念分析とその組織研究上の意義[〝報〟的概念分析及其在組織研究上的意義]」(一九九二)および余安邦「報の規約と情のもつれ――清代筆記小説における妻と妾[報的規約與情的糾葛：清代筆記小説中的妻與妾]」(二〇〇四)が挙げられるほどである(6)。総じて、この概念についてはきちんとした整理がなされておらず、その範疇や営みのメカニズムについても依然として不明瞭であり、具体的な研究が滞っているとの印象が拭えない。楊聯陞の研究から六〇年あまりが過ぎた現在もなお、研究は端緒に着いたばかりなのである。

振り返ってみるに、その一因は、欧米の社会学、心理学、人類学などの分野において、このテーマに関連する研究が異常なほどの活気を呈したこととかかわりがあるように思われる。現在の研究動向を見ると、「報」についての研究は社会科学において、概ね自覚的あるいは無自覚的に、社会学の社会交換論や社会資源論の範疇に帰せられている(7)。そして、上記二つの範疇が社会ネットワーク理論と融合するにしたがい、「報」の概念を単独に取り出して研究しようとする学者は、ほとんどいなくなってしまった。また他方で、「本土化」を志向する研究においては、「報」の研究はまさに中国人の〈関係〉についての研究の一部を成しており、〈関係〉・〈人情〉・〈面子〉ないし「情感」等とともに中国人の〈関係〉の営みないし行動様式についての複合的理解を構成している(8)。しかし、上述の研究アプローチは、いずれもそれ自体としては筋の通ったものだとはいえ、中国社会の実情に根ざした概念としての「報」の精妙なありようを認識するにはなお不足があると私は考える。研究の現状を見るかぎり、欧米の理論は、「報」の特定の側面については網羅できるものの、「報」独自の性質やその文化的意味合いにおける営みの特徴については目配りしていない。また、「本土」的研究は「報」の文化的、道徳的な意味合いを重視してはいるものの、この概念が果たしうる独自の理論的貢献については十分な検討をしてこなかったと言えるだろう。

一 「報」と交換――異なる研究の方向性

社会学の立場から見れば、「報」には確かに交換という含みがある。ただ、この種の意味合いは、交換理論形成初期の人類学的研究、行動主義心理学の研究、そして社会学者ジョージ・ホーマンズ(George Casper Homans)によって提唱された社会的交換などに近く、その後いっそう精緻化された社会学の諸理論とは距離がある。まず、ホーマンズの観点とはどのようなものだったのか確認しておこう。ホーマンズによれば、交換とは個人の受ける賞罰を指す。この観点は、「利を追求し害を避ける」人間と動物の行動に関する行動主義的心理学の研究から導き出されたものである(9)。このように、生物学や心理学の立場から見れば、動機と行為のいずれについても、交換とはすべての人間の活動の基礎である。そして、社会学者もまた、同様の観点に立ち、交換理論を構築し、それを人間の一般的な交際活動の解釈に用いてきた。しかし他方で、交換行動の類型や文化的特徴については研究の対象外とされたのだ[10]。このような傾向は、ブロニスワフ・マリノフスキー(Bronislaw Kasper Malinowski)が研究した「クラ」〔ニューギニアの島々でメラネシア人により行われている交易〕を、のちの社会学者が一般交換の原理に収斂させた思考法に、その一端を見ることができる。

いわゆる理論の説明力には、大きく分けて二つの方向性がある。もし理論が人間の行動全般に対し説明力をもつことを期待するならば、我々は経験的研究によって得られた結論をできるかぎり抽象化しようとするだろう。しかし、理論というものは、人間の一般原則に符合するものになればなるほど、人々の歴史性、文化性や実際に置かれた状況から遠ざかっていくものだ。いわばこのような理論の説明の方向性は「広さ」を重んずるものであり、交換理論をはじめとする大多数の欧米の社会学理論はこのような理論だと言える。これに対し、いま一つの方向性は、研究対象である現象それ自体の説明に重きをおくものであり、その目的は、なぜその地域(集団ないしその一部)の人々がこのような思考をもち、行動をとるのかを明らかにするところにある。この過程では、どの一般理論を持ち出したところで、問いに答えるに不足であることは明らかだ。具体的かつ生き生きとした現象を前に、一般理論の説明はうわべだけのものに留まるきらいがあるからである。具体的な問題に的を射た答えを出すためには、トロブリアンド諸島の住民による交換行為を解釈したクラ理論のように、事例に即し、抽象度を少し低めた理論が必要となる。この種の説明の方向性は、「深さ」を重んずるものである。この二つの異なる方向性のあいだのせめぎあいは、社会学者と人類学者の論争に見られる。例えば、人類学者クリフォード・ギアツ(Clifford Geertz)は、社会学や心理学の抽象的な理論および方法論は、何ら有効な説明力をもたらしえないと述べたが[11]、他方で社会学者もまた、人類学は民族誌にこだわりすぎであり、一般性を有する理論モデルを作ることなどできないと考えているかもしれない。現在、学界で活発に議論されているローカル・ノレッジ、類型論(タイポロジー)、「中範囲の理論」、あるいは「本土化」研究などは、新たな研究の方向として、現実に根ざしていながら、同時に抽象性をも有する理論の構築を目指している。「報」と交換との間には、まさにこのような研究上の関係が成り立っているのだ。もし我々が、交換の研究をしてはじめて人間社会の相互行為の本質を明らかにすることができると考えるならば、「報」の研究が重視されてこなかったことにも頷けるものがある。だがもし我々が、中国人の交換や互恵関係モデルおよびその営みの特徴を明らかにする上で有用だと考えるなら、「報」の研究はその重要性を増す。交換についての研究が、一般的な意味において、「報」の内包する意味合いや外延をカバーしていることは認める。しかし、それでもなお「報」についての研究が必要だと思うのは、中国人自身の交換のあり方について理解する必要があるからである。こうした理解をつうじて、我々は、交換理論の立場から見出してきた多くの原則と「報」とのあいだに一定の差異があることに気付くだろう。我々はこの違いを前に、見て見ぬふりをすべきではない。むしろ、これを切り口として、「報」自体の営みに見られる規則性について思考を開始すべきなのである。

では、交換研究との比較において、「報」の研究ではどのような点に注意しなければならないだろうか。まずは、中国人が言うところの「報」の含意に留意すべきである。ここには、具体的かつ真実味をもった対象のみならず、具体的でありながら仮想的な対象も多くある。いずれにせよ、中国人が何らかの見返り[回報]を得たいと思うときには、十分な忍耐のみならず、豊かな想像力も必要となるのだ。なぜなら、中国人は相関的思考法(correlative thinking)を用いて自らの社会観、宇宙観を構築するからである。[12]

次に、この体系においては、「報」を、交換理論のごとき一種の理性的選択として想定することは難しい。この点に関しては、議論しても、おそらく決着はつかないだろう。欧米の理論は、非欧米圏の民族や信仰において交換のあり方に違いがあることを認めつつ、最終的にはやはり代価と見返りのあいだには理性的な計算がなされ、さもなければ個人が代価を払う理由がないとしている。[13]だが、現地のロジックに身を置いてみれば、相手が真実の対象であろうと仮想的対象であろうと、ある人が何らかの支払いをする場合、彼は必ずしも収益性のある見返りを得るわけではない。たとえ見返りがあったとしても、それは補償的なものであったり、解釈的なものであったりする。このように、「報」に関わる行為を理性的なものであるか、非理性的なものであるのか判断するのは難しいのである。

第三に、「報」とは、もとより中国の社会関係の基礎を成しているが、だからといって中国社会に「報」と相反する価値観や行動が存在しないわけではない。この点は、交換研究との重要な違いでもある。すなわち、中国文化には、一貫して「報」およびそれと相反する力の作用が見られ、両者がともに中国人の社会関係を支えてきたのである。もし、これらの力を交換という営みに還元して理解しようとするならば、中国社会を特徴付ける力の対応関係が見出せなくなってしまうだろう。

最後に指摘しておきたいのは、道義的側面についてである。欧米の社会学者が交換について議論するとき、当初そこには道義的側面が多分に含まれていたが(14)、交換理論の成熟とともに、道義的内容について問いを立てる者は非常に少なくなってしまった。しかし、中国の社会文化における「報」を研究する上では、道義的側面について触れないわけにはいかない。

この複雑な問題について、本章では、「報」の営みの構造とメカニズムに焦点を当てて論じたい。本テーマに関しては、人文学的、歴史学的角度から記述と類型化にもとづいて論じた先行研究が多い。むろんそれらの研究においても社会科学的研究が意識されてはいるが、「報」のはたらきの方向(この点こそ、社会科学の研究において肝要であり、我々が個々の研究アプローチを判断する際の基準となる)については、いまだに理論的発見にいたっておらず、雑多な観念、日常の行為、各思想家の言(成語、諺、熟語など)を一つの網羅的図式として整合させるなど、なおさら難しい状況である。本章では、この問題の解決を試みたい。上述の問題すべてに答えることはできないが、部分的にではあれ、それぞれについて触れていくつもりである。本章が「報」に関する一つの序説となれば幸いである。

二 「報」——閉鎖的な交換のあり方

「報」という中国語には、応答や返答といった意味あいがある。『集韻《しゅういん》』号韻《ごういん》には「報とは答えなり」とあり、また、

『字匯』土部には「報とは答えなり、酬《むくい》なり」とある。楊聯陞は研究の中で「報」を「反応」と総括し[15]、のちには二つの英語表現“reciprocate”や“retribution”と対照させながら、その意味するところを「返報〔還報〕」および「応報〔報応〕」であるとし、さらに、行動主義的心理学における刺激と反応、ならびに歴史学者アーノルド・ジョゼフ・トインビー（Arnold Joseph Toynbee）が『歴史の研究』において提起した「挑戦と応戦」のなかに、より広がりのある問題を見出すことができると述べた[16]。明らかに、このような考え方は、「報」と交換に関し上述したごとく、「報」を人間の一般的行為ないし文化モデルに還元して研究しようとするものであった。

私見では、このようなアプローチは、「報」の研究意義を高めるどころか失わせてしまうものである。楊聯陞自身、中国人は「報」の意味合いを、社会関係において用いる傾向にあると、その特徴を認めていた[17]。「報」は中国文化において、「応答」という意味を有してはいるものの、ここでいう「応答」とは一般的な応答――刺激と反応のモデル全般――を指すのではなく、往々にして、贈答や儀礼（祭祀）とかかわる場合が多い。この点は、すでに数多くの人類学的研究や中国の古書の記載によって証明されていながら、同時に原始社会の通則と見なされがちな点である[18]。早くは数千年前から、中国には「我に投ずるに桃を以てす、之に報ゆるに李を以てす〔投我以桃、報之以李〕」（『詩経《しきょう》』大雅《たいが》・抑《よく》）や「我に投ずるに木瓜《ぼくか》を以てす、之に報ゆるに瓊玉《けいぎょく》を以てす〔投我以木瓜、報之以瓊琚〕」（『詩経』衛風《えいふう》・木瓜）といった言いまわしがあった。

比較するならば、贈答の往復や流動は、全般的に、それが友好を示すものであろうと象徴的な意味を含むものであろうと、また、贈答品自体の価値を体現するものであろうと贈り主の気持ちを映し出したものであろうと、物象化（あるいは物資化、資源化）によって表現されるところに重要な特徴がある。これに対し、中国人のいう「報」には物象化される側面のみならず、物象化されない側面がある。あるいは物質的なものを非物質的なものに転化して対処する傾向が見られる。私が思うに、「報」の非物質的な側面を研究してこそ、「報」のより本質的な側面を理解することができる。例えば、『史記』范雎蔡沢伝のなかの「一飯《いっぱん》の徳も必ず償い、睚眦《がいさい》の怨みも必ず報ゆ〔一飯之徳必償、睚眦之怨必報〕」

という一節や、人々がよく使う「恨みに恨みで報いるときりがない〔冤冤相報何時了〕」という言いまわし、『論語』における「徳を以て徳に報ゆ」、「直《なお》きを以て怨みに報ゆ」などはいずれも、「報」が、物や資源、象徴などによって引き起こされるものではなく、贈答により生ずるものでもなく、善意や悪意から、あるいは感謝や揉めごとや恨みなどへの反応から生ずるということを説いている。中国の言葉で、「報」という言葉が組み合わされた語として最もよく用いられるのが、「報恩」と「報仇(仇に報いる)」である。この二つの言葉はどのように解釈しようとも、贈答とは何ら関係がない。行動主義的心理学に立ち戻って言うならば、非物質的な「報」とは概ね、行動や出来事の結果として自身にもたらされる良いことや悪いこと、利益や不利益とほぼ等しく、それは心理、道徳、観念に転化される傾向にある。むろん、個人の利害は、ある種の物質的あるいは記号的な互恵関係——贈り物や金銭など——に由来することもあれば、ふるまい、行動、出来事(例えば、〈面子〉を与えるふるまいや顔を立てる行動)に対する理解や評価に由来することもあろう。さらには、人生に臨む姿勢や価値観に由来することもありうる(この点については後述する)。ゆえに、「報」はしばしば贈答とのかかわりのなかで用いられる概念ではあるものの、中国の文化においては、より広がりのある意味をもっており、それは、贈答あるいは一般的な社会資源の研究では網羅しえないのである。

それでは、交換という果てしなく広がっているかのように見える思想や活動において、その志向性や営みの方向は、いかにして見いだせるのだろうか。この点について、これまで研究者はその可能性に懐疑的であり、あるいは検討してこなかった。私が思うに、中国社会において、「報」がはたらくところでは、例外なく皆付き合いが閉鎖的なものになる傾向がある。どうしてかというと、見返り〔回報〕や恩返し〔還報〕の最大の特徴は、それが少なくとも一回以上の循環を必要とする点にあるからである。「報」のシステムが開放的であれば、そこに恵与、投資、支払い、交易、感謝、謝礼などの行為は生じても、「報う〔報答〕」という行為が現れるとは限らない。閉鎖的構造の最大の特徴は、「報」がその向かう先として、比較的はっきりとし、かつ固定的な対象をもつという点にある。何らかの事前の社会的投資あるいは事後の社会的賞罰を考えたとき、対象がはっきりしなかったり、容易に消失してしまったりするならば、与える側は自分の投資や見返りがそこにあるのかどうか分からないし、報いたいと欲する者も与え手がどこにいるのか見つけることができない。いわゆる「水を飲む人は、井戸を掘った人を忘れない〔吃水不忘挖井人〕」、あるいは「恨みを抱くには仇がおり、借金するには貸し手がいなくてはならない〔冤有頭、債有主〕」とは、まさにこのことを意味している。それゆえ「報」の行為が生ずるためには、閉鎖的な構造において、疑いなく明らかで、見返りを期待できる対象を探し出せるという状況が必要なのである。それゆえ、その起点は個別主義的なものである。[19]だが、いざこの閉鎖的構造の境界を精査しようとなれば、その確定は非常に難しいと気付くだろう。というのも、中国人は人間関係について遠近の「差序」関係を有しており、そこでは実際の社交圏を拡張したとしても、そのさらに遠くに多くの架空の、つかみどころのない交換対象を想定するからである。あるいはそれがゆえに、「報」の構造は閉鎖的にはなりえない、あるいは境界線をもちえないのではないかとの印象を与えるかもしれない。だが、中国人の信仰における天人感応説〔人の行いの善悪が自然現象の変化を呼び起こすとする思想〕、来世の観念[20]、そして輪廻転生の発想〔仏教に由来するものばかりではない〕を理解すれば[21]、たとえ架空の対象であろうとも、その構造が決して開放的なものではないことが分かる。

閉鎖的な構造が形成されてしまうと、「報」の行為者間の交換のあり方は、表面的には「礼は往来を尊ぶ〔礼尚往来〕」というものとなり、そこから形成される法則は潜在的にこの構造の機能を安定化させる。通常の交換行為であれば、交換構造の安定性は特に強調するまでもない。なぜなら、交換のプロセスと結果が公平でありさえすれば、人々はもう一度交換するなり、交換を終了させるなり、決定を下すことができるからである。等価交換も「報」と同様に交換構造を安定させうると言うこともできようが、それは、交換の営みのメカニズムそれ自体が安定化機能を潜在させているることを意味するわけではない。この場合には、公平の原則こそが、行為者に交換を繰り返してもよいと思わせるのだ。もしくは、公平の原則が交換のコストを下げる効果をもっていることにも一因があるかもしれない。交換の構造それ自体が持続的かつ安定的なものであるには、この構造からある種の依存的〔従属的〕関係が再生産されることが必要となる。これまでの研究成果を見れば、次の二つのアプローチが、交換における構造的な依存に関する研究に影響を与えてきた。

一つは、欧米の交換理論において比較的十全に議論されてきた、価値資源に対する社会的コントロールの問題であり、交換過程の非対称性に関する問題である。交換理論によれば、行為者双方の交換資源が非対称的である状況においては、資源をコントロールする側が長期的かつ安定的にもう一方をコントロールすることができ、そこから人々の地位上の不平等と権力的従属関係が生ずる[22]。これについては欧米の学者のさらなる研究に任せることにしよう。依存にかかわるもう一つのアプローチは、中国式の(あるいは、その他の前工業化社会にも見られる)依存に注目したものであり、主に、交換過程において絶えず生ずる互いの「欠(負債・借り)」あるいは〈人情〉を通して実現される関係に注目する。いわゆる「欠」とは、交換の行為者が一度の交換を終えた後に意識的に作り出す価値的剰余物を指し、これが相手に債務(借り)を負った感覚を形成する。だが、交換にかかわる双方とも、互いの関係を強めたいと思えば、それを一度期に清算してしまおうとは考えず、引き続き相手に貸しを作り続けようとする(これを傍証できる例は、中国人の日常生活のなかに見られる。例えば、もし金を借りた者が借りたことを忘れてしまったり、返そうとしなかったりした場合、貸した方は、返すよう催促することを申し訳ないと感じ、自分の金を返してもらうことがむしろ相手に失礼であるかのように考える。思い出させず、催促せず、相手が返してきた時には受け取りを拒むという姿勢を見せる方が落ち着くのである)。この原則から見ると、「報」とは必ずしも利益の授受を意味する訳ではなく、むしろ親密で安定的な関係や、強い拘束性を孕んでいることに気付く。相対的に見て、非物質的な報いの場合、このような傾向を生み出しやすい。なぜなら、行為や出来事がもたらす収益自体の価値が判然としないことにより、双方は、かつての出来事やその結果についていくども評価したり、そこに道徳上の帰属を求めたりするからである。時には、評価の違いが、恩返しに対する感覚の違いをもたらしたり、非難を招いたりする場合もある。例えば、「分別がない[不識好歹]」、「善意が仇になる[好心没好報]」、「恩を忘れ義に背く[忘恩負義]」、「恩に仇で報いる[恩将仇報]」といった行為は、中国人の交際を複雑化させたり、あるいは潜在的な衝突を生み出したりする一因となる。だが、こうした複雑性や衝突は、あくまで個人が対応し調整しなければならない問題なのであり、中国人がその他の交換のあり方を選択する誘因とはならなかった。結局のところ、中国人は、短期間に清算を済ませることにより、断続的に関係を維持することには乗り気になれない。「報」の関係性のなかで、貸し借りは明確にいくらと計算できる類のものではない。しかし、清算する、全て借りを返す、「秋の収穫後の貸借の清算（秋後算帳。事が一段落してから黒白つける）」などの言葉は、中国社会では往々にして、絶交や反目といった状況を表す。

閉鎖的な交換構造のいま一つの特徴は、それが親族ネットワークのように、あらかじめ定められる（先験的）こともあれば、友人ネットワークのように、参与の結果作られる（獲得的）場合もあるということである。どちらの状況であろうとも、交換者は選択の余地なく、「報」の営みのなかへと巻き込まれていく。言い換えれば、この種の構造が参与者に退出の権利を与えないために、「報」は個人の理性的な選択ないし自らに有利な選択となることなく、一種の義務として認識される。そして中国人は、交換（贈答）の過程において、常に「こうするよりほかないのだ」という心理的圧力を抱えることになる。だが、そこに参与する個人がどれほど乗り気でなかろうとも、そうしたシステムによって再生産される相互負債のメカニズムにがっしりと絡めとられていくにつれ、彼もまたこの構造における資源の再分配、あるいは関係のダイナミクスに参与することになるのだ。例えば、「報」（ここでは、お返し）は施しよりも大きくあれという交換原則に則るならば、ある農民が息子の満一歳の誕生日の宴を催す際、彼は受けとる祝儀の額が招待にかかる費用を上回り、経費を相殺し、さらにこの交換に儲けが出るだろうことをあらかじめ確信できる。しかし、彼は、自分自身もまた「報」の関係の循環に引き込まれていることを承知している。というのも、どの出席者にせよ、少なくとも一回は似たような催しの機会があって当然だからである。そうなると、ただ一回順番が回ってきただけで、儲けられたとは言えず、総じてみれば損する可能性の方が高いかもしれない。これがいわゆる「人情債」の返還というものである。ここに、不可思議な現象が現れる。すなわち、理性的に見れば、個人は見返りのなかに収益を欲するため、即時的かつ公平な交易にたちもどるか、交換過程の閉鎖性を打ち破ろうとするか、あるいはこのような活動には二度と参与しないか、という選択をして然るべきである。しかしながら、次のような理由により、このような理性的な選択が為されることはない。

まず、人にご馳走する機会が増えてしまう（同じ条件下では三人子供がいる者は、子供がいない者よりも機会は増える）というだけで、合理性のために人間関係の輪から外れてもよいと思う人はいない。また、理性的選択をすることにより、自分が「報」のゲームのルールを壊してしまうという恐れもある。そうなれば、持続性は断たれ、順番に回ってくるはずの機会はバランスを失い、交換の回数は減ってしまうのである。一個人が退出の権利をもたない閉鎖的な生活圏においては、構造的なバランスと安定した関係を維持する（「和すれば寡《すく》なきこと無く、安んずれば傾くこと無し［和無寡、安無傾］」）（『論語』季氏）ことが、個人単位の受益の最大化よりもずっと大事なことなのだ(23)。ここで、一人の人間が自分の利益ばかり考え、それに続くはずであったお返しの義務を放棄するならば、この集団は、彼が人として失格であるゆえ、孤立することになる旨を宣告するだろう。中国の成語「身の置き所がない［無地自容］」は、まさに人として失敗した後には逃れる場所も無いことを表したものである。その結果、このような交換のあり方は、ほかに選択肢が無いまま、転がり続けるほかないのだ。そして、この営みの流れを動かす力は理性ではなく、おそらくは情理だろうと思う(24)。情理が支配する交換の営みにおいて、その目的は「報をもって報に報いる［一報還一報］」ことにあるのではなく、人の間に、あるいは人生において、「相互的」（一方的でない）かつ義務的な〈人情〉と互助関係をうち立てることにある(25)。このような関係を実践し、維持しようとするとき、人は、別の誰かの要求を断りにくくなる。また、お返しにあたって、異なる資源の交換を行うのも、よく使われる方法である。例えば、人から金銭をもらったならば、金銭で返すことを求められるのではなく、その人を困難から救うことが求められるのである。やむをえず、命をかけなければならなくなることもある。中国人のいう「両わき腹に刀を刺す［両肋挿刀］（喜んで苦しい目にあう）」、「水火も辞さない［赴湯蹈火］（たとえ火の中水の中でも飛び込む）」、「肝や脳が地面いっぱいに流れる［肝脳塗地］（命を投げ出して惜しまない）」、「来世は牛馬のように働く［来世做牛做馬］」などはいずれも、このような覚悟を表している。それでもなお報いきれないほどのことにいたっても、この閉鎖的な「報」の構造が開放されるには及ばない。そういうときには、より高次の報い方が現れる。「あまりの恩に報いのしようもない［大恩不言報］」という言葉があるが、「報いのしようもない」とは、そう言えばこれまでの借りがすべて抹消されるというのではない。もはや、人間関係あるいは人の世で具体的な報いの方法を考えることはできないから、その必要はなく、次は観念の世界へと進み、陰徳を積み、善の力を悟り、鬼神を敬うことの素晴らしさを理解すべきだというのである。とりわけ仏教が中国に伝来して以降、「報」に関する多くの故事は、この次元で展開されてきたと言える。

三 「報」による社会と文化の構築

もし「報」の意義について、それが閉鎖的な構造により引き起こされたものだと結論づけることができるなら、次に検討しなければいけないのは、この閉鎖的な構造がどこから来たのか、ということである。実際のところ、中国の伝統的な社会の特徴を少し考えてみれば、こうした交換の構造が、中国の社会構造ときわめてうまくかみ合うものだということに気付くだろう。というのも、農耕文化の最大の特徴は、『老子』が「鶏犬《けいけん》の声相聞ゆるも、民老死に至るまで相往来せず」と描いたようなものだったからである。すなわち、人々は家単位で、先祖代々同じ場所で、移動不可能な土地に依存して生活を営み、そこから、家族、宗族や村落が派生したのであった。戦争、洪水、飢餓といった大規模な天災や人災が発生しなければ、社会流動が生まれる可能性は非常に小さいものであった。生活様式が限られたなかにあって、ほとんどの場合、家族生活と村落生活が、中国人にとっての生活のすべてであった。このことは、一人の人間が一生のうちに付き合いをもつ人が固定していたことを意味する。すなわち、家の成員として生まれ、結婚すれば、それにともなって少し広がり、再び固定する、というように。家や田畑も固定したものであったため、近隣の住民もまた固定的であった。一生のうちに行われるいくつかの重要な儀礼についても、出席する面々は固定的であった。

既定の交換構造において、中国人の行為としての「報」は、三つの次元に分けられる。贈答と返礼、何らかの行動や事件に際しての互恵と互助、信仰上の祈りと加護である。『礼記』曲礼《きょくらい》上には、「太上《たいじょう》は徳を貴び、其の次に報いを施すに務む。礼は往来を尚ぶ。往而して来ず、非礼なり。来而して往かず、亦非礼なり」とある。この内容は後の二つの次元にかかわるものである。というのも、ここで述べられている徳と礼は、もともと天授、儀礼、礼節といった意味であり、人との交際におけるそれらの作用は、モースが『贈与論』において議論した「道徳、栄誉、義務、および処罰」の混合体と非常に似たものだからである。

現在、「礼は往来を尊ぶ」という言葉は多くの場合、上述の一つ目の次元の交換を指す。これは贈答が中国において、伝統的社会から近代にかけて普遍的であったことを示すが、それ自体の意味が、時代の変遷とともに変化してきたこともまた事実である。欧米の交換理論、レント・シーキング理論、ならびに腐敗問題に関する議論は、この問題と密接に関係するが、ここでは詳述を避ける。

第二の次元こそ、私が中国人の「報」の思想と行動を研究する上で鍵になると思うものである。この次元の「報」について明らかにするためには、まず二つの比較的重要な概念——恩と仇——について検討する必要があるだろう。恩が中国文化の文脈において有する意味合いについて、体験、観察する機会は多い。字面の上で、恩の意味としてふつう挙げられるのは、恩恵、恩典、恩情、恩賜などである。これらはいずれも、人が他者から厚意を受けたことにより生まれる感情を指す。だが、この言葉が用いられる言語環境は、次の二つに分けられる。一つは、上の者から下の者に厚意が与えられる場合である。中国社会において人の地位の高低が重要だということはよく知られているとおりである。通常、下の者が上の者のために行うことの一切は、孝や敬のように、日常的な規範や儒教の規範に沿って、当然為すべきことであると受けとめられる。しかしこれに対し、上の者が下の者に何かよい計らいをしたり、厚意を与えたりした場合、それは得難いことであり、人を感激させる。こうした場合に、我々は「恩」という字を使うのだ。二つ目は、ここから拡張された意味合いであり、意外で、得難く、予想を超えた厚意、ないし感動的なほどの厚意が与えられた場合であり、ここでも「恩」という字が使われる。このように、中国人のいう恩とは、通常は、重要、重大、かつ肝要な助力、支援、支持を得た場合に用いられる。以上二つの意味を仔細に検討して分かるのは、通常の恩情とは、身分の高い者と低い者、富める家と貧しい家、あるいは強い者と弱い者との間で、前者から後者に与えられる支持を指すが、非常事態においては、恩恵が逆方向の支持として現れる場合もあるということである。家運が傾く、英雄が苦境に陥る、難局で助太刀に入る、命を救う場合などはいずれも、下僕、部下、護衛、通りがかりの人など、下層の人々に恩人となる機会をもたらす。

いわゆる「一滴の水の恩を涌き出る泉をもって報いる［滴水之恩、涌泉相報］」とは、恩には必ず報いなければならないという言いまわしである。実際、中国人がよく口にする報恩は、日常のなかの小さな恩のことではなく、大きな恩を指す。しかし、論理的に考えて、小さな恩には深く感謝するとして、大きな恩に対してはどうしたらよいのだろうか。先ほど述べた安定構造に立ち戻って考えるならば、永遠に恩を忘れず、世代を超えて報いていかねばならないということになる。そこで問われるのは、どれほどのことをもって、大きな恩と言えるのかという問題である。これは非常に複雑な問題だ。経済学的に言えば、より貴重で、市場価値が高いものであるほど、より大きな恩だということになるが、それならば、今の中国人が好む盛大な贈り物は、大きな恩だと言えるだろうか。実のところ、行動や事件といった次元の交換において、恩の大小を決める重要な鍵は、高価であるか否かにあるのではなく、問題が解決できるか否かにある。「一飯の恩に千金で報いる［一飯之恩、千金以報］」がそのことを象徴している。飢え死にしそうな人に与えられた一膳の飯は、どんな貴重な品よりも問題の解決に有効なのであり、その施しを受けた者は、一膳の飯で感謝を示そうとはしないものである。

次に、仇について検討してみよう。恩が、人が得た厚意によるものだとすれば、仇とは人が得た不利益に由来する。前者は利であり、後者は害ということになる。仇は、悪事や傷害により引き起こされる恨みの心理を指し、そこには恨みと冤が含まれ、悪事を為した側の者は「仇人」や「冤家(仇)」などと呼ばれる。中国文化においては、仇が引き起こす「雪辱を果たす」動機や行為に対しての見解に、混沌が見られる。「徳を以て怨みに報いる［以徳報怨］」、「直きを以て怨みに報いる［以直報怨］」、「一笑いして恨みを忘れる［一笑泯恩仇］」、「不倶戴天［不共戴天］」、「仇には仇で［有仇報仇]」、「歯には歯を[以牙還牙]」などが唱導する価値はそれぞれ異なる。そして、これらのいずれもが、中国の歴史に立ち現れてきたのである[26]。交換における「借り」の原則「一尺もらって一丈を返す[爾敬我一尺、我敬爾一丈]」という方法で恨みを晴らそうとすれば、仇討ちはどんどんエスカレートし、拡大してしまう。これではきりがなくなり、事態は悪化し、ある種の恨みの安定構造が作られかねない。「恨みに恨みで報いればきりがない[冤冤相報何時了]」という言いまわしは、人々にここで手を引くよう勧め、恨みの構造を早期に開放しようとするものである。中国史を見ても、歴代の政府は事態の悪化を防ぐべく法律を作るなどしてきたが、政府の施策ごときでは、長きにわたり醸成されてきた、恨みにまつわる社会的気風を阻むことなどできなかった[27]。

中国人の信仰上の応報の観念は非常に複雑な「報」の体系を成しており、とても数本の論文で解明できるものではない。私がここで議論したいのはただ一つ、交換システムの閉鎖性と安定性を保証するために、中国人は信仰観念上も、日常世界を幻想世界に投射しており、ここに、異なる次元の「報」のあいだの連続と連繫が担保されているということだ。この虚構の世界で、中国人は、日常生活において見返りを望む様々な事柄(例えば、子宝や福への願い、厄除け、病気治癒など)を、それぞれ想像上の、寓意のはっきりとした神霊に結びつけ、それにより、様々な必要に応じて、「求めれば神が応じてくれる[有求必応]」仕組みをつくった。このことは、必要なときだけ仏の足にすがる[臨時抱仏脚]という明らかな功利的傾向を反映しており、また、人間界のいりくんだ社会的分業の投射でもある。例えば、竈神《そうしん》[竈君、竈王爺]は中国の人々の間で広く人気のある神である。道教の観点にもとづくならば、竈神とは天帝が下方に遣わした監査役の全権代表である。『集説詮真』は『敬竈全書』真君勧善文の次のような記述を引いている。「竈君《そうくん》すなわち東厨司命は、一家の香火《こうか》を受けると、一家の康泰《こうたい》を保ち、一家の善悪を察し、一家の功過《こうか》を奏する。毎回、庚申《こうしん》の日、玉帝に上奏する。月の終わりに算出し、功多き者には三年の後、天は必ずや之に福寿を降らせる。過ち多き者には三年の後、天が必ずやこれに災いを降らせる」。福寿は中国の庶民にとってもっとも望ましい生活状態である。伝統的な中国の絵画や彫刻に最もよく見られるのが福禄寿の三星神《さんせいじん》の形象であり、家々がみな福禄寿の三星神を母屋の中央に飾っている地方も少なくない。架空の対象が定まるまでには、非常に長い過程を要する。もともと人々はただ生活の平安について天の加護を祈るばかりであったが、漢代から唐宋にいたると、多くの形象が決まった型を成し始め、中国人の「報」の体系においても、架空の対象がしだいに具体化し、発展してきた。天地君親師の概念が形成されたのも、宋代のことである。[28]中国本土の信仰体系について言えば、応報にまつわる文化体系は婚姻儀礼で行われる天地への崇拝の中に表れている。すなわち、いわゆる天地の恩情（これは架空の交際体系であり、諸神の信仰はこの中にある）が第一次元の報い[報答]、父母の養育（上下の交際体系。祖先の庇護、陰徳を積む行為はこの中にある）が第二次元の報い[回報]、夫婦の恩愛（並行的な交際体系。親族間、同郷の者の間の礼尚往来はこの中にある）が第三次元の互恵を成す。梁啓超は次のように考えていた。

> 『論語』には、「其の鬼《き》に非ずして之を祀るは諂《へつら》いなり」とある。ここでいう、「其の鬼」と「其の鬼に非ず」の見極めは、欧米人の見方とは異なる。中国において、鬼神は我々の禍福を左右するものではなく、我々がそれらを祀ることよってはじめて、徳があれば爵位で敬意を示し功績があれば禄で報いる、となるのだ。父母を祀るのは、父母が私を生み育てたからであり、天地を祀るのは、天地が我々に多くの便宜を与えてくれるからである。父母を祀るのであれば、天地山川日月もまた祀らねばならぬ。これを人にまで広げると、国家や地方を苦難から守った者、事業を興した者もすべて祀らねばならない。またこれを物にまで広げると、猫、犬、牛、馬の神も祀らねばならない。このように、「報」の観念は祀るという行為の全てに貫徹しているものなのである。このような祀り方は、ギリシャやエジプトにおける天や物への祭祀とは異なるものである。彼らは、そこになにがしかの神秘や神の象徴をみてとるからこそ祀るのであり、人に恩恵をもたらすから祀るという訳ではないのである。[29]

中国の歴史のなかで、「報」の文化的体系はしだいに複雑なものとなっていった。その理由は、漢代とりわけ魏晋以降、中国人の応報観が仏教の因果観・輪廻観の影響を受け、ゆるやかにそれと融合していった点にある。比較するならば、仏教の三世《さんぜ》因果《いんが》の応報は、個人の善悪にもとづく応報を重視したものであった。それは、個人を前世、現世、来世に分け、ここから生ずる必然的な因果関係が、一個人の三種の業報《ごうほう》（生報《しょうほう》、現報《げんぽう》、後報《ごほう》）において実現されると説く。これに対し、中国の民間信仰のなかの応報が重視するのは一族の絆であり、祖先の庇護、陰徳を積む、父の負債を子が返す、子孫の断絶などは皆、『周易《しゅうえき》』にある「積善《せきぜん》の家には必ず余慶あり、積不善の家には必ず余殃《よおう》あり」に通ずる表現である。

道教、仏教におけるいずれの応報思想も、勧善懲悪のため、悪を為した者に多くの天罰を設定している。道教が設定した陰曹地府《いんそうちふ》と仏教が設定した地獄では、いずれも閻魔王と地蔵王が冥司となり、やってきた者の功過と来世を判断し、管轄している。このように設定された構造では、あらゆる人の善悪言行について申し継ぎが為されるよう、来世や輪廻のしくみを作り出す必要がある。そうしてはじめて、人は「天網恢恢疏《てんもうかいかいそ》にして漏らさず〔天の張り巡らす網は粗いように見えて厳正であり、悪事には必ず報いがある〕」という感覚を持つようになるのだ。学理的に見れば、信仰の閉鎖的体系にいったんほころびが出るや、そのことは、社会において「善い事をすれば善い報いがあり、悪い事をすれば悪い報いがある」わけではないということを信徒に宣告するに等しい。これは民間信仰にとって大きな脅威である。このため、この体系を終始閉鎖的状態におくために、ある命題がたち現れる。これは、ロドニー・スタークとロジャー・フィンケ（Rodney Stark & Roger Finke）が提起した命題――「見返りがきわめて少ない、あるいは見返りを直接に得られない場合、人は遥かかなたの将来において、あるいは検証不能な何らかの環境のなかで見返りを得られるのだという解釈を作り出し、それを受けいれる」――にほかならない[30]。中国人の言い方では、次のようになるだろう。「善悪は最後には報いがあるものだ〔善悪到頭終有報〕」、「善には善の報いあり、悪には悪の報いあり。今現在それが無くとも、まだその時ではないというだけだ。その時がくれば、必ずや報いがある〔善有善報、悪有悪報、不是不報、時辰未到、時辰一到、一定会報〕」。

四　「報」に対応する社会と文化の構築

「交換」という観点から中国の社会関係の基礎を研究しようとしても、我々は中国において「交換」に対応する概念が何かを見つけ出すことはできないかもしれない。むしろ、「報」を中国の社会関係の一つの基礎と捉えたときにこそ、中国の社会関係やそこにある他の基礎を見出すことができるのかもしれない。他方、これまで「報」を一種の閉鎖的交換体系として考察したなかで明らかになったのは、中国社会には同時に開放的かつ非交換的とも言える社会構造が存在するということである。この構造の核心概念となるのが、「義」である。

義は、中国の文化においては、少なくとも「報」と同様に重要な概念の一つである。だがこの概念の含意は明確でない。その原因はおそらく、この概念についての儒家《じゅか》、道家《どうか》、墨家《ぼっか》らの理解に違いがあり、民間のあいだでも様々な解釈がなされている点にあろう。とりわけ、これが利という概念と対照させつつ論じられるとき、その含意はさらに複雑なものとなる。一般に、「報」が（文化的内包を有するにせよ）一種の交換として捉えられ、交換と同様に利（功利）に関する議論のなかに位置づけられてきたのに対し、それを相対化する概念としての義は、それ自体の意味が変化するにともない、徐々に利と区別されるようになった。当初、『左伝《さでん》』や『国語《こくご》』などの書の中では、義と利とのあいだには相互に解釈できる関係があった。『墨子《ぼくし》』もまた利を用いて義を解釈している。しかし、儒家の思想においては、義と利が相矛盾するものとされ、それ以来、両概念のあいだにある種の緊張が形成され始めたのである。孔子は、両概念を人の資質の違いを区別する尺度とみなした。すなわち、「君子は義に喩《さと》り、小人は利に喩る［君子喩以義、小人喩以利］」というように（『論語』里仁《りじん》）。

いったい、義とは何なのか。『礼記』中庸には「義は宜なり」とあり、『釈名《しゃくみょう》』釈典芸《しゃくてんげい》には「義は正なり」とあり、また『孟子』離婁《りろう》上には「義、人の正路なり」とある。我々はここから、義を一種の道徳実践であり、正しく、正直なふるまいであると感じ取ることができる。また、義という言葉の使われ方からは、それが多くの場合、利に対する明らかな排斥を意味することを見てとることができる。例えば、義士、義工〔無報酬での奉仕〕、義挙、義勇、義気、義舎〔旅人のための公共宿舎〕、義倉などである。これらの言葉は、義と組み合わされた語はそれぞれ異なる意味をもつものの、いずれも、身を犠牲にし、財を惜しまず、金品を施し、分かち合い、報酬を求めないといった意味あいを含む。見返りを求めないという志向を意味することから、義を超道徳的なものだとする学者もいる(31)。

もし中国社会が、単に先祖代々田畑を守って暮らしていくようなものであれば、恩を知りそれに報いる、恩に感じ徳を讃える、といった価値観を唱導するだけで十分であっただろう。そうだとするとなぜ、義という問題が生ずるのだろうか。何故に儒家は義を重んじ利を軽んじたのであろうか。これらの問題は、中国社会が、常にある種開放的かつ流動的な次元を有していたこと、そして儒家の思想がそれに対し、人付き合いに関わる新たな秩序をうち立てる必要にあったことを示している。それでは、そのような開放的で流動的な次元とは社会のどこに存在したのかといえば、それは、まさしく科挙の試験に参加し官職へと進むこと、すなわち中華帝国の官僚システムにあった。周知のように、中国の官僚システムにおける権力の営みは、官僚世界の流動性の増大に特徴づけられていた(32)。こうしたなかにあって、利を見ては義を思うという価値を唱導せず、相互の報いを知るのみという状態が続けば、人は簡単に官僚としての責務を投げ出し、利を見て義を忘れる、といった事態が生じてしまうだろう。ここから、儒家は義の社会的価値を「報」の価値よりも遥かに高いものとして位置付けるに至ったのである。しかしだからといって、儒家による義の唱導が、官僚世界における「報」の営みを揺るがしたわけではない。無限の公共資源が利用でき、さらにその構造が長期に安定するものでないとなれば、かつての「報」の原則も、うわべだけ変えて姿を現す。日常的な贈答は、今や賄賂、権銭交易〔権力と金の取引〕、徒党を組み私利私欲を貪る行為などへとかたちを変えて存在している。

また、義が民間社会においても重要性を発揮する場を有していたことは、庶民の日常的社会にもまた、開放的な領域があったことを示す。なかでも明らかなのは、次の二つの領域である。一つは、商売の領域である。ここでは見知らぬ者、通りすがりの者との取引が多く、儲けることが唯一の目的となる。そこで人々は、詐欺行為を減らすべく、義において模範となった関公の神像を祀るようになったのである。いま一つの領域は、游俠が出没する「江湖」である。試しに次のように考えてみてほしい。もし江湖において義の概念が行き渡っていなかったならば、どうなるだろうか、と。おそらく多くの事蹟は、集団強盗、放火殺人、強盗殺人を犯す与太者、ごろつき、無頼漢、流賊《りゅうぞく》らの悪行の数々に終わってしまうだろう。だが、これらの行為は、俠という言葉で義の意味合いを付与されることによって、ある種義俠心にもとづく行為となった。富める者から財を奪うのは貧民を救うためであり、自らの享楽のためではない。道で人に危険が及ぶのを見て助太刀に入るのは、蛮勇をふるうためではなく、弱きを助けるため、というわけである。義という文字をつけることによって、多くの低俗な行為は高尚な行為へと変化した。とりわけ、社会的公正が成り立たない時代に、游俠はいとも簡単に社会正義の化身となり、それによって中国の人々の支持と歓迎を受け、中国民間文学のテーマの一つとなったのであった。

今日、市場経済により、中国社会はいっそう開放的になり、社会的流動性が増している。しかし、もはやこうした時代には適合しないであろう「報」の原則が、変種の策略として出稼ぎ農民らの身の上にふりかかっているように映る。出稼ぎで金を稼ぐことは決して無償奉仕ではなく、公平な取引に依るべきである。だが、自己の利潤ばかりを追求する多くの私営企業は、賃金を遅配するという方法によって雇用関係を長期化させる。かたやこうしたやり方に巻き込まれた多くの出稼ぎ農民は、交換関係を終わらせる術もない。私営企業の中には、信用を裏切り、金を携えて失踪するものすらある。この現象は、「報」がそもそも開放的な社会には適用しないことを明確に示している。

「報」と義を比較するとき、「報」の営みが成り立つには、最低限、外に広がりをもつ信任がなければならないということに気付くだろう。私はかつて別の論考で、中国の伝統的社会において信用は隅々にまで貫徹しており、決してなくならないが、それは人々の生活の閉鎖性によって形成されたものだと論じた(33)。ゆえに私は、儒家倫理による教化が人々に与えた影響を過大評価するべきではないと考えている。ひとたび中国人の流動性が高まると、信用の基礎は揺らいでしまう。このとき、法制度がいまだ十分に確立されていない社会においては、自己修養への内面的導きのみが残された唯一の方法となる。しかし残念ながら、この種の方法はついぞ多くの人々の名利《みょうり》の観念に抗することはできなかったのであり、信義に背き道義を踏みにじる行為が、多くの場合構造を破綻させていったのだ。この構造上の綻びを価値観の唱導により補ってきたのが、中国文化の一つの伝統であり、今日人々が、市場の営みを道徳に頼って維持しようとするのもまた、その一環であると言えるだろう。ここに至って、義の価値と行為はスローガンや表象へと流れやすくなる。

義が盛んに喧伝されればされるほど、「報」の強い作用がはっきりとあらわれる、というように、両者の間には、互換関係が生じやすい。これについて理想主義者は、「報」を義にまで高めるよう提唱してきた。例えば、中国の家庭では息子を持つことが好まれるが、そこには息子を養うことで自分の養老に備えるという含みがある。これは一種の実際的な見返りへの動機であり、そこで息子にまず求められるのは、自愛すなわち身体から髪、皮膚に至るまで、傷つかないように気を付けることである。しかし、後の文化的変遷において、この実際的な必要が孝義へと変化した結果、二十四史から二十四孝の故事にいたる中で、自らの身体が(酷く)傷つくことも惜しまずに父母を敬い養う息子が最も多く顕彰されるという事態にいたったのであった。義を唱えるこのような事蹟は、実際には何の役にも立たず、不要とし か言いようがないものとして、人々の嘆息を誘っている。他方、「報」と義の関係の処理については、より現実主義的なやり方もある。例えば、人は義をなすときには相手に見返りを求めないが、このような善行について、中国人は、一種の陰徳を積む方法だと解釈し、このようなことを多く為せば為すほど、子孫に福がもたらされるだろうと信じているのである。多く不義を行えば必ずや自らを葬ることになる[多行不義必自斃]、当然の報いを受ける[罪有応得]、お天道様は見ている[蒼天有眼]、よい死に方はしない[不得好死]などといった表現は、このことを逆方向から説明したものである。

五　結論　今日の社会学的研究における「報」の位置

「報」の含意と営みのメカニズムに関するこれまでの分析から、概ね次のような結論が導きだせるだろう。第一に、「報」の研究は、中国人の交換行為についての深い解釈に基づくべきものであり、またその目的は、一般的な交換理論に立ち返ることにあるのではなく、中国人の交換行為についてより説得力のある解釈の枠組みを構築することにある。第二に、中国人にとっての一種の交換概念としての「報」は、閉鎖的なシステムにおいて機能するものであり、こうした特徴は、物質の次元、行為の次元、あるいは信仰の次元のすべてにおいて見られる。閉鎖的であることの重要性は、対象の明確化と見返りの安定を保証するところにある。第三に、閉鎖的な交換構造を長きにわたり安定させるための原則として、重要かつ実行可能なのが、「欠」の原則である。ひとたびこの原則が出現すると、それに伴い、交換に対する人々の期待にも変化が起こる。すなわち一度きりの、公平な、理性的な交換は往々にしてこの原則が排除するところとなり、構造的圧力が、交換という意図そのものよりも力をもつようになる。このことは、中国人の贈答が必ずしも心からの友情や真心を表したものではなく、人々のあいだの依存という意味合いをもっていることを暗示している。第四に、中国人の交換は、贈答、行為、信仰の三つの次元で展開され、「報」の方法も、この三次元が相互に交錯するかたちをとる。最後に、中国の文化には、「報」に対応する概念として、儒家が唱導してきた義があるが、この概念は多くの場合、開放的な社会構造において生ずるものである。義の提唱により、他者に対する信用は自己の素養に対する要求へと変わったが、同時に、これは儒家思想が現実主義から理想主義へと向かいつつあることを示している。

これらの結論は依然として初歩的なものである。しかし、「報」を一般的な意味での交換概念と捉えた場合に、上記の論点を見出すことができないことは示せたのではないか。交換という概念が導いてくれるのは、「報」とは別個の研究や思考の方向なのである。その社会学理論への貢献は明らかであるが、だからといって、我々が中国人の「報」の観念や行為についての研究を放棄してよいということにはならない。中国人の社会と行為についての研究、ないしいわゆる「本土」研究とは、ある種の（文化横断的）類型学あるいは「中範囲の理論」の研究であり、他方、欧米人がこれらの理論や概念を用いて解決しようとするのは、普遍的な適用可能性の問題であると言える。彼らの理論はつまるところ、研究する現象や理論的領域との間に適度な関係を保持することを指向するものであり、文化に関わろうとはしない。これに対し、「本土」研究は、概念や理論と文化の間に契合的関係を構築するべく、両者の間にある種の一致、脈絡、解釈可能な関係を求め続けるのだ。

（1）以下の事例の説明は唐保民の研究に基づく。唐保民「独為神州惜大儒」『学習博覧』二〇一四年第五期。
（2）Yang, Lien-sheng. "The Concept of 'Pao' as a Basis for Social Relations in China", in Fairbank, J. K. ed. *Chinese Thought and Institutions*. Chicago: University of Chicago Press, 1957.
（3）楊聯陞『中国文化中報、保、包之意義』香港：中文出版社、一九八七年、二九一―三〇九頁。
（4）顧瑜君『中国人的世間游戯』台北：老師文化事業有限公司、一九八〇年。
（5）文崇一「報恩與復仇：交換行為的分析」楊国枢主編『中国人的心理』台北：桂冠図書公司、一九八八年、二一五―二四四頁。
（6）劉兆明「〝報〟的概念分析及其在組織研究上的意義」楊国枢、余安邦主編『中国人的心理與行為――理念及方法篇』台北：桂冠図書公司、一九九三年、二九三―三一八頁。余安邦「報的規約與情的糾葛：清代筆記小説中的妻與妾」熊秉真、余安邦主編『情欲明清』台北：麦田出版公司、二〇〇四年、一九一―二四三頁。
（7）文崇一「報的迭替流変」顧瑜君、前掲『中国人的世間游戯』一四―一九頁。文崇一、前掲「報恩與復仇：交換行為的分析」。黄光国「報的個体與群体」顧瑜君、前掲『中国人的世間游戯』二〇―二七頁。劉兆明、前掲「〝報〟的概念分析及其在組織研究上的意義」。
（8）翟学偉「個人地位：一個概念及其分析框架」『中国社会科学』一九九九年第四期。黄光国「人情與面子：中国人的権力游戯」黄光国編『中国人的権力游戯』北京：中国人民出版社、二〇〇四年、一―三九頁。金耀基「人際関係中的人情之分析」楊国枢主編、前掲『中国人的心理』七五―一〇四頁。許烺光著、張瑞徳訳『文化人類学新論』台北：聯経出版事業公司、一九七九年。

許烺光著、許木柱訳「性欲、情感與報」『徹底的個人主義的省思』台北：南天書局有限公司、二〇〇二年。

(9) 特納、喬納森著、邱沢奇等訳『社会学理論的結構』北京：華夏出版社(Turner, Jonathan H. *The Structure of Sociological Theory*, Wedsworth Publishing Company, 1998)、二七五頁。

(10) 戴維斯著、敖軍訳『交換』台北：桂冠図書公司、一九九八年(Davis, John, *Exchange*, University of Minnesota Press, 1992)、五七—六四頁。

(11) 格爾茨、克利福徳著、韓莉訳『文化的解釈』南京：譯林出版社、一九九九年(Geertz, Clifford. *The Interpretation of Cultures*. London: Hutchinson, 1975. 邦訳は、ギアーツ、クリフォード著、吉田禎吾他訳『文化の解釈学〈一〉〈二〉』岩波書店、一九八七年)、一八頁。

(12) 安楽哲「理性、関聯性與過程語言」安楽哲著、阮煒訳『和而不同：比較哲学與中西会通』北京：北京大学出版社、二〇〇二年、二〇二頁。これは、ロジャー・エイムズ(Roger T. Ames)が北京大学で行った講演稿 "Seeking Harmony Not Sameness: Comparative Philosophy and East-West Understanding" の中国語訳である。

(13) 斯達克、羅徳尼、羅傑爾・芬克著、楊鳳崗訳『信仰的法則』北京：中国人民大学出版社、二〇〇四年(Stark, Rodney and Roger Finke. *Acts of Faith: Explaining the Human Side of Religion*. University of California Press, 2000)、一〇四頁。

(14) 莫斯、馬塞爾著、盧匯訳『論饋贈：伝統社会的交換形式及其功能』北京：中央民族大学出版社、二〇〇二年(Mauss, Marcel. *Quadrige*, Paris: Presses Universities de France, 1985. 邦訳は、モース、マルセル著、森山工訳『贈与論 他二篇』岩波書店、二〇一四年)、九五—一五四頁。斉美爾「感激：一種社会学的嘗試」斉美爾著、林栄遠訳『社会是如何可能的』桂林：広西師範大学出版社、二〇〇二年、一五八—一六六頁。

(15) 楊聯陞「報——中国社会関係的一個基礎」楊聯陞著、段昌国等訳『中国思想與制度論集』台北：聯経出版事業公司、一九七六年、三四九—三七二頁。

(16) 楊聯陞、前掲『中国文化中報、保、包之意義』。

(17) 楊聯陞、前掲「報——中国社会関係的一個基礎」。

(18) 莫斯、馬塞爾著、盧匯訳、前掲『論饋贈：伝統社会的交換形式及其功能』。

(19) 楊聯陞、前掲「報——中国社会関係的一個基礎」。翟学偉「特殊主義抑或普遍主義：中国人行為研究模式的視角転換」『社会理論学報』二〇〇五年第八巻。

（20）余英時『東漢生死観』上海：上海古籍出版社、二〇〇五年、一四〇頁。

（21）李亦園『宗教與神話』桂林：広西師範大学出版社、二〇〇四年、一一頁。

（22）布労、彼徳著、孫非、張黎勤訳『社会生活中的交換與権力』北京：華夏出版社、一九八八年（Blau, Peter M., *Exchange and Power in Social Life*, John Wiley & Sons Inc. 1964）、一三八頁。Emerson, R.M., 1981, "Social Exchange Theory" in Rosenberg, M. and R. Tuner eds., *Social Psychology*, New York: Basic, 1981, p.45.

（23）同様の現象は中国の家の盛衰にも見られる。中国史上、家業の栄えた家族は皆一様に、没落する運命を免れなかった。許烺光著、王芃、徐隆徳訳『祖蔭下』台北：南天書局有限公司、二〇〇一年（Hsu, Francis L. K., *Under the Ancestors' Shadow: Kinship, Personality, and Social Mobility in Village China*, Doubleday, 1967）、二頁。社会情勢の混乱や王朝交替といった要因を取り除いてみても、富が三代続かないのは、中国で家を営む際の一般的な傾向であった。ここにも「報」の営みや「報」に通ずる道理があった。中国社会は、構造的要件（例えば、父子構造や平等分配の原則）を満たすことを理性的な経営よりも重視し、ある種の持続性をもつ儀礼的な内容（例えば家譜）を実益よりも重視した。翟学偉「中国人在社会行為取向上的抉擇」『中国社会科学季刊』一九九五年冬季巻。だが一方で、こうした家の経営における道理が、その他の社会関係や社会活動における中国人の行動——実益の重視——に影響を与えることはなかった。

（24）翟学偉「人情、面子與権力的再生産」『社会学研究』二〇〇四年第五期。

（25）近年の実証的研究も、私のこの推論を裏付けている。鐘張宝、黄甲寅、万江紅「農村個体工商戸経営活動中関係型社会資本運作研究：対湖南省渣利、清泉両社区農村個体工商戸的調査」『中国農村観察』二〇〇二年第六期。

（26）文崇一、前掲「報恩與復仇：交換行為的分析」。

（27）瞿同祖『中国法律與中国社会』北京：中華書局、一九八一年、六五—八四頁。

（28）余英時「〝天地君親師〟的起源」余英時『現代儒学論』上海：上海人民出版社、一九九八年、一六五—一六九頁。

（29）梁啓超『中国歴史研究法』上海：上海古籍出版社、一九九八年、二八五頁。

（30）斯達克、羅徳尼、羅傑爾・芬克著、楊鳳崗訳、前掲『信仰的法則』。

（31）馮友蘭「新事論」馮友蘭『三松堂全集』第四巻、鄭州：河南人民出版社、一九八六年、二六六頁。

（32）翟学偉『中国社会中的日常権威』北京：社会科学文献出版社、二〇〇五年、二二三—二七三頁。

（33）翟学偉「社会流動與関係信任」『社会学研究』二〇〇三年第一期。

第三章　〈関係〉か、それとも社会関係資本か

一　〈関係〉と社会関係資本についての比較研究の必要性

「社会関係資本（social capital）」という概念の出現を、中国の社会学界は興奮をもって受けいれた。それまで、〈関係〉は研究分野としてあまり人気がなかった。中国の社会学者自身、自分たちの社会で形成され、人々により繰り返し語られる〈関係〉という言葉を軽んじていたか、あるいはそれを学術的概念ではないと認識していたのかもしれない。現にこれまで、〈関係〉の含意を明確に説明できた学者は少ないのである。しかし、現実社会では、中国人のほとんどが〈関係〉に頼って生きているし、社会の日常も〈関係〉に基づいて営まれている。現実社会が社会学の研究対象とならず、社会学研究もまた現実社会を無視するという奇妙な現象が生じていたのだ。しかし、一旦「社会関係資本」という概念が欧米の社会学者によって提起されると、中国の社会学者はそこに希望を見いだし、「社会関係資本」こそが〈関係〉を研究するに有用な概念だと確信した。〈関係〉研究は一気に盛んになり、研究者たちはあたかも中国人の重んずる〈関係〉こそ、いかにも「社会関係資本」が意味するところであり、「社会関係資本」の研究方法や技術をもって中国人の〈関係〉を測量できるのだと思っているかのようである。このときから、中国人の〈関係〉は、欧米の社会学で議論される「社会関係資本」の概念に組み入れられたのであった。

しかし、私はあえてここで提起したい。〈関係〉＝「社会関係資本」なのか。例えば中国人は買い物をするとき、列に並ぶのを嫌がり、よく割り込みをする。割り込めたのが、列の中に知り合いがいたためだとすれば、これこそ中国人の重んずる〈関係〉のなせる技であるが、果たして「社会関係資本」という概念でこの現象を説明できるだろうか。また、中国人は病院にかかるとき、いつもあの手この手を使って病院の関係者の中に知り合いを見つけ、その人に診察の手配をしてもらう。これもまた「社会関係資本」の概念を使って説明できるものではないだろう。また中国には、自分の子供のクラス担任や授業担当教員にとりいろうと、教員に贈り物をしたり、食事に招いたりする親がたくさんいる。クラス担任や授業担当教員の方でも、個人的なことを諸々学生の親に頼んだりする。これも、「社会関係資本」の概念では説明できないだろう。これらの事例はいずれも、中国人が〈関係〉をつうじて他人の資源を利用するのに長けていることを示しているのであり、もし「社会関係資本」という概念がこれらの事例を説明できるとするならば、それはまさしく社会の非規範的現象を助長する概念ということになってしまう。私達は、〈関係〉と「社会関係資本」の違いをここで議論しなければならない。

二　社会関係資本とは何か

「社会関係資本」という概念は一九八〇年代に欧米の社会学界で提起され、九〇年代以降徐々に関心を集め、多くの社会学者、経済学者、政治学者や経営学者によって援用され、同時に多くの批判や反論も受けた(1)。「社会関係資本」という概念の含意には不明確な部分もあるが、社会的つながりのあり方を直接探求する点に、それまでの社会学理論にはない画期性がある。この点で、中国社会で重要な〈関係〉概念とは確かに似ている部分もあるため、中国に紹介されるや、両者は重ね合わせて論じられるようになったのだ。〈関係〉＝「社会関係資本」なのか。この問いは、あたかも当然そのとおりと言わんばかりに、これまで学界でとり上げられることはなかった。理由はきわめて単純だ。「社会関係資本」

の研究対象は社会的ネットワークであり、社会的ネットワークとはすなわち〈関係〉の構造にほかならないからである。社会的ネットワークと「社会関係資本」は、社会的ネットワークが主に関係の構造を重視するのに対し、「社会関係資本」は関係の営みを重視するというように、いわばコインの両面を成している。その包括範囲の広さは、一見、中国人の〈関係〉についての研究をも取り込めるように思われる。実際にもし両者を合併できるならば、我々は、「社会関係資本」理論の普遍性を検証できるのみならず、中国社会に長く息づく重要なテーマに、理論的帰属を見つけることができるだろう。

しかし、このような認識をもちつつも、中国人研究者には払拭できない疑念がある。これまでの学術研究の成果や実生活での経験に鑑みれば、中国人の言う〈関係〉の社会的営みに対する影響が、大方ネガティヴであるのに対し、欧米人の言う「社会関係資本」はポジティヴな影響に着目されているのである。もし両者のつながりを認めるとするならば、それは、実は「社会関係資本」も〈関係〉のもつネガティヴな効果を有しているのだということを意味するのだろうか。あるいは、実は〈関係〉にはネガティヴな効果は少ないのだとか、「社会関係資本」の理論を用いれば〈関係〉のもつネガティヴな効果を解釈できるのだと言えるのだろうか。このような問題提起は、「社会関係資本」に関する評論の中に散見されるが、これまで十分に議論されたとは言えない。学者たちは、中国人の〈関係〉の営みを、ポジティヴな部分とネガティヴな部分に分割し整理することにより、この矛盾を処理するにとどまっている(2)。確かにこのように、中国の〈関係〉の営みがもつ内実を大胆に捨象すれば、「社会関係資本」との共通性はより見出しやすくなるだろう。〈関係〉のもつネガティヴな現象や問題について、「社会関係資本」や社会的ネットワーク理論を用いた説明を求める人に対しては、「これらはすべてネガティヴな側面に関する現象ですので、社会関係資本論の対象外です」と言えばそれで済む。

しかし、このような拒絶は、一連の問題をもたらす。例えば、このことは、「社会関係資本」が中国人の〈関係〉に相当するものではないことを意味しているのではなかろうか。あるいは、「社会関係資本」の研究者は、〈関係〉のポジティヴな側面のみをとりあげ、それ以外の側面をあえて顧みないということだろうか。中国人の〈関係〉は、果たして正しいか否かをもって区分できるものなのだろうか。この区分はいったいどのような基準でなされるべきものなのか。道徳上の基準か、文化上の基準か、法律上の基準か、それとも政治上の基準なのか。〈関係〉にネガティヴな側面が含まれるとするならば、それは〈関係〉それ自体がもつ性質なのか、それとも〈関係〉の運用上の誤りによってもたらされたものなのか。刃物を定義するがごとく、それを危ない道具とするか、それとも本来は普通の道具であるが使われ方次第で危険にもなりうると考えるか、である。さらに、「社会関係資本」にもネガティヴな面はあるのだろうか。それは〈関係〉のもつネガティヴな側面に相当するものなのか。これらの点に答えることによって、〈関係〉＝「社会関係資本」かという問題を、少なくとも側面から検証することができるだろう。

ここまでくると、我々が当初感じた躊躇は、〈関係〉＝「社会関係資本」かという難問への困惑に変わる。おそらく妥協的な答えとしては、この二つの概念は似ている点も多いが、同時に違いも少なくないという言い方があろう。この場合、我々が次に考えねばならないのは、どこが似ていて、どこが異なるのかという問題である。「社会関係資本」という概念を用いて中国人の〈関係〉を研究する際、果たしてこれらの異同についてきちんと判断してきただろうか。心して慎重に答えるとすれば、両者の異同を判断するためには、それらを用いて何を研究するかに着目する必要がある。集団やネットワークに対する個人の投資や収益の問題、あるいは交流の増加、協力の強化、信頼の成立などが社会団体、コミュニティ、企業の統合資源としてもつ機能を研究テーマとする場合、さらには組織やネットワークに加入した個人や組織が、「社会関係資本」の営みから何らかの利益を得られるかどうかを研究する場合、〈関係〉と「社会関係資本」との間に大きな違いはない。しかし、上記のテーマは決して新しい論点ではなく、社会学の歴史の中でしばしば取り上げられてきたテーマである。カール・マルクス(Karl Heinrich Marx)が述べたとおり、社会とは、「それがどのような形式をなしているかにかかわらず――すべて人々の相互作用の産物」なのである(3)。かつてゲオルク・ジンメル(Georg Simmel)も、信用こそが社会を統合させるものだと唱えたし(4)、エミール・デュルケーム(Emile Durkheim)も、社会的分業の進展を「機械的連帯〔人々が同質的で没個性的な活動しかしないことによって存立する社会関係の様式〕」から「有機的連帯（人々が個性的な異質の諸個人として、分業による相互依存により有機的な全体を生み出す社会関係の様式）」への発展過程として論じた。[5] ヴェーバーは、プロテスタンティズムの倫理と資本主義の精神との関連を論じた。[6] ジョージ・ハーバート・ミード（George Herbert Mead）の社会的相互作用論やピーター・ブラウ（Peter Michael Blau）による社会的交換理論なども、このテーマに関わる理論的基礎となっている。これらの諸理論との違いに着目するならば、「社会関係資本」概念の画期性は、社会学のばらばらな観点を統合し、経済学との対話を改めて実現したことにある。中国人の〈関係〉研究においても、「社会関係資本」という概念が提起される以前に、華人学者により、欧米のシンボリック相互作用論（人間の社会的行為をシンボルを媒介にしたものとみなす理論）、交換理論、社会的資源の理論などを用いて、中国人の〈関係〉の営みを体系化する試みが行われた。[7] この種の研究においても、欧米の理論をそのまま援用することの妥当性は、一貫して論争の焦点となった。しかし、「社会関係資本」論に至ると、もはや、それが生み出した諸概念――例えば、関係の強さ、社会的ネットワーク、信用、投資と収益など――を援用することが妥当かという問題を超えて、〈関係〉＝「社会関係資本」か否かが問われるのである。

〈関係〉＝「社会関係資本」かという問いに答える際に、概念の抽象度の問題だとする見方もある。すなわち、抽象度が高いほど普遍性を持ち、概念が形式的であるほど、意味あいもより一般的となる。例えば、一口に人に関する研究といっても、それは人類の研究、人種の研究、人格の研究などに区分することができる。人類を研究する場合には、人類の起源と進化を探求しなければならず、高等動物との対比がテーマとなる。人種を研究する場合には、人類のあいだに見られる体質の相違が主たるテーマとなり、環境の相違との対比が研究対象となる。人格を研究する場合には、個人の社会化の過程や民族性の形成に関心が向けられ、社会的文化的違いとの対比が論じられる。このうち、テーマの広さで言えば、人類や人種に関する研究がもっとも広く（進化論、行動主義）、もっとも狭いのが文化についての研究（精神分析、人文主義）である。同じように、もし「社会関係資本」が社会的協力と信用を指すのであれば、その研究は多くの社会に共通する特徴を扱うものとなり、自ずと物的資本や人的資本に注目することとなる。しかしここで検討を要するのは、対象とする「関係」が何を指すかという点である。「関係」という概念を抽象化して捉えるならば、そこには、高等動物の群れのあり方と対比されるあらゆる社会的つながり、付き合い、相互作用、交換、社会的連帯などが内包され、「関係」の範囲は広くなる。これに対し、「関係」を、個人と個人のつながり、すなわち社会関係や人間関係に限定して捉えるならば、それが対比されるべきは、多くの社会に見られる生産関係、国際関係、階級関係、公共関係となる。しかし、こうなってくると、中国社会の〈関係〉とはこの「関係」ではないと異論を唱える学者が現れるだろう。すなわち、我々のあいだには「関係」概念を無限に拡大させてはならないというコンセンサスがあるのである。しかし、「関係」という概念を限定的に用いながら、「社会関係資本」という概念を限定せずに論ずるのは無理があるのではなかろうか。〈関係〉を「社会関係資本」として括ってしまう発想の裏には、〈関係〉を中国社会の現象として捉えながら、「社会関係資本」を普遍的な社会学理論と見なすという不可思議な現象があるのであり、研究者としては、両者が果たしてかみ合うものなのかという問題を探究しないわけにはいかないだろう(8)。〈関係〉とは中国に限定的な現象なのだろうか。〈関係〉それ自体が独自の理論を成すものではないだろうか。もし、両者ともが独自の理論をもつとするならば、それらは似通ったテーマを論ずることになるのか。「社会関係資本」もまた単なる現象なのではないか。この種の現象を〈関係〉理論によって解釈することができるだろうか。いまだにこういった議論ができないのは、〈関係〉にかかわる説が依然として理論としての体を成していないからだろう。

この二つの概念の適用範囲をはっきりさせる方法としては、両概念を同じように限定し、同じ次元でそれぞれの概念を成り立たせる諸概念を確定するというやり方が有用だろう。これらの諸概念は、それぞれが説明する社会の特徴や営みのあり方にかかわり、農業／工業、農村／都市、閉鎖的／開放的などの違いに応じて、人々の付き合いのかたちや、付き合いに対する人々の認識や理解、付き合いで用いる言葉なども異なる。そして、この次元に立って概念の意味するところを改めて考えようとするとき、我々はまたもや難題を突きつけられる。つまり、概念の定義や範囲を確定させたとしても、その概念が形成された社会に身を置かないかぎり、どうしても自分たちの社会が作った色眼鏡で概念を理解してしまうという問題である。例えば、我々が欧米社会の民主、個人主義を理解する際にも、欧米人が中国社会の〈人情〉、〈面子〉などを理解する際にも、同じような問題が生ずる。

中国社会では、数千年にわたる農耕文明のもとで、小農経済と密接にかかわる付き合いが営まれてきた。そこでは、家族、親族および同郷の関係が重んじられ、そのため、血縁と地縁が中国人の付き合いを規定してきた。そして、この基礎の上に形成された〈関係〉という言葉は、複雑な意味合いを内包し、独特の営みとして発達した。〈関係〉とは、関係の強さ、ネットワーク、信用、互恵、報いなどにとどまらず、実に多様なテーマを孕んだ言葉なのである。しかし、その複雑な内容が研究対象となることはなく、独自の理論形成にもいたらなかった。そして、欧米の社会学者が特殊主義と普遍主義を、社会の伝統性と近代性を考察するための対抗概念として用いるにいたり、中国社会を研究する学者達は、嬉々として〈関係〉を特殊主義の一つとして捉え、近代社会を特徴づける普遍主義の反対側に位置付けたのであった。むろん、具体的な社会の特徴と結びついているという意味で、〈関係〉が特殊主義であることに間違いはないのだが、それでよしとするには問題も残る。[9] 例えば、「社会関係資本」についても同様に社会形態の次元に限定して捉え直した場合、どのような特徴が現れるだろうか。欧米の学者による論述を見てみよう。

社会関係資本は、活力に満ちた市民社会の制度的関係を含み、広い意味での家族から近隣のネットワークまで、社会団体から宗教組織まで、若者のクラブからＰＴＡまで、地域の商業組織から地方の公共サービス機構まで、幼児による遊戯のグループからパトロールの警官までを含むものであり、それらはいずれも連帯した個人主義と積極的な市民権を基礎に成り立っている。このような市民社会の核心にあるのは慈善、同情、信用、参加といった価値観である。[10]

以上の大雑把な議論から言えるのは、単に抽象的な意味の上から〈関係〉と「社会関係資本」の類似性ばかりに着目し、それぞれが営まれる社会的背景を軽視するならば、両概念の違いを見過ごしてしまう恐れがあるということである。「社会関係資本」という概念もまた、〈関係〉と同様に、独自の社会的基礎の上にはじめて営まれるものだからである。

三　事例と分析

以下では、事例を挙げて、〈関係〉と「社会関係資本」の違いがどのような場合に薄まり、どのような場合に現れるかについて説明してみたい。事例を用いた説明は、「社会関係資本」研究の一つの特徴であり[11]、フランシス・フクヤマ(Francis Fukuyama)も「社会関係資本」を定義する際、同概念が事例の中で説明されるべきものだと指摘している[12]。

仮に次のような事例を設定してみたい。中国の文化において、農家にとり息子が生まれるということは大きな祝事である。赤ん坊が百日を過ぎるころになると、農家は祝いの宴を設け、お披露目する。しかし、一家の収入からみて、それほど大勢の友人を招くことはできない。それでもなお、やはり宴席を設けようとしたとき、ここには二つのローカルな規範が働く。まず、彼がその地でどのような人付き合いをしてきたかである。親族、友人、隣近所、同級生などがどれほど多いか、彼らが(場合によっては重要な人物を連れて)祝福に来てくれるかどうかということだ。次に、来訪者が皆祝儀を持参するという地方の習慣があるかどうかも大切である。この二つの条件が満たされれば、祝儀で宴会の費用を賄えるため、賑やかな祝賀ムードの中で、〈関係〉をいっそう強めることができるのみならず、自腹を切らず、黒字になることすらある。これはまさしく、〈関係〉ネットワークの効果というものだ。逆に、もしこの農民がふだんから人付き合いを苦手とし、人脈がない場合には、こうしたこともできなくなる。ここから見て取れるのは、人の技量を測る尺度は、勤勉さ、技能、知力、健康など(人力資本)ばかりにあるのではなく、社会的ネットワークを動員する能力にもあるということである。こうした尺度が「社会関係資本」と接点を持つのであり、中国人の結婚披露宴について論じた研究など[13]、同様の観点に立った先行研究もすでに発表されている。そして、このようなミクロな分析に基づき、一部の学者は、「社会関係資本」とはすなわち、個人が自らのネットワークから資源を獲得する能力、あるいは個人が自ら所属するネットワークに投資し、そこから利益を回収する過程・方式であると主張する。さらにマクロの観点から「社会関係資本」を見れば、社会的ネットワークをより良く機能させるには、信用、規範、協力、互恵などが必要だということになる。このように、上記の事例から「社会関係資本」の含意を論ずるならば、〈関係〉とのあいだにさしたる違いは確認できず、「社会関係資本」という概念枠組みを用いて、中国人の〈関係〉を研究してもよいような気になる。しかし実際には、そうはならないのだ。なぜなら、これらの学者の解釈では、〈関係〉のもついくつかの意味あいが捨象されてしまっているからだ。目を向けなければならないのは、中国におけるこの類の祝事と人脈づくりのあいだに、名実の乖離が見られるという事実である。表面的には、「社会関係資本」によってなんらかの活動が取り行われたとしても、それは実のところ長きにわたるプロセスの一場面にすぎない。その真の目的にしても、必ずしもその活動が示す表面的な目的に集約されるとは限らないのだ。例えば、中国人が会議、研修、訓練などで一堂に会する場合、その目的は、会議や研修や訓練それ自体のみにあるのではなく、こうした活動をつうじて地位のある人物と知り合うのも重要な目的である。たとえば党校で勉強したり、ＥＭＢＡ(Executive Master of Business Administration, エグゼクティブ経営学修士)やＭＰＡ(Master of Public Administration)コースを受講したり、短期研修などに参加したりする場合も、学ぶのは二の次で、人脈を拡げるほうが重要である。なぜなら中国人にとって、いっしょにご飯を食べた、写真を撮った、会議に同席した、同室だった、同級生だったなどということが、〈関係〉づくりのはじまりを意味するからである。ジュアン・アントニオ・フェルナンデス(Juan Antonio Fernandez)とローリー・アンダーウッド(Laurie Underwood)は中国社会における〈関係〉について次のように述べる。いわゆる〈関係〉とは、「利益と義務の交換から発展してきた人間関係である」と。[14]しかし、〈関係〉のロジックでこの類の活動を観察するときに重要なのは、誰が参加すれば誰も参加するようになるとか、誰が参加しないなら、活動自体の重要性を問わず誰が参加しなくなるとかいう現象であり、また一人の人間の立身出世や社会的パワーの獲得がいかにして実現したかというテーマである。このように考えたとき、先述した農家のもてなしについても、隠れた動機があるかもしれないし、参加者の動機もより複雑なものかもしれない。例えば、子供の誕生が、計画生育政策〈一人っ子政策〉に違反したものであるならば、客や要人をもてなすことにより、ことが穏便に収まるよう計らうかもしれない。あるいは、子供の出世を願い、そのための道をつけるべく〈関係〉づくりをしようとの目的があるかもしれない。いずれにせよ、少なくとも中国において、客をもてなすという行為は、多くの場合、単なる祝い事や、集会、派手な消費行動なのではない。そこには、自分の学歴や政治的パワーをひけらかしたり、人に頼みごとをしたり、自分のネットワークや人脈の素晴らしさを見せびらかしたり、といった真の目的がある。もし、農家による接待が、祝賀、集会、消費といった要素に基づく損得勘定で説明できると仮定するなら〈これも、ありうる状況である〉、一連の選択と行動は「社会関係資本」のロジックで十分に説明がつくだろう。しかしもし、真の意図が後者——すなわち学歴やパワーや人脈の誇示、頼みごと——にあるならば、〈関係〉のロジックに立ち返って解釈すべきだ。なぜなら、中国人が〈関係〉に望む投資と利益の回収は、「社会関係資本」のロジック——ネットワークの規模、信用、規範、協力、互恵、参加に関わるロジック——では十分に解釈できず、取りこぼしが生じてしまうからである。

〈関係〉につながる社会形態を論ずる際に直面するのは、中国の社会と、いわゆる「市民社会」の違いがどこにあるかという厄介な問題である。「社会関係資本」の議論もまた、家族や隣近所などを包摂しているため(15)、家族志向、家族本位、「差序格局」、倫理本位などの中国社会の特徴をもってしても、両者の違いを効果的に論ずることができないように見える。しかし、私はやはり、市民社会における家族の類型およびその生活様式と、郷土社会ないし家族本位の社会のあり方には、きわめて大きな相違があると思う。親族組織とは、社会的ネットワークにおいて非常に特殊な組織であり、他の組織と一緒くたに扱えるものではない。どの社会においても、人はみな家族のなかに生まれるのであり、家族は、社会の基本単位であり、メンバーは互いに相手を選べない。親は子供を選べないし、子供もまた親を選べない。「何を当たり前のことを」と言われるかもしれないが、「家」本位の社会においては、この点が非常に重要な意味を持つ。一人の人間にとって、家族こそが生涯にわたり主たる社会的ネットワークとなり、さらに言えば、家族の社会的機能が無限に拡大されるがゆえに、他の社会組織は発展が阻害される。個人の人生の意味は、「家」や地縁との結びつきなしに語れないのだ。例えば、ある人間が優れた成績をおさめたとき、周囲は、その人間の聡明さのみならず、彼(彼女)の祖先からの恩沢を讃え、また、彼(彼女)に対し、家族や祖先に貢献し、その名を上げるよう期待する。ここには、個人の「得」も結局は一族の生命の一環にすぎないのだという考え方が潜んでいる。もちろん、個人は重要なのだが、独りよがりになってはならず、自ら選ぶ余地のない社会関係において、家族や郷里のために、栄光を勝ち取るよりほかない。当然〈関係〉が遠ければ、選択の可能性も大きくなるのであり、マーク・グラノヴェッタ(Mark Granovetter)の研究に引きつけて述べるならば、中国人にとって強い〈関係〉は往々にして選択できず、弱い〈関係〉は選択可能であり、その違いが信用に関する研究に影響を与えると考えられる。このような生活を、他の組織ないし社会における生活と比べてみれば、もっとも重要な違いは、中国人が、加入者の資格問題がそもそも存在せず、退出もできない「家」という関係ネットワークに縛られている点にある。むろん、家族生活のこのような特徴は中国のみならずどの社会にも見られるものであるが、個人主義、個人本位が重んじられる社会において、家族の機能はきわめて低くなっている。子供は小さいうちから自立を学び、成人になれば、家族を離れ、社会に出る。このような社会では、どのような集団や団体に加わるか、またどのように自分の家族をつくるかは、個人が生活を営む際の選択の問題である。多くの欧米学者は、「社会関係資本」を研究するにあたって、この点を見落としている。わずかに、リチャード・マドソン(Richard Madsen)らが「市民社会」を論ずるにあたり、次のように述べている。

市民社会を形成する集団は、個人による自発的結社である。伝統的な家族は市民社会の範疇外である。なぜなら、家族は自らの意思で結成されたものではなく、人々は自らの親や親戚を選ぶことができないからである。このロジックにしたがえば、良き市民社会には、自らの意思で結成された多くの集団があり、人々は同時に複数の集団に所属する。すべての集団にはそれぞれの利益があるが、市民が複数の集団に所属することにより、多元的社会が形成され、市民の意識はより幅広い社会の営み、さらには社会の共通利益の理解へと向けられるようになる。集団に所属することをつうじて、市民は民主的公衆の基礎となっていくのである。(16)

家族やその広がりとしての「家」が市民社会の基礎を構成しえない状況において、人々の関心は、自らの生活に直結した利益と、自ら選択する術のない集団との関係に集中する。そのロジックの起点は、生存のために形成される依存的人間関係にある。郷土で生活を続ける人々にとって、頼れるものは家族、親族および同郷の人々であり、都市に暮らす人々にとって、頼れるものは家族、同級生、職場であり、土地を転々と移り住む人々や求職中の人々にとって、頼れるものは親戚や良き友である。「家にあっては父母を頼り、外では友人に頼る[在家靠父母、出門靠朋友]」、「友達がひとり増えれば、道が一つ増える[多一個朋友多一条路]」などは、実に中国人が生存するための至言と言える。中国人にとって、このような社会的ネットワークの外に、社会団体なり組織なりを求めるのは、おまけに過ぎないのである。

このような比較をつうじて、我々は重要な命題に行き着く。すなわち、中国社会において、個人は、自ら選べないネットワークを生きねばならない運命にあるということだ。彼の喜怒哀楽、彼の成功と失敗は、いつも社会的ネットワークのなかにはめ込まれ、一人で耐えたり享受したりすることは許されない。つまり、本人が望むか望まないかにかかわらず、一個人にとって、ある者は道義上の潜在的資源となり、彼自身もまた、ある者にとって利用可能な資源となるのである。努力しなくても社会的ネットワークが得られるとなれば、ネットワークを利用する際に自らの責任を考慮する必要はない。個人はただ、彼の義務を履行すればよいのである。そしてこのような社会において、人は往々にして〈関係〉に依存し、それを濫用し、「家」の外にある社会規範は眼中からなくなり、〈関係〉を利用することが外の規範に照らして正しいかどうかなどどうでもよくなる。これこそ、不文律のルールが中国でまかりとおる主な原因である。もし仮に、一個人が自分の家族を離れ、異郷で生計をたてねばならないとしたならば、何らかの共同体に参加し、「社会関係資本」を獲得することがいかに重要かを強く意識するだろう。彼は、家族をつくってからも、自らの生活において、社会団体、公益活動、結社などがもつ重要性を感じ続けるだろう。このように考えれば、「社会関係資本」の概念が欧米に現れ、注目されるに至ったのも、至極当然のことだ。かたや中国において、ネットワークや人脈は、独特の色に染められた常識にすぎない。「社会関係資本」という発想が中国で目立たなかったのは、それが重要でないからではなく、あまりにも当然で、当たり前であり、いまさら理論モデルをつくるまでもないと思われていたからだろう。あるいは、中国の人々に親しまれた数多くの言いまわし――「一つの籬《まがき》には三本の杭、一人の好漢には三人の手助け［一個籬笆三個桩、一個好漢三個幇］」、「大人数で力を合わせれば上手くいく［衆人拾柴火焔高］」、「三人寄れば文殊の知恵［三個臭皮匠頂個諸葛亮］」、「心が整えば、泰山も移せる［人心斉、泰山移］」、「親戚は親戚を、隣近所では隣近所を助けあう［親幇親、隣幇隣］」、「遠い親戚よりも近くの他人［遠親不如近隣］」など――にすでに「社会関係資本」の道理が語られているからだろう。仮に欧米の社会学で「社会関係資本」が至宝のごとく重要視されることがなかったならば、中国人は、これを議論のテーマとも思わなかったに違いない。誰もが知っている常識の背後には、内密でおおっぴらに議論しにくいこともある。しかし、良きにつけ悪しきにつけ中国人が生涯にわたり、かみしめ、味わうのは、〈関係〉を利用し、〈関係〉を作るという処世術なのである。

　およそ社会集団というものは、メンバーの加入に際し、成員資格が問題となる。これが〈関係〉と「社会関係資本」の一つの違いである。ピエール・ブルデュー(Pierre Bourdieu)によれば、「社会関係資本」が形成される前提は、一個人がコミュニティないし社会団体に参加し、ルールの下で積極的に活動に参加し、その集団から認可を得ることにある[17]。そこで暮らす人々が様々なかたちで結びつき、それを生き生きと楽しんでいるとき、人はそのコミュニティについて「社会関係資本」が豊かだと評価する。そうでなければ、「社会関係資本」が貧しいということになる。アメリカの社会学者ロバート・パットナム(Robert David Putnam)は、イタリアのコミュニティに関する研究において、このように相反する二つのコミュニティを取り上げ、「社会関係資本」が民主主義の営み――例えば選挙のあり方――を活性化するとの見解を打ち出した[18]。この研究からも、「社会関係資本」論の本来の対象が、個人が自らの意思で結びつく各種の方法――市場、クラブ、ボランティア、非政府組織など――にあることが分かる。そのとき、信用、規範、互恵などが、これらの結びつきを生み出す粘着剤となる。もちろん、中国社会において、こうした個人資源の結びつきが見られないと言っているのではない。ここで言いたいのは、もしその結びつきがあくまで家族、同郷人、友人の延長による〈関係〉ネットワークである場合に、その特徴は市場、クラブ、ボランティア、非政府組織が有する特徴とは異なるものになるだろうということである。中国でも、人々はなんらかの組織のメンバーになりうるが、メンバーになることによって、彼が組織というもの、規範というもの、さらには加入にともなう責任というものを意識するようになるとは限らない。参加だけはするものの、規範や協力には無関心であり、〈関係〉のロジックで組織を営もうとすることもままある。つまり、自らの味方を決めて、組織内に小集団をつくり、部外者を排除することに熱を上げるのだ。このような傾向は、地位の争奪や権力闘争へとエスカレートしがちである。「社会関係資本」の研究が、それが民主を促進するという帰結を導くのに対し、〈関係〉の研究からは、それが民主的な営みを阻害するという帰結が導かれるであろう。

家族や同郷の連帯から生まれる社会的ネットワークにおいては、利益を追求する際、公益を変化させることによって私的利益を図るというメカニズムが働かず、〈関係〉の営みを通じて直接に自身の利益を図ろうとする傾向が顕著である。マルクスは、プロレタリア階級は全人類の解放を経て、最後にはじめて自身を解放できると述べたが[19]、これはある種の市民社会の論理であり、これに対し家志向の社会の場合、関心の対象はなによりもまず、個人の損得に向けられる。人々がそれぞれ自身の利益を追求していけば、そこに市場や団結や結社につながる動機や行動が生まれるなどということは、論理的に導かれない。〈関係〉のロジックにしたがえば、全人類の解放を目指すならば、その過程では制度、公平、機会の均等などが促進され、しかもその成果は長く続くものとなろうが、やはり自身の解放こそが、より優位にあり、優先されるべき現実的な改善方法であり、手っ取り早いのである。最も分かりやすい事例をあげよう。ある商店に、多数の客が殺到する商品があるとする。それぞれの顧客の要望に応えようと思うなら、公平、公正な方法によって解決するしかない。つまりは、列に並んでもらうという方法である。しかし、中国人はこう考える。どうしたら最も短時間で、最も有効な方法で、その品物を購入できるか、と。そして〈関係〉に思いいたるのだ。もし店員に知り合いがいれば、彼〈彼女〉が自分のために品物をとっておいてくれ、列に並ばなくても買えるだろうとか、もし、列に並んでいる人に知り合いがいたら、列に割り込めるため最初から並び始める必要がなくなるだろう、とか。このようなロジックにおいては、公平、公正を重んずるなど、個人の利益の獲得にとってもっとも非効率であり、自分が満足できればそれが最も有効な方法なのである。こうした事例は、ほかにもたくさんある。中国の多くの小中学校では、ＰＴＡの形骸化が著しい。親は、学校に対し建設的な意見や批判を述べることには関心がなく、もっぱら自分の子供のクラスの担任や科目担当教師に投資しようとする傾向があるからだ。彼らにしてみれば、校則や校紀が良くとも、クラス全体の成績が良くとも、クラスの雰囲気がすばらしくとも、自分の子供の成績が悪ければ、すべて無意味なのである。逆に、自分の子供の成績が良ければ、学校やクラスが良かろうが悪かろうが関係がない。範囲を広げても同じことがいえる。全国のほとんどの地区にいわゆる進学校や進学クラスが設けられているが、これも、直接的な私的利益への配慮から生まれたものである。すなわち、これにより直接利益を受けるのは、業績を重んずる学校、成績優秀な優れた生徒とその親たちであり、生徒全体にとってみれば、きわめて不公平な制度である。しかしおもしろいことに、このような思考回路が働く状況においては、どの親も公平の問題を考えず、どうやって〈関係〉を使って、自分の子供を進学校、進学クラスに割り込ませようかということばかり考えるのだ。また、同じような思考回路のもと、校長やクラス担任、教師たちも、ここぞとばかり親を利用して、学校やクラスに投資させようとする。このような投資は、市民社会における善や同情から生じたものではなく、〈関係〉のロジックにおける「人質」、「報い」、「贔屓を求める」といった意味合いに関わり、いわゆる私的関係、内々のつきあい、示談、根回しなどと同じロジックから派生したものである。

加えて、中国人の〈関係〉のロジックは、人としての身の処し方というテーマにもかかわる。これは「社会関係資本」の理論では言及されない部分である。〈関係〉ネットワークは、自然に付与されたものであり、個人の行動の結果ではなく、行動以前に存在する。ここには、人間は関係的存在であるという、人間の本質についての考え方を見てとることができる。儒家思想における「仁」や「倫」の観点によれば、人間は、関係のなかにあってはじめて自らの存在を証明し、自己を実現することができる。すなわち、身の処し方にかかわる問題である。欧米人の言う関係が、いかにして必要な関係を築いていくかを問題とするのに対し、中国人のいう〈関係〉とは、定まった関係のなかで個人がどのように身を処すかを問題にする。[20]

現在必要とされているのは、伝統社会から現代社会へと移り変わる中で、中国人の〈関係〉がどのように変遷しつつあるのかを考察することである。そう、我々は、近代化をつうじ、中国に市場経済、法制度、都市化、新しいタイプの社会組織、コミュニティ[社区]、社会団体、会員制組織などが現れた経緯を説明することができる。そしてこうした現象は、確かに、既存の、比較的安定した関係ネットワークが改造され、破壊されつつあることを示している。しかし、そのことをもって、我々が信用、規範、目標によって関係の使い方を再解釈したとは言えない。既存の関係のネットワークが壊されたとしても、結局のところ人々は、旧来のやり方に照らして新しいネットワークを構築しながら、親族ネットワークのやり方をそのままに、個人の利益交換ネットワークに変えるかもしれないのだ。何が変わったかと言えば、親族ネットワークにおいては、従来は感情と道具としての機能が混沌としていたものが、市場化にともなって道具としての機能性がいっそう強まり、〈関係〉は〈関係学〉へと精緻化され、〈人情〉は一種の投資として利用されるようになった。また、以前の安定的ネットワークにおいては信用が問題となることはなかったが、今日の社会では、信用が危機にさらされている。さらに、過去の関係は儒学の伝統的規範によって律せられていたが、今日では無秩序が著しい。これらはすべて、「社会関係資本」では論じられない問題である。

四　結論　〈関係〉と社会関係資本の相違点

上記の議論を整理すると、〈関係〉と「社会関係資本」の弁別については、次の各論点を導き出すことができる。

1．〈関係〉と「社会関係資本」に関する議論は、それぞれの抽象度の問題にかかわる。すなわち、抽象度が高まれば、両者の含意には共通項が増えるが、特定の社会に対する概念の説明力は弱まってしまう。「社会関係資本」の概念としての抽象度は定まっていないが、それは欧米の社会集団、民主、市場、非政府性などの解釈において、メゾ・レベルでの有効性をもつ。他方、〈関係〉は、中国社会の特徴を解釈する際に、含意はより明確になる。

2．中程度の抽象性をもたせた場合、「社会関係資本」は、欧米の市民社会に対応して展開された概念であり、結社、協力、信用、互恵、情報チャネルなどに関する系統的思考の産物である。それに対し、〈関係〉が対応しているのは、中国の「家」本位の社会であり、血縁、地縁およびその延伸である同門、同級生、同僚などの関係に関する統合的な思考である。その違いは、前者が主に社会団体のかたちで存在するのに対し、後者は主に個人の私的関係のかたちで存在する点にある。

3．社会団体は自らの意思で結成される組織であるため、個人はそこに抱負や志、趣味の実現を求め、自らの意思で加入、参加、退出が可能である。こうした特徴は、個人主義の価値観に由来する。他方、家族は自らの意思で形成される組織でなく、生存のための依存、家族の名誉、生活上の直接的な利得の効果的な獲得といったテーマに関連する。自由に加入や退出ができず、嫌であれば逃げ出すしか術はない。

4．「社会関係資本」のロジックには公益性が含まれる。公益目的の投資は、投資する個人、社会団体および社会に利益をもたらすが、他方、投資していない者や無資格者による受益を認めないことにより、公平や正義をアピールするのである。これに対し、〈関係〉のロジックは利己性にある。公益、公正、ルールと対立するわけではないが、常に自分の利益を最優先し、その実現のためにもっとも手っ取り早い方法をとることを特徴とする。多くの慣習、構造や制度が、そうした営みを維持させており、裏口の利用［走後門］、特例による許可［特批］、特別扱いする［設重点］といったしくみを促進してきた。手っ取り早く自らの利益を実現しようという行為は、厳格な型通りの制度を通じて実現されるものではなく、往々にして私的なつながり、感情、根回し、談合などをつうじて為される。

5.〈関係〉も「社会関係資本」も、社会を導く手引き的な概念であるが、ある程度の抽象度を備えた後には、それぞれ〈特定の社会に限定されない〉一定の範囲の社会現象の研究に援用することができる。しかし、一方の概念枠組みを当然のごとくもう一方に置き換えて用いることはできない。「社会関係資本」をもって〈関係〉を研究すれば、〈関係〉の複雑な営みを看過することになるし、逆に、〈関係〉をもって「社会関係資本」を研究すれば、それが市民社会、組織、管理に与える影響力について理解ができなくなってしまう。中国社会にも「社会関係資本」による現象があるし、欧米社会にも〈関係〉で説明できる現象があろう。しかし現状を見れば、「社会関係資本」理論のみが形成された結果、「社会関係資本」の概念枠組みをもって〈関係〉を解釈する傾向が著しい。

6.「社会関係資本」は、個人的ネットワークと全体的ネットワークに区分される。同様の方法で〈関係〉を評価すれば、さしあたり〈関係〉は、自己中心的ネットワーク（ego-centered networks）、つまり私的ネットワークとして捉えることができるだろう。そこで、次のような説が出される。すなわち、〈関係〉は私的ネットワークの次元では、プラスの互恵関係として捉えられるが、全体的ネットワークにおいては、プラスの社会価値を生み出せないものである、と。しかし、このような説は、「差序格局」の視点から見ても、メゾ・マクロの次元から見ても問題がある。個人的ネットワーク、全体的ネットワークという区分は、「社会関係資本」の分析枠組みや分析手法としては合理的な方法かもしれないが、どの研究を見ても、市民社会において、社会の営みは一体化しており、個人間の互恵関係が社会全体の営みに支障をきたすことは想定されていない。これに対して〈関係〉の場合、個人の私的関係が強まれば強まるほど、社会全体の統合は弱められるのに、〈関係〉はそれでもなお、大局、全体の調和を図る際の基礎であり続けているのだ。こうしたことを勘案するならば、「社会関係資本」の二つの次元のうち一つを取り出して〈関係〉を帰属させることには無理があると言わねばならない。

7.「社会関係資本」は個人から関係へと研究対象を転換するとともに、関係の構造に関する定量的研究を重んずるようになった。これに対し〈関係〉研究は、自らの意思によらず、選択の余地のない構造の影響を受けた状況での身の処し方や〈面子〉、私的策略の問題について論ずるものであるため、定量分析では明らかにできない部分が多い。

　このような区別に基づけば、本章の初めに提起した問題については大まかな解答が得られる。すなわち、〈関係〉と「社会関係資本」が論じているのはそれぞれ異なる問題であり、プラスの面だけを取り上げることによって二つの概念を統合することはできないし、またネガティヴな側面についていえばそれぞれ異なり、互いの概念枠組みでは検証不可能である。「社会関係資本」は、物的資本、技術資本、人的資本の基礎の上に提起された、社会的ネットワークに着目した新しい理論であり、社会がより良く営まれるためには、政府やフォーマルな制度のみならず、公共領域の発展、コミュニティ意識の増強、市民の参加が重要であることを説く。中国においても、近代社会に見られた民間による弱者の救済、一九五〇年代の農業合作社、昨今のボランティアや社会団体の発展など、「社会関係資本」によって説明しうる状況は、ごく特定の時空に存在した。しかし、こうした社会状況は、持続的かつ安定したものではなかった。先行研究によれば、中国の社会団体は、政府関係機関への登記が義務付けられ、主務官庁制をとっているため、政府への依存体質が著しい。また、団体がとり結ぶ個人間の私的つながりによって団体が生き残れるかどうかが決まってくる。例えば、社会団体が登録許可を受けるためには、然るべきポストにある政府官僚に団体の指導者になってもらえるよう、発起人が私的関係をつうじてあれこれ手を尽くすことが肝要である。しかし逆に言えば、ようやくなんとか認可されたとしても、この指導者が官職から退くや、当該社会団体はまたもや存続の危機に直面することになるのだ(21)。これはどう見ても、「社会関係資本」で語れる話でなく、〈関係〉、〈人情〉、〈面子〉の及ぼす影響の大きさを示す事例であろう。ここでは、信用も、制度の上に形成されるものではなく、個人やそのバックグラウンドと結びついているのである。突き詰めて言えば、中国では、依然として、ほとんどの社会資源や情報が政府官僚の手に握られており、いくら社会団体が形成されていたとしても、そこに価値ある「社会関係資本」が見出せるわけではない。「社会関係資本」は、〈関係〉をつうじて政府に働きかけてはじめて獲得できるものなのだ。このとき、個人の次元において、〈関係〉は、私的関係を通じて政府官僚と取引きする際の道具となる。このように考えれば、中国社会を理解する際、〈関係〉の研究のもつ重要性は自ずと明らかである。「社会関係資本」理論をもって〈関係〉を解釈すれば、理論と現実の乖離が生じ、中国社会の真髄に迫ることもできない。〈関係〉と「社会関係資本」に着目しつつ中国の近代化プロセスを研究しようと思うなら、〈関係〉が市民社会の形成にとって阻害要因となっているのか否か、伝統的な〈関係〉が近代型の「社会関係資本」に転換されうるのか否か、といった切り口で議論を深めるのが、より現実的方法であろう。

（1）郭毅、羅家徳編『社会資本與管理学』上海：華東理工大学出版社、二〇〇七年、三九―四九頁。達斯古普特、帕薩、伊斯梅爾・撒拉格爾丁主編、張慧東他訳『社会資本――一個多角度的観点』北京：中国人民大学出版社、二〇〇五年（Dasgupta, Partha and Ismail Serageldin eds., *Social Capital: A Multifaceted Perspective*, World Bank, 1999）、九一―七七二頁。李恵斌、楊雪冬編『社会資本與社会発展』北京：社会科学文献出版社、二〇〇〇年、一―四二頁。

（2）張文宏「社会資本：理論争弁與経験研究」郭毅、羅家徳編、前掲『社会資本與管理学』二―一九頁。李恵斌「什麼是社会資本」李恵斌、楊雪冬編『社会資本與社会発展』北京：社会科学文献出版社、二〇〇〇年、一四頁。楊雪冬「社会資本：対一種新解釈範式的探索」李恵斌、楊雪冬編、前掲『社会資本與社会発展』三五頁。

（3）馬克思「馬克思到巴・瓦・安年柯夫」『馬克思恩格斯選集』第四巻、北京：人民出版社、一九七二年（邦訳は、「一八四六年一二月二八日付アンネンコフあてのマルクスの手紙」大内兵衛・細川嘉六監訳『マルクス＝エンゲルス全集』第四巻、大月書店、一九六〇年）、三二〇頁。

（4）斉美爾著、于沛沛、林毅、張鎮訳『貨幣哲学』北京：中国社会出版社、二〇〇二年（Simmel, Geory, *The Philosophy of Money*, Routledge, 1990. 邦訳は、ジンメル著、居安正訳『貨幣の哲学』白水社、一九九九年）、二四五―二六一頁。

（5）涂爾幹著、渠東訳『社会分工論』北京：三聯書店、二〇〇〇年（Durkhem, Emile, *The Division of Labour in Society*, London: Palgrave Macmillian, 1984. 邦訳は、デュルケーム、エミール著、田原音和訳『社会分業論』筑摩書房、二〇一七年）。

（6）韋伯、馬克斯著、于暁、陳維綱訳『新教倫理與資本主義精神』北京：三聯書店、一九八七年（Weber, Max, *The Protestant Ethic And the Spirit of Capitalism*, London, Boston: Unwin Hyman, 1930. 邦訳は、ヴェーバー、マックス著、大塚久雄訳『プロテスタンティズムの倫理と資本主義の精神』岩波書店、一九八九年）。

(7) 黄光国『人情與面子：中国人的権力游戯』北京：中国人民大学出版社、二〇〇四年、一―二九頁。

(8) 林南著、張磊訳『社会資本――関於社会構造與行動的理論』上海：上海人民出版社、二〇〇五年(Lin, Nan, *Social Capital*, Cambridge, UK; New York: Cambridge University Press, 2001. 邦訳は、リン、ナン著、筒井淳也他訳『ソーシャル・キャピタル――社会構造と行為の理論』ミネルヴァ書房、二〇〇八年)。辺燕傑「社会網絡與求職過程」涂肇慶、林益民編『改革開放與中国社会：西方社会学文献述評』香港：牛津大学出版社、一九九九年、一一〇―一三八頁。

(9) 翟学偉「土政策的機能分析」翟学偉『中国人行動的邏輯』北京：社会科学文献出版社、二〇〇一年、一〇五―一〇七頁。翟学偉「特殊主義抑或普遍主義：中国人行為研究模式的視角転換」『社会理論学報』二〇〇五年第一期。

(10) 鮑威爾、弗雷徳「国家、福祉與公民社会」曹栄湘編『走出囚徒的困境――社会資本與制度分析』上海：上海三聯書店、二〇〇三年、一〇一頁。

(11) 科爾曼、詹姆斯著、鄧方訳『社会理論的基礎』北京：社会科学文献出版社、一九九〇年(Coleman, James S., *Foundations of Social Theory*, Cambridge, Massachusetts and London, England: The Belknap Press, Harvard University Press, 1990. 邦訳は、コールマン、ジェームズ・サミュエル著、久慈利武訳『社会理論の基礎〈上〉〈下〉』青木書店、二〇〇四年・二〇〇六年)、三三三―三三四頁、三三九頁。

(12) 福山、弗朗西斯「公民社会與発展」曹栄湘編、前掲『走出囚徒的困境――社会資本與制度分析』七二―七五頁。

(13) 林南「中国研究如何為社会学理論作貢献」周暁虹編『中国社会與中国研究』北京：社会科学文献出版社、二〇〇四年、八九―九一頁。

(14) 費爾南德斯、胡安・安東尼奥、労里・安徳伍徳著、孫達訳『関係：跨国CEO的中国経験』南京：譯林出版社、二〇一〇年(Fernandez, Juan Antonio and Laurie Uderwood, *China CEO: Voices of Experience from 20 International Business Leaders*, Wiley, 2006)、五頁。

(15) 布爾迪厄著、包亜明訳『文化資本與社会錬金術』上海：上海人民出版社、一九九七年、二〇二頁。科爾曼、詹姆斯著、鄧方訳、前掲『社会理論的基礎』。福山、弗朗西斯、前掲「公民社会與発展」。

(16) 趙文詞「五〇年代美国学者対中国国家與社会関係的研究」涂肇慶、林益民編、前掲『改革開放與中国社会：西方社会学文献述評』五〇頁。

(17) 布爾迪厄著、包亜明訳、前掲『文化資本與社会錬金術』。

(18) 帕特南著、王列、頼海榕訳『使民主運転起来』南昌：江西人民出版社、二〇〇一年（Putnam, Robert D., *Making Democracy Work*, Princeton University Press, 1993. 邦訳は、パットナム、ロバート・D著、河田潤一訳『哲学する民主主義――伝統と改革の市民的構造』ＮＴＴ出版、二〇〇一年）。

(19) 馬克思、恩格斯著、中共中央馬克思恩格斯列寧斯大林著作編訳局編「共産党宣言」『馬克思恩格斯選集』第一巻、北京：人民出版社、一九七二年（邦訳は、マルクス、エンゲルス著、大内兵衛、向坂逸郎訳『共産党宣言』岩波書店、一九七一年）、二三七頁。

(20) 翟学偉「関係研究的多重立場與理論重構」『江蘇社会科学』二〇〇七年第三期。

(21) 周紅雲「関於中国公民社会制度環境的調研報告」兪可平編『中国公民社会的制度環境』北京：北京大学出版社、二〇〇六年、二三五―二八六頁。

第四章　中国人の〈関係〉のベクトル
──インターネット社会がもたらす転換の可能性──

本書では、中国人と中国社会を理解する上で〈関係〉がいかに重要かを繰り返し述べて来たが、こうした私の見解には疑問を呈する声も多い。多くの学者は、〈関係〉が示すような現象は中国人にかぎらず、ほとんどの社会に共通して見られるのではないかと言う。どの社会でも、人々はみな〈関係〉を用いて営みを行うからである。彼らは、それぞれの社会について、読んだまま、聞いたままの事例を〈関係〉の枠組みに当てはめて解釈し、それが〈関係〉概念の混乱をもたらしている。そこで、〈関係〉概念と他の様々な概念との意味合いの違いを明らかにするため、本章では、「関係のベクトル」に着目し、人と人との間にある社会関係を論理的に分類・整理し、中国人の「関係のベクトル」がどこを向いているのかを明らかにしたい。

一　中国社会の特徴──変わるものと変わらないもの

欧米の理論から抜け出して、中国社会を理解するということは、複雑な学術的テーマであるが、中国社会自体がもつ複雑性もまた、論争的テーマである。悠久の歴史をもつこの国は、近代化（ないし中国が言うところの「現代化」）の過程で様々な革命や変革を経験し、単一的な農耕文化から、より複合的な社会へと変化し、とりわけ欧米の文明から多くの要素を取り込んだことにより、いっそう複雑性を増しつつある。このような社会的特質、とりわけ今日の中国社会の特質がいかなるものかを概括しようと試みた学者は多いが[1]、いずれもあまり成功していないことにあろう。その主な原因は、中国が社会、政治、経済、法律、文化などの面において互いに調和のとれた発展を遂げていないことにあろう。非常に伝統的な面もあれば、驚異的な速さで変化を遂げた面もある。一面では非常に近代的であるが、欧米の学者がいうポスト工業化やポストモダンの側面はいまだに見られない。モダニティについて言えば、観光や留学、赴任のために中国にやって来た外国人や、欧米留学を経験して帰国した者は、今日の中国の流行や開放性が、欧米先進国のモダニティ以上のものをもっていることに気付く。このため、今度は逆に、中国人が欧米人や留学生のことを「ガイジン［老外］」だと、つまり彼らのほうがモダニティについて何も理解していないとさげすんだように笑う。それは、今流行りの言葉で言えば「アウト（Out）」であり、時代遅れである。

人々はこうした中国の状況を見て、変化のスピードがあまりにも速いという印象を抱くだろう。確かにインターネットの普及を見ても、二〇一〇年インターネット利用者数は四・〇四億人であり、普及率は三〇・二パーセントに達しており、二〇一七年になると、それぞれの数値は七・五一億人、五四・三パーセントへと上昇した（中国互聯網絡信息中心CNNIC）。これだけ見ても、中国が情報化時代の特徴を有していることは明らかだろう。市場化されつつある社会として、この領域だけに限っても、欧米市場にはなかなかないビジネスチャンスにあふれている。しかしだからといって、現在の中国が非常に発達した社会だとは言えない。中国文化は依然として固有の特徴を保持しており、ただ受容能力、模倣能力、適応能力の面で秀でているとしか言えないのである。このようなことから、今日の中国社会の特徴は、ますます分かりにくいものとなっている。おそらく日本にも、同じような問題があるだろう。今日の日本社会は、江戸時代や明治維新の時代に比べ、総括しにくいものとなっているのではないだろうか。現在、中国人自身による総括は、「改革開放時代」、「新時代」、「社会主義初級段階」など、非常に大雑把であり、時代の性質を踏まえた概括になっておらず、他の概念との比較に用いる言葉が並んでいるにすぎない。すなわち、「改革開放時代」や「新時代」は、中国がかつて進歩を志向しない旧時代にあったことを表現する言葉であり、「社会主義初級段階」は、中国社会が現在、資本主義段階と社会主義高級段階のあいだにあることを表す言葉である。

実際に、儒教文化圏の特徴を、〈関係〉志向である、あるいは儒教関係主義であると説く学者もいる。(2) 東南アジアで金融危機が発生したとき、学者たちは東南アジアの社会の特徴を、大きく「姻戚資本主義」あるいは「縁故資本主義(crony capitalism)」などの概念を用いて解釈したが、これらの言いまわしは、かつてアジアの経済発展の特徴を表現するために用いられたものである。(3) 資本主義の前に「縁故」をつけ加えることにより、アジア文化の重要な特徴が浮き彫りになる。中国も、未曽有の変化を遂げつつあるとはいえ、〈関係〉が依然として社会の基底を特徴づけている。商工業、市場、通信技術など現代の特徴を備えつつあるものの、〈関係〉に関するかぎり、その伝統は綿々と引き継がれ、むしろ社会においていっそう光彩を放つ向きさえある。コンピュータ技術の発展と実用化は、〈関係〉中心社会が生み出す特徴に対し、無限の促進作用と、後述する無限の抑制作用(すなわちこの特徴に変化をもたらす作用)を併せ持つ。促進作用について言えば、インターネットの発展にともなって、中国の諺でいう「遠く離れた者同士がちょっとした縁で結ばれる[千里姻縁一線牽]」あるいは「縁があれば遠く離れていても出会える[有縁千里来相会]」といった状況が、現実のものとなった。かつて中国人が作り出した「関係ネットワーク」や「縁」といったものは、もはや幻ではない。光ケーブルとパソコンによって生み出された新たな交流のかたちとして具現化されつつあるのであり、それは未来の社会の発展の方向を示している。しかし、これは、中国社会の本質的変化を意味するものではない。なぜならば、〈関係〉に特徴づけられた社会は、工業化、都市化、市場化、情報化によって消滅するようなものではないからである。体制や制度、あるいは技術の進歩が中国の社会や文化に大きな変化を及ぼしたとしても、〈関係〉は新しい制度や技術の中に浸透していくのである。ここで断っておきたいのは、〈関係〉を安易に「相互作用」、「意思疎通」、「付き合い」、「交換」、「結託」、「人間関係」などの言葉に訳し直すべきでないということだ。以下、その理由について述べよう。

根源的に見て、私は、中国社会の成り立ちに関し、「集団主義」の特徴も「個人主義」の特徴も有していないと認識している。集団にしても個人にしても、欧米の社会科学理論の基礎を成す。アジア社会と欧米社会のあいだに見られるこのような違いは、費孝通が「差序格局」対「集団モデル」[4]、フランシス・シューが「状況中心主義」対「個人中心主義」[5]、梁漱溟が「倫理本位」対「個人本位」として対比的に論じている[6]。ここ数十年来、欧米の社会学理論は、さらに〈関係〉に類似した理論として「社会関係資本」、社会的ネットワーク論などの分析枠組みをうち出してきたが、しかし、関係の強弱による区分や構造的空隙といった概念から見れば、それらの分析枠組みも、やはり集団の論理に沿って展開されていることは明らかである。集団から組織への論理的発展は、マクロ的には、階層、階級、社会運動、社会構造の諸問題にかかわり、ミクロ的には、役割、相互作用、地位、流動などの問題にかかわり、その際、ミクロとマクロの分析の関係やその結合の可否自体が検討すべき理論的問題となる。しかし、これらの問題を解明したところで、中国社会の性質は解読できない。中国社会を特徴付ける〈関係〉の性格上、この社会は、〈関係〉、「家」、地縁、組織、序列、人倫、官僚政治およびこれらが織りなすミクロからマクロに及ぶ連続体、さらにはこれらのファクターが構成するダイナミックな均衡や社会の変化――例えば、天と人、家と国、官と民、自分と他人、公と私、情と理、〈関係〉と〈権力〉、派閥と闘争など――の統合として成り立っているからである。このような社会の成り立ちは、欧米の社会科学の枠組みによっては、どうにもうまく説明できない。もし、なんとしてでも欧米の社会科学の枠組みを用いて中国社会を理解しようとするならば、その理論枠組みや概念によって切り刻まれた中国社会のイメージしか得られないだろう。表面的には〈形式主義的観点からは〉、切り刻まれ、抽出された社会の一つ一つの要素は、文明が違ってもたいして違わないように見えるのだが、これらをつなぎ合わせて中国人と中国社会を解読しようとしても、不正確な結果しか得られない。例えば、〈関係〉の視点から中国人の社会的移動〈社会的成層における個人の社会的地位の変化〉を見ると[7]、その特徴は、欧米の社会学が論ずる垂直的移動でも水平的移動でもなく、ネットワーク式の移動であり、一人の成功と失敗がその共同体の動向その他の影響を左右する。また、〈人情〉の意味あいに基づいて欧米の社会的交換理論や人類学における贈与の概念を分析すると、説明に無理が生ずる[8]。

欧米において、〈関係〉に直接かかわりをもつ理論は、社会的ネットワーク理論である。これは二〇世紀末に「社会関係資本」の概念枠組みに基づき提起されたが、理論、実践いずれの面においても、中国人の〈関係〉の意味するところとは異なる。[9]中国人は長きにわたり、実用主義の原則に基づいて、自らの〈関係〉学を実践してきたが、それを理論として構築しようという発想はなかった。〈関係〉などおおっぴらに語るような代物ではないと見なしていたのである。一部の海外の学者が、それを学問の世界に引き上げようとしたが、大方は儒教的倫理をその内容とするものであった。[10]一九八〇年代以降、台湾と香港の学者たちにより社会科学の「本土化」が提唱され、費孝通の「差序格局」モデルが反響を呼び、[11]そしてとりわけ「社会関係資本」論に関する欧米の学者の一連の業績に啓発されるに及んで、ようやく〈関係〉が学問的注目を浴びるようになったのであり、中国の学者のあいだからは、自らの理論を形成する自発的動きは現れなかった。中国人自身による理論構築がなされぬまま、ただ〈関係〉学の営みばかりが豊かに発展していたことを認めねばならない。このような理論的空白を前に、我々は、欧米の理論と中国の経験それぞれがもつ特徴に改めて気付かされるのである。

二　〈関係〉理論の起点

ここでは、〈関係〉についての理論をうち出し、この理論の発展の方向を明らかにできればと思う。中国人の考えでは、二人の人間のあいだに社会的相互作用や交流があったとしても、それは〈関係〉ではない。我々は、毎日、いろいろな人と様々なやり取り(付き合い、相互作用、意思疎通、連絡など)をするが、中国人は、ここに自分たちの言うところの〈関係〉が存在するとは思わない。〈関係〉という概念は、まずは中国人の家族や親族を指す概念として〈関係〉を捉えて間違いない。いま一つ、〈関係〉の範疇に入るのが、同じ地域で生活する人々や、職場をともにする人々、すなわち同郷、同窓、同僚などである。現代社会においては、さらに同級生、同門、同僚、戦友などの関係にも拡大してきた。これ以上〈関係〉の範疇を拡大するならば、その意味は不確定なものとなってしまうだろう。例えば、「四海の内は皆兄弟たり[四海之内皆兄弟]」や「祖国はどこにも身内がいる[祖国処処有親人]」などの言いまわしもあるが、それよりも「同郷同士が出会えば、涙があふれてしまう[老郷見老郷、両眼涙汪汪]」、「親しむのは故郷の人[親不親、故郷人]」といった言いまわしの方がしっくりくる。

見知らぬ者同士の関係には、往々にして橋渡し、すなわち仲介者が必要である。もし仲介者が二人のいずれとも〈関係〉をもっているならば、互いに見知らぬこの二人のあいだにも、潜在的な〈関係〉が存在していることになるが、最終的に彼らのあいだに〈関係〉が築かれるためには、多くの場合、なんらかの刺激となるきっかけが必要となる。仲介者がいない場合には、彼らのあいだのつながりは、欧米の社会学が論ずる社会的相互作用やコミュニケーションとなるだろう。コミュニケーションか〈関係〉かを見極めるには、出会いからさらに進んで、名前、出身地、学校、職場などを拠りどころとした何らかの進展があるかどうかが重要である。これらの基本情報は、交流へと落ち着くかもしれないが、〈関係〉へと発展する可能性もある。したがって中国人は、人と出会った時、まずは相手の出身地、職場、母校などを尋ね、〈関係〉づくりの可能性を探ろうとするのである。中国人はさらに次のような仮定をする――知らない者同士でも、双方が望むならば必ずや仲介者が見つかるはずであり、肝心なのは、どのような方法でこの人を探し出すかだ、と。このように、中国人はずっと、〈関係〉のネットワークのほうが、同じ団体の人たちよりも重要だと信じてきた。〈関係〉ネットワークは、社会組織よりも優先すべきものであり、あるいは社会組織の外に別途築かれるべきものである。中国人の場合、同じ組織に属して、当然必要となる交流や相互作用を行ったとしても、そこに〈関係〉が作られないかぎり、メンバーとしての帰属意識は生まれない。このような観点から中国人の組織が特徴づけられるとするなら、中国人は組織においても常に〈関係〉の問題を考え続けなければならないということになる。組織内部における人間関係の親疎や遠近が、徒党を組んだり、非協力的な姿勢をとったりという現象を引き起こす。市場行為においても、契約は〈関係〉ほどの重要性をもたず、踏まえなければならない手続きであるにすぎない。中国人は契約書など書面上の規定には満足せず、多くの重要な事柄を〈関係〉をつうじて処理しようとする。より広い意味での交流についてみても、この社会には、重要な情報は交流ではなく〈関係〉をつうじて流れるものだという考えが根付いている。

中国人の〈関係〉は、家族または家族の延長に源を発するものであるため、中国人のあいだには、「家」を超える価値観、「家」よりも重要な価値観は形成されにくい。このような社会においては、宗教もうち立てられにくく、たとえ部分的に作られたとしても、「家」の繁栄を守る効果が見込める場合に限られる。例えば中国人は、自分の先祖をたいへん大事にし、先祖を辿り、家系図の編纂に情熱を注ぎ、盛大に先祖祭りの儀をとり行う。中国の多くの民間信仰は、例えば、男子出生への期待（福）、家族の任官への期待（禄）、百歳に至る長寿への期待（寿）など「家」の繁栄に直結している。官に根付いた儒家思想にしても、その核心は家族の倫理体系にあり、中国人が「家」での生活においていかに人間関係を処理すべきかを説いている。なかでも重要な観点は、「孝」である。いわば儒家思想は、「家」を中核とする〈関係〉の規範に関する思想なのであり、「家」における長幼、男女、および朝廷における君臣の秩序に対し、規範的役割を果たしてきた。その結果として、「家」こそが中国社会の特徴となり、他方で組織や市場の発展は阻まれ[12]、社会に対する人々の信頼の低下がもたらされたと言われる[13]。

以上は、中国人が何故に〈関係〉を重んずるのかという根源的問いかけについての考察である。しかし、このような視点に立ち、多くの学者が、中国社会の特徴を「家」本位、「家」本主義、「家」志向、ないし「関係依存[14]」、社会志向などに還元してきたが[15]、実のところ私はこのような表現方法には与しない。「家」を特別視することの社会的意味は、しばしば文化的また機能的に表され、文化論的なアプローチによって解釈され、さらには中国（あるいは東洋）の集団主義文化対西洋の個人主義文化といった枠組みまでが一連の統計学上の尺度表とともにうち出されたが[16]、近年になって、欧米の学者からもそうした見方に対し、真摯な再検討が行われつつある[17]。確かに表面的にみれば、これらの表現は、私がこれまで述べてきた〈関係〉の特徴と一定の因果関係でつながるように見える。つまり、「家」本位、集団主義ないし儒家の倫理が中国人に〈関係〉重視の姿勢をもたらしたかのように見える。だが、私に言わせれば、彼らによって構築され

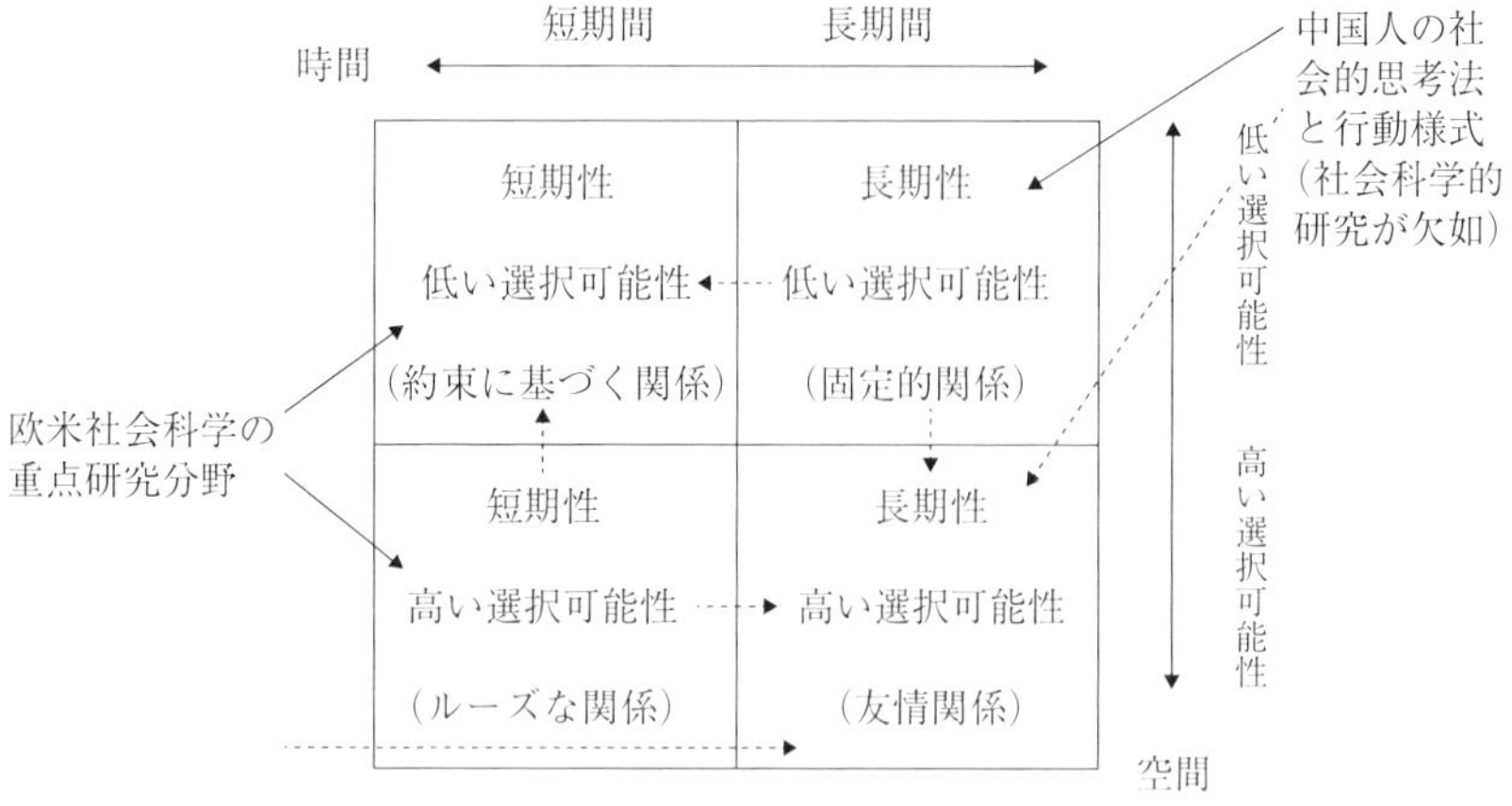

図6　関係のベクトルおよび関係の特徴

た理論なり概念なりは、機能主義人類学の泥沼に陥りやすい。社会学の視点で〈関係〉の特徴を論ずる場合、我々は、より構造的に問題を認識する必要があろう。構造的アプローチの利点は、何らかの社会的相互作用や付き合いのなかに構造的な要素を発見することにより、同様の現象が必ずしも「家」志向ないし社会志向の社会に限定的に存在するのではなく、構造的要素を同じくする付き合いや集団にも存在しうるのだと仮定することができる点にある。

社会的相互作用の構造に着目すると、いかなる相互作用も、時間的次元と空間的次元を表す二つの重要な軸から分析できる。時間的次元とは、交際の時間の長さを指すものであり、空間的次元とは、移動により個人に生ずる交際の選択の幅の広さを指す。図6に示したとおり、この二つの軸で描き出される四つの象限によって、我々は様々な関係を特徴づける四つの方向性を導き出すことができる。

むろん、図6にある各関係の特徴は、研究上の理念型にすぎず、厳格なものではなく、大まかな類型を示したにすぎない。例えば、友情関係は、固定的関係やルーズな関係においても生じうるし、約束に基づく関係が固定的関係に生ずる可能性もある。この図においてとくに注目したいのが「ルーズな関係」と「固定的関係」である。ここで「ルーズな関係」とは、多くの学者が個人本位、個人志向、個人主義あるいはクラブ的社会などと呼ぶものに通じ、個人の独立性、個人の意思、自由、理性を体現した関係と言ってよい。その結果、「ルーズな関係」を対象とした場合、研究の視点は、空間における個人の行動のあり方に置かれ、時間的次元に対する考察は往々にして看過される。欧米の社会科学——例えば、心理学におけるトポロジー心理学〔位相数学の概念や法則を用いて生活空間の構造を捉え、それと人間の行動との関係を解明しようとする心理学の方法〕、クルト・レヴィン（Kurt Zadek Lewin）による「場」の理論〔人間の行動に対し、当人の置かれた場がもつ影響を論ずる理論〕、社会学におけるシンボリック相互作用論、ドラマツルギー〔人間の行動に対する時間・場所・オーディエンスの影響に着目する考え方〕、社会的交換理論、ブルデューによる「場」の理論、経済学におけるエコノミック・マン仮説〔経済的合理性のみに基づいて行動する個人主義的人間を想定した方法的仮説〕、合理的選択理論など——において、空間と個人の関係に焦点が当てられたのは、そのような理由による。社会学、心理学、政治学および経済学などの基本原理はいずれも、この特定の時空における原理以外の何ものでもないのであるが、これまではあまり議論されてこなかった。「ルーズな関係」の時空に隣り合っているのが「約束に基づく関係」と「友情関係」であり、付き合いに対する個人の意思に応じて、「ルーズな関係」は、これら二つの関係へと発展する可能性が高いが、他方で「固定的関係」に行き着くことはない。また「固定的関係」も「約束に基づく関係」および「友情関係」と隣り合っており、すなわちこの二つの関係へと変化しうる。しかし、そのベクトルの違いは、自ずとそこから派生する行動パターンやモデルに違いを生む。例えば、中国人による友情に対する理解は、欧米人の理解よりも長いスパンにもとづく。また、「ルーズな関係」から「約束に基づく関係」へと発展した場合とは異なり、「固定的関係」から「約束に基づく関係」に発展した場合には、何か事が起きた際にも、契約書を交わすような行為は好まれない。以上に述べた四区分に基づき、私は「関係」という概念を次のように使い分けるのが妥当ではないかと考える。すなわち、通常の社会的相互作用は「ルーズな関係」、意思疎通や交流（communication）は「約束に基づく関係」、友情や愛情は「友情関係」、〈関係〉は「固定的関係」に相当するのではないかと。そして、英語の語彙には、この四つのうち最後の固定的関係に相当する言葉が、決定的に不足しているのである。

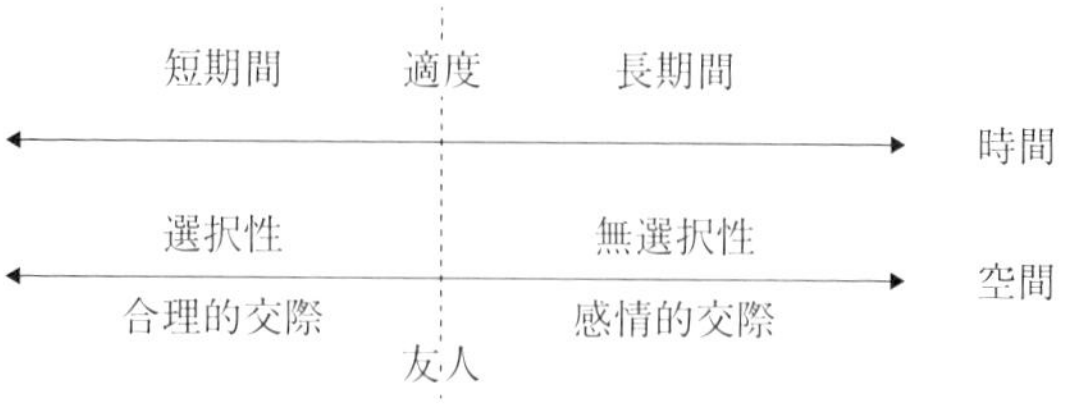

図7　時空の次元による交際モデルの相違

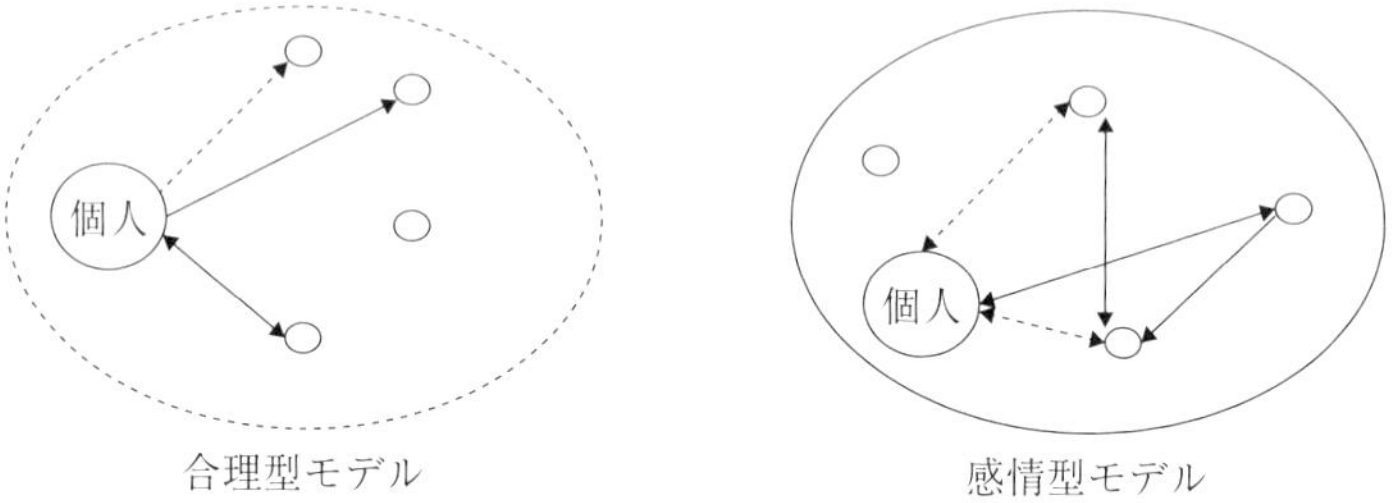

図8　2種類の交際モデルの比較

中国人の交際モデルは「長期性」と「無選択性」を特徴としており、[18]〈関係〉理論の起点もそこにある。悔やむべきは、我々が他の時空の原理を用いて〈関係〉の行動モデルを解釈するか、さもなければひたすら実践するのみで、いかなる理論も構築してこなかったことである。しかし、「ルーズな関係」と「固定的関係」を区別すれば、この二つの交際モデルの特徴の違いは明らかである。

図7・図8は、この二つの交際モデルが、時間と空間の軸においてどのような要素によって構成されているかを示している。ここでは、時間の長短や空間上の選択可能性に基づく特徴を際立たせており、友人との交際はその中間の曖昧な位置に置かれている。そして、二つの交際モデルを区分した上で、さらに考えてみたいのは、選択可能性によって導かれる関係のベクトルである。すなわち、個人は相手との関係において、連結（単方向の実線矢印）、排斥（単方向の点線矢印）、相互連結（双方向の実線矢印）、無選択（矢印無し）といったオプションをもつが、無選択的交際モデルの場合、ほとんどの矢印は双方向的であり、個人による選択の余地がほとんどないために、排斥の場合も相互的なものとなり（双方向の点線矢印）、誰かとの連結を求める場合（点線）には仲介者を求める傾向が生ずる。

「合理的交際」は、単に交際の合理化を意味するのではない。それは交際上の合理性とともに非合理性をも包摂する概念である。合理的交際の一つの特徴は、物事を、道具的なもの／情緒的なもの、理知的なもの／非理知的なもの、というようにできるだけ分解し、区分することにある。他方、いわゆる「感情的交際」も、単なる情緒的交際、あるいは非合理的交際とは異なる。欧米の学者は中国で人類学的研究を行う際、中国人の〈関係〉について"feeling""affection""sentiment""friendship"などの言葉をあてず、「ganqing(『感情』の中国語の発音を英字で表記したもの)」をそのまま用いるが、それは、中国では、「感情」が〈人情〉や〈関係〉に近い含意を有し(19)、合理的要素と情緒的な要素を混在させているからである。すなわち、情と理が一体化ないしは融合しているのだ。情と理が一体化する、あるいは合理性と情緒が融合することにより、合理的交際とは相容れないとされる感情、情緒、衝動、非合理性とは異なる交際のあり方が生まれる。ここにこそ、中国人の〈人情〉を研究する際の鍵があると言えるだろう。また、特徴が曖昧な交際モデルはいかなる社会にも存在するし、約束に基づく関係は市場や組織によく見られ、友情関係も文化の違いにかかわらず存在する。まさに友情は、長く続く場合もあれば短く終わる場合もあり、また固定的な場合もそうでない場合もあるがゆえに、どのような社会にも、いかに友を選択するべきかという問題が生ずるのである。

三　固定的交際モデルの現れ方

欧米の社会科学は、短期間でかつ選択可能な交際モデルに関し、二世紀にわたり探究を重ね、膨大な学術的成果を積み上げてきた。しかし、長期間にわたり、かつ選択不能な交際に基づく社会生活モデルの検討に関しては、中国の社会・文化において語り継がれた人生の格言や諺を除き、社会科学の分野ではあまり重視されてこなかった。その一因としては、社会科学が都市生活、市場関係、組織構成、制度、社会的流動、商工業管理を主たる研究対象としてきたことが挙げられるだろうが、実のところこれらの現象はいずれも、郷土社会を社会的背景として生じてきたものなのである。

また、方法論的にみても、実証的な研究は短期間で結果を出すことが求められており、交際における時間の重要な役割は見落とされがちである。日本企業の終身雇用制は、この問題を取り上げる良いテーマであり、欧米の社会科学とは異なる日本独自の社会理論を構築する可能性を潜在させるものだが、中国の学者はいまだこのテーマについて十分な認識をもつに至っていない。そこでここでは、私自身の長年の研究にもとづき、長期的かつ選択不能な交際モデルの特徴と、それらが我々の思考や行動様式に与えてきた影響について論じてみたい。

まず、「長期性」とは、人々の関係やつながりにみられる開放性を意味する。デートや会議、組織への加入、活動への参加、商売、なんらかの業務への従事、ライフキャリアプランなどには、いずれも時間上の有限性という特徴がある。この有限性が、交際を期間限定のものとするのである。しかし、いわゆる〈関係〉が意味する期間は無限であり、果てしない未来へと広がっているため、有限の活動は〈関係〉のなかでは無限へと延伸する傾向をもつ。例えば、会議に参加したり、学校で勉強したりする行為には時間上の制限があるが、こうしたことをきっかけに築かれた良き知人、良き同窓、良き友人との関係は無限のものである。このような有限から無限への転換こそ、中国人の〈関係〉づくりにとって重要な手段であり、中国人が〈関係〉を営む際の基礎を成すものでもある。人生哲学の観点から言うと、時間の無限性に関する中国人の理解は、根源的には、生命というものに対する仮定にかかわる。すなわち中国人は、子供を育てるということを生命の継続と見なすのである。いわゆる「世々代々[世世代代]」、「子々孫々[子子孫孫]」、「供養のための香の煙は絶えることがない[香火不断]」、「瓜の実りのようにいつまでも続く[瓜瓞綿綿]」、「跡継ぎが絶えない[後継有人]」、「先代からの付き合い[世交]」、「先代からの敵[世仇]」などはいずれも、関係が引き継がれ、長く持続することを意味する。しかし同時に、〈関係〉の無選択性は、その閉鎖性を意味する。つまり中国人は、〈関係〉をとり結ぶのに必要な特質に欠ける者——見知らぬ他者や通常の業務・取引・交流の相手——を受けいれないのである。このように、時空の両次元からみれば相矛盾する開放性と閉鎖性が統合したところに、中国人の〈関係〉のダイナミクス——形成、発展、継続、包容、転換、排斥、陰謀、同盟など——が生まれる。

交際の長期性については、それを単なる短期的な交際の累積と見なすことはできない。むろん、短期間の積み重ねは長期間なのだが、それでは、依然として短期性のもつ観念的特徴は変わらぬままである。いわゆる長期性とは、交際期間の実際の長さでなく、その後続く交際の長さに対する人々の予期の面で明らかな特徴を有する。例えば、「毎日をよく過ごそう」、「毎日少しずつ進歩しよう」と言うとき、人は、短い時間の積み重ねとして長い時間を捉えている。それに対して、「一生涯[一生一世]」、「どう過ごそうと人の一生[怎麼過都是一輩子]」「こんな生涯も運命と思ってあきらめる[我這輩子認命]」と言えば、全体の長い期間を予期し、そこから日数が逓減していくイメージが描かれる。そして、予期する時間の長さの違いによって、人々の行動様式には大きな違いがもたらされる。婚姻を例にして見てみよう。結婚や恋愛において、「君を愛している」という伝え方は一時的な気持ちを表現したものにすぎず、もちろん毎日言い続ければ長期間にはなるかもしれないが、そうでもなければ行動様式上、婚姻生活には緊張が引き起こされうる。それに対して、「一生君を愛する」、「一万年君を愛する」、「共に白髪になるまで添い遂げる[白頭偕老]」、「天地の終わるまで愛し続ける[地老天荒]」、「海が涸れ石が砕けない限り愛し続ける[海枯石爛]」などの表現は長期的な予期に基づくものである。「君を愛している」というのが目の前の気持ちを表すものでしかなく、「もう愛さない」未来の可能性を残しているのに対し、これらの表現は、一生涯を射程に入れているのだ。その結果、「二人の情が長く続くものであるかぎり、少しぐらい一緒にいなくてもよい[両情若是久長、時又豈在朝朝暮暮]」という考え方が生まれ、婚姻の質は緩やかで、行き当たりばったりなものとなる一方、婚姻後に心変わりのようなことが起きれば、それは道徳や良識にかかわる問題となる。このように、時間の観念における違いは、婚姻モデルの違いを導くのだ。私は南京大学中国・アメリカセンターで教えていた時、複数の欧米学生から同じ質問を受けた。彼らいわく、なぜ中国の夫婦は出国、留学、出稼ぎなどで長く離れて暮らすことができるか、と。その言外の意味は、欧米人にとって、長期間の別居は、夫婦間の愛情の希薄化を招き、夫婦の破綻をもたらしがちだということだろう。しかし、中国人はこのようなことをまったく考えないのである。

何事につけ予期する時間を長く考えるため、中国人は、短期的な行動に対しても長期的な見込みを持つ傾向にある。例えば、「一日夫婦であれば百日恩愛の情がつづく［一日夫妻百日恩］」、「一日の師は一生の父［一日為師終身為父］」、「ふとした失敗が一生の悔いとなる［一失足則千古恨］」、「君子の仇討ちは十年後でも遅くない［君子報仇十年不晩］」などは、こうした考え方を示す表現である。同様の発想から、中国の指導者にとっては、自らが在任するかどうかよりもむしろ、長きにわたり、持続的に世を治め、影響力を行使できるかどうか、そして自らの後継者を見つけ、異見をもつ者を排斥できるかということこそが問題になる。すなわち、「自分の流儀が何代にもわたって受け継がれる［一脈相承］」、「末代の後まで［千秋万代］」ということである。かたや欧米の場合、指導者は競争モデルに則っており、任期中には自らの施政綱領を実施することができるが、そのあとどうなるかは、次の指導者あるいは次期政権の様子を見て、ということになろう。ビジネスにおいても同様である。中国には、「糸を長く伸ばして大きな魚を釣り上げる［放長線、釣大魚］」という言い方や、損した後に儲けを出すという経営戦略がある。そのほか、掛けでの売り買いや借金はよく見られる現象であり、父の借金を子が返すこともある。それに対し、短期の取引が前提とされる社会では、貸借や返済が制度として整備される。仮に中国人が、社会的付き合いにおいて長い期間を設定しなくなったとするならば、そこに〈関係〉は成り立たなくなり、〈関係〉のロジックに反する行動――無礼、無秩序、下劣、利己、欺瞞、しらばくれ、見殺しなど――が生ずるだろう。これらの諸相は、インターネット上の交際のなかに観察されるものである。

このように、〈関係〉における時間設定の長さは、中国人の行動様式を議論するうえでの基礎となる。中国人は、伝統的な社会構造において、このような関係が維持されるよう、小構造に大構造をかぶせるという入れ子構造を作り上げてきた。局所的に危機的状況が生じたとしても、外部構造からの強い力によって支えられ、修復されるしくみである。例えば、家族は宗族のなかに、小家族は大家族のなかに、夫婦関係は親族関係の構造のなかにはめ込まれる。このため、夫婦の関係の安定性は、二人の感情のみならず、双方の家族、嫁姑関係、祖父と孫の関係などに因るものとみなされる。また、二人の関係に限って言えば、関係の長期的持続を保証するべく、儒家は非対等の関係に基づく役割規範を設計した。儒学の基本である五倫――父子の親、君臣の義、夫婦の別、長幼の序、朋友の信――は、朋友〈友〉の倫を除けば、いずれも非対等の関係を説く。なぜなら、対等的な関係こそもっとも崩れやすいためである。

長きにわたり〈関係〉を維持するなかで、人々は、処世のための原則を重視するようになった。個々人は自らを固定的な〈関係〉のなかに位置付けて理解するようになり、決して我を通すことはできない。中国人は、相互行為において、行為の真偽ではなく適切さを強調するようになった。とくに、我慢や譲歩が必要となるような場合には、場にかなった行為なのかどうかが優先される。こうしたふるまいは、欧米人には、中国人が本心を言わないとの誤解を与えるようであるが、中国の文化には、時間的要素がいかに人々の処世のあり方に影響するかを示す言いまわしが多い。例えば、「まだ先は長い［来日方長］」、「日が経てば情がわく［日久生情］」、「道のりが遠ければ馬の良し悪しが分かり、付き合いが長ければ人の心が分かる［路遥知馬力、日久見人心］」、「時間をかけてじっくり検討する［従長計議］」、「旧友［故人］」、「ずっと以前からの知り合い［老相識］」などである。これらの言いまわしは、中国人が目の前の一刻一刻を気に掛けず、一生ないし何世代もかけて、固定的な相手との関係を維持し、改善し、処理しようとする傾向を示している。このような特徴をもっているために、中国人は短期間の交際を退け、長い交際に利さない行動様式を否定してきた。その結果、中国文化には、短期間でかつ選択可能な行動様式についての思考が欠落してしまったのだ。では、このような思考の欠落は、何を意味するだろうか。思うに、その意味するところは、中国文化が、都市、市場、組織、流動性などに関する論理的思考や社会規範、ないし人間の理性についての省察をもたずにきたということにあろう。似たような思考があるとしても、それは、「わが家の老人と同じように他人の老人も重んじ、わが幼子と同じように他人の幼子まで愛護する［老吾老及人之老、幼吾幼及人之幼］」のように、結局のところ長きにわたる〈関係〉の中から敷衍《ふえん》したものである。見知らぬ人に出会ったとき、「おじいちゃん［爺］」、「おじさん［伯、叔］」、「お兄さん［兄］」、「お母さん［娘］」、「おばさん［姨］」、「お義姉さん［嫂］」、「お姉さん［姐］」などと家族の呼称を用いて接することにより、相互行為の方法を見つけ出すのもまた然りである。また、〈関係〉ができると、中国人は、何か支払う際、割り勘にすることを大いに嫌う。彼らは、割り勘が〈関係〉を疎遠にさせ、〈関係〉の親密性を削ぐものであり、割り勘にしたら真の友達にはなれないと固く信じている。そして、割り勘にせず「おごる」のが中国社会では一般的であり、いまや中国人の〈関係〉づくりの代名詞にすらなっている。統計によれば、二〇一〇年に、中国人の公金による接待費は五〇〇〇億元以上に達した。また、二〇〇七年三月一八日付『法制日報』によれば、中国の公金による飲食費は一九八九年時点で三七〇億元、一九九〇年には四〇〇億元、一九九二年には八〇〇億元を上回り、一九九四年には一〇〇〇億元を突破した。さらに二〇〇二年には二〇〇〇億元、二〇〇四年には三七〇〇億元、二〇〇五年に六〇〇〇億元と急増した。これにもし私的な「おごり」の費用を加えるならば、総額は天文学的数字となるだろう。中国人がこれほどの費用をかけて「おごる」のは、それが〈関係〉の構築、維持、強化に役立ち、潜在的な利益をもたらすと考えるからである。同様に、中国人は対等な社会的交換も嫌う傾向にあるが、それも対等な社会的交換が、交換の非持続性を宣告するものだと考えるからである。中国人にしてみれば、対等な社会的交換は「人情」に悖《もと》るものであり、「報」の観念を生む余地を奪うものである。[20] いわゆる「恩を受ける[欠人情]」、「人情の借り[人情債]」などの状況は、交換が非対等であってこそ成り立つのだ。いわば〈人情〉とは、長期にわたる非対等の交換のなかに形成される束縛状態にある友誼と捉えてよかろう。

人々はこのような関係のなかで、自ずとそれに見合った価値体系を作り出してきた。その核となるのは「和を以て貴しとなす」という価値である。しかし、このような和睦の背後には、個人の自律的選択が放棄させられ、自我が抑えつけられる現実がある。抑圧は二つの方向に発展しうる。一つは、自我を縮小し、あるいは放棄して他人の要求に迎合するという方向である。このとき、〈関係〉の双方とも同じ状態に置かれるため、それが基礎となって、相互の融和と調和が生まれる。この意味で、中国人の自我と他者は、一部重なり合っている。いま一つは、真実の自我を押し殺し、仮面をかぶって他者と交際するという方向である。このとき、中国でもっとも生じやすい相互行為の様式は、表裏を使い分け、〈面子〉を重んずるというものである。ここから、中国人がなぜ「人にどう見られるか」ばかりにこだわり、「自己を見つめ反省する」ことをしないかが分かるだろう。前者はいわば恥にかかわる問題を生じ、後者は罪の意識にかかわる。

一旦選択不能という特徴が現れると、交際においては理性が制限され、感情的要素が増長する。感情を育むという点で、世界のあらゆる家族は共通しているが、中国人の場合、この問題はより幅広く重んじられる。こうなると、理性と感情との間には、ある種のバランスが必要となる。中国人は感情の入る隙のない物事を好まず、論争も好まない。人々のこうした姿勢は、制度設計に対しても見られ、制度による型通りの制約を拒み、なんとかして制度自体に弾力性を持たせようとする。制度の下に置かれている人々は、いつも規則に対する例外措置が認められ、それにより「法も人情のほかあらず」という状況が生まれることを望んでいるのである。〈関係〉においては、単に道理ばかりを重んずる姿勢は通用しない。中国人は、感情ばかりを優先して原則や規範を守らないのも良くないが、さりとてやはり〈人情〉と道理の融合こそ〈関係〉を処理する最良の方法だと思っているのである。情理社会においては、バランスが重要であり、中国人が〈関係〉を処理する際の原則である。バランスはまた、儒家の言う礼や中庸と深くかかわるものであり、中国人が人格よりも状況を重んずる所以である。

長期的でかつ選択不能という〈関係〉のなかで、人々は自分の義務とは何かに関心を向ける。中国において、人間同士の行動は、責任や自分の意思、理性から生ずるのではなく、やむをえずなされることが多い。〈関係〉の親密性は心の底から発せられるものでなく、かなりの程度「礼」や〈面子〉上の必要によって生まれる。つまり、〈人情〉という概念は、肉親の情、義務、交換の意味合いを含むが、必ずしも自ら望んでおこなう行動とは限らないのである。〈人情〉は、「礼」に則って持続的になされるのだ。中国人が「礼は往来を尊ぶ[礼尚往来]」を好み、直接的な利益交換を嫌うのは、前者には感情の要素があるのに対し、後者には理性しかなく、前者が道具性と感情性の混合であるのに対し、後者には道具性しかないからである。「礼」を実現するために、中国人がしばしば採る策略は、「借り」である。すなわち、双方が経常的に互いに「借り」を感じる〈恩義を感じる〉ことによって、最終的に期限のない交際を実現させるものであり、逆に言えば「借り」が無いことは、〈関係〉の終結を意味するのである。

最後に付け加えておきたいのは、固定的な関係様式においては、しばしば自我と他者との境界線が曖昧になるということである。自我が侵害されることが、親しさの表れだと理解されるのだ。したがって、交際における善意は必ずしも自発的なものではなく、時にやむをえず為されるものとなる。例えば、一人の人間(例えば母親)が、骨身をすり減らしてほかの人間(例えば自分の子供)のために温度管理、衛生管理、安全の確保、衣食の提供などの世話に明け暮れたとしても、それは必ずしも相手の気持ちや願いに配慮した世話であるとは限らない。しかしたとえ世話を受ける方が、こうした世話を邪魔であり、無理強いであり、押し付けがましいと感じていたとしても、この文化において、一連の行為は善意と定義され、世話をやかれた方は、それをありがたく受け入れ、その恩義に報いなければならない。拒絶は情に欠け、物分かりが悪く、人付き合いというものが分かっておらず、善し悪しの判断ができず、世の情けを解さず、少なくとも人の善意の分からないことを意味するのだ。いずれにせよ、長期的かつ選択不能な交際様式から、個人主義的な行動モデルは生まれえない。逆に言えば、個人主義的な行動様式を成り立たせるためには、まずは長期性と選択不能性を打破しなければならないのである。

四　インターネットにおける表現の可能性

先述のとおり、インターネットは中国で急速に発展し、その結果、社会とはネットワークによって構成されるものだという意識は、従来にもまして強められた。集団のメンバーシップやその制度、境界線などの発想にしっくりこない気持ちを抱えてきた中国人にとってみれば、今日のインターネットの発展は、中国人の慣れ親しんできた交際のあり方と収斂したかのように映った。細かなことではあるが、中国人は集団や組織での活動中でも、平気で携帯電話に出たり、電話をかけたり、ショートメールをやりとりしたり、インターネットにつなげたりし、組織の規律やその場の規範などお構いなしである。しかし、インターネットが、人間同士の交流を発展させるという点において、果たす役割は多重的である。インターネットは、固定電話や携帯電話、あるいは通信機器がもっていた機能のみならず、まったく新しい機能も兼ね備えている。例えばインターネットが、離れた土地に暮らす身内や友人につながる手段として使われるなら、それによって固定的な交際はいっそう強固なものになるにちがいない。

しかし、インターネット自体がもつ特徴によって、関係の固定性という特徴とは相容れない現象も生じつつある。なかでも、もっとも大きな変化は、長期性と選択不能性の消失である。この二つの特徴の消失は、もともとルーズな関係に基づき営まれていた社会に比べ、より重大で画期的意味をもつ。なぜなら、ルーズな関係に基づく社会の場合、インターネットによってもたらされる変化は、もともとあった特徴の助長にすぎないが、それに対し、固定的関係に基づく社会において、それが打破されるということは、インターネットにより、多くの人々が文字どおり手綱から逃れたウマのごとく、たちまち束縛のない世界に突入することを意味するからである。人々は、インターネットをつうじて、新しい知り合いを探し求め、見ず知らずの人とのあいだに交流をもとうとする。新しい友達をつくり、チャットルームを立ち上げ、見ず知らずの人とチャットやビデオチャットをしたり、ブログやマイクロブログを開いたりする。こうした事態を目にし、我々は人々の相互行為の順序に、革命的な反転が起きたということに気付かされる。かつて「出会い→知り合い→表現」という順序で為されていた相互行為が、今では「表現→知り合い→出会い」となったのだ。まずおしゃべりしてから知り合うというパターンは、インターネットの無い時代には想像もできなかったものである。まったく新しい現象を前に、社会学界は今なお困惑のなかにあり、どのようにこれを理解すべきか模索している段階にある。

本来、「見ず知らずの人」という言葉は、中国人の生活辞典には存在せず、知らない人とおしゃべりするなど、中国人の〈関係〉のあり方とは相容れないものであった。しかしインターネットが現れた今、中国人、とりわけ若者たちがあれほどインターネット上の交際やチャットに熱中しているとなれば、我々としても、それによって何が変わったのかということを真摯に考えてみるべきだろう。

まず、固定的関係の説明において指摘したとおり、中国人の自我は押さえつけられており、インターネットがなかった時代には、自我を解放する場所もなかった。人々は、自分の家族や同郷者や友人にすら、自身の欲望、考え、本音、人の機嫌を損ねるようなこと、愚痴などを話すことはできなかった。人々は、固定的関係の中で、「口は災いのもと〔禍従口出〕」、「壁に耳あり〔小心隔墻有耳〕」がどのような状況なのかを学び、人を怒らせず、忍耐し、苦悶することの重要性を体得した。しかし、インターネット時代の到来により、こうしたものの一切から解放されたのだ。こうしてみると、インターネットは、中国人にとって自我を解放し、さらけ出す場所として、皆を狂喜させているように思える。そしてこの狂喜は、匿名性と臨時性の基礎の上に成り立っている。かたや中国の現実社会においては、狂喜などめったに起こらない。たとえ集会が盛り上がったとしても、その範囲は往々にして同窓生、同僚、友人に限られ、醜態を晒したり、生意気な口をきいたりすることは許されない。せいぜい、お酒の力を借りて、少し騒いだりするくらいの控えめなものである。あるいは、どんちゃん騒ぎが起こりにくい中国で、なんとかにぎやかにするためには、お酒の力をどうしても借りざるをえないのかもしれない。それが中国の酒文化の特徴であろう。中国人は、見ず知らずの人と大いに盛り上がって騒ぐなどということはとうていできない。それは、生活上の安心感を損なう行為だからである。やはり〈関係〉は、中国人の生活に、表現上の含蓄とともに、実質的な安心感を与えているのだと言える。

中国人の〈関係〉において、安心感は相互信頼の基礎の上に形成されるものであり、もっとも大きな信頼は、説明不要の信頼であり、とりわけ家族の関係にある。中国人は家族のことを決して疑わず、家族の前では心を許す〔放心〕。他方、最大の社会的リスクは見ず知らずの人を信じることにある。人々の交際範囲に、見ず知らずの人との直接の接触がない限り（必要な場合には仲介者を介している限り）、リスクや信用などは余計な心配ごとである。「信任」という概念は、中国文化の意味合いからみると、選択可能な関係の規範である。孟子の説いた「朋友有信」とは、友人同士の間には信頼があるものだと言っているのではない。対等な関係はルーズで、壊れやすく、背信行為が生じやすいという状況に鑑み、友人たるもの約束を守るべきであると人々を戒めているのである。同様の関係は、君臣間にも起こる。血縁関係の弱まりにともない、君臣間には不忠が起こりやすくなる。そして臣下の誠心に対する指導者の懸念こそが、忠誠をきわめて重要な社会的価値たらしめたのである。むろん、現実社会は依然として残酷であり、裏切りや不忠が蔓延しているのだが。儒家の経典では、忠信は家族以外にのみ用いられ、選択不能な関係には適用されない。このことからも、血縁関係がいかに安心できるものであるかが明らかであろう。どうやら中国人の信用のレベルは、安心、信任可、信任不可の三段階に区分できそうである。インターネットは一種のネットワークであるが、身体的な接触や物流に関わるネットワークではなく、情報交流に関わるネットワークである。人々は匿名性が確保され、身体的接触が不要であるインターネット上の交際においては、信用問題を考えなくてもすむ。匿名性と身体的接触の欠落という特徴は、人々の活動の空間的概念を覆すとともに、信任のないところに人々が安心感を持てるような状況を作り出したのである。これはあたかも映画館で映画を見ているかのようである。スクリーンに映る暴風雨や砲煙弾雨ないしホラーの一幕は、現実のようで現実でない。これらは多少なりとも人々の心理状態、気分、観念に変化をもたらすかもしれないが、実際の生活とは無関係である。中国人が、インターネット上で見ず知らずの人を受けいれられるのは、彼らの存在が自らの現実の生活に影響を与えないと思うからである(もちろん、若い世代についてはこの限りではないが)。自らの安全に直接の脅威とならず、思うままに自我を解放できる生活様式を前に、何をためらうことがあるだろうか。

長期的で選択不能な〈関係〉が、人々の生活にもたらす最大の特徴は、情報が何もかも知れわたるということである。このような状況の下、人々はプライバシーを守られず、独立した自我や自分だけの空間をもつこともままならない。どのような情報も、ともに話し、分かち合うものである。人々が集まれば、それぞれの家で何が起きているかを尋ね合うのが楽しみであり、人々はそうしたおしゃべりの中から、どのように自身の行動をつつしむべきかということを学んでいくのである。中国には「人に知られたくないなら自分がしないに限る〔要想人不知、除非己莫為〕」「壁に耳あり」ということわざがあるが、これらは、人々に、自分のしたことはいつか必ず人にばれるものだと警告するものである。これらのことわざは同時に、〈関係〉の共同体において、人々の行動を規制する規範体系は制度ではなく、世評やそこから派生する羞恥心こそが重要だということを示している。しかし、一続きの数字や記号しか残さないインターネット利用者にとって、共同体における世評や規範など気にかけるべくもない。そして、インターネット利用者が手にする他人の情報は偏りがあるのみならず、ときにはうそ偽りであることもある。人々は、際限なくとりとめもないことをチャットする。なかには、自身に関する真実の情報を洗いざらい相手に打ち明ける者もいるだろうが、身分を明かさず、〈関係〉が成り立たないのであれば、それらの情報には実際の意味がない。つまり、インターネット上で見ず知らずの人と交流する場合、身分を明かさないかぎりは、そこで交わされる情報の真偽を追究したところで、なんの社会的効果も得られないのである。そして、真偽に意味がない以上、根拠はないがひとまず言っておく、ひとまず聞いておくといった行為により、異種の「真実」が出回ることになる。このようなバーチャルな交流の場においては、暴露や炎上にことかかない。結果として、インターネット社会の世評はいっそうの攻撃力をもつようになり、現実に生きる人々は、共同体の世評や道徳にがんじがらめになっていたときよりもなおいっそう、耐え難い状況に陥ることとなった。このような状況に対処するために、中国では、情報にフィルターをかける、実名制をとるという二つの対策をとりつつある。こうした対策は、バーチャルな世界と現実の中国社会の不適合を前に、逆戻りはできないまでも、様々な手段を講じて現実社会に立ち戻ろうとする動きを示している。

インターネット上の交流には、〈関係〉につきまとう〈面子〉や権威が存在しない。本来、相手の「面子をたてる」、「いくらかの面子を残してやる」ことは、中国人の〈関係〉において重要な掟であるが、インターネット上では、このような掟が破られ、インターネットと現実社会のあいだには相互抑制の関係が形成される。言い換えれば、もともと〈関係〉のなかでは起こりえなかった行為や事件が、インターネットの存在によって引き起こされるようになり、現実社会における「面子をたてる」行為を妨げる。例えば、教授が授業中に携帯電話をかけたとする。学生はその場で教授を批判する勇気こそないが、その情報をインターネット上にあげることで、教授の授業中の通話をやめさせることができる。また、今日中国の学界で注目されているのは、インターネット行為をつうじた「学術的不正行為」の取り締まりである。ここではもはや、匿名の手紙による通報といったような旧来のやり方はとられない。なぜなら、旧来の方法では、結局のところ〈関係〉に縛られ、重大な問題は矮小化され、小さな問題は無かったことにされてしまうからである。いわばインターネットは、中国人が日々の事件や人事など批判し、議論し、皮肉り、罵り、大げさに騒ぎ立てる場になっているのである。『中国青年報』(二〇一〇年八月四日)の報道によると、少し前、米国の市場調査会社ニールセン・カンパニー(Nielsen Company)による調査レポートが衆目を集めた。同レポートによれば、アジア・太平洋地域において、中国のインターネット・ユーザーが最も頻繁に、製品についての否定的コメントをインターネット上に発表するという。否定的コメントを分かち合いたいと思うインターネット利用者の割合は、全世界平均では四一パーセントであるのに対し、中国の場合は六二パーセントに達する。さらに中国青年報社会調査センターの調査によれば、中国人ユーザーの四一・三パーセントが、上記のニールセン・カンパニーの調査結果に「納得」し、四一・九パーセントが、批判的な言論にこそ価値があると答えた。このような事態を前に、私は思うのだ。中国の民主とは、社会制度から生まれるのではなく、ましてや個人や真実を必要とするものでもなく、娯楽の中から誕生するのではないか、と。

以上、インターネットの様々な形態――マルチメディア、BBS、ニュースや情報の発信、インターネット・ショッピング、専門のウェブサイト等――については触れることができなかったが、〈関係〉の理論的枠組みに焦点をあてながら、インターネットに関わる現象について簡単に論じてきた。〈関係〉という視点から見れば、インターネットは中国において行き過ぎた娯楽化傾向を示しているが、これこそ中国人がインターネットを受けいれる理由でもある。中国最大のSNSサービスQQは、チャットおよび動画サイトが炎上しすぎたため、一時閉鎖・整頓を余儀なくされたことがある。しかし、どう整頓しようと、その実質が娯楽であることに変わりはない。現在は、インターネットに実名登録制をとる方向が現実化しつつあるが、実名制導入の目的は、〈関係〉に立ち戻り、インターネットの娯楽化を抑制するとともに、真実の個人情報を使わせることにより、政府による社会統制を容易にすることにある。

総じて、インターネットは中国人の社会的ネットワークの強化・拡大をもたらすと同時に、伝統的〈関係〉とは明らかに異なる特徴をも有している。すなわち、現実の社会や人の流動のなかで失われた〈関係〉をいま一度しっかりと結びつけるものであると同時に、長期的で選択不能な〈関係〉を打破するものでもある。一旦〈関係〉モデルが打破されるや、中国人の面前には、前述した他の三種類の方向性の関係が一時に現れ、その先には〈関係〉理論には見られなかった特徴が敷衍される。したがって、我々が今しなければならないのは、インターネット上の交際についての理論化であろう。むろん、このときには、中国におけるインターネット上の交際モデルが有する特徴を、インターネット自体が有する特徴と混同してはならず、中国の現実社会の交際モデルと対照しながら考察しなければならない。欧米人の交際方法を考えれば、インターネットは現実の交際の拡大であり延伸であるのかもしれないが、中国人の交際を前提にすれば、インターネットは現実の交際モデルに対するある種の反動――すなわち、〈面子〉、礼節、我慢、苦悶、権威による圧迫などからの解放――となる。中国人のインターネット上の交際を特徴づける人々の狂喜、大騒ぎ、放言も、同時期に生じた旧来の道徳規範システムの崩壊やインターネットに関する規範の欠如とあわせて考えねばならない。規範の欠如と人々の狂喜は、インターネット上の交際モデルにおいて表裏一体を成しているのである。一旦規範が形成されれば、狂喜もおさまるだろう。

しかし我々も、〈関係〉モデルにみられるこの種の新しい変化に過度の期待をしてはならない。このような変化は、今のところ、バーチャル社会に存在するにとどまっているからである。また、現実に生きる中国人は、〈関係〉の営みにおいて、〈関係〉のもつ計り知れないエネルギーを、かつてないほどに体現している。バーチャルな社会でも、その娯楽化された状況のなかで、中国人はただ適当に調子を合わせて演じている[逢場作戯]だけなのかもしれない。

（1） Cui, Zhiyuan, "Liberal Socialism and the Future of China: A Petty Bourgeoisie Manifesto", in Tian, Yu Cao ed., *The Chinese Model of Modern Development*, United Kingdom: Routledge, 2005. 甘陽『通三統』北京：三聯書店、二〇〇七年、三一―四九頁。

（2） 何友暉、陳淑娟、趙志裕「関係取向：為中国社会心理方法論求答案」楊国枢、黄光国編『中国人的心理與行為』台北：桂冠図書公司、一九九一年、四九—六六頁。楊国枢「中国人的社会取向：社会互動的観点」楊国枢『中国人的心理與行為——本土化研究』北京：中国人民大学出版社、二〇〇四年、九二頁、九五頁。

(3) 黄光国『儒家関係主義』北京：北京大学出版社、二〇〇六年。

(4) 費孝通『郷土中国』北京：三聯書店、一九八五年、二一—二二頁。

(5) 許烺光著、徐隆徳訳『中国人與美国人』台北：南天書局、二〇〇二年(Hsu, Francis L. K., *Americans and Chinese: Passage to Differences*, University of Hawaii Press, 1986)、一〇頁。

(6) 梁漱溟『中国文化要義』、『梁漱溟全集』第三巻、済南：山東人民出版社、一九九〇年、九三頁。

(7) 翟学偉「社会流動與関係信任」『社会学研究』二〇〇三年第一期。

(8) 翟学偉「人情、面子與権力的再生産」『社会学研究』二〇〇四年第五期。

(9) 翟学偉「是関係、還是社会資本」『社会』二〇〇九年第一期。

(10) 翟学偉「関係研究的多重立場與理論重構」『江蘇社会科学』二〇〇七年第三期。

(11) 翟学偉「再論〝差序格局〟的貢献、局限與理論遺産」『中国社会科学』二〇〇九年第三期。

(12) 韋伯著、康楽、簡恵美訳『韋伯作品集』第五巻、桂林：広西師範大学出版社、二〇〇四年、三一五頁。

(13) 福山、弗朗西斯著、彭志華訳『信任：社会美徳與創造経済繁栄』海口：海南出版社、二〇〇一年(Fukuyama, Francis Yoshihiro, *Trust: The Social Virtues and the Creation of Prosperity*, Free Press, 1995. 邦訳は、フクヤマ、フランシス著、加藤寛訳『「信」無くば立たず——「歴史の終わり」後、何が繁栄の鍵を握るのか』三笠書房、一九九六年)、八四—九四頁。

(14) 許烺光著、薛剛訳『宗族・種姓・倶楽部』北京：華夏出版社、一九九〇年(Hsu, Francis L. K., *Clan, Caste, and Club*, Princeton, N. J.: Van Nostrand, 1963)、五八頁。

(15) 楊国枢、前掲「中国人的社会取向：社会互動的観点」。

(16) Kim, Uichol and Harry C. Triandes et al. eds., *Individualism and Collectivism: Theory, Method, and Applications*, Sage Publications, Inc., 1994.

(17) Oyserman, Daphna, Heather M. Coon and Markus Kemmelmeier, "Rethinking Individualism and Collectivism: Evaluation of Theoretical Assumptions and Meta-Analyses", *Psychological Bulletin*, Vol.128, No.1, 2002.

(18) 翟学偉、前掲「関係研究的多重立場與理論重構」。

（19） Kipnis, Andrew B., *Producing Guanxi: Sentiment, Self, and Subculture in a North China Village*, Durham and London: Duke University Press, 1997, p. 8.

（20） 翟学偉「報的運作方位」『社会学研究』二〇〇七年第一期。

第三部

第一章　中国人の「大公平観」と営み
――日本社会の「公私観」との比較において――

中国に暮らす者、あるいは中国に来た旅行者は、直感的に、中国人はゴミを投げ捨てたり、随所に痰を吐いたりすることが好きだというイメージを抱くだろう。また、街で視線を上に向ければ、どれほど高層のマンションであろうとも、居住者が窓の外へ物干し竿を突き出し、竿いっぱいの上着や下着などが風にひらめいているのを目にするだろう。マンションの景観を損なわないよう、あるいは検査を免れるよう、さっとしまえる伸縮式の屋外物干しまで作られている。さらに中国各地いたるところで目にするのは、増改築や修繕などによる違法建築である。これらは皆、自宅の敷地や庭の面積をできるだけ広くしようとした結果である。店舗をもたない多くの中国人小売り業者は、平気で歩道に店を開き、道を占拠する。そのため、多くの中国の大都市には、公共の秩序を維持するために、「都市管理総合行政執法局（City Urban Administrative and Law Enforcement Bureau）」が設置され、その下に「都市管理監察大隊」が作られている。管理員たちは頻繁に町中をパトロールし、勝手に屋台を建てて商売している者や、道で商売する者たちを追い払ったり逮捕したりし、そこにはしばしば喧嘩、殴り合い、商品没収などが生ずる。そして、そのような事件がインターネット上に暴露され、ネット市民たちの怒りを買うのだ。ネット市民たちは、管理員たちのやり方に対し、小売り業者の生活に配慮がない、彼らを殴りつけるのは正しくないと、いっせいに非難の声をあげる。このような現象の背後には、政策や法規、さらには市場モデルの転換がもたらした問題が複雑に絡み合っているのだが、まずここで論じたいのは、なぜ中国人はこのようにゴミを捨ててしまうのか、このように洗濯物を干してしまうのか、このように建物を違法に増改築してしまうのか、このように商売をしてしまうのか、という問題である。これらの問題はいずれも、「公」という概念が中国人の観念においてどのような意味をもっているかという問いにつながるものである。

これまで「公」や「公平」に関する議論は、主に思想史、論理学、政治学、法学、言語学、そして歴史学において展開されてきたが、その目的は、中国の歴史における「公」をめぐる言説および思想の変遷をはっきりさせることにあり、研究の多くが、制度のレベルに関するものであった[1]。それに対し、本章で検討を試みるのは、公平についての観念と中国社会の営みにはどのような関係があるのか、そして、中国社会の営みが、どのようにしてそれ自体の正当性を求めてきたのか、という問題である。検討を進めるにあたり、まずは研究の方法について、次の点を確認しておきたい。

第一に、あえて私見を言えば、いかなる思想家の言説も、学問上の理論仮説として見なすべきではない。それらの言説はあくまで一つの視点なのであり、ただその中に影響力が大きい言説もあれば、小さい言説もあるというだけのことである。それゆえ、本章における「公平観」の議論では、ある学者や学派の主張を研究したり、また各学者や学派の間の論争や矛盾を検討したりはしない。本章が試みるのは、長きにわたり中国社会に影響力をもち、弾力性に富み、社会に馴染んだ基本観念の探究である。この基本的観念の歴史を振り返ったとき、特に重視すべきは、先秦から漢代までの思想や言説である。何故ならば、それ以降の論点は、だいたいがそれらの思想や言説の解釈、発展あるいは反論にすぎないからである。

第二に、伝統的に中国人が抱いてきた公平観は、必ずしも体系的・論理的に展開してきたものではない。そのため、本章では、関わりのある概念を論理的に整合させ、観念の意味あいの把握を試みたい。その際、一部の内容については細かな議論を省略し、また一部の内容については詳述する。さらに時系列的に論ずることも視野に入れる。場合によっては、定義が複雑になりすぎないよう、一般常識に基づき観点を提起する。これらの観点は、特定の学派の観点に属するものではない。儒家、道家、仏教、あるいは民間のいずれに由来するかを問わず、私は、常識に基づいてそれを中国人の考え方として認識し、中国人の世俗哲学に属するものとして捉えてゆく。各流派の言説が混ざり合って中国人の「大公平観」の枠組みを構成していることに鑑みれば、このような分析方法自体が、ものごとを融合的に考える中国人の伝統的思考方法に一致すると言えるのではないか。例えば、中国人の民間信仰と信仰実践が儒・道・仏の三教合一として体現されているように。

第三に、歴史上に現れたいかなる思想や言説も、同時代あるいは後世の人のあいだに論争を引き起こしたり、批判を受けたりすることを免れないのであり、反対の声があるからといって、その公平観が成立しないと決めつけてはいけない。思想史にしぼって見ると、公平観に対して独自の見解や激しい批判を提起した思想家はいるが、社会のレベルにおいて、彼らの思想はそれほど大きな影響を与えなかった。中国の社会の営みに影響をもたなかった思想は、あくまで思想であり、本章の考察対象からは除外する。

以上の三点に示したとおり、本章の重点は、中国人の観念と社会構造の歴史的な関係を明らかにし、思想、行動、論理の間の接点を見いだすことにある。いわば本研究の起点は太古にあり、その立脚点は現在にあると言えるだろう。本研究をつうじ、中国歴代皇帝の制度から近代的共和制への歩み、さらに社会主義体制下の公有制改革、人民公社、文化大革命を経て経済体制改革に至るまでの重要な問題が、いずれも「大公平観」の影響を強く受けていたということを論証したい。今日、中国社会は著しい変化ないし「激変」を経て、もはや元来の姿を留めてはいないと考える人も少なからずいる。しかし、私が論じたいのは、中国がそれほど容易に変わらないということ、あるいは変わったとしても、その方向性は明白だということである。

最後に付け加えておきたいのは、本章で言う「大公平観」仮説は、文化におけるある種のメタ理論(meta-theory)を探求しようとするものである。ジョン・ロールズ(John Bordley Rawls)は、正義は社会制度の第一の徳目であると述べた。すなわち、ある社会が成立するには、ある種のまとまった価値観が必要であり、公平ないし正義が、その核心を成すというのである。(2) この考え方をさらに一歩進めると、社会の成り立ちも、あるいは欧米の社会学者が理論化したように、ミクロレベルからマクロレベルへの構築過程をたどったのではなく、その始まりからマクロレベルにおいてすでに仮定されていたのではないかと考えられるかもしれない。

一　概念と論理の問題

今日使われている「正義」ないし「公正」という言葉は、英語の"Justice"の訳語であるが、その意味はおおよそ「公道」、「公理」、「正当性」および「合法性」に相当する。その由来は、欧米の文化の信仰と観念にかかわるものであり、いくつかの異なる源流に遡ることができる。例えば、欧米文化の伝統においては、早期の思想学派のほぼすべてが正義の問題に触れており、とりわけ古代ギリシャの神話と哲学、キリスト教(ヘブライ伝統)、近代ヨーロッパの政治哲学は、自然法思想も含め、多少なりとも今日の正義の観念を基礎付けたものと言える。他方、今日の欧米における正義論は、功利主義、リバタリアニズム(他者の自由を侵害しないかぎりにおいて各人の自由を尊重しようという思想的立場)、ロールズの正義論などのあいだに生じた論争を包摂し、相当に複雑なものとなっている。しかし、異なる観点のあいだに論争があることは、それらのあいだに共通項が見出せない、あるいはその議論の方向や考え方に共通点が無いということを意味するわけではない。

では、これらの議論に通底する共通点とはいったい何か。それは、欧米の文化的伝統において一貫して希求されてきた人間の正義のあり方と方法についての考え方ではないかと思う。その実現が、ゼウスとその娘であり「正義の女神」であるディケーの「公正な裁判」をつうじてなされるのか、あるいは、全知全能たる神による「王の正義」や「義人の義」、そして神の前の平等をつうじてなされるのか。法律の保障をつうじてなされるのか、それとも分配の原則をつうじてなされるのか。人の自然状態への復帰をつうじてなされるのか、それとも所有権・財産権の確立によってなされるのか。自由・平等・博愛によってなされるのか、それとも社会制度の設立によってなされるのか。このような論点をめぐり議論は紛糾してきたのであるが、総じてみれば、欧米の正義論における一つの中心テーマである正義・公正・平等とは、ある理想的な方法により、人の世に暮らす各人すべてに、然るべき正当かつ合理的な生活を実現させることであったと言える。

中国も、平和を愛する他の民族や国家と同じく、公正と平等の問題に関心を注いできたが、他の社会とは自然・生態環境、とりわけ文化や歴史が異なるため、このテーマやその元来の意味あいも異なるものとなっている。中国人の公平観を概念的なレベルで理解するには、まず「公」「平」「正」「義」「均」「斉」「法」「道」「徳」などの一つ一つの文字から元来の意味を探究すべきであろう。これらの文字を組み合わせ、例えば「公平」、「公正」、「公道」、「平均」、「均平」、「公義」などとすれば、より豊富かつ近代性を映し出す意味あいにまで拡がりが生まれる。また、これらの文字の意味を解釈するにあたっては、それらを相互関係の中で捉えるとよいだろう。例えば、ある文字同士は対立するものとして理解でき、ある文字同士は相互に交差する意味を持ち、互換的解釈ができるだろう。またあるいは、概念の外延が広く、他の文字の意味や思想を含みこむような字もある。あまり複雑にならぬよう、以下では、「公平観」という言葉を構成する「公」と「平」に焦点を当てて検討してみたい。

中国人の公平という観念を理解するためには、まずは「私」の意味を解明しておく必要があるだろう。なぜなら、多くの思想家が「公」を「無私」と定義しているからである。すなわち、「私」は「不公」であり、「公」とは「不私」だとされてきたのだ。文字の成り立ちを見ても、「私」という字は当初は「厶」と表記されており、「厶」の上に二画を加えたものが「公」というわけである。先行研究には、象形の視点から、「厶」は横から見た鼻を表し、「公」は正面から見た顔を表すと解釈しているものもある。[3] もしその解釈に一定の妥当性があるならば、「公」は「正」と関連があり、「私」は「側（横）」あるいは「偏（傾き）」と関連があるのではないかと推論できる。「公」と「私」を一対の概念として用いた例は、甲骨文字には見られないが、遅くとも春秋戦国時代の前には現れている。[4] 例えば、『詩経』小雅《しょうが》・大田《たいでん》には「我が公田に雨ふり、遂に我が私に及ぶ［雨我公田、遂及我私］」、『書《しょ》』周官《しゅうかん》には「公を以て私を滅せば、民其れ允《いん》に懐く[以公滅私、民其允懐]」という一節がある。また今日においても、「大公無私(すべて公のためにやり、一点の利己心ももたない)」、「公而忘私(公のために尽くし、私事を顧みない)」、「公私兼顧(公私双方に配慮を加える)」、「假公済私(公事の名を借りて私利をはかる)」などの熟語がある。このように、「公」と「私」のあいだには対立関係があるのだが、さらに続けて、これらがいったいどのように対立しているのか、対立関係とはどのようなものなのかについて検討していこう。

この問題を考える上では、『韓非子《かんぴし》』五蠹《ごと》における次の記述が参考となるだろう。すなわち、「古者《こしゃ》、蒼頡《そうけつ》書を作《な》す、自ら環する之を私と謂い、私に背く之を公と謂い、公私の相背くなりて、乃ち蒼頡固《もと》より之を知る[古者蒼頡之作書也、自環者謂之私、背私謂之公。公私相背也、乃蒼頡固以知之矣]」である。韓非子が「自ら環する」という言葉で「私」を表現したのは、直感的に甲骨文字、金文《きんぶん》の象形に依拠したものだが、それはまた「自営」とも解釈される。これに対し、私の理解では、「私」とはまず自分の領土を線引きし、自分にかかわる部分や自分の所有する部分に境界線をつけることである。例えば、家族、仲間とは、自分にかかわる集団として線引きされる人たちであり、私有財産というのは、家族とかかわる庭や畑など、塀や目印などで線引きされる財産(いわゆる私有住宅や私有田)である。反対に、自分の引いた境界の外にあるものが、「公」である。中国人は「私」の対義として「公」を定義づけたのである。ここに見られるロジックは、Ａと非Ａの関係であり、ＡとＢの関係ではない。この二つの定式の違いは、ＡとＢが両者とも確定された概念であるのに対し、非Ａが確定されない概念だという点にある。確定されない概念は、往々にしてそれ自体の独立性がなく、確定された概念に依存してはじめて存立できるものである。つまり、「公」の意味は、「私」が意味するところにしたがって決まるのである。「私」に属さない部分が、大雑把に「公」と見なされる。私はこれを「帰属性のない公」と呼んでいる。

比較するならば、日本語の「公」は、確定された概念Ｂに相当していると言える(5)。それは、国家や天皇など、首長を代表とする共同体、さらには官に属するもの、政府、といった意味を有する。これに対し、中国語の「公」の不確定性は、「公」における「共同性」、「共有性」に対する中国人の理解のあり方にも影響している。「ある特定の人に所属していないものは、皆のものである」という思考回路がその表れである。例えば、『広韻《こういん》』東韻の「公、共也（公は共なり）」、『漢書《かんじょ》』毋将隆伝《ぶしょうりゅうでん》の「武庫兵器、天下共用（武器庫の兵器は天下のものである）」などには、このような思考回路が見られる。だが問題を複雑にしているのは、「自環の私」とはただ自営の範囲を指しているだけであり、プライバシー、所有権、財産権などの概念が形成されてこなかったということである。このことは、「私」に属する範囲が周囲の状況の変化に応じて拡張したりする現象（帰属性のある「私」による帰属性のない「公」の占領）や、「公」の名のもとに個人の財産を横領したり侵犯したりする［充公（没収）］行為をもたらした。このように、中国人の公私の対立は、ダイナミックに変化しつつ展開される対立なのであり、確定された概念のあいだの対立ではない。通常、私有という性質は、中国人の思考においては無限に拡張されうる。いわゆる「普天之下、莫非王土。卒土之浜、莫非王臣（普天《ふてん》の下、王土にあらざるはなく、卒土の浜、王臣にあらざるはなし）」（『詩経』小雅・北山）である。こうした発想に立ち、中国人は天下の帰属についても、次のように問うのだ。「誰の天下であるのか」、誰が「天下を家にするのか」と。これは恐ろしい問いである。自然や社会資源が官府に帰属するとしてもなお、さらにそれが「公」のものか「私」のものかが争われるのであるから。ここから見えてくるのは、中国人の観念において「公」とは、役所や官僚機構を超越したより遠大な理想——「崇公抑私（公を尊《うやま》い、私を抑制する）」、あるいは「立公棄私（公を確立し、私を捨てる）」——につうずるものである。これに公然と反対し、「私」の正当性を宣言しようとする者が現れたのは、明の時代になってからのことであった。儒家は「公」を「義」、「礼」、「徳」と結びつけ、道家は「公」を「道」と結びつけ、法家は「公」を「法」と結びつけたが、いずれの立場においても、「公」を尊ぶことが、国の平和と民衆の安定をもたらす政治的、心理的な基礎であることを示している。まさに、「昔先聖王の天下を治むるや、必ず公を先にす。公なれば則ち天下平らかなり。平は公より得らる。嘗試《こころみ》に上志を観るに、天下を有得《う》る者は衆《おお》し。その之を得るは必ず公を以てし、その之を失うは必ず偏を以てす。凡そ主の立つや、公より生ず。故に鴻範《こうはん》に曰わく、『偏するなく党するなく、王道蕩蕩《とうとう》たり。偏するなく頗《は》するなく、王の義に遵《したが》え。好を作《な》す或るなく、王の道に遵え。悪を作す或るなく、王の路に遵え』」（『呂氏春秋《りょししゅんじゅう》』貴公《きこう》）ということなのである（町田三郎『中国の古典 呂氏春秋』講談社、一九八七年、四六—四七頁）。歴代の知識人がそのような価値観を唱導してきたため、中国人のあいだには、物事の価値を評価し、判断する際に、習慣的に、それが「公心《おおやけごころ》（公共精神）」によるものか、それとも「私心（利己心）」によるものかという問いをたてる傾向が生まれた。朱子が述べているように、「およそ一つの物事には必ず両端がある。是であるのが公なる天理、非であるのが私なる人欲」であり、「天下の正大《せいだい》の道理でもって物事に対処すれば『公』、自分の個人的な意思によって対処すれば『私』」（『朱子語類《しゅしごるい》』巻一三）なのである。

だが、思想上の「公」を尊重するからといって、必ずしもそれが現実に反映されるとはかぎらない。現実には、中国人の生活史はまさに私欲（の域）を拡大させる歴史であったと感じる。いわゆる「私心の拡大」とは、費孝通のいう「差序格局」のことであり、「公」と「私」の関係もこの拡大にともなって現れてきたのだ。「私」の域が元の枠から輪一つ外に拡がるとき、その拡がった部分は輪の中から見れば「公」と言えるが、輪の外の者にとってそれは依然として「私」である。さらに「私」が拡がるときもまた、輪の中にいる人がそれを「公」と捉えるのに対し、輪の外の者はそれを「私」と考える。[6] ここに思想と現実の衝突が見られるのであり、またこのことは、中国人の公私観が動態的かつ相対的であることを傍証している。このような相対性により、中国人の公私判断の基準および両者の境界についての認識は、曖昧なものとなる。そしてその結果、「假公済私（公事の名を借りて私利をはかる）」、「損公肥私（公の利益を損ない、私利をむさぼる）」、「中飽私囊（公金を横領して私腹を肥やす）」、「公報私仇（公の事を利用して個人的な恨みを晴らす）」などの現象が頻発し、あるいは「捨己為公（公共のために個人の利益を犠牲にする）」、「顧全大局（全体に目を配る）」、「公而忘私（公のために尽くし、私事を顧みない）」、「大公無私（すべて公のためにやり、一点の利己心ももたない）」、「克己奉公（私欲を抑えて公のために尽くす）」、「一心為公（全精力を傾けて公のために尽くす）」などの行為が、少なからず生ずる。これらの現象はいずれも、「公」と「私」が相互に転換するものだからこそ生ずるのであり、「公」

は「公」、「私」は「私」というわけではないのである。中国語において「公事公辧(公の事を私情にとらわれずに公平に処理する)」という表現は、常に否定的ニュアンスをともなう。

「私」の拡張と転換にともない、「公」も部分的には帰属性をもつようになった。それが官府、朝廷であり、「公上」、「公人」、「公車」、「公門」、「公務」、「公事」、「公費」などの表現では、「公」がそのような意味合いで用いられている。しかしながら「公」の範囲が確定したからといって、上述の論理Bで捉えられるというような誤解をしてはならない。「公」の無帰属性という特徴はそのままであり、官府の人間は依然として、非Aの論理によって「私」の拡張を求めている。今日「公共知識人(公共的問題について、自らの専門的知識に基づき発言する知識人)」が議論している公共権力(全公民が共有し、行使すべき権力)、公共資源の私有化、「公信力(公に対する信頼性)」などの問題は、現代社会の現実が生み出したテーマであると同時に、中国の思想的伝統の延長でもある。そして、官府の人間が占有を優先させる風潮が存在していたからこそ、中国人は道徳、自律の典範を発展させてきたとも言える。「公」のものを横領しない、「公」のうまい汁を吸いたがらない、「公事」の名を借りて私腹を肥やさないなどはそうした典範の例であるし、自分の時間、能力、財産などを「公」のために使うことは中国において思想的資質の高さを示すものとされてきた。一方で、「公」を横領し、私腹を肥やす行為を取り締まるような制度が作られることはついぞなかった。

さて、「公」と緊密な関係を持ち、似通った意味あいをもつのが「平」である。『説文解字《せつもんかいじ》』には「公は平分なり」とあるが、「平分」とは「共同」、「共有」と関連するもののようである。「公」には帰属性がないから、気ままにそれを自分のものとしてもよい。だが、もしごく一部の人だけが優先的に占有権を享受したり、あるいは自分が持っていないものを他人が持っていたりするなら、そこに不公平感が引き起こされる。それゆえ、公平、均等、平均の特性を維持するためには、占有における力の均衡関係が必要となる。それが「斉平」であり、つまりは誰もが共有し、分かち合えるということである。皆で共有するとは、翻《ひるがえ》って見れば、一人一人が責任を負い、分担するよう求められるということである。ここに、分配制度との関わりが見えてくる。分配という視点から見れば、「公平」は往々にして等分や平均と同一視される。実のところ、分配は、公正と公平のための操作可能かつ計量可能な手段なのである。(7) 中国の家における「分家」、集団労働における「大釜の飯を食べる＝すべての人が同じ待遇を受けること「大鍋飯」」、橋や道路の工事における割り当ては、すべてこうした視点から生ずる現象である。いま一つの関連する概念として「太平」がある。これは、大いなる平和、大いなる公平を指す。例えば、康有為は「孔子の天下は治について述べずに、平について述べた。それゆえ、『春秋』にて三世進化を述べる際、とりわけ昇平、太平に言及したのだ」（『大同書《だいどうしょ》』丙部《へいぶ》）と論じたが、ここでの「平」とは「斉（同じくする）」の意味である。『管子《かんし》』国蓄には「万民之不治、貧富之不斉（万民が治まらないのは貧富が同じではないからだ）」とあるが、これはつまるところ、治めることによってはじめて、「斉平」が可能になるということを示している。ここから「扯平（ちゃらにする）」や「摆平（ことが穏便に収まるよう根回しする）」といった日常用語が派生した。そこには次のような思考がある。すなわち、公平な分配や対等な交換が実現できない場合、人は不平等感を抱く。その際、もしある手段――分配のやり直し、武力での威嚇、新たなルールづくりなど――によってこの局面を打開できるならば、そこにはようやく「斉平」が達成され、また、状況を変えることができた民衆は「斉民」となるのである。また、「平」は「公」につうずるため、「平和」、「清和」など、「平」という言葉で「公」が実現された状態を表すこともある。また、もし社会の安寧がない場合には、「平定」、「平息」、「平天下」など、皆のため、人類のために平和・平安・平等を実現するべく努力することを「平」という言葉で表す。以上に述べた「平」の意味は、『玉篇《ぎょくへん》』虧部《きぶ》の「平、均也。斉等也」という解釈と通ずるだろう。『易経《えききょう》』乾卦の「雲行雨施、天下平也（雲行き雨施し、天下平らかなり）」には、孔穎達《くようだつ》が「其言天下普得其利而均平不偏頗（天下に恩恵が広く行き渡ることで、偏りのない均等が実現する）」と注釈を付しているが、これはまた別の角度で「公」を論じたものだと言える。また「公」は常に人々と関連しており、中国社会において「公」は、「皆の」「天下人の」「すべての人の」と解釈することができ、「公益」、「公害」、「公意」、「公器」、「公衆」、「公開」などがその派生語としてあげられる。

以上のように、中国人の思考において、「公」は時にお上や官府を指すが、根本的にはやはり帰属性の無い事物、あるいは「境界線の無い全体」を指す。そして、「公平」とは、帰属の無い事物は皆が共有し、皆で分かち合い、皆が平等に利益を得るべきだという意味あいをもつ。こういった観念のもとで、人々は、国家、組織、家族など、帰属性のある範囲においてもなお、内にある皆で分かち合い、平等に利益を得て、皆で分担しようという原則を守るようになった。ちなみに、日本において、家族や企業の相続のあり方については、「AとB」というロジックが堅持されている。なぜなら、日本の家は歴史的に、諸子均分制でなく、長子単独相続制、つまり家の財産をただ一人に相続させるという制度を採ってきたからである(8)。

二　「大公平観」についての文化的仮説

上述の「公平」の定義からは、「公」と「私」のあいだに、絶えずせめぎあいと転換が生じてきたことを見出すことができる。このような相互関係は、中国に伝統的に存在する弁証法的思考様式、例えば長きにわたり展開されてきた「義利の別」に関する議論とかみあうものであり、また、中国的思考様式における「累積法」(「私」の積み重ねが「公」を形成する)にも合致したものである(9)。前者は、例えば「修身、斉家、治国、平天下」というフレーズ、そして今日よく言われるところの「一人ひとりの人間がささやかな愛を献げれば、世界はそれだけ素晴らしくなる」、「皆は一人のために、一人は皆のために」という言い方に表れている。後者の「累積法」の例としては、顧炎武の次の言葉が挙げられよう。

自天下為家、各親其親、各子其子、而人之有私、固情之所不能免矣。故先王弗為之禁、非惟弗禁、且従而恤之。建国親侯、胙土命氏、画井分田、合天下之私以成天下之公、此所以為王政也。至于当官之訓、則曰以公滅私。然而禄足以代其耕、田足以供其祭、使之無将母之嗟、室人之讁、又所以恤其私也。此義不明久矣。世之君子必曰有公而無私。此后代之美言、非先王之至訓矣。
（天下を家となし、己の親以外を親とすること、己の子以外を子とすることはない。人が私をもつのは、感情をもつ以上免れ得ないものである。先王はこれに制限されることはなかったが、完全にこの制限から逃れることはできず、考慮せずにはいられなかった。建国に功績のあった侯を重視し土地や名を封じ、田を分け与え、天下の私を合わせて天下の公のものとした。これが王政である。また官僚の教訓とは公のために私を滅することであった。しかし、その禄が十分になると田を人に耕させ、田が十分になるとそれを祭祀に供し、こうすると母を安心させ、妻の非難が無くなるということで、やはり私がでてきてしまう。このことに人は長らく気付いてこなかった。現在のいわゆる君子は、必ずや、公があるところには私が無いという。だが、これは後代の人々の美辞なのであり、先王の教訓そのものではない）（『日知録』巻三）

だが、「公」と「私」を弁証法的に扱い、あるいは累積的に捉える方法にも危険性がある。この考え方をつきつめていくと、「私」とのかかわりをもたない「公」は存在しなくなる。つまりあらゆる「公」は、「私」なくしては成り立ちえず、「私」から切り離すことができなくなり、最終的に「公」は「私」に併合されるか、「私」と一体化してしまうのである。真正なる無私の「公」を探求せんと、中国早期の思想家らは「公」を至高の理論にまで発展させた。

天無私覆也、地無私載也、日月無私燭也、四時無私行也、行其徳而万物得遂長焉。
（お日様や月の光は公平無私にしてすべてのものを照らし、大地は万遍なくすべてのものを平等に載せる。時間はだれかを恵むことなくすべての人に平等であり、それぞれ徳を遂行することで万物が成長できる）（『呂氏春秋』去私）

このような究極の公平状態において、社会はどのような姿をなすだろうか。『礼記』礼運《らいうん》には次のような記述がある。

孔子曰く、「大道《たいどう》の行われしと、三代の英《えい》とは、丘《きゅう》未だ之に逮《およ》ばざるなり。而も志《し》有り。大道の行われしや、天下を公と為し、賢《けん》を選び能《のう》に与《くみ》し、信を講じ睦《ぼく》を修《おさ》む。故に人、独り其の親を親とせず、独り其の子を子とせず、老《ろう》をして終る所有り、壮《そう》をして用うる所有り、幼《よう》をして長ずる所有り、矜寡《かんか》孤独廃疾《はいしつ》の者をして皆《みな》養う所有らしむ。男《だん》は分《ぶん》有り、女《じょ》は帰《き》有り。貨《か》は其の地に棄てらるるを悪《にく》めども、必ずしも己に蔵《おさ》めず、力は其の身より出《いだ》さざるを悪めども、必ずしも己の為にせず。是の故に謀《はかりごと》は閉じて興《おこ》らず、盗窃乱賊而も作《おこ》らず。故に外戸《がいこ》を閉じず、是を大同《たいどう》と謂《い》う。」

（孔子は答えた、「大道の行なわれていた古代や、（夏・殷・周）三代それぞれの最も良い時期を、わたしは見ることができない。しかし記録はある。——（記録によると、）大道の行なわれる世には、天下は万人のものとされる。人びとは賢者能者を選挙して官職に当らせ、手段を尽くして相互の信頼親睦を深める。だから人びとは、それぞれの父母のみを父母とせず、それぞれの子のみを子とせず、老人には安んじて身を終えさせ、壮者には充分に仕事をさせ、幼少には伸びのびと成長させ、やもめ・みなしご・かたわ《〔ママ〕》の人びとに苦労なく生活させ、（一人前の）男には職分を持たせ、女にはふさわしい夫を持たせる。財貨は、それがむだに打ち捨てられることを、人びとは憎むが、しかし財貨をひとり占めにはしない。労力が出し惜しみされることを、人びとは憎むが、しかし自分のためにのみ労力を用いはしない。みなこうした心がけであるから、（私利私欲に基づく）計謀は外に用いられる機会がなく、窃盗や暴力のさたもなく、たれも家の戸をしめない。これを大同の世という。」）（竹内照夫『新釈漢文大系二七　礼記上』明治書院、一九七一年、三二七―三二八頁）

この言葉は、孔子の述べたものかどうかを確かめる術はないものの、歴史的に影響をもたらした名句として、中国人が望む公平社会の二つの特徴を示している。一つ目は、天下のものは天下のものであり、一部の者が個人的意思でそれを自分のものにしようとしてもできないということである。例えば、日光、雨、季節の転換などがもたらす恵みはすべての人に平等に与えられ、個人の意思によって操作されることはない。これがまさに「至高の公」なのである。このような「公」の存在が人々に喚起しているのは、自分自身の私心、野望、志がどれほど大きくとも、一人で天下を享受することは不可能だということである。康有為は『大同書』のなかで、思考をさらに一歩進め、世間のすべての「界（自環）」を取り除くことができれば「大同」が達成されるとした。だが一方で、明代の思想家、呂坤《りょこん》は『呻吟語《しんぎんご》』の「治道」において、公平の「平」とは、社会を差別の無い状態にすることではなく、それぞれのものをあるべき場所に配置するということだと主張した。彼は次のように述べた。

平の一字は、極めて意味あり。所以《ゆえ》に至治《しち》の世は、只《た》だ個の天下平らかなりと説く。或るひと曰く、「水は高下なく、一たび流注を経れば、平らかなるを得ざるなし」と。曰く、「此れは是れ一味《いちみ》に平らかにし了《おわ》るなり。世間の千種の人、万般の物、百様の事は、各々分量あり、各々差等あり。只だ各々其の位《くらい》に安んじて、一毫《いちごう》の払戻《ふつれい》不安の意なければ、這《こ》れ便《すなわ》ち是れ太平なり。君の説の如きは、則ち是れ尊卑貴賤小大を等しくして之を斉《ひと》しくするなり。平らかならざること是れよりも大なるはなし。」

（平という文字は、非常に深い意味をもっている。そこでよく治まった世のことを、「天下平らかなり」というのである。あるひとがいう、「水は高低の区別なく、一たび流れて行くと、どこもかしこも平らかになる。これが平の本当の姿ですね」と。答えていう、「それは一概に平らかにしただけである。世間には、さまざまな人、いろんな物、くさぐさの事があって、それぞれ分量をもち、区別がある。これらがそれぞれの位に安んじて、少しも違和不安の気持がなければ、これこそ太平なのである。君のおっしゃるようなことは、尊卑貴賤大小を無差別に等しくして、これを取りそろえるものである。これ以上の不平等はないであろう」）（呂坤著、荒木見悟訳『呻吟語』講談社、

一九九一年、二九七―二九九頁）

つまり、呂坤は差別の無い「大同」など現実的でない、社会は「均等」ではなく「差等」であるべきだと考えていたようだ。後に述べるように、大同と「差等」の間の緊張関係と論争が、中国社会の営みを理解する枠組みの基礎を提供した。さて、公平社会の二つ目の特徴は、天下が「公」となるためにはその前提として、「大道」が作用していなければならないということである。いわゆる「大道」や「天道無私」は、人間の世間を超越した宇宙の秩序である。このような秩序を前にしては、いかなる帝王といえども勝手なふるまいは許されず、心の底からそれを受容せざるをえない。溝口雄三もまた、日本の「公」観念と中国のそれとを比較する際、この点に気付き、次のように論じた。

それ〔日本のオホヤケは最高位のそれとして国家や天皇にいきつくが、そこを最終・最高の場としてそこを究極とし、それを超えたところには出ないということ〕をいうのは、実は中国の例が念頭にあるからで、中国では皇帝を直接に公と称することがないだけでなく、皇帝も時には「一姓一家の私」と称せられることがある。そのように皇帝を私とするのは、国家や皇帝の上にさらにそれを超えた天・天下という上位概念があるからで、天・天下という絶対的に公平な概念からすれば皇帝や一王朝のごときも私でしかない、しかもその私というのは領域的な私ではなく、天下を私する、すなわち「姦邪」の系譜の私であり、ここには皇帝・朝廷・国家という首長・共同体的な公をつきぬけて、より上位に原理的な公が通っている。つまり、日本のオホヤケのように天皇・朝廷・国家を最高位あるいは究極とするということがないのである。(10)

古代の中国人は、一種の宇宙観の上に社会を構築した。このような超越的コスモロジーは境界線が曖昧であやふやなものであったとはいえ、ひとたび承認されれば、帝王の私心を抑制し、庶民一人一人に恵みをもたらす最高法則となった。それと同時に、この法則を貫き実施することも、帝王や官僚たちが国を統治し維持する正当性の根拠となった。また、公平性が超越的コスモロジーに近ければ近いほど、すべての人が分かち合うという原則も実現しやすいものとなった。私の理解では、「大公平観」が「大きい」のは、人間の世界を超越した特徴をもち、「天道観」に由来する社会公平の法則だからである。

人法地、地法天、天法道、道法自然。
（人は大地を模範とし、大地は天を模範とし、天は道を模範とし、道はおのずからあるべき姿に従う）（『道徳経』第二五章）

また、『荘子』在宥《ざいゆう》には次のような記述がある。

不明於天者、不純於徳、不通於道者、無自而可、不明於道者、悲夫、何謂道、有天道、有人道。無為而尊者、天道也、有為而累者、人道也。主者、天道也、臣者、人道也。天道之與人道也、相去遠矣。
（天の分からないものは純粋な徳がもてず、道に通じない者は何をしても上手くいかない。道をはっきり知らない者は哀れなものだ。なにを道というのか。天の道と人の道がある。無為でいて高く構えているのが、天の道である。有為でいてわずらわしいのが人の道である。君主は天の道であり、臣下は人の道である。天の道と人の道は遠くかけ離れている）

農耕文化においては、天道観は重要な思想的伝統として、特定の思想学派に属することはないが、伝統的思想の各学派がおおむね認めるものである。むろん、その源を追究するならば、源泉は道家にある。一方、天道と人道を結びつけ、天道で人道を制約することを強調したのは、儒家の董仲舒による「天譴論」である。董は、天道観、天命観、道徳観を類似のものとして関連づけたが、その結果、人事が天事、天事が人事となり、天と人の混同が生じた。また、宋代以降、儒家早期の「天人合一」は、「天理人情」、「天地君親師（天地を敬い、君王に忠誠し、親ないし先祖を大事にし、師道を尊敬する）」と変化したが、これもまた中国社会の成り立ちと営みに影響を与えた。董仲舒は、『春秋繁露《しゅんじゅうはんろ》』において、繰り返し天と人の根源を問うているが、その際に使われる「元」と「本」の概念は、やはり道家の視点にたち戻って検討する必要がある。荘子は次のように述べている。

古の人、其の知に至る所有り。悪《いずく》にか至る。以て未だ始めより物有らずと為す者有り。至れり、尽くせり。以て加う可からず。其の次は以て物有れども未だ始めより封《ほう》有らずと為す。其の次は以て封有れども未だ始めより是非有らずと為す。是非の彰《あらわ》るるや、道の虧《か》くる所以《ゆえん》なり。道の虧くる所以は、愛の成《な》る所以なり。果して且《か》つ成ると虧くると有るか、果して且つ成ると虧くると無きか。（『荘子』斉物論《せいぶつろん》）

（昔の人の知慧には、相当な所まで行ったものがある。それはどの程度の所に行ったのであろう。物など全くないと考える人がいたが、それなど全くもって十分で、それに附け加えることはできない。その次の人は、物があるにしても、区別などないと考えている。その次の人は、物に区別があるにしても、是非などないと考える。是非があらわれてくると、これは道の毀損する原因になるし、道の毀損することは、偏愛の成就するもととなる。しかし、道には果たして成就するとか毀損するとかいうことがあるのだろうか、それともそういったことがないのだろうか）（阿部吉雄、山本敏夫、市川安司、遠藤哲夫『新釈漢文大系七　老子　荘子　上』明治書院、一九六六年、一一六―一六七頁）

荘子がここで言わんとしていることは、原初において、天地万物は「無」であり、制限や境界、そして是非もなかったということ、いわゆる善悪、美醜、愛憎、ルールなどは、すべて無から生まれたということである。そして、これらが一旦生まれると、「道」が損なわれてしまった。これを「公」の角度から見れば、「公」の最大化は「斉物」、つまり万物に区別がない状態のことである。一旦あるものの属性が確定されるや、その公平性は失われ、その特徴的属性および私性が際立ってくる。これを文化のメタ理論の視座からとらえ直すならば、中国において、理想的な社会の営みの基礎は、確定性でも帰属性でもない。ロジャー・エイムス（Roger T. Ames）とデビッド・ホール（David L. Hall）は、この妙を見抜いていた。

拡張された経験領域としての「道」は決してひとまとまりにはできないような総体である。それがひとまとまりにできないのは、それが境界を持たないからであり、それはただ、多角的な視座からのみ認識できるものである。そこには、単一の秩序の全体があるわけでもなく、また、それに外在するような視角があるわけでもない。各々が動態的で、かつ絶えず変化するような多様な関係性の上において、経験領域は構成されるが、その時の諸関係のどの焦点もみな、ホログラフィックなものである(11)。

形而上学的に言えば、「無」、「非」、「否」などは中国人の思考においては、「確定」「占有」「肯定」などよりはるかに重要なものである。あるいは、中国人は、「道とすべき道は、常の道に非ず、名とすべき名は、常の名に非ず」などのように、「非」の思考に慣れているのかもしれない。我々は「仁」や「義」が何であるかを知らないが、何が仁でなく、義ではないのかは知っている。「礼」の範囲は確定できないが、「礼に非ざれば視ること勿れ、礼に非ざれば聴くこと勿れ」は知っている。君子という概念の内包は確定できないが、「君子は器ならず（立派な人間は、ひと通りの使い道しかない器具のようなものではなく、単に一方面の技能に秀でるだけでなく、全人格的な修養をすべきである）」との判断は下すことができる。中国人の「大愛無言（本当の愛は口に出さなくても伝わる）」、「大義無声（本当の義は声を出さなくても感じられる）」、「沈黙是金（沈黙は金なり）」、「無欲則剛（欲無きにして則ち剛なり）」、「無理取鬧（わざと騒ぎ立てる)」、「無事生非(空騒ぎ)」などの表現も、そうした思考の例と言えよう。さらに言えば、愛するとは無限の愛を指し、生きるとは限りなく長生きすることなのである。したがって、中国人は、「無」または否定をもって「有」または肯定を表現する傾向をもつ。いわゆる君子の健とは「自ら強めて息《や》まず[自強不息]」のことであり、「事を謀るは人にあるも、事を成すは天にあり[謀事在人、成事在天]」、「生と死は運命によって、富や名誉は神の意によって定められている[生死由命、富貴在天]」、「人は見かけだけで判断できず、海水は升で量れない[人不可貌相、海水不可斗量]」、「窮すれば通ず[天無絶人之路]」、「目の前に聳《そび》え立つ山より、もっと高くて立派なものがある[山外有山、天外有天]」、「限りのある命を限りのない人民に奉仕する事業に捧げる[把有限的生命投入到無限的為人民服務中去]」、「渡り石を探りながら川を渡る[摸著石頭過河]」、「足の向くまま気の向くままに歩む[跟著感覚走]」などは、すべてこのような思考方式の具体的表現である。いずれも、努力、成敗、生死、富貴、範囲、奉仕、そして感覚にまかせた行為が、尽きることのない、確定できない、測れない、制限されない、コントロールできないことだということを意味している。だが、それに対して、欧米人が歩んできた道は、宗教における神から現在の科学原理にいたるまで、たゆまぬ証明の歴史であり、そこにおいてはすべてが確定され、予測可能であり、コントロールが効くと想定されているのである。

三　二つの「大公平観」の競合

これまでの議論を通して明らかになるのは、道家の「無為」と儒家の「大同」とのあいだには相当程度の重なりがあるということである。「天下為公」は、中国のあらゆる思想が伝統的に受けいれてきた考えである。しかし、このような世界は、いったいどこに存在しているのか。『礼記』における「大同」に関する論述は、康有為によって西洋のヒューマニズム、天賦人権、自由、平等、博愛などの概念と融合され、非常に壮大な新しい世界システムを形成した。今日においても、その世界システムは依然として時代を超越したものである。「天下為公」は人によって実現されるものであるが、人はまた、それぞれ自分の利益を有している。様々な利益を目の前にして、いったいどのような人物が、世界には役立つが、自分にとっては何の利益にもならないことを為そうとするだろうか。ここで私は、そんなことはできるはずがないと言いたいのではない。中国人にとって、そのような行為は不公平に映るということが言いたいのだ。もう少し具体的に言おう。この社会にエゴイストがいたとたん、一人一人が捧げたささやかな愛は、これら恥知らずたちの私腹を肥やすものとなる。もし幾千幾万の人がこのようにして騙されたならば、社会の秩序は崩れる。中国の「希望プロジェクト」（中国青少年発展基金会が、貧困地域の教育の改善のために展開する非営利社会公益プロジェクト）に多くの問題が生じたのも、同事業に熱心に協力した人々が、自ら寄付した物や金が何に使われたのか把握できなかったからである。中国において、特定目的の財源による事業がうまくいかないのは、中国人の思考のなかに、「公」の金は皆の金だ、使わなければ馬鹿をみるという意識があるからであろう。結局、儒家は、統治者に実行不可能な大同の理想を注ぎ込むよりも、国を治める理念と君王の「道」を教えた方がよいと考えるようになった。他方、道家は大道を堅持した結果、必然的に反知性主義に陥ってしまった[12]。道家の退出により、君主は、積極的な統治理念や統治の合法性を追求するにあたり、儒家を選択するよりほかなくなった。そこで次なる問題の焦点は、儒家がどのようにして元々の「天下為公」思想を「君王の天下」に転換させ、無数の民をおとなしく服従させてきたのかということになる。『荀子』王制《おうせい》には、「天有り地有りて、上下《しょうか》差有り。明王《めいおう》始めて立ちて、国を処するに制有り。夫《そ》れ両貴《りょうき》の相事《あいつか》うること能《あた》わざる、両賤《りょうせん》の相使《あいつか》うこと能わざるは、是れ天数《てんすう》なり（物は本来不同で、天あり地あり上下の差があるものだ。聡明な王者が始めて位に即《つ》くと、国家を処置してゆくのに制度を設けるのである。そもそも同じ高位者同士では互いに一方の下には立てず、同じ卑賤者同士では互いに相手を使うことができぬのは自然の筋道だ）（藤井専英『新釈漢文体系五　荀子上』明治書院、一九六六年、二二一―二二二頁）とある。また漢代になると、董仲舒の思想により、より体系化された。

　儒家と道家のいずれも、それが説く「大公平」は、天から議論を起こしたものである。だが議論を進めていく段になると、道家は天道には差別がなく、万物が一に帰するとするのに対し、儒家は天道には差別があると考える。このことは、あらゆる議論の鍵となる。天が確定できないものであるがゆえに、双方ともこのような「不確定性」を自分に都合のよい方向へと演繹し、話のつじつまが合うように解釈したのである。例えば、「天に私覆なく、地に私載なし」は、天の「大公」を説き、「天に二日なく、国に二王なし」は、天でさえ不平等なのだから、ましてや国家はなおさらだと説く。前者の解釈に立てば、治国の理念は「無為」になる。対して後者の解釈に立てば、治国の理念はある聖人の「仁政」に頼らざるをえなくなる。儒家の思想体系においても、天が元々は平等だということを否定してはいないが、聖人、天子ないしは皇帝の口を借りて、それを伝えなければならないとしている。もし君主が公平でないならば、天は彼を棄てほかの人を選ぶことになり、あるいは人民が天の役割を代行して彼を覆すことも構わない。要するに、儒家の公平観というのは、天、地、人間に代理人をあてがうということである。孟子の言う「天将降大任於是人也（天の将《まさ》に大任を是《こ》の人に降《くだ》さんとする）」とは、こういう意味である。ここでいう人とは、天と民双方の代弁者を務める者である。天を代弁できるということが、君主になるための合法的な理由となり、民を代弁できるということが、民が彼に従う理由となる。以上のように、二つの思想を比較すれば、明らかに儒家の方が歴代の統治者にとってより受けいれやすいものであった。それゆえ、儒家は漢の時代に勝利し、それ以来主流となったのであった。

中国の歴史において、儒家思想を提唱する君主は少なくなかったが、すべての民衆が喜んで君主に従い、既存の社会体制を完全に認めるほどに儒教を受けいれていたのだと簡単に結論づけることはできない。天地と万民の代弁者は、依然として上述のような帰属性のない、不確定な、様々な可能性に富んだ、「誰しもに利がある」ないし「誰しもに分け前がある」式の文化的前提の下で誕生したのである。言い換えるならば、道家の学説は、儒家の学説にとって、相互補完的な基調を成していたと言えるだろう。そこには二方面の要素のせめぎあいがあった。すなわち一方で、社会は常に国家を治める合法的な統治者を必要としているが、他方で、たとえそれが合法的なものだとしても、特定の個人や集団によって社会を統治すること自体、彼らの地位をこの上なく高めてしまうことであり、「大公平観」に背くものであったのだ。その世襲的で、自己完結的で、特権的な傾向は、まもなく余すところなく露呈した。そして、「斉物論」と

「君主論」とが相互矛盾を孕むなか、次のような側面を併せ持つ社会法則と戦術が作用することとなった――一方では、公正な社会が、ある明確な君主によって統治されなければならないということ、他方では、学理上は不確定性、無帰属性、共有性を担保しなければならないということである。結局のところ、中国社会の営みには、階層性と開放性が併存し、現実の社会において、それぞれ「治」と「乱」として具現してきた。

まず前者の「治」について考察してみよう。主導的な地位を占める儒家の影響により、人々は「大一統（大いなる統一）」をもたらす君主制を受けいれた。そして、天運を担当する君主が国事に励み、倫理道徳を守れるように、君主の傍らに、その仕事を補佐する丞相《じょうしょう》や官僚を設けた。このようにして、中華帝国の官僚システムがうち立てられ、特権を享受する社会階層を構成した。この一見不公平な体制下における公平性は、官僚システムを構成する人の選抜のあり方に体現された。漢の時代以前は、「禅譲（譲位）」、「伝子《でんし》」、「宗法」、「世卿《せいけい》」、「任賢《にんけん》」などの選抜制度がとられていたが、漢の時代以降、官僚の選抜は開かれた制度として定められていった。「察挙制度」、「九品中正制」を経て、「科挙制」が長期にわたり安定的に運用され、今日の「高考制（大学入試制度）」や国家公務員選抜試験制度が形成されるに至った。このように長きにわたる官僚選抜制度の変遷をみれば、様々な違いはあるものの、全体としては、徐々に開かれたものになってきたといえる。論理的に言えば、社会の上層の人々が世襲や縁故採用を採らず、試験で優秀な人材を選ぶことは、官僚システムが庶民に開かれたものだということを意味する。官僚の子息であれ、金持ちの子息であれ、貧民の子息であれ、同一世代の人は皆、同じスタートラインに立てるのだ。答案用紙を前にすれば、身分、地位、権力、財力、年齢などの差は消失し、あるのは知能と努力の差異だけであった（ただし、長きにわたり性別の差異は存在していたし、また特殊な身分は除外されてもいた）。このような制度があってこそ、中国人の向上心は持続的にかきたてられてきたのであり、これにより、大一統体制はより強固なものとなり、儒家の学説は継承され、すべての中国人の生活の営みを支える主軸として確立されてきたのであった。

次に、もう一つの社会的動機としての「乱」について見てみよう。中国の歴史において、「乱」は繰り返し現れてきた。それは上述のルートで上層社会に進出できない人々、丞相／官僚を務めるだけでは満足できない人々、社会に不満のある人々、あるいはより遠大な理想を実現したいと思っている人々によって引き起こされてきた。彼らは均しく王朝や政権の交替という大業を為そうとした。中国史上生じた重大な反逆や改革は、おおよそ「公平観」の樹立、推進と関係がある。すなわちそれを促したのは、「天」の無帰属性、「公」の開放性、そして「皆で共有すべきだ」という観念なのであり、反逆、改革とは既存の公平メカニズムへの不満の表れであった。北宋時代の農民反乱の指導者、王小波《おうしょうは》の言「吾、貧富の均しからざるを疾む、今汝のためにこれを均しくせん」然り、南宋時代の農民反乱の指導者、鍾相《しょうしょう》の言「貴賤を等しくし、貧富を均しくす」然り、北宋の王安石《おうあんせき》の改革然り、明末の李自成《りじせい》の反乱軍がかかげた「等貴賤、均田免糧（貴賤の別なく土地を均しく分け、税を免除する）」然り、龔自珍《きょうじちん》の「有田同耕、有飯同食……無所不均匀、無人不飽暖（田畑があれば共に耕し、飯があれば共に食べる……不公平なく、衣食に足りない者は無い）」然り、清末の洪秀全《こうしゅうぜん》による「太平天国」および「天朝田畝制《てんちょうでんぽ》（太平天国の平等思想によって提唱された土地の均分制）」然り、近代の孫文《そんぶん》による「三民主義」および「共和」然り、毛沢東の「打土豪、分田地（地主を打倒し田畑を分配する）」や人民公社然り、そして、今日よく知られている「公有制」や「共同富裕（共に豊かになる）」然り、これらは皆その例なのである。

同様に、「大公平観」が開かれたものであったことは、遠大な志を抱く人を励ましてきた。他人ができるなら自分もできる、他人が獲得できるなら自分も獲得できる、他人が保有できるなら自分も保有できるという考えである。これは、つまるところ「皇帝輪流做、明年到我家（帝の位はまわりもの、年が明ければわしのもの）」となる。陳勝《ちんしょう》と呉広《ごこう》は「王侯将相寧くんぞ種有らんや」と述べ、項羽《こうう》は「かれ取って代わるべきなり」と、そして劉邦《りゅうほう》は「嗟乎《ああ》、大丈夫《だいじょうふ》当《まさ》に此くの如くなるべき」と述べた。孫文が『三民主義』において言及したように、康熙《こうき》帝も国を平定した後、次のように述べたという。舜《しゅん》は東夷《とうい》の人、文王《ぶんおう》は西夷《せいい》の人であり、彼らが皇帝になれたのであるから、満州人も、夷狄《いてき》の人間とはいえ皇帝になることができる、と。要するに、他の夷人《いじん》が皇帝になれたのだから、満州人が皇帝になることも公平にして合理的なものである、という意味である。

そして、孫文はこう結論付けた。

……古よりこのかた志ある人は多く皇帝たらんと欲する。……私が革命を唱えた初め、賛成して来たものも十中六七は一種の帝皇思想を有していた。……太平天国の失敗は全く皆が皇帝たらんと欲した為である。……わが国の歴史についていえば、一つの朝代を換える毎に戦争がある。わが国史は常に一治一乱であり、しかして乱れた時は即ち皇帝を争った時である。外国には宗教の為に、自由の為に戦ったことがある。しかし我国数千年来戦った所は凡て皇帝一個の問題に他ならぬ。……今や共和は成立したが、なお皇帝たらんとするものがある。南方の陳炯明《ちんけいめい》、北方の曹錕《そうこん》、広西《こうせい》の陸栄廷《りくえいてい》など、皇帝たらんと欲する連中が少なくない。中国歴朝姓名を換えた時に、兵権の大なるものは皇帝を争い、小なるものは王侯を争った。（『三民主義』「民権主義」）〔孫中山著、沈観鼎立訳『三民主義』日本評論社、一九四七年、一二八—一三二頁〕

帝王の座をかわるがわるに奪い合うような事象は、日本の思考モデルにおいては考えにくい。なぜなら、Aが対立するものは、非AではなくBだからである。したがって、Aは自分の管轄範囲内のことしかできないのであって、Bのことをしようと考えてはいけないし、同様にAもBのものを自分のものにしようとしてはいけない。このような思考こそ、日本において天皇を存続させたまま、君主制が実行できたことの論理的な源となっているのかもしれない。

四　「大公平観」の営みにおける「時」の観念

大道は、現実には大同世界として実現することができなくとも、その超越性は遠い未来へとつながっており、また目に見えないかたちで中国人の社会生活、心理と行為の隅々にまで浸透している。一種の宇宙観として、「道」に含まれる自然観は、物事の循環、転化および相生相克を連想させ、あらゆる事物に消長、起落、盛衰があることを人々に信じさせる。中国人が好む「風水は輪流して転ずる〔風水輪流転〕」、「三十年は川の東、三十年は川の西〔三十年河東、三十年河西〕」、「彼れも一時此れも一時〔此一時彼一時〕」、「分裂が久しくなると必ず統一され、統一が久しくなると必ず分裂する〔分久必合、合久必分〕」、「長年辛抱した嫁は姑になる〔多年的媳婦熬成婆〕」、「報われないのではなく、まだその時でないのだ〔不是不報時候未到〕」、「天がきっと正しく裁いてくれる〔老天総会開眼的〕」などの言いまわしは、それぞれが言い方は違えど、その背後には「待つ」、「機会」という重要な暗示が込められている。待つことは、大道の考え方にもっとも合致している行為であり、「時」をつかみたいという願いを表している。「時来運転〔時が来ると幸運が巡ってくる〕」は、自らの志が達成できず、不公平な扱いを受けた中国人にとって人生の信念となる。シュウォルツは、中国の思想観念において各要素を統合する役割を果たしてきたのは「時」であると論じた(13)。

「待つ」こととそれに付随して生ずる「我慢強さ」、「忍耐」は、天道観の一種の操作手段として、非常に上等な人生哲学となっている。そこには、天命、運、機会、交代、現状に対する受容と、常態と変化に対する弁証的な思考が含まれている。それゆえに、中国人は伝統的に、平和な時期あるいは社会の安定期には、不平等な現象、つまり「人分三六九等、有高低貴賤〔人は等級によって区分され、身分の高低や貴賤がある〕」という現象に反感を示さない傾向がある。また、「寄人籬下〔他人の垣根に身を寄せる〕」と「出人頭地〔出世する〕」は固定的なものではないとする。今日は一文無しであった人が明日には大金持ちになるかもしれないし、今日は平凡だった学生が明日には立身出世し、官僚になるかもしれないし、自宅の前で乞食をしている人が将来将軍になるかもしれないし、僧侶が明日の国王になるかもしれない。それこそが「不確定の公平」である。ここにはっきりと表されるように、中国人にとって不平等の解消とは、合理的な制度を作り、平等を実現することによって達成されるのではなく、人それぞれの運勢と機運によって達成されるものなのだ。

さらに省察すべきは、「待つ」ことはまた、人の人生の理想を台無しにする危険があるということである。この次元において、「待つ」という行為は、人の一生の長さを超え、「家」の続く限り延長していくことになる。中国人にしてみれば、子孫がいるということは、チャンスがあることを意味する。そしてここにこそ、血統を絶やさず、向上を怠らず、家系図を作ることのもっとも重要な意味がある。例えば、ここで一つの思考実験として、もし家系図にただ宗族の輩行《はいこう》と人名のみが記され、家人たちの成功が一つも記されていない場合、このような家系図を記し続けることにどのような意味があるだろうかと考えてみたい。ここで唯一可能な解釈は、家系図を記し続けることは、後代に「子孫がいれば、希望がある」ことを告げることに等しい、というものである。逆にもし、家系図が途切れてしまっていたら、一族中に大人物が現れたとしても、自らの出自をたどることができず、成功の意義は大きく損なわれてしまう。それが中国人の「光大門楣（家名を高める）」という思想の本質だと思われる。

中国では、公平は横に広がる概念であるのみならず、縦に広がる概念でもあるのだ。「時」が組み込まれることで、中国人は現世の不平等に対する不満をあきらめ、すべての願望を子孫に託す。逆にいえば、子孫には、先人のために新しい天地を切り拓かねばならないという大きなプレッシャーがかけられる。しかし、もし彼が失敗したとしても、後継ぎがいる以上、そこには依然として希望がある。

五　「大公平観」の現代への影響

「大公平観」が中国社会にもたらした問題は、相当に大きくまた複雑である。潜在的な問題については、さらなる考察が必要となろう。また、多くの問題が小さな諸々の現象として現れているが、一つ一つをここで列挙することはできない。そこで、ここでは、主に以下の三つの面の問題に絞り、簡単に論じてみたい。

まずは、溝口雄三が中国近代思想を研究する際に提起した重要な論点についてとりあげたい。溝口によると、前近代から近代にいたる中国社会の発展は、明らかに中国思想における「公」の観念の影響を受けており、そこから日本との差異が生み出された。その思想の中核は、みなが享受すべき「公」によって、個人の利己心に反対する点にある。溝口は次のように述べる。

もちろんそれが近代的な共和思想からさらに人民民主主義的なそれへ発展していく過程には、ヨーロッパの民権・平等思想やマルクシズムの摂取などがあるのだが、しかしそれも摂取を可能とするだけの大同思想の成熟があったればこそであり、外来のそれらは要するに外からの刺激であるにすぎない。

このような大同的な社会革命は、帝国主義の浸蝕を機に深化の度をより深め、あるいは早めたことは確かだが、社会革命自体がそれに触発されて起ったというわけではないし、また西欧追随の条件の欠如をかえって大同の契機としたというのでもない。その社会革命は中国独自の歴史から否応なしに生みだされてきたのである。

そしてこのことが、その大同共和的な社会革命をまた否応なく中国的に独自にしている。孫文がその革命の重要な目標を「四億人がすべて豊衣豊食すること」(『三民主義』)に置いているように、中国の共和革命は天下的全数の生存の充足を主たる目標とするという特徴をもつ。たとえば人権ひとつをとってみても、ヨーロッパの共和思想が私有権の確立を基礎にした政治権利上の自由・平等を主な内容とするのに対し、中国のそれは四億の全数的生存をめざしての大同的調和を基調とした、反大私的な経済上の平等をより多く志向しており、したがって民権も多数者全体が少数者の専制的横私に対抗するための全数的生存の権利を言うという、いわば国民権、人民権ともいうべきものとなり、ヨーロッパの個人の経済活動の無制限の自由を含む、つまり個人の私有財産権を基底にした市民的権利とは、当初から大いに異なるものとなる、などである。(14)

ここで示された理論的な洞察が我々に教えてくれるのは、西洋文明が中国の近代化にもたらした衝撃を、中国の思想伝統を離れて考察することはできないということである。西洋文明を受けいれたい／受けいれたくない、そのどちらの場合でも、中国は自らの伝統の影響を免れないし、その伝統は往々にして社会構造の中核にまですでに浸透しているのである。この理論からは、中国において実施されてきた民主制度のあり方への理解もまた引き出すことができる。

企業の成長についても、中国大陸の国有企業による「大鍋飯」、郷鎮《ごうちん》企業による「合股（共同出資による経営）」、集団所有制、さらには台湾の宗族による「公業（宗族に共有される不動産の運営）」、今日企業が言うところの「外包（企業運営にかかわる業務やビジネスプロセスを専門企業に外部委託すること）」、商会による共同投資などは、「大公平観」によって解釈することができる。すなわち、それらはいずれも、「私有権の共有」あるいは「利益の共有」を志向する点において共通している。そして歴史的に見れば、共有を成り立たせる共同社会の基盤は、血縁、地縁、仲間うちないし成員間の倫理関係にあった。つまり、獲得した利益は、道義上、〈関係〉のネットワークのなかで流通することが求められたのである。市場経済化が進んだ今日においても、このような利益の流通のあり方は、中国人が創業する際、できるだけ家族や親友と共にやろうとする傾向をもたらしている。中国人がよく口にする「利益はみんなで儲け、飯はみんなで食べる」という言いまわしは、まさにこういう意味である。同様に、「一人が道を得れば、鶏や犬も天に昇る」という言いまわしも、一人が昇進や金儲けに成功したら、他の家族も皆その特権を享受し、利益の配分を受けて当然だという発想を体現したものであり、もし当人が利益を独り占めにし、他人に恵もうとしないなら、例外なく道徳的非難を受ける。宝くじが当たった場合や、学生が奨学金を得た場合にも、同じような現象が起こる[15]。

次に検討したいのは、欧米文化との比較において、「私」がしばしば「個人」と混同して理解されてきたことである。それはもしかすると、中国語における類義語――「私人」、「私交」、「私下」、「私自」、「己」、「自我的」など――の影響を受けたからかもしれない。中国思想史においても、私が先に引用した数々の文章を含めて、「私」は「個人」や「自分」として理解されてきた。しかし、この誤解は、中国人が個人主義か集団主義かという問いを前にしたとき、厄介な状況を引き起こす。なぜなら、個人主義と集団主義は中国において併存しているからである[16]。「自私性（利己性）」と「個人性」の間の最大の違いは、「個人」が、一種の独立性とそこから派生する一連の権利をもつもの、明確かつ指示が可能なものとして認識される点にある。他方で、これまで「私」について論ずるなかで、私は「私」というものに境界、範囲、線引きがあると述べはしたものの、それが「個人性」という特徴をもつとは言わなかった。なぜなら、境界や範囲があるということが、すなわち独立性を有することを意味するわけではないし、実際に「私」の枠内には、他人ないし天下の人が入ってこられるからである。「四海の内は皆兄弟」、「天下一家」は、「私」の拡大がもたらす状況認識を示しており、「公」を示しているのではない。この点を理解することが非常に重要である。「個人」の示すところの独立性を有しているならば、自己は拡大できず、誰一人として、自分を他者にまで拡張しよう、ましてや天下の人々ないし眼前の一切を含みこむほどまで拡張しようとはしないだろう。独立という意識があれば、人々は相互に尊重するようになり、それを侵犯する行為に対して敏感になり、公正な制度を設置しようという強い要求も生まれるだろう。だが中国人の相互行為において、「私」ないしプライバシーへの侵害は意識されにくく、「私」が公共を侵犯することについてもごく普通のことだと考えられている。中国人が何千年ものあいだ堅持してきた「公心」は、主に価値判断の基準として使われ、自分の都合や利益しか考えない人々を非難する際の道徳上のよりどころであるが、空虚なスローガンに成り下がる可能性もある。実際に、中国人の行為における「私」重視の姿勢は、思想界では優位を占めたことがないものの、市場経済化以降は、「私」(「個人」ではない)の価値を正当化する風潮が著しい。行動と価値観が統合された結果、「私」は急速に膨張し、市場秩序、市場規範の混乱をもたらした。今日、多くの学者が、市場経済の法制化を主張し、公共権力の私有化に反対しているが、こうした動きも、「大公平観」の影響を強く受けたものである。現在、中国の国有企業は改革に行き詰まり、国有資産の流出が深刻であるが、これらはいずれも、「公」と「私」の関係における中国の特徴を体現している。

最後に、中国の民族性としてしばしば問題となる「公徳」の欠如について考えてみたい(17)。梁啓超は『新民説』において、中国人には私徳(良き私人を養成するための徳目)の意識はあるが、公徳(国家・社会の一員としての徳目)の意識がないということを、相当の紙面を費やして論じた。当時、多くの学者は、「小我」から「大我」へ、己から他人へ、家から国へと押し広げ、ささやかな「私」を集めることにより大きな「公」を作り、自らの身を修めることにより天下を治めるという中国人の伝統的考え方に倣い、「私徳が蓄積され、拡大すると公徳になる」という主張を展開していたが、梁は、これに対し、私徳がいくら重なり、拡大しても公徳にはなりえないと論断した。公徳という概念は私徳と異なり、その意味するところは「群」と関連していると梁は述べた（『新民説』「論公徳」）。しかし梁は、公徳の根本が市民社会によってはじめて育まれる道徳観だということ、人々が血縁や地縁社会から一歩抜け出し、公共領域においてボランティア活動や社会団体などの組織的活動に参加してはじめて得られる道徳だということを見抜けなかった。この道徳観が形成される前提は、「公」が「私」を侵害せず、「私」が「公」を併存せず、「私」が「公」へと転化せず、「公」が「私」へと転化せず、公徳が私徳からではなく公共意識と公共の法規から生み出されることが理解されたときにはじめて、公徳は形成されるのである。しかしながら、「大公平観」において、「公」と「私」は常に相対的で流動的な概念である。「公」は「私」に対応して確定されるため、中国人は常に公共の土地を私有地とみなし、公の物を私物とみなし、公の空間を私の家とみなす傾向がある。費孝通はかつて次のように述べた。

……「私」の弱点は、実際、愚かさや病よりも更に一般的に多く存在し、上から下に至るまでこの弱点を持たない中国人など存在しない。今や、外国の世論が一致して我々を攻撃してくる的となった。いわゆる汚職や無能といったものは個々人の絶対の能力の問題ではなく、相対的なものであり、個人の公共に対する奉仕と責任の問題から説くべきものである。中国人が決して経営が不得意ではないことは、南洋の華僑が商業において成功していることをみればわかるが、西洋人は誰もがその成功を無視できない。中国人は決して無能ではなく、自分の家の事に関しては、銭を摑んだり、媚び諂《へつら》ったりする能力が、ほかのどの国の人間よりも優れている。ここでいわゆる「私」の問題は、集団と個人、他人と自分の境界線をどのように引くべきかの問題となる。我々の伝統的な線引きの仕方は欧米の仕方とは明らかに異なるのである。それゆえ、我々が「私」の問題を議論するにあたっては、社会構造全体を俎上にのせて考察せねばならない[18]。

「公」の無帰属性ゆえに、中国において「公有」は「底なしの穴」、無尽蔵な資源と見なされる。庶民のみならず、政府の官僚たちさえそう思っているらしい。古人は天地が至高の「公」であると論ずることを好んだが、今日人々は環境問題等と結びつけて語り、河川、公共の用地、公の施設、公共のもの全般が勝手気ままに横領され略奪されていると論ずる。こうした面においては、個人、企業主、あるいは公務員や官僚の徳性が如実に現れる。違法建築、道路を占拠しての商売、環境汚染、森林の濫伐、公用車の私的流用など、ここで語られる事例は枚挙にいとまが無い。しかし、注意してほしい。中国人にとって、公有とはすなわち共有であり、公平なやり方とは自分のものにしないということではなく、皆が平等に自分のものにできるということなのである。またそれゆえに、「私」の拡張ばかりではなく、「公」による「私」の侵害もまた、しばしば見られるのだ。

六　結　語

以上の考察を踏まえるならば、中国人の「大公平観」については、次のような特徴が指摘できるだろう。まず、中国において、「公」は「私」の確定性に依拠したものであり、それ自体は、不確定性と無帰属性という特徴を有する。「私」ではないという意味での「公」であっても、「私」の積み重ねとしての「公」であっても、はては究極の「公」であっても、それは往々にして誰でも共有できる資源と考えられており、その発想は、大同、共和、貧富無き社会などといった理想の源となった。

また、「公」と「私」は相対的概念であり、誰もが「公」の一部分を「私」の範疇に入れることができ、逆もまた然りである。「公」と「私」双方ともに拡張可能で動態的な概念なのである。このような相対性に基づき、天道観で人道

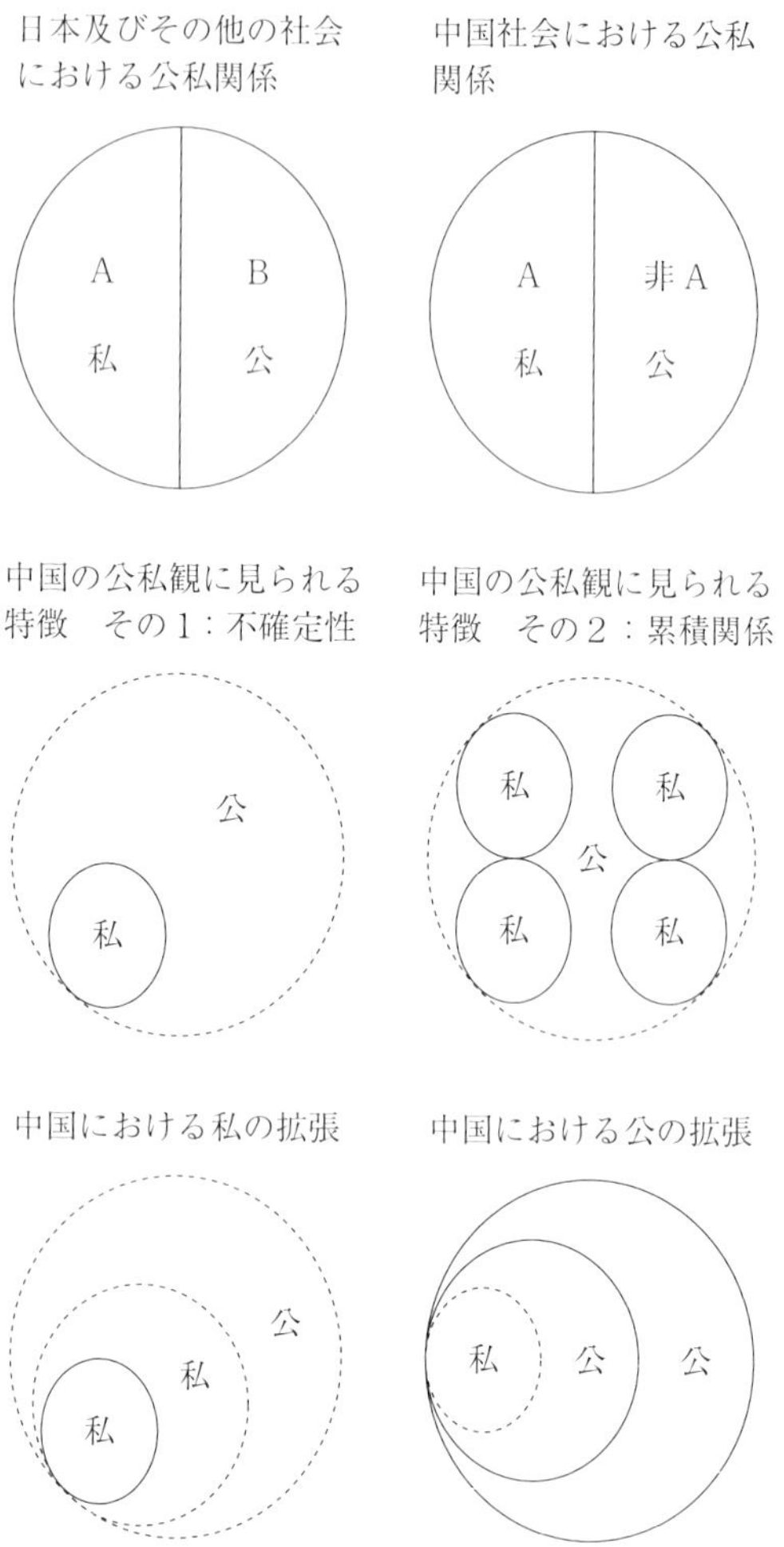

図9　中国の「大公平観」

観を統括するという超越的な「大公平観」が生み出された。思想家はそれぞれ天道観について異なる解釈をもち、異なる解釈の間のせめぎあいにより、社会構造は階層性と開放性を有するようになった。それらは、中国の歴史の一治一乱のなかにはっきりと見出すことができる。

「大公平観」は、共時的な共有への追求のみならず、人々の間に時間の経過に対する意識をもたらした。人々は、「時」という要素を加味して公平をはかるようになり、「大公平観」は、縦軸および流転的性格を有するようになった。

「大公平観」は、中国社会の成り立ちや営みにおいて、その根源、深層を成すものである。「大公平観」こそ中国人の公平観や正義の意識の核心を作ってきたのであり、他の社会の文明の影響を受けて、たやすく取って代わられるようなものではない。

中国人の「大公平観」は、古くから中国人が蜂起、反乱、改革を起こす際の原動力、言い換えれば、中国において大規模な社会変化を引き起こす価値観の源泉となってきた。翻って言うならば、既存の体制が一定期間を過ぎるや改革を迫られてきたのは、「大公平観」の実現において問題が生じたからにほかならない。

中国の「大公平観」の営みにかかわるロジックを図示するならば、図9のように表されるだろう。

本章で展開してきた「大公平観」についての議論は、公私観に関する研究と密接な関係をもっているが、「公」と「私」の弁証法的関係を検討しようとしたものではなく、「公」と「私」のありようの中から、どのように中国社会の営みやそれを正当化するロジックが生じたのか、「公」と「私」に対する認識がどのように中国人の心理と行動に影響したかを究明しようとしたものである。このようなアプローチこそ、公私観に関する先行研究と本研究の違いでもある。

最後に、比喩を用いて「大公平観」の法則について説明してみたい。私が思うに、中国式の「大公平観」の営みは、不確定性と、予測不能性に満ちたギャンブルに似ている。ギャンブルをやってみると、賞金にあたるチャンスは皆平等であるものの、最後に賞金をもらえるのはごく少数の人間のみである。今回の勝者があなたでなかったとしても、勝者は絶えず交替するのであり、参加し続けさえすれば次の勝者になれるかもしれない。期待して待つという行為は、「自分が当たるのでは」という思いと、「実際には当たるとは限らない」という認識のあいだの緊張関係から生ずるのである。ギャンブルに夢中になればなるほど、そのなかに天の意思と人の意思、可能と不可能、信念と現実、幸運と悪運の交差があることに気付くだろう。中国人が好んで言う「願賭服輸（賭けに同意したなら、負けてもそれを受けいれなければならない）」というフレーズは、一回手合わせが終われば、負けてもそれを自分の運命だと認めねばならないことを意味するが、同時に、自暴自棄にならない限り、時機が来たら好運が巡って来ると信じるという意味合いもある。そして、次の手合わせに入る。新しい手合わせにおける公平のメカニズムは、シャッフルに似ており、運が向いてくるチャンスは再び皆に与えられる。だが不幸にも成功のチャンスが二度と巡ってこない場合、人はときに逃走する。一度たりとも負けるものかとインチキをする人も現れる。また、誰かが取り返しがつかないほど惨敗した場合、賭場は修羅場となる。さらには、誰かが自分の利益のために最初からいかさまを仕掛け、ゲームを操作するや、そのギャンブルは詐欺以外の何物でもない。上述のいずれかの状況が発生すると、「大公平観」は転じて最大の不公平となる。このように考えてみると、中国が今日抱えている問題を考える際には、伝統的な大同の理想を維持するか、欧米発の正義の思想を受けいれるかという二択として捉えるのではなく、市場経済下において、人々が利益を追求するあまり「ルール」や「時」の観念を放棄している状況に注意を振り向けるべきだということが分かる。人々は、頭の中にこの二つの概念がなくなるや、常軌を逸したような状態に陥り、汚い手口で利益を手に入れようとしたり、犯罪行為に手を染めたりしかねない。ジャッジでありながらプレーヤーになったり、八百長試合や裏での不正操作などに手を染めたりといった現象が、中国の多くの職場に蔓延している。社会の構成員があらゆる公平の法則を放棄したならば、どのように公正、公平、正義を実現させるかについてくどくど議論しても仕方がない。そのときには、社会に公平など一つも無いという悲劇が待ち受けているのである。

（1）金耀基「中国人的“公”“私”観念」『金耀基自選集』上海：上海教育出版社、二〇〇二年、一四一—一五六頁。劉澤華、張栄明他『公私観念與中国社会』北京：中国人民大学出版社、二〇〇三年、三六六頁。劉暢「中国公私観念研究綜述」『南開学報』二〇〇三年第四期。陳弱水『公共意識與中国文化』北京：新星出版社、二〇〇六年、六九—一一七頁。史雲貴『外朝化、辺縁化與平民化——帝制中国“近官”嬗変研究』上海：上海人民出版社、二〇〇九年、一〇—三〇頁。

（2）羅爾斯著、何懐宏訳『正義論』北京：中国社会科学出版社、一九八八年（Rawls, John, *A Theory of Justice*, Cambridge, Massachusetts: The Belknap Press, Harvard University Press, 1971. 邦訳は、ロールズ、ジョン著、川本隆史他訳『正義論』紀伊國屋書店、二〇一〇年）。

（3）範徳茂、呉蕊「関於“ム”字的象意特点及幾個証明」『文史哲』二〇〇二年第三期。

（4）黄俊傑「“義利之辨”及其思想史的定位」範岱年等『中国観念史』鄭州：中州古籍出版社、二〇〇五年、三〇九—三五四頁。

（5）溝口雄三著、趙士林訳『中国的思想』北京：中国社会科学出版社、一九九五年（溝口雄三『中国の思想』放送大学教育振興会、一九九一年）、四九―五一頁。
（6）費孝通『郷土中国』北京：三聯書店、一九八五年。
（7）翟学偉「中国人在社会行為取向上的抉択」『中国社会科学季刊』一九九五年春季巻。
（8）同右。
（9）「公」と「私」の「累計的」関係とは、明清期に生まれた公私観についての新たな概括的表現である。この種の新たな公私観についての基本的論点は、余英時「現代儒学的回顧與展望――従明清思想基調的転換看儒学的現代発展」余英時『現代儒学的回顧與展望』北京：三聯書店、二〇〇四年、一三二―一八六頁を参照のこと。
（10）溝口雄三著、趙士林訳、前掲『中国的思想』。
（11）安楽哲、郝大維著、何金俐訳『道不遠人：比較哲学視域中的〈老子〉』北京：学苑出版社、二〇〇四年（Ames, Roger T. and David L. Hall, *Daodejing, Making This Life Significant: A Philosophical Translation*, The Ballantine Publishing Group, 2003）、一二三頁。
（12）余英時「反智論與中国政治伝統」余英時『中国思想伝統及其現代変遷』桂林：広西師範大学出版社、二〇〇四年、二七六―三一三頁。
（13）史華茲著、許紀霖、宋宏編『史華茲論中国』北京：新星出版社、二〇〇六年、二七頁。
（14）溝口雄三著、李甦平、龔穎、徐滔訳『日本人視野中的中国学』北京：中国人民大学出版社、一九九六年（溝口雄三『方法としての中国』東京大学出版会、一九八九年）、九頁。
（15）私はかつて麻雀好きな人達に、いつも負けたと文句ばかり聞かされるが、勝ったと聞いたことは無い、勝った人はいったいどこに行ってしまったのかと尋ねたことがある。それに対し、彼らの答えは次のようなものであった。勝った人は、ただ勝つだけでは済まされないし、負けた人も、ただ負けるだけではないのだ、と。なぜなら、勝った人は皆にご馳走しなければならないという暗黙のルールがあり、自腹を切って皆に食事をふるまわなければならないからである。こうして、負ければすっからかんになるが、勝った人もたいして儲けられるわけではない（むろん、この観点はカジノ賭博には当てはまらないが）。
（16）翟学偉、前掲「中国人在社会行為取向上的抉択」。
（17）「公徳」という語彙は、欧米ではなく日本から伝来した。日中両国におけるこの語彙の意味の違いについては、陳弱水「公

徳観念的初歩探討：歴史源流與理論建構」陳弱水、前掲『公共意識與中国文化』北京：新星出版社、二〇〇六年を参照されたい。
(18) 費孝通、前掲『郷土中国』二二頁。

第二章　〈人情〉、〈面子〉と〈権力〉の再生産

――「情理」社会における社会的交換――

中国社会では、〈人情〉、〈面子〉、〈権力〉のあいだに関連性がある。多くの場合、人々は〈面子〉を個人の人格の尊厳、自尊心、ないし虚栄心などで説明しようとするが、これでは十分に説明しきれない。〈面子〉は〈関係〉にかかわる概念として、〈人情〉と緊密に関係しているのみならず、〈権力〉とも関係し、〈権力〉の再生産を促している。林語堂は『我が国と我が民［吾国與吾民］』という著書の中で、この問題について例を挙げて分かりやすく説明している。

例えば、大きな都市で官僚をしている者がいる。時速約一〇〇キロのスピードで車を走らせているが、交通規則では時速三五キロまでと決まっている。この官僚は大変〈面子〉の大きい人物であるため、もし彼の車が誰かをはねてしまっても、警官が来たら、彼は警官にうやうやしく微笑み、堂々と車で走り去ることになるだろう。彼の〈面子〉が大きいからである。しかし、もしこの警官が彼の〈面子〉を立てようとせず、彼のことを知らぬふりをしたらどうなるだろうか。この官僚は「北京方言」を用い、自分の父親を知っているかどうかと警官に聞き、そして手を振り運転手に車を出発させるだろう。こうして彼の〈面子〉はさらに大きくなるのである。もし、頑固な警官が運転手を警察署に連行しようとするならば、官僚は警察署長に電話をし、運転手の身柄は警察署長によって直ちに解放されるだろう。さらに警察署長は、「官僚の父親が誰かということを知りもしなかった」下っ端警官の解雇を命ず

るだろう。それを聞いて官僚は、満面の笑みを浮かべるのだ。

この事例において、主な登場人物は四人いる。官僚、警官、現場にはいない官僚の父、そして警察署長である。警官が官僚のことを知らず、単に交通法規に則って事態を処理するなら、官僚は警官に対し、自分が身分の高い者であると言い、暗に自分の〈面子〉を立てねばならぬことを伝える。警官がこうした官僚の態度に取り合わず、あくまで法規に則って処理しようとすれば、官僚は自分の父親が誰であるかを述べる。それはつまり、「オレのことを知らないと言っても許すが、オレの親父を知らないとは言わせない」という意味である。それでもなおこの警官が法規に従って処理しようとするなら、官僚は警察署長に電話をし、その結果、なんと警官は解雇されてしまうのである。このエピソードが暗示しているのは、官僚の父親が非常に権力のある政府の役人であり、警察署長と並々ならぬコネ、すなわち「〈人情〉関係」を有しているということ、そのような関係が成り立っている場合には必ず〈面子〉を立てなければならないということである。かわいそうなのはこの警官であり、彼らの関係を知らず、官僚の〈面子〉を立てなかったがために、仕事を失ってしまったのである。

中国社会は〈人情〉と〈面子〉を重んずる社会である。そのことは、多くの比較文化研究によって明らかにされている(1)。近年には、多くの研究者が中国社会を研究する際、これらの概念――〈人情〉、〈面子〉――を使い始めた。しかし、概念定義の方法は研究者ごとに異なり、用語相互の関係や、中国社会における役割など、理論的考察や概念間の論理的な統合が十分に為されているとは言えない(2)。それでは、こうした概念を用いて中国社会の〈関係〉メカニズムの理解を深めることも難しくなってしまう。また近年は、欧米の諸理論、諸概念、とりわけ社会的交換理論や社会資源論、社会的ネットワーク理論の影響を受け、〈人情〉や〈面子〉を一種の「関係資源」とみなし、その上で欧米の理論的枠組みを用いて研究やモデル構築を行う学者もいる。このような研究アプローチは、〈人情〉や〈面子〉を用いた研究の不足を解決に導くものであるが、真剣にテーマを追究すれば、中国人の社会的交換のあり方を欧米の理論に押し込めようとするや、〈人情〉

や〈面子〉などの概念自体がもつ営みの内実が見失われてしまうことに気付くだろう。実際に、中国人が〈関係〉を営む際の策略や思考方法は、欧米の社会理論の趣旨や指向と多くの点で異なっている。我々はこれらの一つ一つについて、真摯に鋭く切り込んで議論する必要がある。

一　「情理」社会とは何か

議論を展開する前に、まず中国社会を一種の「情理合一」の社会であると指摘し、そこに生ずる〈人情〉や〈面子〉が欧米人の同様の心理や行動と大きく異なるものだと断っておきたい。中国社会において経験的に会得するのは、人々の処世のあり方が、理性に偏るのではなく、かといって非理性的でもなく、両者の平衡と調和に求められるということである。こうした論点を説明するべく、議論を始めよう。

初期の儒者が講じた「人情」は、心理学における情緒や情感と変わるところがなく[3]、その本来の意味は、人のもつ自然発生的な感情を指す。例えば『礼記』では、「人の感情とは何か。喜び、怒り、悲しみ、恐れ、愛、憎しみ、欲望といった七つの感情は学ばずとも人の中にある本能である」（『礼記』礼運）と述べている。しかし、儒家が倫理を重視するようになるにともなって、後の時代の中国人が語る人情は、もはや人の本能的な感情を指すものではなくなってしまった。あるいは、儒家は元々の意味あいでの「人情」を、思いのまま、自分を抑えることなくやりたい放題にふるまう類の感情であると捉え、それに対して人を思いやる気持ちとしての「人情」はむしろ、社会の義理の道において表現され、制御されるものであるべきだと考えたのかもしれない。ここに至り、「人情」の内包は、心理学的認識論ではなく社会学的認識論で捉えるべきテーマへと重要な転回を迎えたのであった。

では、個人の生活において、どのようにすれば、感情のおもむくままに生きても人の道から外れないようにできるだろうか。儒家はこれについて、人としての規範が必要であると考え、それが儒家のあいだでは「礼」と見なされるようになった。いわゆる「克己《こっき》復礼《ふくれい》」は、自己の欲望に打ち勝ち、自己の感情を思うがままに発散しないことを意味している。この点については、「礼」という字の起源にその一端が見出せるかもしれない。「礼」という字は、もともと神や鬼神を祀る器を意味していたが[4]、ここから派生して厳粛な祭祀や儀式、そして天に従い天命を受けるという使命感を表す言葉となった。このことから、儒家が礼というものを構想する際、この概念を用いて天と人とを結びつけようとしたことが分かる。「天理人情」というフレーズにおいて、「理」とは天の運行法則を指す。この法則は自然の法則であり、人はそれを変えることができず、それに刃向かうこともできず、それによって運命づけられる。これに対し、原初の「情」は、個人的なものであり、変えることができ、気ままなものであった。この「不変」と「変」を結びつけるにあたり、先王〈聖人〉は、天の道を継承し「礼」を制定した。つまり、天の名の下に人の七つの感情と六つの欲望を規範化し、人情を天の意に従わせようとしたのである。規範も服従もあくまで名目上のことであり、必ずしも制裁のみを意味するものではなかった。いわゆる天理を存し人欲を去るというのは、儒家の初志ではない。儒家から見れば、「人情」が天意に従うという前提さえ守られれば、実情に合った「人情」を立脚点にすべきなのである。例えば、孝はもともと生物学上の子孫として、生み育ててくれる者に対する自然な感情の発露に過ぎなかったが、儒家はそれを一種の義務と倫理に基づく原則に変えた。一人の人間が自らの父母にこのような感情をもち、さらに年長者や君主にもそれが広がれば、心を尽くし天命を知るという域に達し、最終的に天下太平が導かれるとしたのだ。ここにも、天理は秩序〈道〉を重んじ、〈人情〉は個人の感情を重んずるという考え方が読みとれる。天理はある種自然そのものの営みや変化であり、普遍主義の色彩を帯びる。これに対して〈人情〉は、無数の人々のあいだの差異をともない、特殊主義の特徴をもつ。礼という規範は秩序を重んずると同時に、個人の特殊性にも考慮がなされ、ここに特殊主義と普遍主義の融合が可能となる[5]。このように「天理」と〈人情〉の両者は本来分けて論ずるべき概念であるが、「礼」が効力を発揮するにともない、徐々に「情理」という概念へと簡略化されたのであった[6]。したがって「情理」は、中国社会の営みに関し、次のようなことを暗示している。すなわち、中国社会において、普遍主義と特殊主義は二項対立で区別できるものではなく、人々は処世の際、両者に配慮することが期待される。

したがって、このように社会において、人付き合い、物事への対処、様々な判断に際しては、理性や論理的思考、条文や制度などの規定といった視点からのみでなく、具体的で、状況的で、個別的な観点からも物事が考慮される。いわゆる「合情合理（人情や道理にかなっている）」、「入情入理（同）」、「通情達理（同）」、「酌情処理（裁量処分）」、「情理交融（情理融合）」、「于情于理如何如何（人情から言えば、道理から言えば、あれやこれや）」といったフレーズは、いずれも、処世においては情と理の両者を考慮してほしいという思いを表している。理ばかりで人に譲ろうとしないのは間違っているが、感情のみで事を処理するのも正しくない。理は全体的、普遍的であり、情は部分的、個別的で特殊なものである。しかし両者のあいだに存在する全体と部分の関係は、どちらか一方を重視してよいということを意味しているわけではない。重要なのは、両者のあいだの平衡を体得することなのである。

中国の研究者は、中国の伝統的な法律を研究する際、以下のことに留意する。それは「情・理・法すべてを考慮する」あるいは「合情、合法、合理」という点であり、この三つの常用句こそ、中国的な観念を完璧に表していると言える。情、理、法の三者を合わせ、すべてを考慮に入れ、互いに衝突する部分を取り除くのが、理想的な真の法律の基本要件である。逆に、この三者の中でいずれか一つを考慮しただけでは、完全な意味で法を理解したことにはならない。これがいわゆる三位一体である。(7) 日本の著名な研究者である滋賀秀三は、明清の訴訟事件の研究を通して、情理について非常にすぐれた見解を提示している。

「情理」とは一言でいえば、〝常識的な正義衡平の感覚〟である。ここで正義衡平という西洋で成熟した概念を一応借用せざるを得ないけれども、何を正義と感じ何を衡平と感ずるかの内容には、当然西洋と中国で違があったと考えなければならない。いまここでその違を正確に論ずる用意がないけれども、概言すれば、中国人の方が西洋人よりも全人間的な考方をした。すなわち係争物だけを切り離さないで対立する両者の――時にはさらに周囲の人間までまき込んだ――人間関係をトータルに考えようとする傾向があった。また中国人は相対的な考方を好み、対立する両者のどちらもいくらかづつ痛みを分け合うところに均衡点を見出そうとする傾向があった、ということなどが恐らく言えるのでないかと思われる。それゆえ「情理」とは、正確には、中国流儀の正義衡平の感覚と言うべきものである。ともかくも「情理」とは各人の胸の中に潜んでいる感覚であって、実定性をもたない。それが訟を聴く者の判断を導くものであった。(8)

この話の中には二つ注意すべき点がある。一つは、もし情と理が二項対立の関係にあった場合、理を緩めたり、理を譲歩させたりすれば、それはすなわち、理がもはや理でなくなることを意味し、情がまかり通るようになるという点である。したがって、ある社会が理の役割を重視するならば、情の干渉を排除し、一切の理でない要素（情の要素）との境界を明確にしなければならない。歴史学者の唐徳剛はこれについて、感慨をもって次のように述べた。「法律」はもっとも論理を重んずるものであり、弁護士は論理の専門家であって、欧米社会において彼らの地位は非常に高い。これに対し我々伝統的な中国人は、いわゆる理屈ばかり述べる人物――「紹興師爺」や「狗頭訟師」――を最も見下している。我々の「仲尼《ちゅうじ》の徒（孔子の弟子）」は「徳をもって政を行う」ことを重要視した。このようななか、まったく法理常識のないいわゆる「青天大老爺（公正な判決を下す官僚）」が、ともすれば「五経断獄（儒教の重要な経典ばかり重視した判決）」を下しがちである。その結果、良い裁きといえば、天理、国法、人情、良心が全て備わった裁きを指し、対して悪い裁きといえば、滅茶苦茶で、原理原則ばかりで、実際にはまったく論理的でない裁きを指す。欧米ではまったく逆である。欧米の弁護士は訴訟となれば、天理、人情、良心はお構いなしで、論理さえ優れていれば、法律上の「勝訴」となる。したがって、彼らの論理はますます緻密になっていく。(9) 対して中国では、理があってもなお譲歩してはじめて、より合理的で、かつ人間味があると見なされるのである。

二つ目は、平衡とは主観的な感情にもとづく程合いによるものであり、客観的な尺度は存在しないという点である。

これは個人の心理上の斟酌であり(中国人は一般に、人の心は本質的に善であり、良心を備えていると仮定する)、中国の庶民がしばしば「人の心には皆、秤がある」と説明するものである。一見すると、この言葉からは、人は皆正義感をもっているというようなニュアンスが受け取れるが、実際のところ、この秤は情誼や親密さの度合いによって決まるものであり、これが「公秤」になる可能性は非常に小さく、むしろ「私秤」になる可能性が非常に大きい。なぜならそれが「公秤」となるためには、共通の感情か、あるいは誰もが認める法規のどちらかが必要となるからである。そして残念なことに、中国で法規と言えば法律制度ではなく、天理である。天理はと言えば、これもまた人の主観的な認定によってのみ決められるのだ。いわば主観から主観へ、平衡性の判断において、情理合一と個人の感情の占める比率はますます増加する。儒家の言うところの「仁」の本質が遠近親疎による等差の愛であり、社会関係が「差序格局」であり、生活の単位が家族主義であるならば、客観的な基礎などどこに見つけられるというのだろう。したがって、中国人の言う〈人情〉とは結局のところ、私的付き合いにおける感情、つまりは「どれだけ親しいか」を意味することが多い。当然、礼により何らかの影響を受けた中国社会が、まったく天理を顧みないことはないし、平気で天理に背き道理にもとる行為を行うものでもない。したがって、どのような状況においても、情と理の間には相互に往還する余地が存在する。

では中国社会に、公共的感情はまったく存在しないのだろうか。そうではない。私が見るところ、公共的感情の基礎は、それぞれの人間が相手の立場になって思いやる同情心から生ずる。同情心は、人の身になって推し量る行為の結果であり、「私情にとらわれ」た心のありようを、「誰しも人に助けを求めざるをえない時がある」という感情の共有として合理化することによって生まれる。だから中国人は、自らの私情を弁護するとき、しばしば次のように言う。「誰だって難しい状況に直面したことがある」、「誰にも苦労はある」、「誰しも苦しいときはある」、「誰でも人の厄介にならなければならないときはある」などである。そして中国人は、人の心を推し量る方法を通じて、普遍主義の獲得へと到達するのである。このように、中国人の〈人情〉は特殊性に始まり、普遍性に終わり、また、自己の私情に始まり、それが他人からの同情へと転換していく。興味深いのは、このような特殊から一般への転換は、純学術的な厳密な論理から導き出すことができないということである。

二 〈人情〉の交換の含意とその類型

〈人情〉のなかに義理の要素が含まれたのち、〈人情〉における特殊主義と普遍主義の結合が生み出した原則が『礼記』曲礼に書かれている。すなわち、「太上は徳を貴び、其の次に報いを施すに務む。礼は往来を尚ぶ。往而して来ず、非礼なり。来而して往かず、亦非礼なり」と。しかしこの原則をどのように理解して行動をとるかは、人によって、物事によって、状況によって異なる。しかも、異なる人、物事、状況において一定の原則が成り立たないのである。楊聯陞は次のように述べた。「中国社会において、恩返し[還報]の原則は、交互に報い合うあらゆる関係に応用され、その性質上、普遍主義的であると見なされがちであるが、その応用のされ方はむしろ差別主義の傾向をもつ。なぜなら中国では、恩返しが個別の取引において終わることはごくまれであり、通常は、すでに個別の関係を築いた二人あるいは二つの家のあいだで、長きにわたる付き合い上の収支簿に、さらに新しい項目を付け加えるものだからである」[10]。この項目の金額がいかほどかはさしあたり論じない。しかし、一つ肯定できるのは、〈人情〉の営みにおいては、直接的な利益の最大化ではなく、互恵の最適化こそが期待されるということである。すなわち、そこには〈直接的〉利益とは別の考慮が多分に働く。直接的な利益の最大化とは、「理性的な人間」や「経済的人間」を想定した社会が追求する目標であり、「情に生きる人間」や「社会的人間」を前提とする社会はそれとは異なる目標を追求する[11]。

「理性的な人間」と「情に生きる人間」という仮説における二種類の人間の違いは、次のような点にあるだろう。すなわち、経済的人間が求める最大利益に関しては、個人のもつ精力、技能、資本をどれだけ投入するかに応じて、どれだけの見返りが獲得できるかを見通すことができる。他方、情理社会における〈人情〉のやりとりについても、どれだけの見返りが得られるか予期できるものである（これは「情理」の「理」に相当する部分である）。そうでなければ、倫理や道理の上で筋道が立たなくなってしまう。しかし、複雑なことに、一人の人間がどれほど身を捧げても、どれほどの見返りが得られるか予期できないこともある（これは「情」に相当する部分である）。特に留意すべきは、情理社会の人間は、直接的に利益の最大化を追求することはないものの、だからといって〈人情〉の交換を非理性的なものと見なすことはできず、彼らによる〈人情〉の交換が利益をもたらさないと見なすこともできないという点である。実際、〈人情〉の交換プロセスは婉曲的で曲がりくねっているため、〈人情〉を施す者は、実際には理性的に見積もった額よりも大きな利益を得ることができ、（人情味のない）赤裸々な利益交渉よりも利が多い。そうでなければ、中国市場に現れる大量の〈人情〉投資は不要になってしまうだろう。当然、こうしたことは予測不可能であり、見返りが少なかったり、まったく何も得られなかったりする可能性も排除できず、市場経済化を経て、中国社会に伝統的な信頼が効力を失いつつあるのも事実である。言うまでもなく、〈人情〉の交換による利益の大小は、報いる者が〈人情〉に依拠する具体的な状況によって決まるため、一概に論ずることはできない。中国社会における〈人情〉の交換が不確定性に特徴付けられるのは、そもそも「情義」には価格がつけられず（状況によってはつけられるが）、報いは一種の心持ちであり、一般的な取引として理解することなどできないからである。

なぜ〈人情〉の交換は、一般的な交換でないと言えるのだろうか。社会的交換について見れば、交換する者のあいだには、社会的資源についての等価交換の関係が形成される。それをもっともよく表している典型的な表現が、いわゆる「もらったものは必ず返す」、すなわち「贈与交換の流れ」である。「贈与品」とは、より抽象的に述べるならば、交換される財貨である。欧米の人類学者は長きにわたって贈与交換の流れと、贈与の形態に注目し研究してきた。また、欧米の社会学者は、交換できる資源は財貨以外に、地位、感情、サービス、情報、金銭など六種類があると結論づけた[12]。欧米の社会資源論の影響を受け、中国の研究者は、中国社会の特徴にもとづき、〈関係〉それ自体を一種の資源、すなわち、関係資源として捉えるようになった[13]。つまり、中国人は欧米人よりも、一種類多く交換資源をもつと考えたのである。次のエピソードは、この点について明らかにしている。

九世紀前半の宰相、崔群は清廉で名高かった。彼が以前試験官を担当したとき、まもなくして彼の妻が家屋敷を買って子孫に残したらどうかと勧めた。彼は笑って言った。「私はすでに三〇以上のとても良い荘園や肥沃な田畑を保有している。家屋敷のことまで気にしてどうするつもりなのだ」と。妻は奇妙に思い、そんな話はこれまでまったく聞いたことがないと言った。崔群は言った。「一昨年、私が試験官を担当した時、三〇名の受験生を合格させたのを覚えているか。彼らこそもっともすぐれた財産ではないか」と。これに対して妻は言った。「それを言うなら、自分も陸贄の下で試験に合格したのに、自分が試験官のときには、わざわざ人を送って、陸贄の息子を試験に参加させないようしたではないか。もし受験生が皆良い田畑だと言うのなら、少なくとも陸贄の家の土地の一つはすでに荒廃している」と。崔群はこの話を聞いて、慚愧《ざんき》に堪えず、何日も飯がのどを通らなかった(14)。

この話のなかで、崔群が当時陸贄の息子に試験に参加しないように求めたのは、私情にとらわれ不正を働いたと言われることを恐れたためである。ここから、崔群は確かに清廉で公正な官吏だろうと分かる。しかし、彼が妻に対して、三〇もの良い荘園があると言ったとき、表面的には清廉潔白な官吏であっても、関係資源さえあればすべてを持っているに等しいということに気付かされる。この話は、〈関係〉が中国においてある種の資源となっていることを示しているが、実際に〈人情〉を、単に中国人の交際における資源の互恵的交換とするならば、偏りに失してしまう。

中国人の言う〈人情〉には、利益の交換という意味あいが含まれるが、恩に報いるという行為にはより重要かつ根本的な側面がある。あるいは、恩に報いることにより、〈人情〉の交換が可能になると言ってもよいだろう。上記のエピソードが真に意味するところは、崔群と受験生のあいだに築かれた師弟関係により、崔群が受験生の資源を自らの元に流動させることができるという点にあるのではなく、この三〇人の受験生の合格について、中国人はそれを崔群によって与えられたものと見なすのだという点にある。中国人の論理においては、崔群のような「伯楽」がいなければ、受験生たる「馬」の才能を見出すことはできないのである。したがって中国人の交際の原則から見れば、これら学生は、今日の自分があるのは幸運にも崔群がいたからだと考える。そうであるならば、崔群の恩に報いない理由はどこにあるというのか。これこそが、崔群が土地を買わない決定的な理由である。たとえ崔群が度を超えて、妻に対し、〈自分の学生に言えば〉さらに何倍かの土地を得ることができると伝えたとしても、学生たちは心では不満に感じても、〈崔群に土地を提供することを〉拒絶することはないだろう。これがまさに恩に報いるという力なのである。また、妻の非難を受けて、崔群は自ら清廉な官吏であることを求めたがために、〈人情〉にもとるやり方を通したことに、慚愧の念を抱いた。上記の仮説に戻ろう。もし我々が〈人情〉の交換を、資源という観点のみに限定して議論しようとするならば、中国人の〈人情〉資源が計算可能であり、値段のつけられない恩恵や報恩も、計算可能な価格にもとづく資源交換に転化できるという前提に立たねばならない。

恩恵の本質は、他人のために何かをして、その人の心に、長きにわたる感激とともに、なんとかして恩に報いたいという気持ちを抱かせるところにある。ここで恩の価値が確定できないのは、中国人が一つの事柄に絞って論ずる〈または清算する〉ことを好まず、恩を受ける者が、自らその事柄の意味や込められた思いを理解するよう望むからである。情理価値の計算は理性的であるが、これに対し恩恵と報恩は感情に基づくやりとりであり、「情理」の融合でもある。情理社会は〈人情〉のやりとりの非対等性によって成立し、そこでは、行為者の間に情が生ずることにより、双方ともその交換関係が、一度〈もしくは数度〉きりで完結したり、一回終了するごとに新たに次の一回が始まるようなかたちをとったりすることを望まず、交換が連続的に循環し続けることを望む。理性の観点から見れば、資源の交換においては、最終的に価値が天秤にかけられ、時には、精神的苦痛に対する慰謝料や生命保険などが換算され、法律による解決がなされる。しかし〈人情〉のやりとりでは、恩に報いず、あるいは恩を仇で返すなど、互恵の論理が成り立たなければ、費用によって解決できるものでもない。例えば、ある女性が貞操を失う、ある者が背信行為を行うといった場合、伝統的な中国人にしてみれば、これらの行為は金を払って解決できるようなものではない。中国人は、生活においてすべてが価格に換算できるわけではなく、道徳に訴えたり、命に代えたりしてはじめて解決できるものがあると認識している。したがって、冷酷で情のない人間は、世論の非難を受け、道徳の責めを受け、一生良心の咎めに苦しみ、生涯恥をかくことになるのだ。伝統的な中国人は道徳を好み、法律を嫌う。これは、法律の裁きに感情移入の余地がなく、いかなる状況でも感情移入を求める中国人の傾向にそぐわないからである。中国映画『秋菊の物語［秋菊打官司］』や『正義の行方［被告山杠爺］』には、中国の村人が、伝統的な情と現代の法との間で苦境に立つさまが描かれている。

一般的に、中国人の〈人情〉の交換には三つの類型がある。一つ目は、「感恩報徳型」であり、ある人が危難や緊急事態に際し、他人の助けを借りる場合である。このケースは、〈人情〉のやりとりにおいて、「恩」の範疇に属し、困難な状況で手をさしのべてくれた人を「恩人」と言う。二つ目は、よりはっきりした目的に基づく「人情投資型」の交換であり、通常「恩を売る」と表現される。「恩を売る」行為には、恩を受ける相手に、借りがあるという意識や、気が咎める感覚（中国の庶民がしばしば口にする「すまない気持ち」）を抱かせることにより、双方のあいだにある種の「〈人情〉の負債」関係を作り出し、結果的に相手が求めるときに、その求めに応じて報いねばならない状況を作るという機能がある。三つ目は、「礼は往来を重んじる［礼尚往来］型」である。これは、普段から相互に行き来し、ごちそうしたり、祝い事の際に贈り物をしたりすることにより、互いの感情的なつながりを深めていく関係を指す。

「感恩報徳型」にせよ、「人情投資型」にせよ、「礼尚往来型」にせよ、「借り」に基づく関係であることに変わりはない。比較するなら、恩情における「借り」こそ、価値がつけられないという点で、中国に特徴的なものであろう。もしこの「借り」が計算できるのであれば、理性へと戻り、互いの利害関係をつまびらかにするのもたやすい。しかし、中国人の〈関係〉におけるこの「借り」は理ではなく、情にあるものだ。たとえば甲が乙の命を助けた、あるいは乙が飢えてしかたがないときに甲が一杯のスープを与えたとして、乙がどれほどの価値の贈り物で甲に報いたら十分なのかは答えようがない。ましてや一杯のスープがいくらか聞くなど[15]、〈人情〉の分かる人の物言いではない。甲と乙のあいだに恩情の関係が作られてこそ、中国人の思考パターンと合致するのである。これ以降、甲が助けを必要とするとき、乙はいかなる状況下であっても、それを引き受けざるをえず、しかも一度きりの報いで良しとせず、そうすることではじめて、甲の大きな恩徳に対し真に報いることができたとみなされるのだ。同様に、目的をもった「〈人情〉投資」や日頃の贈答であっても、交換は対等の原則に基づくものではなく、相手に同等のお返しを求めたりはしない。なぜなら、同等のお返しとは、相手の〈人情〉に対し「借り」を作りたくないという気持ちを意味してしまうからである。費孝通は、これについてすぐれた見解を示している。

親しい集団の団結心は、各メンバーがお互いに未返済の〈人情〉の「借り」を抱えているところに依存する。中国社会の顕著な現象として、我先に会計をしようと、友人のあいだで伝票を奪い合う状況がよく見られる。これは、相手が〈人情〉の「借り」を作らせることを一種の投資と考える風潮を示している。人に〈人情〉の借りがあれば、機会を見つけ、少し多めにお返しをする。少し多めにすることよって、逆に相手に〈人情〉の「借り」を作らせることになるのである。こうしたやりとりによって、人と人の相互の協力が維持されるのだ。親しい集団においては、〈人情〉の「借り」は絶えず、もっとも恐れるべきは、すべてを清算してしまうことである。清算とはすなわち絶交を意味する。なぜなら、相互に〈人情〉の借りがなくなれば、付き合う必要もなくなってしまうからである。(16)

三 〈人情〉がもたらす〈権力〉の再生産

大まかに言って、中国人がこのように〈人情〉を重んずるのは、〈人情〉が人々の生活を便利にし、変化をもたらしてくれるからである。例えば、人が成長し立身出世する、一家が栄え発展するなど、様々な場面で〈人情〉の力が必要になる。〈人情〉の営みは、まさに中国社会自体の成り立ちや営みと強く結びついている。すなわち、家や郷里の人々が長きにわたり共に生活し、共に助け合ってきた歴史、儒家の倫理による影響や中国の伝統的法律に定められた個人の義務に関する規定などが、〈人情〉の営みの土壌となっているのである。このテーマについては、検討すべき問題が多々あるが、ここでは〈人情〉と〈権力〉の関係に焦点をあてて論じたい。なぜなら中国において、〈人情〉による様々な支援は、〈権力〉への支持にほかならないからである。後ろ盾、後押し、裏工作、コネ、情にすがる、などは中国ではまったく珍しいことではなく、見慣れた日常の行為である。これらの行為は、複雑で変化に富んでいるように見えるが、その核心は〈人情〉と〈権力〉の問題にほかならない。周知のように、中国人の政治の営みにおいて、権力は往々にして制約を受けないが、職位は制約を受ける。権力は、特定の場所において管轄する資源を思うままに支配し分配することであると理解されており、そうした理解には、「人ありき」の考えのみならず、情理不分、公私不分の意味合いがこめられている。仮にもし権力者が、〈権力〉の限界を思うままに決められないならば、その社会の〈権力〉は、制度の規範の中で行使されており、役人たちはあくまで制度の執行者であり、権力をほしいままにすることなどできないということになる。このような社会は、官僚本位の社会にはなりえない。銭穆は言う。「中国人の言う『権』とは、基準〈権度〉、はかり〈権量〉、考量〈権衡〉などの用法からわかるように、各官職が自ら斟酌することを意味し、外部によって規定されるものではない。それゆえ中国の伝統的な観念においては、君主や宰相など、あらゆる職位が皆それぞれ考量の余地を有していたのである。官職を設ければ職を分け、職が分けられれば、権も自ずとそれぞれに分かれる[17]」。中国社会においては〈権力〉が〈滅茶苦茶な真似は許されないまでも〉思うままに行使されるものとされるため、権謀術策を弄することも情理にかなうものとされ、さらには〈人情〉を利用して〈権力〉の座にいる者に取り入れば、〈権力〉の任意性が働く結果、〈権力〉の移譲を獲得し、〈権力〉の再生産を実現することができる[18]。私はかつて、このような現象を「日常的権威」と述べたことがある[19]。私が交換の類型として先述した三つのあり方いずれにも、このような状況が起こりうる。例えば、李佩甫が小説『羊の門〔羊的門〕』で描写した呼家堡の当主・呼天成は、なぜ四〇年にわたって当地に君臨し、やりたい放題にふるまい、他の役人たちを見下したのだろうか。理由は単純である。彼が、文化大革命のとき、失脚して苦境に陥った北京の高級幹部を救ったからである。のちにその幹部が元の地位に復職すると、当然ながら彼に感謝し、彼が求めるものは何でも与えた。〈人情〉と〈権力〉の交換関係は、〈権力〉の譲渡や伝達ではなく、必ずしも人に〈権力〉を授けることでもない。〈人情〉のやりとりがあることにより、あたかも関係者自身が権威者本人と同じぐらいの〈権力〉をもっているかのようにふるまえるようになることである。人々は、想像の空間や、関連する論理的思考のなかで、あたかも関係者の意思が権威者の意思であるかのように認識するようになる。あるいは、関係者に失礼な態度をとることは、すなわち権威者に失礼をするのに均しいと思うようになる。中国では、〈人情〉のやりとりにおいて「借り」があるならば、感恩報徳の気持ちでそれに報いることが求められる。〈人情〉投資が意味するところは、恩を受けた者は与えた者に奉仕し、いつでもその人の指図を受ける義務があるということである。中国には、次のような言いまわしがある。「恩を受けた人には手加減してしまう［拿人的手短、吃人的嘴軟］」、「功なくして禄を食むことはできない［無功不受禄］」、「人から金銭をもらったら、その人のために働かなければならない［受人銭財、與人消災］」、「一滴の水の恩に対して、泉をもって返さなければならない［滴水之恩、定当涌泉相報］」、「あなたの大恩には、牛馬のように働き、どんなに苦労をしてでも必ず返します［您的大恩大徳、我就是做牛做馬也要報答］」などである。これらはいずれも、日常生活において断ち切れない恩恵が、権威者への義務的な行動を導くという意味において共通点を持つ。そして当然、恩情から生ずる権力とのつながりは、求めて得られるものではないため、〈人情〉の交換の類型から見れば、〈人情〉の「借り」と礼尚往来こそ、多くの人が官界へとつながるための主な手段となる。

しかし、儒家の忠恕の原則に照らせば、〈人情〉の交換は別方向の思考を形成しうると言えないだろうか。例えば、何をするにも人の世話になりたくない人がいたとして、彼は他の人にも同じように、何事をする際にも彼に助けを求めないように期待できるだろうか。あるいは、てきぱきと仕事をし、「借り」を作るのを好まない人がいたとして、彼は他の人にも自分と同じようにすることを要求できるだろうか。金耀基は、こうした問いに肯定的な姿勢を示し、「『人情の借りを作ってはいけない』という言葉は、中国で最も重要な格言であり教訓だ」と述べている。[20] しかしこの言葉は、〈人情〉の「借り」は（値段をつけられないため）返しきれなくなるものだから、安易に「借り」を作らないほうがいいという勧告にすぎず、決して中国社会の〈関係〉の基礎を成すものではない。忠恕の原則から単独に引き出してみれば、おそらくそのような推論も意味が通るだろうが、もしそれを儒家の社会的脈絡にひき戻して見るならば意味が通らなくなる。なぜなら、儒家思想や中国の家族生活の実践は、個人にこのような思考の余地を与えないからである。中国人から見れば、個人が自らの交際関係をどのように築くとしても、出生という事実そのものにすでに父母からの恩情が含まれている。言い換えれば、個人の生命でさえも、父母が与えてくれたものなのである。そして、この個人が父母の恩に報いるために何を返すべきかは、天理の定めるところであるのに対し、どのように報いるかは、〈人情〉による。このことは、各個人がそれぞれ〈人情〉の「借り」を感じながら生きていかざるをえない理由でもある。しかし、父母が育ててくれた恩は、社会における〈人情〉のやりとりと同一には論じられないのだから、父母には「借り」を感じても、他人には「借り」を感じる必要はないのではないか、と思う人もいるだろう。だが中国の事情は複雑である。というのも、中国では往々にして、人の命を救うことは、生命を与えることと同等のものとみなされ、命の恩人は「再生父母」と呼ばれる。そして、「命の恩人」のような例外的事例が成立するならば、〈人情〉のやりとりにおいても、似たような例外が多く生ずると言えるだろう。そもそも〈人情〉自体が、制度の実施という観点からみれば、通例を超えたものなのだから。

このように、中国人の〈人情〉の交換や「報い」という行為は、感情的依存や非理性的計算を基礎とし、個人的な関係を要としている。この点については、以下に紹介する林語堂の語る事例から、より多くの理解が得られるだろう。

恩恵とは、権力を持つ者と保護を必要とする者のあいだの私的関係に由来する。そしてそれは、法律に代わる力を発揮しうるし、実際に発揮してきた。中国では人が逮捕、あるいは誤認逮捕されたら、彼の親戚は、本能的な反応として、法律の保護を求め裁判所で決着をつけるのではなく、高級幹部をよく知っている人物を探し、彼の「恩典」を求めようとする。なぜなら中国人は個人的な関係を非常に重視し、「情実」を重んずるからである。「恩典」を求めた人物の〈面子〉が十分に大きければ、彼の作戦はうまくいく。このように事は容易であり、時間のかかる訴訟に比べれば費用もかからない。このようにして、権力者、金持ち、〈関係〉を有する人と、幸運に恵まれず、〈関係〉のない貧者のあいだには一種の社会的不平等が生ずるのだ。

数年前、安徽省の二人の大学教授が、不用意な発言をした。その罪は話にならないような些細なものであったが、彼らは当局の機嫌を損ねたために、あろうことか逮捕、拘留されてしまった。教授の親戚としては良い手立てもなく、結局、省に出向き、省の最高軍事長官に「恩典」を請うよりほかなかった。他方、同じ省の若者が賭博で当局に逮捕された。しかし彼らは、省のある勢力の組織と関係があったため釈放され、さらには自分たちを逮捕した警察の解雇まで求めたのであった。二年前、揚子江のほとりのある大都市の警察がアヘン館を捜査し、アヘンを押収した。しかしある地方の要人が一本電話すると、警察署は自らの非礼を詫び、押収したアヘンを返却せざるをえなかった。またある歯科医が非常に権力のある将校の歯を抜いた。将校は非常に喜び、彼に肩書きを与え、以来彼は一生この将校の栄誉にあずかることとなった。あるとき、ある部署の電話交換手が彼に電話を取り次いだとき、肩書きではなく、直接名前で呼んだ。すると彼はその部署にやって来て、その交換手を見つけ、軍事参謀部員の前で平手打ちをした。一九三四年七月、武昌である女性が暑いので短いズボンをはいて外で寝ていたところ逮捕された。何日か拘留された後、彼女は死んだ。この女性がもともと役人の妻であったことがわかると、逮捕した警官は銃殺された。このような例は枚挙に暇がない(21)。

四　〈人情〉と〈面子〉——〈権力〉の再生産の様々なかたち

ここでは、〈人情〉と密接な関係のある〈面子〉の問題に触れよう。〈人情〉と〈面子〉は互いに関連があり、二つの概念を区別するのは難しい。少なくとも学術界において、現時点では、この区別を明確にする努力はなされていない。しかし私の見るところ、この二つの概念の間にグレーゾーンはあるものの、それぞれの重心は異なっている。

〈面子〉という語は、「顔」や「面目(顔つき)」の隠喩である。本来、「顔」や「面目」は人の顔を指す言葉であるが、隠喩で表現されるにつれ、その含意は大きく変化し、中国人の思考と行為様式における重要な特徴を表す語となった。中国社会において、個人は「家」の鎖でつながれており、そこから抜け出すことはできない。したがって、彼の言行や振る舞い、人となりや処世の態度、事業での功名、任官と権力の掌握などは、いずれも彼個人の問題ではなく、「家」全体が期待し、恩恵を被ることのできる問題となる。もし、ある個人が成した事業が家族皆の期待に沿うなら、彼自ら光栄と思うのみならず、彼の家族も彼を誇りに思い、彼の栄誉と資源を分かち合うことができる。逆に、もし彼の成した事業や選択が家族の期待に背くものであったか、あるいは努力したが失敗に終わった場合、彼はそれを恥だと思い、〈面子〉をつぶしてしまったと感じ、家族の元へと帰れなくなってしまう。こうした状況を表す言葉に、「家族に恥をかかせたくない」、あるいは「地元で家族にいたたまれない気持ちにさせたくない」という表現があるが、これがまさに「有臉見(面目が立つ)」や「無臉見(会わせる顔がない)」、「有何面目見(どの面下げて会えばいいのか)」の意味するところである。このように、中国社会において、多くのことは個人がやりたいかどうかの問題ではなく、家族が彼にやって欲しいかどうか、あるいは彼がそれをした後に家族にどのような結果がもたらされるかという問題になる。ここで用いられる「顔[臉・臉面]」、「面目」などを社会学、社会心理学上定義するならば次のようになるだろう。「顔」とは、一個人について、自身または関係者が積み上げたイメージ(これは社会の一定圏内で人々によって認められるイメージでもある)を維持するために、特定の社会的状況で表現される一連の規範的な行為である、と。[22] のちに私は、この定義を次のように修正した。「『顔』とは、個人がある社会圏の認めるイメージに迎合するために、印象操作を経て表現するアイデンティティに関わる心理と行為」と。[23] ここから、「顔」と〈人情〉の区別が分かるだろう。すなわち、「顔」とは、放射状あるいは拡張性をもつ概念であり、その動力と行為の方向は、関係者との共有性を特徴とする。そうした意味で、いわゆる「光宗耀祖(祖先の名を上げる)」、「光大門楣(家門を盛んにする)」、「沾光(恩恵にあずかる)」という言葉で表現された心理や行為と結びつく。このような理解なしに、「顔」の問題に向き合うならば、それはゴッフマンの理論における個人の印象操作（impression management）（自らに期待されている役割どおりに見えるよう、意識的・無意識的にふるまいをコントロールすること）の問題として片付けられ、より深層にある動力源、あるいは衆望を担わねばならないという動機は看過されてしまうだろう。

〈面子〉のもつ共有性という特徴がもたらす〈権力〉の問題については、台湾の社会学者である文崇一が専門的な研究を行っている。

中国社会、とりわけ伝統的な中国社会の政治体系において、親族と権力は、表面的には異なる範疇に属するものの、実際には一つの範疇で作用する。一つの範疇とは、あるときは家族が権力を支配し、またあるときには、逆に権力が家族を支配することを指す。家族と権力のあいだには一貫して相互支援の関係があり、一種の特権を形成する。この種の特権は、通常は地位として表される。権力のある者は、自身が特権を享受するのみならず、関係の近しい家族や姻族（近くから遠くまで）に権力を分け与える。家族や姻族は連合して権力を分かち合い、ときにはそれを要求する。こうしたことは、すでに一種の習俗さらには社会規範となっている。なぜなら法律の条文も、この種の権力の山分けを承認しているからである。家族や姻戚関係をつうじて既得権益を獲得し保障するというやり方は、権力関係において非常に奇異な現象であり、通常このような状態は閨閥関係と呼ばれる。中国人は、役人になったり財を築いたりした際に、親戚や友人になんの便宜も図らなければ、義理人情の分からぬ奴と言われてしまう。義理人情の分からぬ者は、中国社会で足場を築きにくく、自ら事業で天下を取ることなど到底できない。これがまさに、中国社会の構造において権力の分配が鍵となり、それが親族構造と不可分の関連をもっている所以である(24)。

中国社会では、自身の目標や興味に基づいて大きなことをやってのけたり、教養や礼儀を身につけたりすることは、真の意味で〈面子〉のある行為とはみなされない。それらは、個人の奮闘や成功、あるいは様になった身のこなしにすぎない。実際に、中国人が「顔」を語るときには、いつも関係者たちの気持ちや行為を考慮に入れているのであり、そうした意味で「顔」は、幾重にもわたり放射状に作用するのである。他方、〈人情〉は排他的、閉鎖的な概念であり、それは主に有形、無形の資源の交換において現れる。交換関係あるいは恩恵に基づく関係があってはじめて〈人情〉による関係が成立するのであり、交換関係がなければ〈人情〉関係も成立しない。〈人情〉の閉鎖性は、人々が互いに、誰が誰に対して〈人情〉の借りがあるのか、無いのかを見極めることができる点に見てとれる。かたや「顔」については、家族あるいは故郷から著名人が現れたとなれば、その家族や故郷の人々は、本人の承諾を得ることなく、その恩恵にあずかっているということになるのである。

このように、〈人情〉と〈権力〉ばかりに依拠する関係には、交換関係が生じうる。例えば、贈収賄や私情に基づく不正、いわゆるレント・シーキングはこうした関係の典型である。対して、「顔」の場合、それが関わる個人の資源とは、本人の意思にかかわらず他人が共有できるものである。例えば、「顔」や〈面子〉を保つとは、ある人間が、他人のうらやむような学識、気品、才能、徳性、情操、職務などを獲得すること、あるいは地元の人の認める行為を為し、功績をあげることを意味する。しかしその結果、こうした成功を得られなかった者も、成功者と特定の関係をもちさえすれば、その恩恵を分かち合うことができるのだ。さらにたとえるならば、「〈面子〉を立てる」には、関係する他者に、自身の栄誉や名声、およびそれに由来する物品、財、地位、権勢などを分かち合わせるという意味がある。総じて、「顔」は一種の拡散性のある資源であり、その見返りは、他人からの肯定的な評価である。例えば、資源を施した者に対し、その恩恵を受けた者が、それを受けいれ、感謝し、賞賛すれば、施した者は「面子が立った」と感じる。また「顔」という資源を持っている者が、それを誰かと分かち合いたいと思えば、自分の「顔」をその人にほうびとして与えることとなるが、このとき彼が求めている見返りは、物質的な援助ではなく、自らに対するお世辞、賞賛、おだてである。「人の顔を立てる[給面子]」とは、いわばその人の重要性に対する承認であり、成功、徳性、善行に対する肯定、羨望、賞賛、尊重、敬服である。もし物、財、地位などの「顔」資源を持っている人が、誰かとそれを共有しようとしたとき、相手が自分を軽蔑し、相手にせず、自分のものを受け取ろうとしないなら、こうした行為は彼の「面子をつぶす」ことになる。中国において、ある人間が他者の面子をつぶす原因としてもっともよくあるのが、道徳に関するものである。彼が過去にその相手の感情や自尊心を傷つけたことがある、ないしは人々が彼／彼女の資源の由来を認めていないといったことが考えられる。例えば、窃盗や身売りで得た金であれば、たとえ彼／彼女が金持ちでも、そこに〈面子〉は立たない。そして、さらに悪いことに、〈面子〉の立たない行為もまた、身内、家族、同郷など彼／彼女の関係者へと波及し、ついに彼／彼女は、自ら尽くしてきたそれらの集団から出て行くか、逃げ出すかしなければならなくなるのだ。このように、〈面子〉は「顔」が生まれた後に得られる他人からの評価だと言える。理想的には、一人の人間の「顔」は、ある集団や社会から承認されるかどうかが試されるものであり、その結果当人の「面子」がどうなるかが決まる。だからこそ、「顔」のために奮闘努力してきた人は、何をおいてもこの〈面子〉を得たいと願うのである。その重要さは、金銭や財産とは比較にならない。なぜなら〈面子〉があってはじめて金銭や財産には、社会的、文化的価値や意味が与えられ、奮闘してきた者の心に幸福感がもたらされるからである。こうした考えから、私は〈面子〉を次のように定義したい。すなわち、〈面子〉とは、ある人間が「顔」に関わる行為を行った後に、他者から与えられる評価、判定および他者の心の中での序列、心理的地位である、と。[25]〈面子〉は本質的に、個人のパフォーマンスが作り出すイメージの類型から導き出されるものであり、簡単に言えば、他者から尊敬を受けられるだろうかと思う気持ちや行動を指す。[26]フェアバンクはこれに対してすぐれた理解を示している。

中国式の人文主義は、個人の尊厳に対する関心というテーマを含むが、それはいわば社会の観点からの関心である。「面子」とは社会的な問題である。個人の尊厳は、行為の正しさのみならず、その者が得た社会的な賞賛に由来する。「面目を失う」とは軽率な行為により他人に軽蔑されることに由来する。人の価値について、欧米人はそれを個人に固有の資質と考えるが、（中国人は）外から獲得せねばならないと考えるのである。[27]

この点から見ると、〈面子〉とは、確かに他人の評価にすがるものであるが、もともとは「顔」のパフォーマンスから生じたものであるため、裏打ちがある。しかし、これは、「顔」と〈面子〉を中国文化から抽出して分析した結果であり、もしこの分析を、もう一度これまで論じてきた中国人の〈関係〉、とりわけ長幼の序、孝悌、忠恕の関係に落とし込んで分析するなら、まさにこれら〈関係〉の営みが中国人の「顔」を衰退させ、逆に〈面子〉を際立たせてきたことに気付くだろう。すなわち、高齢の者、地位の高い者、あるいは倫理上尊重されるべき者はいずれも、自らの徳業（「顔」）がどうであるかを棚に上げて、他者から〈面子〉を立てられることを望むという共通の特徴を有している。そして忠恕の原則に基づけば、もし彼がこのようにふるまった場合、他人が同じような状況にあるときには、彼もまたその人の〈面子〉を立てねばならない。このようにして、中国社会には、相手のパフォーマンスが優れているか否かにかかわらず用いられる他者へのへつらいの言葉が発達してきた。バートランド・ラッセル（Bertrand Arthur William Russell）はかつて次のように述べた。

外国人は、中国人の「面子にこだわる態度」をばかげていると感じる。しかし、このようにしてはじめて、互いに尊敬し合う気風が社会に形成されるのだということを知らない。すべての人には面子がある。最も卑しい乞食にでさえ面子がある。もしあなたが中国人の倫理規範に違反したくないならば、乞食でさえも侮辱してはならない。……中国人の生活は、たとえもっとも近代化した人でも、我々に比べずっと礼儀を要求される。これは当然効率に悪影響を与えるが、同様に（あるいはより重要なのは）（礼儀の多さが）人間関係の誠実さにいろいろな影響を与えてきたことである。(28)

つまり、〈人情〉は、交換における一対一の関係に現れることが多く、その報いの方法は、相手に対する肯定的評価云々ではなく、実利や実質的な援助である。これに対し〈面子〉は、交際関係に価値判断をもたらす。当然両者は関連しており、普段から多くの〈人情〉を与えれば、より大きな〈面子〉を得られ、普段〈人情〉を重んじなければ、〈面子〉も得られない。

しかし、〈人情〉と〈面子〉が中国社会で一緒くたに用いられ、それらに共通性が認められるのは、主に、第三者の存在を考慮しない場合に限られる。例えば、ＡとＢの間に〈人情〉の関係があるとき、ＢはＡに、「私の〈面子〉を立てて」あるいは「我々の〈人情〉に免じて」という表現を用いて何かを依頼することができる。そのとき、ＡとＢのあいだでは、〈面子〉と〈人情〉に区別はない。〈人情〉はすなわち〈面子〉を、〈面子〉はすなわち〈人情〉を指す。しかし、もしＡとＢとＣがおり、ＡとＢのあいだ、ＢとＣのあいだには〈人情〉の関係があるが、ＡとＣのあいだには〈人情〉の関係がない場合[29]、本来ならＡとＣのあいだには、ＢがＡ、Ｃの両者と〈人情〉関係を築いているからといって、同じような〈人情〉関係が成り立つわけではない。しかし、中国社会では経験的にみて、ＡとＣとのあいだにも、「事実上」の〈人情〉関係が見て取れるのである。それはなぜだろうか。ほかでもなく〈面子〉が、両者を結びつける役割を果たすからである。例えば、Ｃが、Ｂと関係があるという理由で、Ａに「私の〈面子〉を立ててくれ」と言っても、通常の場合ＡはＣの〈面子〉を立てることはしない。しかし、もしＣがＡに「Ｂの〈面子〉を立ててくれ」と言えば、ＡはＢの〈面子〉を立てなければならないという思いから、結果的にＣの〈面子〉を立てることになる。それゆえ中国社会では、物事の良し悪しや実行可能性ではなく、誰が表に立つかが重要になるのだ。

〈権力〉の問題について議論を進めよう。仮に、上述のＡ、Ｂ、Ｃ三者の中で、Ａが権力者であり、自らの権威を笠に着てＢとＣの形成するネットワークに加わった場合、もしこの権威がＡ、Ｂ二者間の〈人情〉の交換資源であるならば、それは権威を盾に、私情を満たす行為にすぎない。こうした行為は中国のみならず、欧米を含めどこにでも見られ、強いて言えば中国社会の方が、問題がより深刻だというだけである。しかし、もしＡの権威が、Ｃによっても利用されうるならば、それは、Ｂが権威を伝達する仲介者となり、かつこの伝達が〈面子〉をつうじて達成されるということを意味する。同じ理屈で、CがDと私的な関係を有する場合、今度は自らが仲介者となってDに権威を貸すであろう。このように、ネットワークのあいだには、日常的権威が形成され、流通し始める。当然、〈権力〉の源から遠くなるほど、日常的権威の威力も弱くなる。さらに補足するならば、多くの場合、権威の流通は、それほど多くの仲介者による〈人情〉のつながりを必要とはしない。もし「顔」概念が、自身のためのみならず、家族や故郷の関係者のためのものという意味合いを含んでいるならば、「顔」を獲得した者がAとなり、その他の関係者は自ずとBになる。「一人が権勢を得ると、その親族・縁者までがその恩恵をこうむる［一人得道、鶏犬昇天］」が示しているのは、まさにこの道理である。当然、このような権威の放射状の広がりにおいても、関係者となれる範囲には一定の境界や定義がある。境界や定義の外に位置する者が、もしAの権威を用いたいと思えば、これら親類・縁者に情けを請うよりほかはない。

五　結　語

以上の分析から、次のことが導き出せるだろう。〈人情〉と〈面子〉が、中国人に重視されているのは、それらの営みが「情理」社会と相互にかみ合っているからである。このような社会の中で、人は物事を進める際、いつも「情理」のあいだでなんとか平衡を保つべく中道を歩み、同情心をつうじて特殊主義を普遍主義へと結びつけようとする。法規や制度、理性を重視して形成された社会において、〈人情〉、〈面子〉はいくばくかの役割を果たしたとしても、力を発揮する機会はほとんどない。したがって〈人情〉と〈面子〉が一対の概念として欧米人（人類学者を除く）の視野に入るや、それらは、個人の印象操作の戦術[30]、あるいはコミュニケーションにおける一種の言説戦術[31]（通俗的には一種の敬語による戦術）の理論に基づいて解釈されることになる。なぜなら、彼らには、〈人情〉なり〈面子〉なりが有するこの上なく大きな社会的影響について意識が及ばないからである。他方、中国の研究者のなかにはこの点に目を向けている者もいるが、社会的交換理論、社会資源論などの影響の下、彼らは〈関係〉を一種の交換資源として捉える傾向にあり、その結果、中国人の交換行為が情と理の影響を受け、予測不能、計量不能であること、さらにはその交換関係が延長され、見返りの価値の増大化を導く傾向にあること、それがしばしば制度や〈権力〉の再構築を促すこと、交換の参与者に本来は持ちえなかったほどの支配力と権威をもたらしうることに気付かない。加えて、明らかにすべきは、中国社会においては、〈人情〉と〈面子〉の〈権力〉とのかかわりには違いがある。〈人情〉は「報い」と「借り」をつうじた〈権力〉の獲得を導く。〈人情〉とは交換（例えば贈答）の結果であり、その交換は閉鎖性によって特徴づけられる。他方、〈面子〉は〈関係〉における人とのかかわり（例えば縁故関係）をつうじた〈権力〉の獲得を導く。したがって〈面子〉は、いつも交換を必要とするとは限らない。しかし、両者は互いに結びついており、それらがどのように営まれようと、いずれも他者と特殊な関係（私的交情）を築き、さらにそこに社会生活の意味を求めていくという狙いを有する点において共通している。この点に関しては、次のように大づかみに解釈してよいだろう。すなわち、中国人は「情理」社会において、〈人情〉と〈面子〉の営みを利用する。それによって、規則、理性、制度を捨てた代わりに、はかりしれないほどの社会的資源、制度を超えた社会的支持や庇護、権力者を後ろ盾にして人を抑えることのできる日常的権威を獲得するのである。

（１）詳細は、翟学偉『中国人的臉面観』台北：桂冠図書公司、一九九五年を参考のこと。

（２）私の論文のタイトルが黄光国の『人情與面子――中国人的権力遊戯（人情と面子――中国人の権力ゲーム）』と似ていることに気付かれた方がいるかもしれないが、問題関心は異なる。黄は〈人情〉と〈面子〉の線引きを行っておらず、理論モデルの適応範囲が広すぎる。こういった批判については以下の論文を参照のこと。翟学偉「心理学本土化之我見――従本土概念向本土研究方法的転化」翟学偉『人情、面子與権力的再生産』北京：北京大学出版社、二〇一三年、五〇―六九頁。

（３）このような区分と欧米の心理学者の区分にはまったく違いがない。行動主義の創始者であるジョン・ワトソン（John Broadus Watson）は、次のように考えている。人には生まれつき先天的に三種の感情が備わっている。恐怖、憤怒と愛である。Ｊ・Ｐ査普林、Ｔ・Ｓ克拉威克著、林方訳『心理学的体系和理論』北京：商務印書館、一九八四年（Chaplin, James P. and T.S. Krawiec. *Systems and Theories of Psychology*. New York: Holt, Rinehart and Winston, 1979）、一二一頁。

(4) 周何『説礼』台北：万巻楼図書有限公司、一九九八年、一二頁。

(5) 余英時も、中国人の価値観という側面から次のように論じている。「『礼』は確かに秩序を重んずる一面があるが、しかしその基礎は個人にあり、とりわけ個人の特殊な状況を考慮に入れている」と。余英時「従価値系統看中国文化的現代意義——中国文化與現代生活総論」〝文化中国與世界〟編委会編『文化：中国與世界』生活・読書・新知三聯書店、一九八七年。

(6) 溝口雄三の研究によると、人情、情理、天理などの概念は、清朝の後に流行し始めたという。溝口雄三著、趙士林訳『中国的思想』中国社会科学出版社、一九九五年（溝口雄三『中国の思想』放送大学教育振興会、一九九一年）、三五頁。

(7) 範忠信、鄭定、詹学農『情理法與中国人』北京：中国人民大学出版社、一九九二年、二六頁。

(8) 滋賀秀三「中国法文化的考察——以訴訟的形態為素材」、滋賀秀三等『明清時期的民事審判與民間契約』北京：法律出版社、一九九八年（滋賀秀三「中国法文化の考察——訴訟のあり方を通じて」『法哲学年報』一九八六巻、有斐閣、一九八七年）、一三—一四頁。

(9) 梁治平『法意與人情』深圳：海天出版社、一九九二年、第一六一頁からの引用。

(10) 楊聯陞「報——中国社会関係的一個基礎」、劉夢渓編『中国現代学術経典・洪業　楊聯陞巻』石家荘：河北教育出版社、一九九六年、八七四頁。

(11) ここでの「社会的な人間」という言葉は、アメリカの心理学者エルトン・メイヨー（George Elton Mayo）がシカゴ郊外の電器メーカーのホーソン工場において行ったホーソン実験から導き出した人間性に関する仮説である。

(12) Foa, Edna B. and Uriel G. Foa, "Resource Theory of Social Exchange", in Thibamt, John W. et al. eds., *Contemporary Topics in Social Psychology*. Worriestown. N. J.: General Learning. 1976.

(13) 陳俊傑『関係資本與農民的非農化——浙東越村的実地研究』北京：中国社会科学出版社、一九九八年、九八—一一二頁。

(14) 楊聯陞、前掲「報——中国社会関係的一個基礎」八七五頁からの引用。

(15) 中国のことわざに「一飯の恩は、千金の報いに値する［一飯之恩、千金以報］」がある。この場合、千金は価格を表しているのではなく、一度の食事の価値は金で換算できないということを表している。詳細は、文崇一「報恩與復仇——交換行為的分析」『歴史社会学——従歴史中尋找模式』台北：三民書局、一九九五年、二一九頁を参照のこと。

(16) 費孝通『郷土中国』北京：三聯書店、一九八五年、七五頁。

(17) 銭穆「中国歴史研究法」『銭賓四先生全集』第三一巻、台北：聯経出版事業公司、一九九四年、二七頁。

（18）ここで再生産とはブルデューの理論から啓発を受けたものであるが、権力の再生産の意味はブルデューのそれとは異なる。ブルデューの再生産は、主に社会制度とりわけ教育制度およびその権威の形成する文化、社会および教育システムの再生産を指す。これに対し、私の言う〈権力〉の再生産は、〈人情〉と〈面子〉の作用によって為されるため、制度を超え、また〈権力〉が他の面の再生産を促さずして、自らを再生産し、変質させることを意味する。
（19）翟学偉『中国社会中的日常権威――関係與権威的歴史社会学研究』北京：社会科学文献出版社、二〇〇四年、四四―四七頁。
（20）金耀基「人際関係中的人情之分析」金耀基『中国社会與文化』香港：牛津大学出版社、一九九三年、二七頁。
（21）林語堂『中国人』上海：学林出版社、一九九四年、二〇一頁。
（22）翟学偉『中国人的臉面観』台北：桂冠図書公司、一九九五年、九〇頁。
（23）翟学偉「臉面観的同質性與異質性」『中国人行動的邏輯』北京：社会科学文献出版社、二〇〇一年、七六頁。
（24）文崇一「親属関係與権力関係――結構性的分析」『歴史社会学――従歴史中尋找模式』台北：三民書局、一九九五年、二四六頁。
（25）翟学偉、前掲「臉面観的同質性與異質性」九〇頁。
（26）文崇一、前掲「親属関係與権力関係――結構性的分析」七六頁。
（27）費正清『美国與中国』北京：世界知識出版社、一九九九年（Fairbank, John King, *The United States And China*, Cambridge: Harvard University Press, 1958. 邦訳は、フェアバンク、ジョン・キング著、市古宙三訳『中国　下　アメリカと中国』東京大学出版会、一九八六年）、一二五頁。
（28）羅素、伯特蘭著、泰悦訳『中国問題』上海：学林出版社、一九九九年（Russell, Bertrand, *The Problem of China*, Bertrand Russell Peace Foundation Ltd. 1993. 邦訳は、ラッセル、バートランド著、牧野力訳『中国の問題』理想社、一九七一年）、一六一―一六二頁。
（29）三者のあいだすべてに〈人情〉関係が築かれている場合、そこには交換の平衡が成り立つ。詳細は本書第二部第四章「中国人の〈関係〉のベクトル――インターネット社会がもたらす転換の可能性――」を参照のこと。
（30）戈夫曼、欧文著、馮鋼訳『日常生活中的自我呈現』杭州：浙江人民出版社、一九八九年（Goffman, Erving, *The Presentation of self in Everyday Life*, Anchor, 1959. 邦訳は、ゴッフマン、E著、石黒毅訳『行為と演技――日常生活における自己呈示（ゴッフマンの社会学　一）』誠信書房、一九七四年）、二〇一頁。

（31）斯考倫、羅納徳、蘇珊・王・斯考倫『跨文化交際——話語分析法』北京：社会科学文献出版社、二〇〇一年（Scollon, Ronald, and Suzanne Wong Scollon, *Intercultural Communication: A Discourse Approach*, Blackwell, 1994）、二九—五八頁。

第三章　中国の官僚の作法と技術
──「偏正構造」と「顔［臉面］」のはたらき──

中国人は、日常生活においても、あるいは国家の重要な問題を考える際にも、「顔［臉面］」を非常に重視する。だが、いったい「顔」とはどのような含意をもち、〈関係〉においていかに営まれているのだろうか。これは、微妙かつ複雑な問題である。中国人の生活のなかで、「顔」はいまさら定義するまでもなく、誰もが分かるものであり、また誰もがその規則にしたがって行動している。しかし、これを学術的に捉えようとすると、その意味合いや作用は捉え難く、記述はにわかに明確さを欠く。本章では「顔」の含意から説き起こし、それが導く相互行為によって作り出される「偏正構造」から、「顔」の営みのメカニズムを理解する。その際、営みの法則をより分かりやすく説明するため、四つの物語を事例として紹介したい。ここで紹介される物語のなかには、中国で非常によく知られたものもあるが、いずれも「偏正構造」や「顔」の営みといった観点からは検討されてこなかったものである。読者は、これら四つの物語やその分析を通して、中国人のいう「顔」というものが何を意味するのか、それが中国人の社会生活や政治生活においてどのような意義を持つのか、つかむことができるのではないだろうか。

中国社会の成り立ちおよびその特性については、様々な学問領域から研究が為されてきた。例えば、歴史学者である黄仁宇はマクロな視座に立ち、中国社会の構造を「サブマリン・サンドイッチ（submarine sandwich）」ないし「逆ピラミッド」と形容した(1)。我々はこの逆ピラミッドに、巨大な官僚機構の存在を見いだす。これに対し、社会心理学者である黄光国はミクロな視座から、〈人情〉や〈面子〉にもとづく複雑な社会的相互作用のモデルを作りあげ、人々の日常生活における（さらに官界における）行為が、儒家思想の影響を受けていると解釈した(2)。さらに、人類学ではミクロともマクロとも言い難いアプローチがなされてきたが、なかでも大きな影響力をもっているのが、費孝通の「差序格局」の理論(3)とフランシス・シューの父―子関係（father-son dyad）についての理論である(4)。私自身はと言うと、中国社会の成り立ちは、（例えば「国家」という言葉が国と家から構成されることに示されるように）ミクロとマクロがつなぎあわされた連続体として理解すべきであると考えている。これまでに提起された中国社会の解釈に関わるモデルも、有効なものは往々にして、ミクロとマクロの両端を貫くような理論構造を成しているではないか(5)。近年、欧米の中国研究者によって、このような視座から、清末の朝貢モデルと国際関係におけるその挫折についての研究が出されているが、こうした研究は明らかに、往年の研究よりも、中国人の思考や行動のロジックを正しく把握できていると思う(6)。

　そこで本章では、中国人の「顔」の営みに見られる特徴から、ミクロな社会的相互作用モデルを提起し、それをある種の構造として転用することにより、よりマクロな次元に関する議論を展開してみたい。むろん、「顔」の営みという問題は本来、心理と行動のミクロ次元の研究テーマであり、そこから得られるいわゆるマクロな構造も、客観性をもつ構造というより、ある種の表象としての構造ないし表象的リアリティである(7)。このような構造は、社会学理論の伝統においては、主に、社会成員の動機や意思の方向を反映したものとして扱われ、社会の客観的構造と一致するものか否かが議論されてきた。両者が一致するという見方は、マルクスの理論からブルデューの象徴資本（ブルデューは文化資本、経済資本、社会資本などにより象徴資本が構成され、それが国家資本を成すと論じた）に関する理論にいたるまでとられてきた見方であり(8)、対して、不一致についてはフーコーのディスクール分析（言説分析）にいたってようやく明示された見方である(9)。私の見るところ、欧米におけるこのような研究パラダイムの違いに類似した対立軸は、中国の伝統的社会構造においても、しばしば確認されるものである。それは、表現的構造の内部における不一致、すなわち、表層構造（言説およびその制度的布置）と深層構造（実際の行動原則）とのあいだの不一致として顕現する。近年、歴史学者のあいだには「潜在的規則」という言葉でこの種の不一致を表現した研究もあるが、[10]私が思うに、「潜在的規則」とは、中国社会にこのような不一致が「ある」、「存在する」ということを意味しているにすぎない。私が議論したいのは、「それ（不一致）がどのようなものか」である。以下の議論では、中国の官僚主義の事例を、私の理論的思考を支える材料として紹介していきたい。まずは、便宜上、「顔」に着目し、その表現的構造がどのようなものなのかを論じてみよう。

一　「顔」の捉え方と「偏正構造」モデル

中国の社会文化において「顔」がもつ重要性については、ここで繰り返す必要もないだろう。私はこれまでにも他の機会に中国人の「顔」についての考え方を論じてきたので、[11]重複を避けたい。ただ、後に展開する議論をよりよく理解してもらうために、「顔」に対する考え方から派生したと考えられる社会構造について簡単に紹介をしておこう。

私が思うに、「顔」が中国において有する基本的な意味あいとは、ある主体が、[12]自らが属する社会圏によって認知された「正しき者」たるがための基準――例えば、道徳規範、礼儀や廉恥、社会的風習、ローカルな習俗、あるいは幇会内部の規則など――にもとづき（あるいはそれに迎合するために）表現する形象である。この形象がひとたび現れてくるや、それは自ずと、所属する社会圏からの様々な反応――議論や評価など――を受けることになる。〈面子〉とは、当該主体が他者からの正／負の評価にもとづいて作り出した自己感受あるいは自己承認を指す。そのうち、肯定的な自己承認は、中国でいうところの「〈面子〉がある」状態であり、名声や名誉、社会的賛同を獲得したり、光栄に感じたりする状態をいう。一方、否定的自己承認は「〈面子〉がない」状態であり、「名誉掃地（名誉が地に落ちる）」、「斯文掃地（知識人が堕落しきっている）」、「無地自容（身の置き所がない）」、「羞愧難当（恥ずかしくて決まりが悪い）」などの表現に相当する。したがって理論的に見れば、ある主体の〈面子〉の有無や大小は、その「顔」の表れの状況によって決まることになる。言い換えれば、もしある人物が社会的称賛を得たいならば、まずは自身が居住まいを正すことが重要である。儒家が「君子の人格」を説き、「修身」を繰り返し強調したのは、まさにこうした考えに沿うものである。

だが実のところ、このような「顔」の営みに関する理想型は、中国人の実際の相互行為のなかでは発現しにくい（正しき人たるべしという儒家の思想が、中国では貫徹されえなかったとも言える）。そのことを示すため、ここで思考実験をしてみよう。ある人の何らかの行為に対し、賛否様々な議論を表明することができ、かつ他者の顔色を窺う必要もないという状況を実現するためには、まずこの社会は、何でも言いたいことを言える社会でなければならない。そしてもし、異なる意見の存在が容認され、異なる地位の者のあいだでの平等な対話が容認され、あるいは、発言をする際に人の恨みをかわないかどうか気にしないでもすむ環境があるのならば、そのような社会に〈面子〉の問題などそもそも存在しないであろう。あるいはたとえ〈面子〉の問題があったにせよ、礼節あるいは印象操作の域を超えるものではないだろう[13]。だが儒家の影響を受けてきた中国社会に、このような仮説が成り立たないことは明らかである。中国人の社会的付き合いは、まずは（少なくとも形式上は）温和、義侠心、人情、「成人之美（人の美を成す）」といった心理的基礎の上に成り立っている[14]。これは、物事を為すときの原則として、人の機嫌を損ねたり、〈面子〉を傷つけたりしないよう気をつけるという意味である[15]。このため、〈面子〉という問題が表す心理的傾向により、人々は、付き合う相手の機嫌をとろうと心を砕く。そして、このような心理的慣性により、〈面子〉があるかどうかは、個人の自己形象をいかに発揮できるかではなく、他者が〈面子〉を与えてくれるかどうかに起因するものとなる。言い換えれば、このような社会においては、結局のところ、自身の印象操作如何よりも、他者からの肯定的評価を獲得することに期待をかけ、そうしてはじめて〈面子〉があると実感できるのである[16]。このような付き合いのモデルにおいて、我々は通常、〈面子〉を相互に与え合うものとして認識する。しかしここにひとたび地位という変数が加えられると、それにともない単方向の力（構造的圧力や権力）が生ずる。この力の影響により、相互行為においては、地位のある側が、自身のパフォーマンスがどうかにかかわらず、相手側に〈面子〉を立てさせるというやり方をつうじて、自らの〈面子〉を守ろうとする。

これまで見てきた「顔」の営みに関する枠組みから、我々は中国社会が〈面子〉を守るために、それに即した表現上の構造を形成してきたことに気付く。これを私は「偏正構造（偏と正の構造）」と呼んでいる。このような構造があってはじめて、〈面子〉の営みが単方向的でありながらも、とにもかくにも保証されるものとなり、つまりは、「顔」の営みが〈面子〉を立てるのに有利な方向へと発展できるのだ。

中国社会の構造的特徴については、多くの学者が似たような議論を提起してきた。なかでも、「偏正構造」に最も近いものは、一部の学者によって提起された主従構造の議論である[17]。私見では、主従構造は実のところフランシス・シューが述べた父子構造に近いものであるが、父子構造よりもいっそう抽象度が高く、様々な場面に現れる中国の社会や政治の特徴の解釈に有用である。しかし他方で、この主従構造は、父子構造の内容を含みこんでおり、その意味で、中国の伝統文化の核心概念である「孝」と高い同質性を有している。その他に、類似した観点を打ち出しているのが、金耀基がかつて提起した非対称関係の議論である。金自身の解釈によれば、この概念は主従構造と同様のことを意味するものである[18]。以上の先行研究を踏まえたうえで、私は、主従構造は主に服従、従属、忠誠などの面に現れるが、実際の状況は、こうした構造でとうてい捉えきれないような複雑さを有しているということを、事例とともに分析したい。

「偏正構造」は、相互作用における地位差についての認知に基づいている。その本義は、中国語の語法における言葉の組成のあり方に由来する。中国語の文字体系において、「中心」という語彙から延伸可能な意味をもつ語彙には、中央、中間、核心、重点、重心、中正（偏らずに公平であること）、正中（真ん中）などがあり、他方、「偏」という語彙は、傍らの、側面の、重要ではない、傾いた、不正な、補助的な、といった意味をもつ。そして、「偏正」という語の「偏」と「正」の修飾関係は、限定と被限定の関係である。「偏」が限定する語であり、「正」が限定される語となる。ここで、この語の構造を社会構造に適用させることはすなわち、「周辺［偏位］」と「中心」のあいだの特定関係について考察することに均しい。周知のとおり、「中心」を設定することは、常に、中国人にとってきわめて重要な政治的、文化的、社会的な意識であり、観念である。「中国」という名それ自体も、このような認識に端を発するものである。

そして同時に、いわゆる「中心」を確定するというプロセスは、見方を変えれば「周辺」に対し「中心」に寄り集まり「中心」を取り巻くことを要求するプロセスでもあった。もし「周辺」に対する求心的傾向がなかったならば、「中心」という地位はさほど突出したものとはならず、強調もされず、見栄えも不十分なままであっただろう。いわゆる「衆星捧月（大勢の人が尊敬する人をあがめる）」や「夫唱婦随（夫の言うことに妻が従順に従う）」といった慣用句は、まさにこうしたイメージを示す比喩である。これらの意味あいを踏まえるならば、「偏正構造」には、父子構造や主従構造における「正位」への服従、帰順、従属、忠誠といった意味のみならず、中心に対する称揚、美化、ごますり、称賛、擁護、朝貢といった意味も含まれる。そして、後者の意味あいがもつ社会学的意味は、〈面子〉の作用をつうじてこそ現れてくるものである。そして、ここでいま一度注意を喚起したいのは、後者の意味に示される作用は、単に前者の作用に付随的に加えられたものではないということである。

　中国社会において、問題を複雑にしているのは、「中心」の確定が既成の社会的事実として構造的に定まる性質のものではなく、ウィリアム・トーマス（William I. Thomas）が言うところの「状況により定義される（definition of the situation）」性質のものだということである[19]。言い換えれば、どのような人も、あらゆる場面において「中心」的位置に居続けることなどできず、時々の状況が織りなす構造と境界にもとづいて、その都度、「偏正構造」の構成が決まっていく。いわゆる「天高く皇帝遠し（中央政府の権力は辺鄙《へんぴ》な地方には届かない）」も、ある特定の状況下で定まった結果にすぎない。もしある状況において皇帝が現れないならば、中心は皇帝にあるのではなく、誰か別の土着の皇帝にあると言うこともできるのだ。それゆえ、私が別の文章で指摘したとおり、中国とは、一人一人が皆権威を有する社会[20]、誰が権威をもつかが、具体的な場面如何によって決まる社会なのである。梁漱溟は、これについて「中国人とは本来、皆が従順な被統治者であると同時に、皆が皇帝なのである」という言葉で、より具体的なイメージを提示している[21]。役割の相互作用という観点から見るならば、「偏正構造」が形成されるということは、すなわち一つの権威―非権威関係がうち立てられたことと同義であると言える。さて、中国社会の有するいま一つの特徴は、権威とはすべからく（合法的な)正しさを意味することにある。すなわち、権威とは正しいものであり、正しいものが権威あるものなのである。ゆえに、権威を肯定することはその正しさを肯定することであり、正しさを肯定することはそれが権威あるものだと肯定することに等しい(22)。一旦このような肯定が為されるや、その「周辺」に位置する者は、どのようにしたところで権威者の正しさには太刀打ちできなくなり、ましてやその権威に疑義を呈するなどもってのほかとなる。むろん、このことは、「周辺」構造に位置する人々が正しくない、正しくある余地がないという意味ではない。そうではなく、周辺の者の正しさは、「中心」に位置する者に肯定されてはじめて「正しい」と認められるということである。要するに、このような構造において、いわゆる「正位」の正しさは、疑義にさらされることもなく、それ自体が権威者によって確定されるものであって、客観的事実や検証による証明を必要としないものである。権威というものの性質をこのように理解すると、それが一旦疑義にさらされるや、それはすなわち「顔」を失うことを意味することが分かるだろう。〈面子〉を守るために、権威者は、たとえ自らの過ちが明白であったとしても、その過ちを認めることができない。過ちを認めることは、中国の権威者(子供に対する家長も含む)にとって非常に難しいことなのである。

儒家の思想において、「孝」の観念はまさにそのようなものであった。いわゆる「この世のなかに悪い親はいない」「天下無不是之父母」というのだ。だが驚くべきことに、このような観念は、儒家が称揚する「正直な人間たれ」という考え方と矛盾をきたすものでもある。正直者は、常に正直に話し、正直に行動してしまうからである。まさに、王充《おうじゅう》が言う「賢儒、世の事理をよく弁えられる者なり」(『論衡《ろんこう》』状留篇)には、正直であろうとすれば必ずや他人の恨みを買うということが示されている。このような重要な論理に対し、儒家は迂回策をとった。『論語』は次のように述べる。「葉公《しょうこう》、孔子に語りて曰わく、吾が党に直躬《ちょくきゅう》なる者あり。其の父、羊を攘《ぬす》みて、子これを証す。孔子の曰《のたま》わく、吾が党の直《なお》き者は是れに異なり。父は子の為に隠し、子は父の為に隠す。直きこと其の中《うち》に在り」(『論語』子路《しろ》)と。これは、いわば孔子が自らの価値体系の内部矛盾に対しとった譲歩と言える。儒家の思想の内部には、常に、直言と従順のあいだに緊張関係が存在してきた。儒家の思想体系において、この緊張関係を解消する方法は、諷戒《ふうかい》することを除くならば、つまりは、「志の従わざるを見ては、また敬んで違わず、労えても怨みざれ」(『論語』里仁)となるのであり、あとは、権威者自身が「吾、日に三省す」を実行し、自ら改めるのを待たねばならないのであった。

以上の議論を通して、我々は、「偏正構造」のなかから中国人の社会的行動の構造に関し、次の三つの仮説を導き出すことができるだろう。第一に、中国人は時々の状況に応じて、常に、「中心」的人物を探し出し、確立しようとする。第二に、「中心」の確定はすなわち、権威ならびに正しさの確定を意味する。また、それにより、相互に〈面子〉を立て合う関係が成立する。第三に、中国人のこの種の心理的傾向は、構造上ないし形式上の調和を導く。

ところで、わたしの提起した「偏正構造」は、ミクロともマクロとも言えるようなものであるが、ここでこのモデルを中国社会における官僚主義の文脈に当てはめて考えてみたい。エチアヌ・バラーシュ(Etienne Balazs)がかつて歴史の視座から指摘したように、中国は社会構造それ自体が官僚主義的である[23]。このような構造において官僚の組織化にはどのような方法がとられるのかを、より詳細に検討してみたい。その基礎として、以下では、実際に起こった四つの事例を検討する。というのも、私自身、中国人を研究する際には、叙事的方法で、中国人および中国社会の特徴を明らかにすることこそ良い方法であるという感覚を強くしているからである[24]。多くの深遠な道理についてくどくど解釈するまでもなく、事例の叙述自体が、その営みのロジックを十分に映し出しているのだ。むろんそれら事例は、いずれも研究者(私)自身の体験や読書、問題意識や社会的認知などにもとづいて選択されるのであり、どれほどの蓋然性をもつかについては、また別の論文で、方法論的に説明を加える必要がある。

以下に検討する事例を選ぶ際は、選択の基準として次の諸点を考慮した。まず、扱う事例の時期については、清末から今日まで、おおよそ百数十年の広がりをもたせた。これは、官僚のありようは、中国において決して新しい問題ではなく、伝統的性格、持続的性格を有するものだからである。第二に、「顔」の営みをつうじて「偏正構造」がどのように現出するのかを明らかにするために、ここでは事例の数には重きを置かず[25]、事象の過程や文脈、そこに顕現される営みの特徴に焦点を当てて論ずる。無論、各事例はそれぞれ、都市と農村、様々な行政レベル、異なる地域について網羅しており、この構造が限られた地方、限られた次元にのみ成り立つものではないことを裏付けている。第三に、四つの事例のうち三つは、かねてより小説やテレビドラマ、地方劇になったり、出版物として刊行されたりして、人々に広く知られ、その文学的意義とともに、中国社会に非常に大きな影響を与えたものである。しかし、先行研究が不十分であるため、いずれの事例の検討においても、残念ながら、価値ある細部についてはいまだに不明瞭な点が存在する。そして、より深い理解に役立つよう、第四の事例として、似たような問題を抱えている個人に、私が自らインタビューした結果を一次資料として紹介する。

二　事例一「偏正構造」の営み——度重なる過ちと〈面子〉の挽回について

最初に紹介する事例は、清末に発生した「楊乃武と小白菜」の事件である。この事件は当初、『申報』に発表され全国を騒がせ、その後小説として版を重ねたほか、評弾〔寄席芸能の一種〕、劇、さらにはテレビドラマなどでも取り上げられ、中国全土の人々に広く知られるところとなった。今日、この事件については、主に法律、とりわけ司法の角度から研究されることが多いが、私もまたかつて社会学の角度から、この事件に見られる〈関係〉の営みについて分析したことがある。[26] かつての文芸作品の多くはフィクションであるため、この事件の真相も不明な点が多い。しかし今日、学者の手によって檔案館所蔵の大量の一次資料をもとにした分析が為された結果、ことの要点が明らかになってきた。[27] それをもとに整理し、まとめたものが次の記述である。

楊乃武は浙江省余杭県の人であり、かつて浙江省の一〇四番目の挙人〔科挙の郷試に合格した者〕であった。暮らしむきはやや裕福であり、家は三間の新築であった。小白菜は本名を畢秀姑といい、幼くして父を亡くし、母の再婚にともなって余杭県の県城にやって来たが、一六歳の時に隣人であった豆腐屋の葛品連に嫁いだ。二人は結婚時には家がなかったので、楊乃武の新居の一間を借りていた。葛品連は朝早く出て夜遅く帰宅する生活であったため、小白菜は楊乃武とともに食事をとり、また彼に読み書きを習い、それにより周囲の者の誹《そし》りを受けていた。一年後、楊乃武が家賃を値上げしたため、葛品連と小白菜は楊の家から引っ越しをした。

同治《どうち》一二年（一八七三年）一〇月九日、葛品連は体の不調を覚え嘔吐し、帰宅後に横になったあと、妻の小白菜に薬を買いに行かせ、それを飲んだ。服用後、病状はさらに悪化し、その後、手を尽くしたが治療の甲斐なく死亡した。葛品連の死後二日目の晩に、口や鼻から血が流れているのをみた義母らは、毒殺されたのではないかと疑い、役所に検死を依頼した。

余杭県の県知事の劉錫彤は当時七〇歳、天津の人であり、余杭県の県知事を務めるのは二度目だった。彼が知らせを受け、検死に向かおうとしていたところ、ちょうど生員《せいいん》（科挙の最初の試験に合格した者）であった陳竹山が往診にやってきた。劉と陳はふだんから密に交際していたため、陳竹山は、街で聞いた小白菜と楊乃武に関する噂話を劉錫彤に教え、これが二人の共謀による毒殺なのではないのかと述べた。現場に着くと、劉錫彤の二人の部下が検死をし、毒殺であったかどうかが議論となった。劉錫彤は事前に陳竹山に聞いた話に影響され、これを中毒死であると認定し、小白菜を呼び出し審問することにした。手ひどい拷問を受けたあと、小白菜はそれに耐えきれずに嘘の供述をし、楊乃武と不貞行為があったことを認めた。その時はすでに夜も更けていたが、劉錫彤の部下が楊乃武の家にやってきて、彼を強制的に県衙にひきたてた。審問中、楊乃武は心中怒り態度が悪かったために、劉錫彤はますます彼の罪を咎めたくなった。ただ、楊乃武は挙人であったため、刑に処すことができない。そこで劉錫彤は翌日、杭州知府《ちふ》の陳魯に報告書を送り、また、浙江巡撫《じゅんぶ》を通して同治皇帝に上奏文を送り、その批准を得ると、楊乃武の挙人の身分を剥奪した。一〇日後、すべての書類が杭州知府の陳魯のもとへ送り届けられた。だが、その中には公稟（公的上申書）が欠けていた。実のところ、これは劉錫彤によって握りつぶされていたのだった。なぜならこの公稟には、小白菜が毒をもったと供述した時間に自分はそもそも余杭城内にいなかったことを、家族や親友に証明させて欲しいという楊乃武の主張が書かれていたからである。

挙人の身分を剝奪された楊乃武は、陳魯の激しい拷問に耐えきることができず、罪を認めた。陳魯は真相が明らかとなったと考え、毒を販売した者を部下に捕まえさせ、証言させようとした。だがその人物名は楊乃武が自白を強要された際にでっち上げたものであったので、劉錫彤はまた抜かりなく手配し、薬屋の店主に偽証させた。その結果、「動かぬ証拠が揃った」こととなり、陳魯は斬罪《ざんざい》を言い渡し、浙江按察使《あんさつし》に報告した。按察使はこの件に関しては疑念をもっていたので、劉錫彤に問いあわせをした。だが劉錫彤が問題ないことを保証すると、この件は浙江巡撫の楊昌濬の手に委ねられることとなった。楊昌濬もまた確信するに至っていなかったので、ひそかに人をやり調べさせたが、劉錫彤が事前に策を講じていたため、その結果は供述内容と符合するものであった。そこで楊昌濬はこの案件を朝廷へと報告した。この間、楊乃武は獄中にて、拷問のために無実の罪を認めさせられたことを記した上申書を書いており、姉らに渡し、それを北京の都察院《とさついん》に提出しに行ってもらった。都察院はその告訴を受けとると、浙江巡撫に再審査を要求する文書を送った。そこで楊昌濬は再び、この件に関する事実を確かめるよう陳魯に任せたが、その結果は当初の判断を維持するものであった。楊家はこれを不服とし、楊乃武の妻である小楊詹氏が再び資金を調達し北京へと赴き、歩軍統領衙門に資料を渡し、後にそれは同治皇帝の手へと渡った。皇帝は浙江巡撫が自らこれに対処するようにと勅旨を出し、楊昌濬は今度は別の官僚に事にあたるよう手配した。この官僚は、現状に問題があると思ってはいたが、それが、楊昌濬がそれまでに下してきた結論と齟齬をきたすものであったため、結局うやむやにしてしまった。この時、ちょうど同治皇帝が崩御し、また他の国家的な問題にも遭遇したので、この件については先延ばしされることとなった。

以上のように事態が展開を見せている最中、『申報』の記者が、事件の経過を報道し、国内に少なからぬ衝撃を与えた。刑部《けいぶ》給事中《きゅうじちゅう》の王中瑞がこの件の再審理を皇帝に上奏し、皇帝が浙江学政《がくせい》の胡瑞瀾に対処するよう命じたのだが、その時もやはり当初の判断が覆されることはなかった。

だが、すでにこの件が全国的な関心を呼び起こしていることに鑑み、戸部《こぶ》給事中の辺中泉は次のような意見を上奏した。すなわち、胡瑞瀾は楊昌濬の部下であったため、楊昌濬の機嫌を損ねるようなことができず、その肩を持たざるをえなかったのではないか、と。そのうえで辺中泉は、胡瑞瀾自身も事件の処理に関しては経験がないので、皇帝におかれては、この件を刑部に任せ、再審理するようにしていただきたい、と申し出たのであった。皇帝はこの意見に同意はしなかったものの、刑部に調査するよう命じた。すると、その再調査の過程で疑問点が浮かび上がってきた。この時、刑部戸部などの一八名の浙江出身の在京官僚が、連名で都察院に書状を提出した——いわく、今後は二度と胡瑞瀾をこの件の審理にあたらせてはいけない、刑部に対処を任せるべきであると。皇太后はこの要望を認めた。そこで刑部はすべての関係者について調べるだけでなく、葛品連の棺までも北京へ運び、再調査を行った。葛品連の棺を開けて検死をやり直すと、はたして楊乃武と小白菜の共謀による毒殺は成立しえないことが分かった。結局、この件にかかわった官僚十数名が罷免されることになった。だが、楊乃武と小白菜がともに食事をしたり、楊乃武が小白菜に読み書きを教えたりしたことは周囲の疑念を招くようなことであったとされ、楊乃武は棒叩き八〇回に処されるとともに挙人の身分も回復不能とされ、また小白菜は棒叩き百回に処された。このときすでに光緒三年(一八七七年)となっており、事件開始から計三年あまりの時間が過ぎていた(28)。

この事件のなかには、「偏正構造」という枠組みにおいて議論するに値する論点がいくつか見られる。第一に、この事件の元凶となった劉錫彤は、なぜ誤った判断を最後まで続けてしまったのかという問題である。彼に賄賂を渡していた者がいたためだろうか。答えは否である。あるいは、小説で描かれたように、自分の息子が巻き込まれてしまっていたからであろうか。それもまた違う。ことの真相を記録した檔案にはこの点が記されてはいない。では、劉錫彤があのようにふるまったのはいったいどのような理由によるのか。第二の点。この事件は何度も(七度)、行ったり来たりしており、この間、事件に携わった官僚は皆、事件の処理に疑問点があることを認めていた。本来ならばもっと早くに当初の誤った判断を改められたはずである。なぜ彼らは、手を引いたり、あるいは最初の判決を維持したりしようとしたのか。劉錫彤の行った偽装がこれらの官僚を欺き通せるほどに巧妙だったからだろうか。明らかにそうではない。捜査にあたった官僚なら誰でも、検死しなおすことができたからである。第三の点。中国の都市や農村では人命にかかわる事件が少なからず起こっており、誤った判決が下されたり、犯人を取り逃がしたりする事案も多々あった。それではなぜ、一八名の在京の官僚らはこの事件のために連名までして太后に上奏し、この事案を北京に送り再審理するよう訴えたのか。檔案資料の記録にもとづくならば、これが、一八名の浙江省出身の在京官僚の連名によって上奏されたものであることは確かであるが、ではなぜ、皇帝の勅旨と刑部の上奏文において、「一八名の浙江の紳士」と記されたのだろうか。第四の点。この事件の真相が明らかになった後、なぜ無実であった楊乃武と小白菜は、なお棒叩きの刑に処されなければならず、楊乃武は挙人の身分を回復することができなかったのか。

実のところ、これらの問いの答えはまったく複雑なものではない。これら多くの問題は、いずれも〈面子〉の営みに関わっているものなのである。まず、劉錫彤の誤審は、表面的には一つの言い分だけを聞いて信じてしまったことによるもので、過失といってよいが、このような過失はそもそも簡単に改められるものである。しかし、彼が自らの過失を改めようとせず、改めたくもなかったのは、単に楊乃武が彼に法廷の場でたてついたからとか、あるいは楊を眼中に置いていなかったからとかいう理由だけではない。楊乃武の娘の楊浚の言によれば、楊乃武は法廷の場で、言われもない理由で罪をきせようとしている劉錫彤を叱責した[29]。またその他の歴史資料に記載されている内容によれば、劉錫彤がかつて着任のために船で当地に向かっていたとき、恭《うやうや》しく着任を待ち、銅鑼《どら》や太鼓で歓迎し、劉の〈面子〉を立てた地方県衙たちとは対照的に、(風水に鑑みて)わざと異なる水路を行き、楊乃武の船とぶつかりそうになった劉錫彤に対し、楊乃武は不敬な言葉を発し、劉錫彤の面目をつぶした。さらにその五年後、楊乃武が挙人になった時、楊が拝謁し、宴に招待した官僚のなかに劉錫彤の名前がなかったことも、劉の〈面子〉をつぶした[30]。このように、動機という観点から見れば、楊乃武が犯罪の嫌疑をかけられていると聞くやいなや、劉錫彤がすぐさま断案してしまったことも説明がつく。劉錫彤自身も自信がなかったものの、この機会に乗じて計略を巡らし、恨みを果たそうとしたのであった。他方、この事件に巻き込まれることとなった官僚の胡瑞瀾は、意図せぬままに劉錫彤の協力者となっていた。胡瑞瀾はこの案件の判決がひっくり返ってしまうことを恐れ、念入りにも「供述調書」をでっちあげ、そこで楊乃武の主張をくり返し否定し、さらに楊の家族の不正行為を煩を厭わず羅列することで、局面の挽回を図った[31]。それゆえ、もし当時、北京での審査の際、棺をあけての再検死という方法をとらないまま再審理に臨んだとすれば、この事件の結末がどうなったのかは定かではない。さらに、官僚組織においては、すでに定まった結論が、再審理にきた官僚によって棄却され審理し直されるという事態は、「顔」という観念からみて、自分で自分の口を殴りつけるようなものである。いわゆる「官官相護（官僚同士がかばい合う）」とは、官僚世界で、すでに定まった結論が、官僚同士の〈関係〉ネットワークによって擁護される状況を指す。むろん、本事例のなかで提出された上奏文が示すように、官僚システムのなかにも直言を厭わない官僚はいるのだが、彼らは「周辺」に位置しているため、主流を成すことはできないのだ。だが、それを実現させるために、一八名の在京の官僚が連名で皇太后に上奏した。これはいったいなぜなのか。彼らが正直者であったためであろうか。そうではない。その理由もやはり簡単である。これらの在京の官僚は皆浙江省出身者であり、今回のように穴だらけの事案が浙江省で起こり、しかも浙江省の挙人の身の上に降りかかったということは、浙江省の知識人らの顔に泥を塗る事態なのであった。楊浚の言葉を用いるならば、今回の件が「浙江の読書人の名声に関わること」であったため[32]、彼らは共通の仇に敵愾心《てきがいしん》を燃やし、共に行動を起こしたのである。そして、最後の点に関してであるが、事件については実際に誤った判決が下されていたのであり、朝廷内外でも騒ぎが大きくなっていたため、判決は改められるよりほかなかった。しかし、過ちを正すということは、すなわち朝廷が誤っていたことと同義となってしまう。朝廷が過ちを犯すことなどありえないのであり、なんとかして朝廷の「顔」をたてなければならなかった。朝廷の〈面子〉を取り戻すために、まずなされたのが、一八名の在京官僚を均しく紳士としたことであった。つまり、彼らは朝廷内部の人間ではなく、ただ彼らの意見が朝廷に採用されただけのことだ、という虚構が作られたのである。そうしなければ、官僚が官僚を告発したということになり、常軌を逸してしまう。次に、楊乃武の身分の回復は、そもそもできない話だった。なぜなら、楊乃武から挙人の身分を剝奪したのは同治皇帝その人であったからである。身分を回復させれば、それはすなわち、皇帝が過ちを犯したということになってしまう。皇帝が過ちを犯すことなどありえないのだ。さらに、この事件では、楊乃武と小白菜に対し穏便にすませることは不可能であった。朝廷の命を受けた官僚がこの件について誤った判断を下したとはいえ、そもそも楊乃武と小白菜の二人の行為には節度がなかったのである。もし楊乃武が男女の決まりを固く守り、小白菜が三従四徳《さんじゅうしとく》（昔の中国の女性への教え。三従とは、幼少時は父に従い、嫁いだ後は夫に従い、年老いたら子供に従うことを指す。四徳とは、女性として節操を守り（婦徳）、言葉遣いに気をつけ（婦言）、身だしなみに留意し（婦容）、家事に勤しむこと（婦功）を指す）を順守していたならば、このようなことは起こりえなかった。そのため、彼らはやはり棒叩きにあった。結局のところ、彼ら二人も、やはり過ちを犯していたのである。

三　事例二「偏正構造」における「中心」の問題――誰の〈面子〉が一番重要か

次に検討する事例は、一九九〇年に発生したものである。私はこの事例と先に検討した事例一とを結びつけようと意図しているわけではない。だが、非常に都合のよいことに、この事例の主人公自身が、自らを楊乃武に擬えている。例えば、彼が総書記に渡した意見書には次のような言葉がある。「もし総書記が解決もできず配慮もしてくれないのならば、私は楊乃武が言ったように『金輪際官僚を訴えたりせず、恥を耐え忍び、余生をいたずらに過ごすのみである！』[33]」と。むろん、楊乃武本人がこのような言葉を述べたのかどうかについて考証する術はなく、ひょっとすると、テレビドラマのなかの楊乃武が述べていただけなのかもしれない。

事件の概況は次のとおりである。

劉建軍は保定地区の軽紡（軽工業・紡績工業）局の副局長であり、また省の「内部資料」に関する特約通信員でもあった。彼は、自らが入手した一通の民事訴訟状と自らの状況理解を書き添えた手紙を省の指導者に送った。そこに綴られていたのは、次のような内容であった。河北省のある地区の共産党委員会書記の息子が飲酒運転をし、一人の女性工場労働者をひき殺したのだが、判決は懲役二年に執行猶予がついたものであり、さらに執行猶予期間中に、検察分院の批捕処（逮捕を許す部署）の検察官となり、手に銃をもってあちこちで人を逮捕している。さらに、この党地区委員会書記が廉潔な人物の典型であるというのは嘘であり、彼は陰で不平不満をぶちまけ、省指導部が自分を党省委員会副書記にさせないことを罵っている、などである。この手紙は匿名であった。だが、思いもよらないことに、投函後、当人の手に渡ってしまい、公安庁の者が筆跡鑑定をした。その後、市の規律検査委員会の指導者が劉建軍のもとへ来て、処分を受けることになるので準備をしておくようにと告げた。劉建軍は不服だったので、この処分が下される前に、市と地区の党委員会に赴き数名の指導者を捕まえ話をした。だが、彼らの回答は基本的にはどれも、この手紙は書くべきではなかった、今となってはもう手の施しようがない、処分を待つしかない、というものであった。数日後、処分が下された。それは次のようなものであった――劉建軍は事実を捏造し、×××同志を陥れようとした。また省委員会の指導者間の人間関係を乱し、省委員会を分裂させようと企て、省委員会の指導者と×××同志に悪しき影響をもたらした。共産党地区委員会規律検査委員会の調査結果と、共産党地区委員会による検討および許可を踏まえ、劉建軍は党からの除籍処分とする。また、当該地区の軽紡局副局長の職を罷免するよう提言する、と。劉建軍は当初署名を拒み、この件に関しては十分な調査がなされていないと考えていたが、（署名をしないと手続きを進められず、任務が果たせなくなるという）事務員の圧力を受け、結局、異なる意見を書いた後に署名をしたのだった。こうなってしまっては仕方がないので、劉建軍は上部に直訴することにした。彼はまず省の規律検査委員会に行ったが、そこに勤める者からこのような事案については組織部に行く必要があると言われ、劉建軍は組織部を訪ねた。しかしその組織部の部長いわく、これは省の規律検査委員会に行くべきである、と。劉建軍は彼らが責任逃れのためたらい回しをしていることを悟り、自ら省指導者の元に出向き、続けざまに党省委員会の五名の指導者と会ったが、そこでも問題は解決しなかった。ただ単に、責任をもってこの件にあたるよう規律検査委員会に指示するという言葉を得ただけであった。劉建軍は再び規律検査委員会に出向いたが、責任者は不在であった。改めて出直すと、受付の者は劉建軍にこう伝えた。すでに報告は終わっており、規律検査委員会指導者としてはこの件には介入しないという方針だ、と。

処分の決定が地方の地元紙に掲載されると、劉建軍は北京に直訴に行くことを決めた。彼は中南海の入り口付近を数十日徘徊した。その後、天安門広場にて、たまたま一人の退職幹部に出会い、彼から、飲酒運転による死亡事故から書き起こして文章をつくり、最高人民検察院を訪ねたらどうかという助言をもらった。そこで、劉建軍が検察院に行ってみると、彼に応対した人物は、信訪站（陳情処〔投書・直訴を受け付ける部署〕）に行くべきだと述べた。高等検察院陳情処では、一人の処長が彼の陳情を聞き、自動車による死亡事故については自分たちの方で処理にあたるが、劉建軍の処分に関しては自分たちの管轄ではないと答えた。その後も、劉建軍は多方面にわたる努力を重ね、ついに中国人民政治協商会議の指導者と会うことができた。この指導者は劉建軍に中央規律検査委員会に行くことを勧め、また、彼の持っている資料に一筆添え、署名をしてくれた。中央規律検査委員会の事務室の者は資料に目を通すと、規律検査の業務は手続きを踏まえなければならない（署名で判断するものではない）と述べ、劉建軍に、帰宅し現地の部門で解決することを勧めるとともに、地方組織を信じ、邪道は正道に勝てないことを信じなさいと諭した。劉建軍は失望したが、宿で一人の同郷の者に会った。この人物は、自分には中央規律検査委員会で働いている知り合いがいるという。こうしてついに、彼はようやく中央規律検査委員会の高層オフィスに足を踏み入れた。中では副処長が彼の陳述を聞いた後、この事件は解決することができると述べ、彼に帰って待つようにと言った。数ヶ月後、劉建軍は身体検査で肝臓癌にかかっていることが分かり、これ以上待てないと考え、話をきいてくれた中央規律検査委員会の副処長に電話をし、状況を尋ねた。その答えは、すでに資料は省の規律検査委員会に送ってあるので、彼らになるべく早く再調査をさせようということだった。そこで劉建軍は省の規律検査委員会に電話をしたが、その回答は、再調査をするかどうかは、主要な指導者が決定するか、あるいは会議にて決定されるものであるので、今しばらく待てというものであった。劉建軍が、これは中央規律検査委員会が自分に電話して尋ねるようにいったものであると述べると、中央規律検査委員会は自分たちには結果を督促してはいないと答えた。そこで劉建軍は、再び北京に直訴しに行くことを決めた。今回は、直接高級指導者の秘書を訪ねた。この秘書は劉建軍を、全国人民代表大会の非常に威信のある責任者に紹介してくれた。この責任者はこの件を批判し、調査しなければならないと述べた。数日後、秘書から電話連絡があった。この指導者が地方に電話してくれたものの、地方側は、劉建軍は地方が管理している幹部であるから、劉に関する決定は地方が行うと述べたという。劉建軍は仕方なく北京から故郷に戻ったが、またある人物から、自分は中央指導者の看護師長と知り合いだから、この者を訪ねてみたらどうかと言われ、三度目の北京行きを決行し、資料を送ったが、音沙汰がなかった。故郷に戻ると、またある老幹部が彼に北京の重要人物を数名紹介してくれたので、彼は四度目となる北京行きを果たした。今回は最終的に中南海の西門に入ることができ、ある同志と話をした。この人物は、劉建軍の資料を真剣に読み、河北省の××部に渡したから、彼らはこの件を重く受けとめてくれるであろうと劉建軍に告げた。劉建軍は北京で、新聞業界の友人にも会った。記者会見を開くことこそ受け容れはしなかったが、法院の行政審判庭に行ってみるべきだという助言の方は実行してみることにした。法院は劉建軍に、自分たちはこの種の事案には携わらないと告げ、規律検査部門にこの件を回すと述べた。劉建軍は再び失望した。帰宅した後、彼はさらにもう一度、北京の老首長を訪ねたが、この人物は、劉建軍に対し、たとえそれが一〇年に及んだとしても諦めずに続けるしかないということしか言えなかった。この激励を受け、劉建軍は省のあちこちの部門を訪ねたが、その結果は色よいものではなかった。劉建軍はおそらく俗世間に愛想を尽かしたのであろう、気功の大家に師事し、気功の訓練を始め、仏門に入りたいと考えるようになった。あるとき北京で行われた気功に関するシンポジウムで、彼は中央政府で働く同郷の者と出会い、自分の身に起こったことを語ると、この者は劉に党中央弁公庁に行き、書記処を訪ねるべきだと助言した。

以上の直訴の過程を振り返れば、劉は北京の関連部門に対して計二〇〇通以上の手紙を書き、その原稿の控えは二〇キロ、文字数は百万字に達していた。その宛先は、共産党中央、国務院、全国人民代表大会常務委員会、中央規律検査委員会などである。そしてある日、劉建軍は中央で働いている先述の同郷者から電話をもらい、北京に向かった。劉は今回ついに順調に中南海に入り、ある事務室のなかで涙ながらに自分の境遇を訴えた。話を半分語り終えたとき、総書記が折良く部屋に入ってきた。劉はこの千載一遇のチャンスを逃さなかった。家に帰った後、彼は血書を書き、それを総書記のもとへ送った。ここでようやく、中央規律検査委員会は保定に人をよこして、この件を調査したのだった。その過程で、調査を受けた者は皆一様に立場をひるがえし、劉に対する処分が過ちであったと述べ、加えてこの党地区委員会書記のその他の問題を告発する者も少なくなかった。中央規律検査委員会は、この案件の処理を是正しなければならないとしたが、自らが文書を発して糾すのは望ましくないとして、省レベルで解決し、地区規律検査委員会に下達するよう求めた。だが、省のなかには異なる意見があり、元々の処分を妥当とする者もいた。中央規律検査委員会はこうなってはどうしようもなく、この意見の対立についてもあわせて中央の指導者に報告し、その裁決を待った。およそ二年ののち、あの「清廉」な党地区委員会書記は各種の告発資料が事実であると認定され罷免されたが、劉建軍の処分は省レベルで管轄され、以前の決定が覆されることはなかった。中央規律検査委員会としては、省と地区の指導者とのようにこの問題を解決したらよいか相談するよりほかできなかった。そして最終的には、劉の党からの除籍処分という元々の決定は、党内の警告処分へと変更されることになった。劉はこの決定にも不服であるとし、「もし私が強運でなかったら早々に憤死していただろう。二年以上もかかって、まだ処分を受けなければいけないとは。省指導者の〈面子〉、省組織の〈面子〉はそんなにも価値があるものなのか」と述べた。そんな彼をある指導者が説得し、次のように述べた——確かに間違った処分を下した。しかし、これは集団で決めたものである。大局を考えるべきであり、「理ばかり説いて人に譲らない」のはよろしくない、それは多くの人の恨みを買うことになってしまうのだから、と。これを聞いた劉建軍は、現在の結果はすでに得難いものとなっていると考えなおし、上の立場の者たちのイメージを守るためにも、ついには今回決定された処分を受け容れたのであった。

この事件は、ある省の特約通信員が、省指導者宛てに状況報告の手紙を送ったために、その報復を受けたというものである。この一連の事件のなかで、劉建軍は様々な場所に出向いて直訴したのだが、その際にはどの指導者も、応対した者も、皆話を聞いて劉に対する処分が正しくないと認めた。だが、どのように解決すべきか、どのように誤りを是正すべきかということになると、皆がどうしようもないと考えた。これはいったいなぜであろうか。ここで、中国の行政機関にこうした問題に対処するための部署がないのだと考えてはいけない。劉が掛け合った部署自体には不足がなかったからである。また、中国の規則や制度、政策、法規に不備があったのだと考えるのも妥当でない。実際に劉は、直訴状のなかで、自分のやり方が、法律、党の規約、全国信訪(直訴)会議の文書、中央規律検査委員会の文書などにもとづくものであることを一つ一つ対照させながら説明し、自らの行為がこれら規定に合致したものであることを証明したからである。しかしながら、それでもなお、彼は処分を受けなければならなかった。これはなぜなのか。関連機構が然るべき手順を踏まえなかったからだと考えることもできない。事件の経過のなかで、事件に携わった多くの人は皆、責任感をもち、署名をせずに彼を追い返すようなことはしなかったし、指導者の署名に基づいて事を処理しようともせず、手順に則って処置にあたっていたからである。しかしそれにもかかわらず誤った決断を下したのはなぜなのか。さらに、この件に関して関係諸機関の調査が十分でなかったと断ずることもできない。実のところ、この件については現地において調査がなされずとも、人々は皆、何がどうなっているのかについて分かっていたのであり、実際に処罰の執行に関わった者も、その処分が間違っていることを知っていたからである。だが、それでもなおそのような過ちが是正されなかったのはなぜなのか。こんなにも多くの人々が、みな自分の個人的利益のためにこのような対処をしたのであろうか。間違いなくそうではない。彼らは漁夫の利を得ようとしたのか。これもやはり違う。党地区委員会書記に、中央から地方にいたるまでの関連部署の官僚に賄賂を贈るだけの能力があったということであろうか。これもありえない話である。では、このような事件が起こった理由とは、いったい何なのであろうか。

実は、私が右に羅列した「なぜ」に対し、劉建軍自身が答えを述べているのである。「私は事件を処理する立場にいたことはないが、私の訴訟が一般的な事案よりも重いものだということは分かっている。私が思うに、私の手紙はおそらく、一個人の利益にのみ抵触したのではなく、権力者の痛いところに触れ、彼らの〈面子〉を大いに傷つけるものだったのだ。位の高い官僚ほど、〈面子〉は重要だ。清廉さの模範とされた者がもし典型的な腐敗官僚であったとしたら、彼自身そのことに対してけりをつけられなくなる。そうなれば、省全体の前で〈面子〉が潰れるからである！」[34]と。

劉建軍に処分が下される前、規律検査委員会の者が劉を訪ねて話をした。このとき、ある指導者が率直な思いを語った。「この件については、我々は確かに片方に肩入れをしてしまった。×××のやり方の多くは確かに清廉潔白なものではない。だが劉建軍、君はなぜ『首を伸ばして他人に自分の首をはねさせる』ような真似をしたんだ？　多くの人間は内情を知りながら、あえてこれを語ろうとはしなかった。なのになぜ君はこれを語ってしまったのだ？」「我々が君を処罰せずには、この件の関係者から承諾を得られにくいのだ。もし×××から、党員身分を退く、または辞職する旨申し出がなされたなら、我々としてはなかなか対処しづらいことになる。彼はすでに模範となっているのであり、君がそれを攻撃した……となれば、君を処分しないわけにはいかないだろう。『腕で太股をひねる』などできるはずがない〔長いものに巻かれずにはいられない〕だろう」[35]と。

確かに、腕で太股をひねることなどできないのだ。しかし、中国の関連する組織機構およびその規約がどんなに改善されたとしても、それが「偏正構造」にもとづいてうち立てられているかぎり、組織も規則も単なる飾りと化してしまうだろう。いやむしろこうした飾り自体、「顔」の機能が実際の機能よりも重要だということを意味しているのだ。

この事例について、いま一つ検討すべき問題は、力ある「太股」とは、果たして最高組織部門ないし指導者のことを指しているのか、下級の指導者は常に最高指導者に従順でなければならないのだろうか、という問題である。実は、そのようなことはないのである。先述したように、「偏正構造」における服従とは決して硬直したものではなく、〈面子〉のはたらきと組み合わさってうまれる構造である。次のように考えてみたい。もしこの事例において、上位の行政部門と地方とが「中心」をめぐって争った場合、行政レベルの高い方が最終的に優位に立つであろうことを否定するものではない。だが「顔」のはたらきという観点から言えば、やや厄介なものとなる。というのも、処分を受けた人間の名誉回復が重要か、それとも地方官僚たちの恨みを買わないようにすることが重要か、この利害を天秤にかけると、結果は明白だからである。一人の人間の名声のために、自らが身を置くシステム内部の官僚の〈面子〉を損なうならば、その結果として、下級の者たちはそれ以降、官僚の技術をもって下の者に対処するのみならず、上の者にも同様に対処するようになるだろう。いわゆる「上に政策あれば、下に対策あり」とは、下のレベルが上のレベルを適当にごまかすための空間と手段を有している状況を指す言葉である。ここでさらに上のレベルが下のレベルの恨みを買うならば、今後あらゆる業務はうまく回らなくなってしまう。この点については、以下で社会構造と社会的場の観点から改めて検討するとしよう。

四　事例三　「偏正構造」に対する挑戦
――本当のことを語ること、そして〈面子〉を与えないこと

以上の二つの事例の結末は、まだ人に慰みを与えるものであった。我々が見てきたのは、もし人間が「公正」というものをもち合わせていたとしても、この「公正」は〈関係〉によって大きく損なわれるということである。仮に「理」や「法」のみで問題が解決できるのならば、事態はあれほど紆余曲折をたどることはなかっただろうし、あれほど予測不能な状況にもならなかっただろう。次に検討する事例の結末は、あまり幸せなものではない[36]。主人公は正直で、本当のことを語る気概をもち合わせていたが、自らの公正な待遇を保証する社会関係を有していなかった。結果として、なす術なく、遠方へと追いやられてしまうのであった。

李昌平、三七歳、経済学修士。一九九七年に湖北省監利県柘木郷の党委員会書記を務めていた。彼はこの職についてほどなくして外地での研修に行ったが、その期間中、この郷の一人の農婦が、農民に課せられた過重な負担をめぐって村の幹部と口論になり、憤慨したのち服毒自殺するという事件が起こった。ちょうど香港返還を控えた時期でもあったことから、中央の指導者はこの件について「厳正かつ迅速に」対処するよう指示を出した。県、市、省の指導者たちは処分を免れるよう対応に追われ、県では大金を支払って死者の家族をなだめ、その子女を幹部に抜擢し、また一方では李昌平を訪ね、大局の安定に鑑みこの件については李が全責任をとるよう話をつけようとした。李昌平はそれを承諾し、党の市委員会からの処分を受けいれることになった。一ヶ月後、市の規律検査委員会は、李昌平の党内外における一切の職務を取り消したが、この決定が彼本人に伝えられることはなかった。二年半後、監利県委員会が申請し、荊州市委員会の同意を得て、李昌平は監利県棋盤郷の党委員会書記に任命された。これは明らかに、先の件が過去のものとされ、彼に対する処分の見直しがなされたことを意味するものであった。

この任期中、李は、県の会議の場で通達される政府の理念や、下からあがってくる報告の内容が、農村の実情とかけ離れたものであることに大いに驚愕した。そして、着任して二ヶ月がたったのち、李昌平はついに国務院総理に宛てて手紙をしたためることを決意した。この手紙には、彼が調査した棋盤郷の社会・経済・行政などの危機的状況が事実にもとづいて記されており、また改革に向けた自らの構想についても記されていた。国務院の指導者は李の手紙を受けて指示を出し、農業部の二人の処長を派遣してひそかに状況を調べさせた。その結果、彼らの提出した調査報告は、李昌平の手紙に書かれた状況と一致したものであった。国務院の指導者は二度目の指示を出し、湖北省の指導者に、特に重視してこれらの問題に対処するよう求めた。

国務院の内偵が行われたという情報が県に伝わると、県の指導者は、イメージを挽回するべく、すぐさま調査班に対し、経済状況が比較的良い郷鎮に行き、状況を見てくるよう指示した。国務院の調査班が帰った後には、省、市、県を挙げて大規模な調査班が組織され、改めて調査が行われた。彼らは、李の理解が正しいと信じておらず、もともとはこの調査を通して李の手紙に反撃しようと考えていたのだが、今回の調査結果も李の報告した状況と一致したものであった。ただ一ヶ所だけ、食い違いが見つかった。それは、郷において「税金で飯を食っている者」の人数を、李昌平が二人多く書いていたというものであった。この間違いを見つけるや、一部の指導者は、それを捉えて、李が上層部に報告した内容は、事実にもとづくものではなかったと批判した。続いて、省のある指導者が、監利県はなぜこのような人間を書記にしたのかと不満を述べたことから、監利県人民検察院は李の経済問題について調査を開始した。この時、監利県の党委員会書記から荊州市副市長に昇進した人物がいたが、この副市長は指導者らの会議の席で、監利県の情勢はすこぶる良好で、自分の昇進は党省委員会がその業績を認めた結果である、ある者が監利県の顔に泥を塗ったが、監利県の幹部や大衆がこれを承服するわけがないと述べた。

李昌平が総理に宛てて手紙を書いたことが『農民日報』上に掲載されると、党省委員会の指導者はこれを非常に重く受けとめ、棋盤郷に調査班を派遣し、農村改革の試行地とするよう準備させるとともに、自ら水利庁、交通庁、財政庁などの部門の指導者を率いて調査に臨んだ。この調査を迎えるために、県の指導者は一週間以上にわたって念入りに準備をし、手はずを整え、特に「勝手な言動をする」者には重点的に備えを手配した。各行政レベルの報告資料についても、逐一詳しく審査した。この過程で発生した次の出来事は、彼らの備えがどれほど用意周到であったかを示している。ある農婦が、村の積み立て用の税金[村提留]が支払えなかったために、司法所の者に管理区の地下室に連れていかれ、学習班に参加させられていた。ここは、支払いを済まさないかぎり、出所が認められていなかった。ついに彼女は精神に異常をきたし、家族の者が道の交差点を占拠し、省委員会の指導者に直訴しようと計画していた。党県委員会の指導者はこれに対し早くから手を打った。まず、県の公安と郷の幹部に彼らを監視させた。また、県の指導者が省の指導者を装って彼ら家族に対し、責任者を厳重に処罰すると述べた。これにより車輛の通行阻止による告訴という事態は未然に防がれたのであった。

棋盤郷では、改革の幕が切って落とされた。だが、郷の指導者である李昌平は、省・市・県の指導者の改革案には賛同していなかった。省と市の工作隊が関心を持っていたのは、一ヶ月以内に各世帯にカードを発行し、農民負担の総額を一九九九年の一三八二万元から五八九万元にまで減らすというものであった。これにより国務院が再び調査に来たときにも対応できるという目算だった。だが、これにより生ずるであろう他の問題に、彼らは注意を向けていなかった。県の工作隊が関心を寄せたのは、限られた時間の中で、見た目よく仕上げ、美しい文章を作り、勢い盛んな改革局面を演出することであり、それが実効性をもつかどうかはどうでもよかったのである。残された複雑な問題については、郷が自分で解決せよということだ。改革の期間は一ヶ月半とされ、半年後には効果を出すことが求められた。「監利の改革経験」は、こんなにも短い時間設定でうち出されたのである。党県委員会書記から出世した例の副市長は、党省委員会拡大会議の席で改革の偉大な成果を報告し、省委員会指導者の称賛を受けた。その後、全省の多くのメディアがその成果を好意的に報じた。

この時、李昌平は自分が不治の病にかかったと思い込み、治療のため北京に赴いた。監利県の指導者は不安に思い、人を遣わし尾行させた。彼は、李昌平が中央テレビ局に監利県の状況を伝え、『焦点訪談』（中央テレビ局の報道特集番組。徹底した取材ぶりが注目されている）が取材に来ると思い込んだ。市委員会副書記がすぐさま対応措置を講じ、棋盤郷の指導者が二十四時間体制で待ちかまえた挙句、後になって、これが要らぬ心配であったことが分かったのであった。ところが、それとは別に『南方週末』（南方メディア集団が発行する新聞。社会の不正に関する独自取材で知られる）が一面トップで、李が総理に宛てて手紙を書いた前後の状況について報道したのだ。すると、外地にて商売をしていた監利県出身の者がすぐにこれを三千部購入し、その夜のうちに監利県に運ばせた。例の副市長はこの知らせを聞きつけるや直ちに公安を出動させ、車を差し押さえ、車の運転手に対し一二時間の取り調べを行った。後にこの件を起こした商売人があろうことか自分の旧友であったことが判明すると、副市長は、自分は何も知らなかったのだと嘯《うそぶ》き、人に頼んで謝ってもらうしかなかった。こうした展開になったのも、もしかすると、新聞に、自らに不利な内容が書かれていなかったことが主な理由かもしれない。

このように、一方では監利県の改革経験が全省に広がり、他方では報道機関が李昌平を支持するという状況が生まれた。副市長は入院した。党市委員会書記は、県指導者を招集した会議で副市長の以前の仕事に対して肯定的評価を下し、他方で党市委員会組織部の部長に、李昌平に話をしにいくよう指示した。党市委員会書記いわく、監利県を不安定にした根源は棋盤郷にあり、李昌平こそ不安定をもたらした中心人物である、と。そして、大局に鑑み、事態を安定させるため、李昌平の仕事を新たに手配しなければいけないと伝えたのであった。

結局、李昌平は自ら職を辞し、十数年働いた土地を後にした。

先の二つの事例とは異なり、李昌平は処分が不公平だからといって直訴することはなかった。彼はただ、国務院総理宛てに実情を記した手紙をしたためただけであったが、彼の上司の叱責をうけ、難癖をつけられ、尾行され、離職に追いやられた。常識的に見れば、一人の郷幹部が手紙を書いて、それが国家指導者の対応を得たとなれば、それは地元の英雄になるか、あるいはより重要な職位に抜擢されるか、というほど名誉ある功績のはずである。少なくとも胸をはり、後ろ盾を得て自信をもつべきことである。確かに、この土地を離れさえすれば、彼は、農民のために恐れず真実を語る現代の英雄であり、『南方週末』の二〇〇〇年の年間人物《パーソン・オブ・ザ・イヤー》にも選出された。しかし、彼が管轄し、管轄されたこの土地において、彼が属する基層幹部システムの内部にあっては、彼は同じ地方の幹部とのあいだに不和反目を起こした人物であり、上の推し進める業務に消極的姿勢をとり、上の行政レベルの指導部の顔に泥を塗った人物であり、地方幹部の利益を損なわせた人物であり、要するに排除されねばならない人物なのであった。メディアがどれほど彼を称揚し、農民がどのように推戴していようとも、地方の指導者にとってみれば、彼はただ自分の「顔」ばかりたて、地方幹部たちの〈面子〉を大いにつぶした人物であった。それゆえに、外でどれほどの名声を誇っていたとしても、彼が直面したのは、組織の指導者が自分をどのように処遇するかという問題であった。この事例から我々が感じとれるのは、「偏正構造」のなかで、〈面子〉という観点から、いかなるテクニックをもって上に対処すればよいのかということばかりではない。この事例は、〈面子〉を勝ち取る技術が存在することにより、権力の中心が常に潜在的な闘争状態にあることを示していると言えよう。

五　事例四　「偏正構造」再考――過ちもまた正しい？

以下に紹介する事例は、私自身がインタビューしたものである。先の事例のようにセンセーショナルなものではなく、いうなれば平凡なものである。しかし、事例の単純さゆえにこそ、ここに示された官僚の作法や技術が平素から、普遍的にみられることを感じとれるのではないか。仮に、先の事例に紹介したようなことが発生する度に報道や著作で取り上げられるならば、あるいは地方官僚のひどいふるまいが生ずるやすぐに報じられるとするならば、我々はむしろ、そうした事象がニュースになるほど特殊なものであると捉えるかもしれない。したがって、ここでは最後に、ニュースにもならない「ありふれた」事象を紹介する。

Fはすでに職を辞した幹部である。一九四五年に新四軍《しんしぐん》に参加し、一九四七年に共産党に入党した「抗日幹部」である。一九六二年、南京の某医学院にて共産党委員会組織部のメンバーになり、党・政府幹部として「正科一七級」にランクづけられ、それに相応する「県団級」の政治的待遇を受けた。一九七六年、江蘇省北部のL市に転勤し、省内で最初の漢方医学を主とする中等衛生学校（市の衛生局の管轄）の開校の準備に携わり、同校の党支部書記に就任した。一九七九年、鄧小平《とうしょうへい》が教育を重視し教師の政治的社会的地位を高めることについての指示を発表したのを受け、国家衛生部、教育部はあいついで規定を発表し、中等専門学校は一般に「県団級」の単位、重点学校の場合にはそれより上級の「地市級」の単位とすることが定められた。このような時代状況にあって、L市の党委員会は一九八〇年の九〇号文書において、衛生学校を含む市内の四校の中等専門学校を、関連する局から切り離し、市の直属とすることを定めた。

Ｆは、一九八二年の第二号文書で、上記の中等専門学校四校に党委員会を設立する旨が決定されたのを受け、衛生学校の党委員会書記に任命された。そのとき、市の党委員会指導者、宣伝部部長が党市委員会の代表としてＦを訪ね、次のように説明した。党市委員会の決定に基づき、衛生学校と衛生局のランクをともに「正県団級」とする、衛生学校の党委員会と衛生局の党委員会のランクは同等であり、いずれも市の共産党委員会の直属機関となり、宣伝部の管理を受ける、と。その結果、Ｆの党・政府幹部としてのランクは「正処一五級」に昇格した。その後、一九八四年末に、衛生局に新しく赴任した指導者が同市で「市が県を管理する」新体制を施行すると、衛生学校の指導権を回収し、その幹部のランクをそれまでより低い「副処級」レベルを基準に調整させた。Ｆは体制の変更にともない、第一線を退くほかはなかった。しかし、職を退くことで影響を免れたはずのＦの待遇にも、後になって変化が及んだ。一九八六年になると「副処級」に降格させられたのである。一九八九年に退職する際に、Ｆは組織部指導者によって再び「正処級」だという言質をもらったのにもかかわらず、それはある副科長によって否定された。さらに一九九五年になると、「副処級」からさらに一つ降格させられた。それまでの給料が取り上げられることはなかったものの、一九九六年からは降格後のランクに基づく給料しか得られなくなった。毎月の年金は三〇元少なくなったが、上に直訴したら以前の給料分を差し押さえると訓告された。老幹部の関連業務を統括管理する組織部の指導者は、こうしたやり方が間違っていることを重々認識しているようで、電話でＦに告げた。「(この件については)ことに携わった同志が状況をよく理解しておらず間違えてしまったのだ、現在訂正を試みているところだ」と。しかしながら、部下の抵抗を受けて、訂正が敢行されることはなかった。ここに至って、Ｆはやむなく上への直訴に踏み切った。彼は何度も、市の党委員会組織部の指導者や信訪局、老幹部局、弁護士などを訪ね、また省の党委員会組織部の指導者に宛てて手紙を書いた。しかし、結果はいずれも、断られるか、受理されないかのどちらかであった。Ｆはどうしようもなくなり、自らしたためた資料を人に託し、『新華日報』の内部通信欄に発表してもらった。すると、Ｌ市党委員会組織部の責任者たちはすぐさま反応し、組織部の名において、新聞社に対し、まったく事実にそぐわないと回答を書き、新聞社の編集担当者たちに、「Ｆはただ、自分の待遇が気に入らないと不平を並べているだけなのだ」と思い込ませた。結局、この件に関しては今日に至るまで何の改善も見られない。Ｆはつい先日、病院に行くのが遅れていれば半身不随になるか、命を失うかというほどの大病に冒された。だがこの件が糾されるべきだとの思いは変わらず、退院するや、再び直訴状を書き続けている。

私はＦに、もともと本件は文書や規約に基づき対処できる簡単なことだったのではないか、党市委員会の任命を受け、さらに組織部部長の言葉もあったのに、なぜ組織部の一部の者が中から阻止するような真似をしたのだろうかと聞いてみた。Ｆは私に次のように答えた。「実のところ、このような抵抗があることは、初めの段階から見えていた。というのも、当時、組織部副部長を務めていた女性が、よく確認もせずに、私が『正処級』だというのは根拠に欠けると口にしたからだ。彼女は、この単位のランクが『正処級』であるはずがないとはなから思い込んでいたのだ。本来であれば、調査によって根拠を明らかにすることもできようが、彼女のこうした思い込みと、すでに口に出してしまったという事実によって、それもできなくなってしまった。たとえ部下に調査させたとしても、根拠を明らかにすることではなく、なんとかして彼女の言に間違いがなかったと仕立て上げることに重きが置かれたであろう。彼女は当時、市の人事局長を兼任していた。その職位と権力は相当なものであり、彼女が承知しないと言えば、どうしたってその決定を覆すことなどできなかったのだ」と。

私は続けて、個別の人物の抵抗によって、他の者も組織原則を守らなくなるということは問題視されなかったのだろうか、と尋ねた。Ｆは次のように答えた。「実際に、当初組織部の別の副部長ははっきりと、『この件の処置は間違っており、是正しなければならない、誰が無責任にデタラメを言ったのかを調べなければならない』と言った。だがその後、尋ねてみると、例の女性副部長が言ったということならば、自分はもうこれ以上何も言えないということであった。おそらくは彼らのあいだの仕事づきあいや協力関係に鑑みて、私のために問題が起こるのはまずいと判断したのだろう」と。

私はさらに、組織部が新聞社に提出した説明は、過去の事実を尊重していないものではないのかと尋ねた。Fは答えた。「この件については、分かりにくい部分がある。まず、組織部が新聞社に提出した説明は、当事者である私には見せてもらえず、人に頼んでなんとか見ることができたものである。つまり、新聞社としては、とにかく組織部門から回答をもらい、彼らが正しく、私が間違っていることを証明できさえすればそれでよいというスタンスであり、回答を当事者に見せよう、ましてや当事者に正義を主張するチャンスを与えようなどということはまったく考えていなかった。おそらく組織部の者もこのことを分かっていたからこそ、新聞社を愚弄するような説明をし、私が『正処級』であったという経歴上証明可能な事実を削除し、私が一九四七年に入党したことすら承認しないというデタラメを書いたのであろう。見てのとおり、私が『正処級』であったこと認めぬという彼らの目的のために、私の政治人生はすべて彼らに改竄されてしまった。つまりは、何をしようとも彼らは正しく、何をしようとも私は間違っているのだ」と。

六 「偏正構造」における若干の問題について

以上の四つの事例を通して、「偏正構造」が具体的にどのように作用するのか、読者の皆さんははっきりと見て取ることができたのではないか。むろん、わたしの事例の選び方に疑問を抱かれた方もいるだろう――中国の組織のなかで、官僚とは皆、このように動き、問題に対処しているのだろうか、と。確かに、学術的には特異な事例をもって一般化したり、故意に不適切なところから問題に迫ったりしているきらいは拭えない。実のところ、「偏」と「正」とのあいだにはいつも対立関係がある訳ではない。「偏」と「正」のあいだに和睦、協調、服従、追随といったものがあることは、数多くの事例、しかも代表性をもつ事例が示すとおりである。私がこれら四つの事例を選んで紹介した理由は、官僚の作法と技術が、平穏な関係よりも衝突のなかにおいて、よりはっきりと露呈されるところにある。

論理的に整理すれば、「偏正構造」は表1に示した次の四つに類型化できる。すなわち、「正位」も「偏位」も正しい場合、「偏位」は「正位」を尊重し、協調して推進する。「偏位」が間違っており、「正位」が正しい場合、「正位」は「偏位」を批判ないし処分し、過ちを是正するよう要求する。「正位」も「偏位」も間違っている場合、「偏位」は「正位」の過ちをそのまま執行する(過ちを正しいものとして実行するか、過ちと知りつつ共謀するかのどちらかである)。

表1 「偏正構造」の関係モデル

「偏正構造」の類型		正位	
		正しい	正しくない
偏位	正しい	類型1 協調による推進	類型3 〈面子〉の維持
	正しくない	類型2 過ちの是正	類型4 共謀

以上三つの関係のあり方については、一目瞭然であろう。それぞれが正しかろうと正しくなかろうと、「正位」の権威と正しさは揺るがない。これらは一般的な行政研究で十分説明がつく事態であり、ここで特に取りあげる必要もない。議論したいのは、もう一つの類型——すなわち、「偏位」に位置する者が正しく(例えば、事実や原則、規則、規定などに則っており)、「正位」に位置するものが正しくない(政策を歪曲する、実行しない、規則に則った行動をしない等)場合である。中心的権威の座に位置しているということにより、その人物はどのような態度でこの局面に対処するのだろうか。他者の正しさをどのように受けとめ、それに対応するのだろうか。どのような方法で自身の権威を守るのであろうか。近年学術界で流行している言い方を用いるならば、そこに一種のゲームが成立しているように見えるかもしれないが、私の考えでは、この種のゲームは多くの場面で成立しない(いかなる状況において成立するのかは、後述する)。なぜなら、「偏正構造」においては、「正位」の権威により、双方のゲームの必要性が無くなってしまっているからである。「偏位」にある者は、ただ負けを認め、運が悪かったと諦め、運命だと諦める役回りなのだ。そして事実、「偏位」に位置する多くの中国人は、このような諦めを抱いて実生活を営んでいる(近年は、庶民が地方官僚を訴えるという現象も増えてきているが、勝訴に至ったケースはきわめて少ない)。ここで検討してきた四つの事例について、主人公に共通するのは、彼らが負けを認めなかったという点である。自らの正しさを確信する彼らにとって不幸だったのは、正しくない人物がたまたま「正位」に位置する人物だったということであった。彼らにとっ

てみれば、ゲームの勝ち負けは、少なくともルールにしたがってプレイしてはじめて決まるものであった。しかし、相手はゲーム開始前から、「自分は勝つのみで負けることなどできない」と宣言したり、自分が負けるなら「道理をわきまえない」対戦者に重い代償を課すと脅したり、ということを考えていたのだ。中国では事例の主人公がとったような行為を「太歳《たいさい》の頭の上で土を動かす〔強い者にたてつき大胆不敵な行為をする〕」と表現したり、「謀反を起こす〔反了〕」と言ったりする。このようななかで、「偏位」にある者が、それでもなおこのゲームで勝ちたいと望むのであれば、次の基本的要件を備えねばならない――性格的には抗争を厭わないこと、価値観においては理想主義者であること、行動面では不撓不屈の者であること、そして結局のところは悲劇の人物であることだ。なぜなら、この構造において、「正位」にある者たちが、彼らに与える攻撃は、往々にしてその生涯を滅茶苦茶にし、命すら奪うものとなるからである。「正位」にある者たちは、しばしば上の者を欺き下の者を騙し、面従腹背し、硬軟両様の戦術をとり、攻守で共謀し、あるいは、「圧力」や「引き延ばし」、「はぐらかし」、「言い逃れ」、「たらい回し」などの官僚的技術を用いて彼らに警告する――君たちが覆せるはずなどない、と。おそらく心の中では「偏位」の者の方が正しいことを百も承知しているのだが、それでも「中心」に位置しないかぎり、その正しさには意味がなく、承認できないものだと考えているのだ。

無論、事例の中で見てきた官僚らの作法と技術の用い方は、このテーマに関する全貌を示したものでもないし、このような作法と技術が、中国社会において不変のものとして存続することを確約するものでもない。地方社会ごとの伝統の違いが新たな技術を生むこともあるだろう(37)。ここで紹介した官僚の作法や技術が、必ずしも代表性をもつものでないことは認めよう。しかし、研究の方法上の不足を認めた上で、それでもなお私が関心を寄せるのは、「偏正構造」が中国社会の構造の一つの基本的特性を成しているということなのである。中国の組織において、官僚らはまさにこのような関係の構造のなかで、遭遇する各種の事態に、柔軟かつ戦略的に対処しているのだ。

官僚構造の権力モデルが命令型のものであるならば、その中心は確定しやすい。だがここで複雑なのは、「偏正構造」の「中心」点がいったいどこにあるのか、異なる場と状況において「中心」がどこに定められるかという問題である。先に、「偏正構造」は主従構造と異なると述べた以上、その問題の議論を避けるわけにはいかないだろう。中国の伝統社会において、人々は儒家の提唱する五倫の関係（父子、君臣、夫婦、兄弟、朋友）を順守してきた。表面的に見れば、それらは社会学でいうところの役割に応じた関係であるが、実のところ、より正確には、役割間の「偏正関係」とみなすことができる（友人関係のみ準偏正関係とみなされる）。言い換えれば、それらの関係には、もともと定められた「主」と「副」の関係が見られるのである。この「主」と「副」の関係は、主従関係とは異なる。両者の違いは、主従関係の枠組みを援用したほうが、社会と国家の「中心」が往々にして一国の君主であるという帰結を導きやすいという点にある。確かに、主従関係の枠組みは、中国の伝統社会における政治の営みを解釈する基本的枠組みとなってきた——例えば、父権、絶対君主権、専制主義、王権主義、集権主義、新伝統主義などである[38]。これらは皆、儒家の説く「孝」による国家統治の理念と密接な関係を有している。だが同時に忘れてはならないのは、「孝」には「違反すること無かれ」という意味合いに加え、「名を後世に揚げ、もって父母を顕わす」（『孝経』第一）という意味が含まれ、それをもって、個々人に才覚を発揮する上での大いなる余地と自主性を与えているということである。この点において、私はゲイリー・ハミルトン（Gary G. Hamilton）の観点に共感を覚える。

中国の政治組織と欧米の上下の階層関係には違いがあり、我々が思索を巡らせるときには、権力と服従についての中国人の見方に順応しなければならない。中国人にとっては、調和と秩序が最優先されるべき原則なのである。より具体的な言葉で言うならば、中国において、支配という概念に対する現象学的な基準は、「孝」の観念に基づいている。……私が思うに、欧米においては権力者の意思の絶対性が国家権力を基礎付けるものとして捉えられるのに対し、中国人が権力に関して抱く概念の構造は、権力を掌握する者の意思の絶対性を基盤にしてはいない。相対的にみて、中国人の権力観は、秩序を達成するために、調和のなかで営まれる役割や礼によって決められた役割関係に基づいているのである。……私はこの種の政治組織体を「身分階層（status hierarchy）」と呼ぶ。この組織体は、階層的に配列された役割の組み合わせから成り立っており、そうした役割の組み合わせは概ね、自己保存的性格をもち、はっきりとした命令構造とは無関係なのである[39]。

ハミルトンのこの観点は、中国史上展開された多くの王朝を貫くものではないかもしれないが、少なくとも中国の近代および現在の中国の組織構成を比較的よく言い当てていると言えるだろう[40]。ハミルトンは中国の国家構造に関する自らの理解を図10のように図式化した。この図に示されたように、異なる階層において、中国人は皆、自ら役割関係を維持しようとしている。それぞれの階層において、その方法は異なっているが、最終的にはいずれも、調和と秩序を守るという同じ目標に向かっているのである。

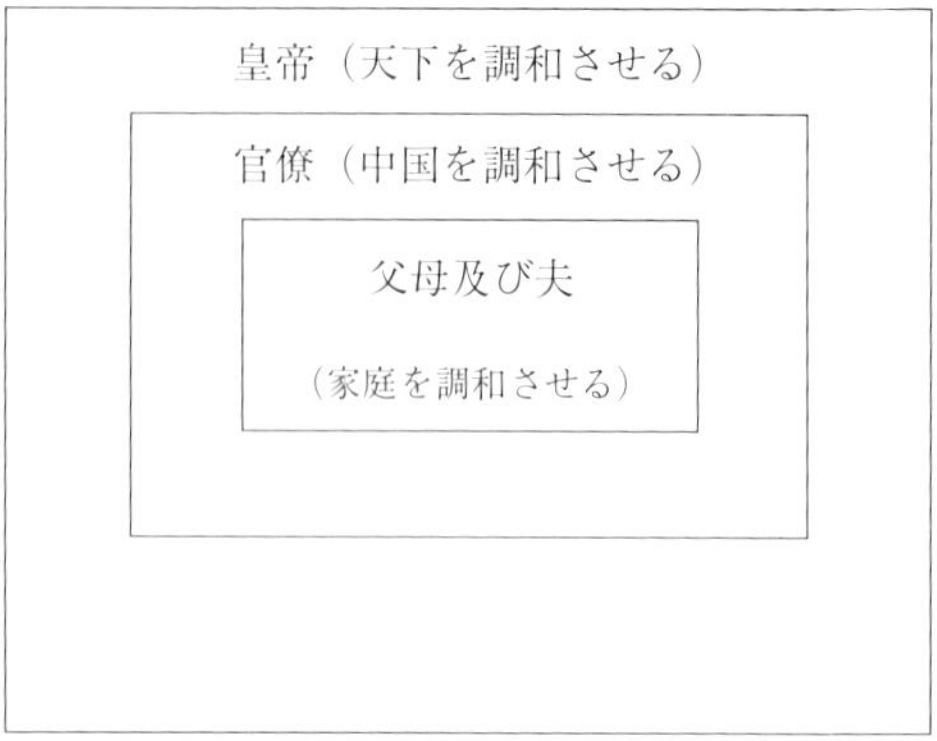

図10　ハミルトンによる伝統中国の国家構造[41]

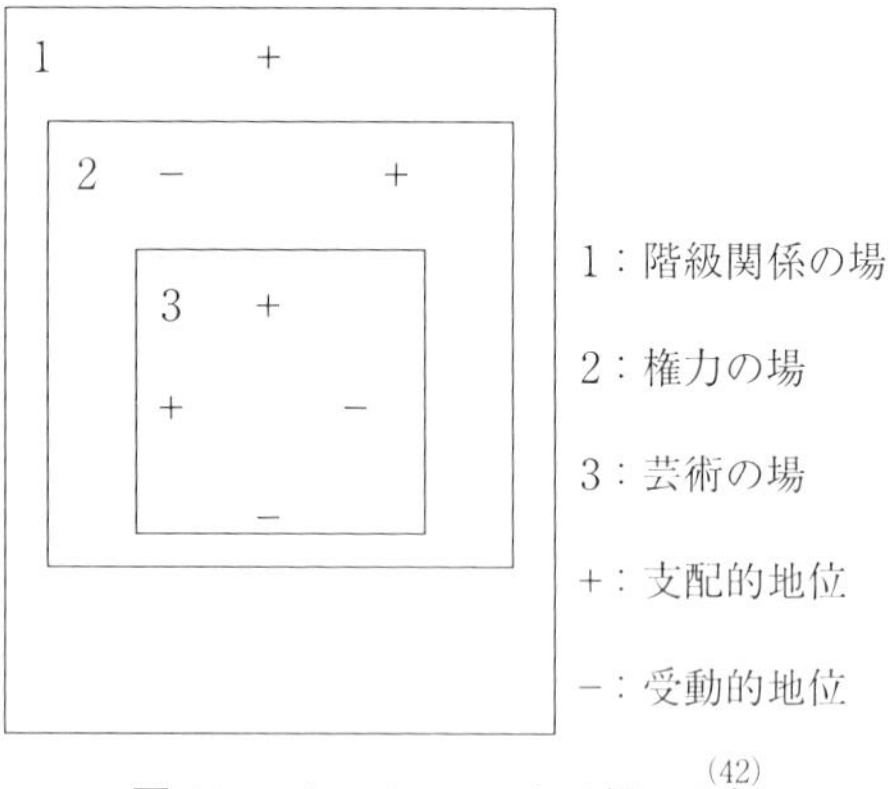

図11　ブルデューによる場の分析[42]

この図から我々は、「偏正構造」の「中心」が多元的なものであることに気付く。皇帝たりとも、家庭の範囲のなかにおいては、自分が家庭構造の「中心」だとは思うことはできない。ただ、このことは彼が国家階層において「中心」だということを否定するものではないのである。このように、中国人の思考様式においては、異なる状況において、異なる階層に、異なる「中心」が探し出される。そして中国社会の営みは、多くの場合、先述した「偏正構造」の第一、第二、第四の類型をとってきたため、「中心」が複数あるということが、問題として顕在化することはなかった。しかしながら、官僚の技術がひとたび第三の類型において使われるや、そこには「中心」をめぐる争いが出現する。「中心」をめぐる争いとは、だいたいにおいて権力闘争と同義である。ピエール・ブルデュー（Pierre Bourdieu）はかつて文学と芸術の場を例に、図10とよく似た図を用いて、場の間の争いを表した（図11）。彼の理論によれば、芸術は自らの自主性を有するが、同時により大きな範囲に及ぶ政治や経済の場によって支配されている。闘争の勝ち負けは、場における地位の占有、権力や資源の分配によって決まる。[43] 我々が検討した四つの事例においては、地方官僚たちが往々にして争いの勝者となってきた。それはなぜか。中国社会において、地方官僚が自らの場で権力の分配と地位の占有を享受し、さらには非制度的な独自の営みのロジックとルールを有しているからである。他の「中心」が入ってきて争奪が始まれば、それはすなわち、各場がともに堅守してきた共通の信仰——調和と秩序——が顧みられなくなることを意味する。それゆえに、たとえより上位の権力が場に介入する場合であっても、この信仰に背いたり、それを破壊したりすることはできないのである。こうして、調和と秩序は、様々な場の闘争者が共有する合法的な隠れ蓑として機能している。おそらくここにこそ、第三類型の事態が発生したときに、各レベルの官僚が「大局を考えねばならない」、「指導者の権威を守らねばならない」と繰り返し強調してきた原因があるのではないか。いわばこうした言葉によって、より高い層の「中心」が介入してくるのを防ぐとともに、「偏位」の者に、大局を顧みなかったり、指導者や地方組織のイメージを傷つけたりすることにともなうリスクを承服させることを狙っているのである。ここから、中国人が常に、土着勢力と外来勢力をはっきりと区別していることが分かる。すなわち、「外来の強い者も地まわりには勝てぬ［強龍圧不過地頭蛇］」ということである。そこが誰の地盤なのか、誰が主人なのかという観念が、誰の地位が高いかという観念よりもはるかに大きいのである。これぞ、楊乃武のケースで、一八名の在京官僚が北京に再審査を要求したとしても、また、今日、地元で解決不能な問題が上の行政レベルでの裁決を求めて直訴されても、上のレベルの指導者があくまで地方に解決させようと、問題を地方に戻し、それにより結局のところ問題解決がなされぬままになってしまう所以である。それゆえに、中国の地方官僚は、自分が地元においては終始、場の「中心」にあることをますます深く理解するようになるのだ。

次に議論すべきは、「偏正構造」が常に「正位」の者を正しくあらせ続けるものである以上、「偏位」の者が「正位」の者に対抗する機会は無いのか、何らかの方法で自分が「正位」の者よりも正しいと証明できるのか、どのような状況ならば、「偏」と「正」の間にゲームが成立するのだろうかという問題である。大原則にもとづけば、「偏位」の者はよほどの戦略をとらないかぎり、「正位」の者とゲームを行うなど不可能である。その上で紹介した事例を思い起こせば、事態を覆すべくしばしばとられる戦略には次のようなものがある。

一、社会的ネットワーク資源の動員。これは中国社会でもっともよくとられる方法である。楊乃武の事例と劉建軍の事例はいずれも、一定程度、事態の是正に成功した例であるが、その成功は主に〈関係〉のはたらきの結果である。〈関係〉が中国社会の営みにおいて重要な意味をもつのは、それが「偏位」の者を「正位」へと入らせる力をもつからである。また、元々「正位」にあった権威者が、〈関係〉の営みにおいて、別の者の〈面子〉を立て自らの〈面子〉を〈部分的に〉捨てざるをえなくなることもある。このようにして中国人は皆、解決不能な問題に出くわしたときには、原則を振りかざして「正位」に真っ向から対立するよりも、人に頼んだり、〈関係〉を利用したりして解決するほうが得策だと悟っているのである。

二、マスメディアの力を借りる。紹介した四つの事例のうち、三つの事例において、マスメディアの利用が見られた。マスメディアは、世論形成をつうじて、社会の官僚に対する圧力を作り出すことができる。また、メディアにスクープされたことで、〈面子〉を守ろうとする官僚が、自らの戦略や戦術を変えざるを得なくなることもある。楊乃武の件は、『申報』の追跡報道がなかったとしたら、朝廷に重視されることもなかっただろう。また、在京の官僚も、社会でこの件が広く取りざたされていたからこそ上奏に踏み切ったのであった。だが、世論の影響が、必ずしもゲームでの成功を保証してくれるわけでないことは、李昌平の事例が示すとおりである。

三、死による抗争。中国には、「人命にかかわる事は何よりも重要だ[人命関天]」という言いまわしがある。これは、中国では、いかなるレベルにおいても、官僚の作法が人命に関わる事態を招くや非常に重く受けとめられることを示している。そして人命が重要であるからこそ、多くの場合、当事者は軽々しく命をかけて相手にゲームを挑むようなことはしないのである。人命を賭した抗争が発生するのは、主として庶民による官僚の告発が成功しなかった場合である。例えば、李昌平が当時管轄していた郷で農婦が重い負担に憤慨して服毒自殺をはかるという事件が起こった。中央の指導者から地方に至るまでがこれを重視し、迅速な解決をはかり、農婦の子女を幹部に抜擢するなど、驚くべき過分な処置をとったのは、それが人命に関わる事件だったからである。

四、集団による直訴や争議。これは、人数と規模と声の大きさで、官僚に対しゲームを挑む方法である。紹介した事例において、この方法がとられることはなかったが、多くの報道や、私自身の経験に基づけば、近年、退職した国家幹部や郷村の教師、解雇された工場労働者、農民などによるこうした抵抗は、増加傾向にある。だが、規模に頼るあまり、こうした抵抗が、しばしば不合理な要求に基づくものになりがちだということも認めねばならないだろう。

ここに挙げた以外にも、人事調整や、マクロ政策や制度の変化（直訴受付窓口の設置など）、指導者個人の性格など、「偏位」の者にチャンスを与える不確定要素は様々ある。ゲームの機会を生み出すチャンスは少なくない。しかし、これらの戦略を仔細に検討し、改めて気付かされるのは、中国において、官僚主義に挑戦するに際し、最終的にメディアに報道されようと、命を賭して官僚に過ちを認めさせようと、集団的行動を起こそうと、これらはいずれも、「偏位」がすでにそうせざるをえないところまで来てしまっていたということを意味しているのである。現在、中国の各レベルの政府は、統制力をますます強めつつある。こうした中にあって、〈関係〉は依然として最も効果的かつ安全な方法となっている。たとえメディアに取り上げられたとしても、それもまた〈関係〉あってのことなのだ（インターネットの出現はまさにこの状況を変えつつあるが）。だが、真に〈関係〉に迫るには、複雑な現象、複雑な問題についてさらなる議論が必要である。また、いま一つ注意すべきは、ゲームの機会が出現したということが、即勝利を意味するものではないということだ。どのような経験からも、いかなる資料からも、こうすれば必ず成功するという処方箋は書けないのである。

七　結語——中国社会の営みを分析する枠組みについて

中国の社会構造を解釈する枠組みにおいて、中央集権的解釈モデルは、シノロジーや社会学の影響を受けて退行し、代わって国家と社会に関する諸研究が隆盛となった[44]。そして、この新たな枠組みの下、地方の利益、小集団の利益、民衆の利益が果たす役割が見出されてきた。例えば、私が共感するある研究には、次のような記述がある——中国の官僚システムの内部で、小役人は自分の利益のために、行政管理の過程において裏で様々な操作を行ってきた、と[45]。現代の郷村に関する近年の研究も、国家権力、郷村幹部、村民のあいだの権力構造において、本来国家権力を代表するはずの郷村幹部が、自身の利益のために国家の権力を弱体化したり、それに離反したりしていると指摘する[46]。また、地方保護主義という概念や、その営みも、中国社会ではすでに常識になろうとしている。このように見れば、国家対社会のゲームという枠組みを用いて中国社会を解釈するのは、時期尚早であろう。中国社会は、少なくとも近代以降、基本的には「偏正構造」を有する社会であった。そこに時折(例えば三〇年に及ぶ計画経済期のように)主従構造という側面が顕在化したと解釈するのが妥当なのではないだろうか。

このように、「偏正構造」はそのなかに主従構造を含んでいるが、他方で「偏正構造」は周囲を帰順させると同時に、「中心」の者がそれによって見栄えをとりつくろうことができるという側面をもつため、逆に主従関係を相当損なわせてしまう。というのも、「偏正構造」における従順は、主従構造が意味するところの心からの服従ではなく、〈面子〉を立ててあげるための表面的服従になりがちだからである。ここに、「顔」という考え方が如実に現れてくる。

そして、歴史資料や上述の事例から見るかぎり、「正位」にある者も、そんなことは百も承知でありながら、それでもなお、コストや代価を惜しまずに、形式的な権威と正しさを守り通さねばならないのだ。そこには、経済利益に関わる動機はほとんど見られない。この状況こそ、中国の官僚の作法なり戦術なりのもつ重要な特徴だと言えるだろう。官僚主義は、中国政治に伝統的に見られる基本的な特徴である。いわば中国では、官僚政治が脈々と続いているのである。[47]

中華人民共和国政府も、官僚主義のもつ負の影響を認識してこなかったわけではない。幾度にもわたり、政治運動という方法で、これを是正しようと試みてきた。例えば、一九五一年末に展開された三反五反《さんはんごはん》運動では反官僚主義が掲げられ、一九五七年五月に本格化した百花斉放《ひゃっかせいほう》・百家争鳴《ひゃっかそうめい》でも、反官僚主義が掲げられた。一九八三年の党の気風粛清キャンペーンにおいても、官僚主義の危害が強調され、一九九六年から、中央は県レベル以上の幹部に三年間に及ぶ「三講（学習を講じ、政治を講じ、正しい気風を講ずる）」活動を展開した。そして今日に至っても、中央は、民衆のための政治という思想を打ち立て、人間本位を貫き、執政能力を強化するなどの運動を展開している。だが、数十年にわたる反官僚主義に鍛えられた結果、生まれたのは、どのような中層・基層の官僚たちであろうか。彼らは、どのような運動も、報告を聞き、決意を表明し、いくつか目新しいスローガンをうち出せば、それでやり過ごせるということを、作法の上でも、戦術の上でもすでに体得した。今日、民間でよく語られる「轟轟烈烈走過場（気勢よくやり過ごす）」という言いまわしは、こうした現象についての通俗的な表現である。各行政レベルの官僚たちは皆、「偏正構造」の必要を満たすためには、〈面子〉を立てて見栄えよくやればそれでこと足りるということを知っているのだ。例えば、先述の第四の事例でとりあげたＦ氏は「三講」の期間中、一度問題の解決を試みようとしたが、結局門前払いを食らった。その理由はなんと、「三講」期間は忙しくそのような案件には対処できないという本末転倒なものであった。

「偏正構造」と「顔」の営みは、中国のあらゆるレベルにおいて長く、そして広く存在している。新型肺炎ＳＡＲＳの流行に際し、政府は当初これを隠蔽して報道しなかった。孫志剛という青年が、故なく広州市公安に身柄を拘束され、暴行を受け死亡したが、当初は「病死」とされ事実が隠蔽された（孫志剛事件）。多くの地方では、地方の実情にそぐわない人目を引く建築プロジェクト［形象工程］が大々的に横行している。様々な業界で、一方的で不当かつ横暴な契約条項［覇王条款］がまかり通っている。楊振寧は中央テレビ局の番組『面対面』のなかで、「師の尊厳冒すべからず」という考えこそが中国の科学の進歩を阻害していると述べた。こうした数々の事象はいずれも、ここで紹介した「偏正構造」モデルの妥当性と本研究の意義を例証しているように思う。「偏正構造」は、近代から現代に至る中国社会のマクロな構造とミクロな過程を研究するに有効な視座であり分析枠組みだと思うのだが、如何だろうか。

(1) 黄仁宇『放寛歴史的視界』北京：中国社会科学出版社、一九九八年、六一頁。
(2) 黄光国「人情與面子：中国人的権力遊戲」、黄光国編『面子――中国人的権力遊戲』北京：中国人民大学出版社、二〇〇四年、一―三九頁。
(3) 費孝通『郷土中国』北京：三聯書店、一九八五年、二三―二五頁。
(4) 許烺光著、薛剛訳『宗族・種姓・俱楽部』北京：華夏出版社、一九九〇年(Hsu, Francis L. K. *Clan, Caste, and Club*, Princeton, N. J.: Van Nostrand, 1963)、五八―六一頁。
(5) 翟学偉「儒家的社会建構：中国社会研究視角和方法論的探討」『社会理論学報』一九九九年第一期。
(6) 何偉亜『懐柔遠人：馬嘎爾尼使華的中英礼儀衝突』北京：社会科学文献出版社、二〇〇二年、二三―二五頁。
(7) 関連する議論として、黄宗智「中国革命中的農村階級闘争：従土改到文革時期的表達性現実與客観性現実」『中国郷村研究』第二輯、北京：商務印書館、二〇〇三年、六八―七〇頁。
(8) 布爾迪厄著、高振華、李恩宇訳『実践理論大綱』北京：中国人民大学出版社、二〇一七年。(Bourdieu, Pierre, *Esquisse d'une théorie de la pratique: précédé de trois études d'ethnologie kabyle*, Seuil, 2000)、二八九―三一一頁。
(9) 福柯、米歇爾著、金碧平訳『性経験史』上海：上海人民出版社、二〇〇二年(Foucault, Michel. *The History of Sexuality*, Vintage, 1990. 邦訳は、フーコー、ミシェル著、渡辺守章訳『知への意志(性の歴史)』新潮社、一九八六年、フーコー、ミシェル著、田村俶訳『快楽の活用(性の歴史)』新潮社、一九八六年、フーコー、ミシェル著、田村俶訳『自己への配慮(性の歴史)』新潮社、一九八七年)、一二三頁。
(10) 呉思『潜規則：中国歴史中的真実遊戲〈自序〉』昆明：雲南人民出版社、二〇〇〇年。
(11) 翟学偉『中国人的臉面観』台北：桂冠図書公司、一九九五年、「中国人的面具人格模式」『二十一世紀』一九九五年一二月号、「中国人的臉面観――社会心理学研究本土化的一種嘗試」『中国社会学年鑑　一九九二―一九九五』北京：中国大百科全書出版社、一九九六年。

(12) ここでいう主体とは行動を起こす一単位のことであり、個人、集団、組織などを含む。

(13) 戈夫曼著、馮鋼訳『日常生活中的自我呈現』杭州：浙江人民出版社、一九八九年（Goffman, Erving, *The Presentation of self in Everyday Life*, Anchor, 1959）。

(14) Gao, Ge and Stella Ting-Toomey, *Communicating Effectively with the Chinese*, Sage Publications, 1998, pp.6-7.

(15) 楊国枢「中国人的性格與行為：形成與蛻変」『中華心理学刊』一九八一年第二三期。

(16) 翟学偉「個人地位：一個概念及其分析框架」『中国社会科学』一九九九年第四期。

(17) Lerman, Arthur J., "National Elite and Local Politician in Taiwan", *American Political Science Review*, 1977, Vol. 71, No.4, pp. 1406-1422. Nathan, Andrew, *Peking Politics 1918-1923: Factionalism and the Failure of Constitutionalism*, Berkeley, Los Angeles and London: University of Michigan, Center for Chinese Studies, 1998, pp.29-32. Thaxton, Ralph, "Tenants in Revolution: the Tenacity of Traditional Morality", *Modern China*, Vol. 1, No.3, 1975, pp.323-358.

(18) 金耀基『従伝統到現代』広州：広州文化出版社、一九八九年、三一頁。

(19) 托馬斯『不適応的少女』済南：山東人民出版社、一九八八年（Thomas, William I., *The Unadjusted Girl: With Cases and Standpoint for Behavior Analysis*, Boston: Little, Brown, and Company, 1923）、三一頁。

(20) 翟学偉「中国社会中的日常権威：概念、個案及其分析」『浙江学刊』二〇〇二年第三期。

(21) 梁漱溟「中国文化要義」『梁漱溟全集』第三巻、済南：山東人民出版社、一九九〇年、六九頁。

(22) 現代中国においても、ある特定の権威が正しくないとされた時期があった。例えば一九四九年以降のいくつかの運動のなかで、「ブルジョア階級の反動的学術権威」という言葉が使われたことがあったが、このような言い方は、それ自体が二つの前提を意味している。一つは、この概念を提起した者が、対象とする権威よりも高い権威を有しているということである。そうであるがゆえに、今でこそ荒唐無稽に思われる言い方が、当時は正しいとされたのである。いま一つの前提は、本来、学術的権威は一貫して正しいと見なされていたということである。そこに「ブルジョア階級の反動的」という修飾語を加えることにより、中国語の語法のなかで、政治的・文化的な意味合いをもつ「偏正構造」を構成し、人々に、それら学術的権威を畏れてはならない、学術的権威者もまた打倒することができるのだということを喧伝しようとしたのであった。

(23) 艾蒂安・白楽日著、黄沫訳『中国的文明與官僚主義』台北：台湾久大文化公司、一九九二年（邦訳は、バラーシュ、エチアヌ著、村松祐次訳『中国文明と官僚制』みすず書房、一九七一年)、一九頁。
(24) この点については郝大維、安楽哲著、施忠連訳『漢哲学思維的文化探源』南京:江蘇人民出版社、一九九九年(Hall, David L. and Roger T. Ames, *Thinking from the Han: Self, Truth, and Transcendence in Chinese and Western Culture*, State University of New York Press, 1997)、一一一四頁を参照。
(25) 本章で事例としてとりあげる直訴について、中国では上の行政レベルの直訴者の数は未だに公開されていない。もしそれが公開されたならば、人々はその数の少なさではなく、あまりの多さに驚くことになるだろう。中国の一部の地方はすでに直訴の聖地となっており、直訴を本業にしている者もいる。
(26) 翟学偉『中国社会中的日常権威:関係與権力的歴史社会学研究』北京:社会科学文献出版社、二〇〇四年、二二三—二八九頁。
(27) 王策来編著『楊乃武與小白菜案真情披露』中国検察出版社、二〇〇二年、一一一七頁。
(28) 同右。
(29) 楊浚「我父親楊乃武與小白菜冤案始末」『文史精華』編輯部編『近代中国大案紀実』石家荘:河北人民出版社、一九九七年、六頁。
(30) 張兆豊「醸成楊畢冤案的余杭知県劉錫彤」『文史精華』編輯部編、前掲『近代中国大案紀実』二六—二七頁。
(31) 王策来編著、前掲『楊乃武與小白菜案真情披露』四五—四九頁。
(32) 楊浚、前掲「我父親楊乃武與小白菜冤案始末」一〇頁。
(33) 張玲、辛汝忠『「官司」惊動中南海』北京:法律出版社、一九九四年、七頁。
(34) 同右、二〇頁。
(35) 同右、二六頁。
(36) 李昌平『我向総理説実話』北京:光明日報出版社、二〇〇二年、一一五—一一六頁。
(37) 例えば、孫立平、郭于華「『軟硬兼施』:正式権力非正式運作的過程分析」『清華社会学評論』第一輯、二〇〇〇年、応星『大河移民上訪的故事』北京:三聯書店、二〇〇一年、張平『天網』北京:群衆出版社、一九九三年及び張平『法撼汾西』北京:群衆出版社、一九九三年には、数多くの基層官僚の技術が描かれているが、いずれもロバート・レッドフィールド(Robert Redfield)の言う「小伝統」(村落レベルに浸透した伝統)における運用に属するものである。

(38) 関連する研究として、魏特夫『東方専制主義』北京：中国社会科学出版社、一九八九年、劉沢華『中国的王権主義』上海：上海人民出版社、二〇〇〇年、華爾德『共産党社会的新権威主義』香港：牛津大学出版社、一九九六年を参照。

(39) 韓格理「天高皇帝遠：中国的国家結構及其合法性」韓格理著、張維安、陳介玄、翟本瑞訳『中国社会與経済』台北：聯経出版事業公司、一九九〇年、一一五―一一六頁。

(40) 王紹光、胡鞍鋼『中国国家能力報告』瀋陽：遼寧人民出版社、一九九三年、一六二―一七〇頁。

(41) 韓格理、前掲「天高皇帝遠：中国的国家結構及其合法性」一一六頁。

(42) 邱天助『布爾迪厄文化再制理論』台北：桂冠図書公司、一九九八年、一二六頁。

(43) 同右、一二二―一二六頁。

(44) 趙文祠「五代美国社会学者対中国国家與社会関係的研究」涂肇慶、林益民編『改革開放與中国社会』香港：牛津大学出版社、一九九九年、三五―三六頁。

(45) 思徳巴「帝制中国官僚体系中的暗盘管理」黄光国編『中国人的権力游戲』台北：巨流図書公司、一九八八年、一六九―一八五頁。

(46) 劉伝海「権力缺席到権力多元」謝暉、陳金釗主編『民間法』第二巻、済南：山東人民出版社、二〇〇三年、二九八頁。

(47) 王亜南『中国官僚政治研究』北京：中国社会科学出版社、一九八一年、一九頁。

第四章　〈関係〉と〈権力〉――共同体から国家へ――

中国社会において、もっとも人々の心を打ち、励ますことのできる言葉は「成功」である。それは、中国式教育の中心的な概念でもある。しかし、成功とは何を意味しているのだろうか。私が思うに、成功とはもともと「官僚になる」ことを意味していた。現在では「官僚になる」に加えて、「金持ちになる」、「有名になる」という意味をも含んでいるが、「金持ちになる」も「有名になる」も結局は「官僚になる」ことと結びついているため、やはり「官僚になる」が中心なのだ。では官僚になること、金持ちになること、有名になることは、何を意味しているのであろうか。その答えは、おそらく「人の上に立つ」ことだと言えるだろう。こう見ると、中国人の理解する「成功」とは、平等社会においていうところの個人の努力や達成ではない。それは、不平等な社会構造のなかで努力して上層に位置することを意味しているのだ。このような意味をもつ「成功」が、中国社会の各階層、各家族、各個人の闘争心をかきたて、皆人より一歩でも前に出ようと争い、活力をみなぎらせる。しかし、このような社会で、子供たちは無邪気さを失い、様々な塾や習い事に疲れ果てる。少年たちは朝早くから夜遅くまで勉強し、親から威嚇されたり褒美でつられたりしながら、人生を決める大学入試へと突き進んでいく。青年たちは朝早くから夜遅くまで職場で奮闘し、あらゆるチャンスをつかんで出世しようともがいている。官僚同士は、少しでも高い職位まで昇りつめたいという一心で、暗にいがみ合い、八方美人にふるまう。これらはすべて〈関係〉と〈権力〉に突き動かされた現象であり、逆に言えば、こうした現象が、頑張って成功した多くの者に、〈関係〉と〈権力〉を付与しているのだ。いずれにせよ、中国社会を理解する上で〈関係〉と〈権力〉は、重要な概念である。

二〇一〇年の春、私は東京大学東洋文化研究所に招かれ、日本に滞在した。東京で週末に開かれていたフリーマーケットで、清朝嘉慶期に製造された景徳鎮の青磁のカップを買った。日本の茶道に合わせて焼いたものなのか、カップの模様と形は少々和風であった。底に「嘉慶年製」という民窯の印がある。表面には、中国語の詩も書かれている。

白日莫閑過、青春不再来。窓前勤苦読、馬上錦太回。
年少初登第、皇都得意回。禹門三汲浪、平地一声雷。
朝為田舎郎、暮登天子堂。将相本無種、男児当自強。
少小需勤学、文章可立身。満朝朱紫貴、尽是読書人。

この詩の前句は、唐の詩人、林寛の『少年行』の一部である。残りの大半は、宋の大学士である汪洙の『神童詩』の一部である。形式と韻律、内容も近いためか、カップの製造者は二つの詩を一緒に並べている。この詩には、中国人の社会構造と生活の理想が凝縮されていると思う。私の父によると、小さい頃、父の祖父が父に字を教え、筆で「錦を着て故郷に帰るのが男である〔錦衣帰故里、端的是男児〕」と書いて壁に掛け、毎日読ませた。その句も『神童詩』の一部である。民国期にいたっても、景徳鎮の帽子掛けや茶盤にその句が書かれているのを見るに、この句がいかに普及していたかが分かる。中国人の職人は、よく日用品に中国人の理想を示す言葉を書く。よく使われている言葉を思いつくままに挙げるならば、「家運」、「官運」、「時運」、「功名利禄（功名と俸禄）」、さらに具体的になると、「早生貴子（男児を早く産む）」、「望子成龍（自分の息子がひとかどの人物になるのを望む）」、「一路連科（科挙の受験合格を祝福する言葉）」、「前程似錦（輝かしい前途）」、「同舟共済（同じ舟に座り互いに助け合う）」、「高官厚禄（高い官位と高い俸給）」、「光大門楣（家門を輝かす）」、「落葉帰根（落ち葉は根に帰る）」、「栄帰故里（故郷に錦を飾る）」などがある。また、「鯉魚跳龍門（登竜門)」、「一人得道、鶏犬昇天(一人が出世して権勢を握れば、一族郎党までその恩恵にあずかる)」、「在家靠父母、出門靠朋友(家では父母に頼り、外では友人に頼る)」、「朝中有人好做官(朝廷に知り合いがいれば官職を得やすい)」、「大樹底下好乘涼(寄らば大樹の陰)」、「做事先做人(事に当たる前にはまず、自分自身が誠実である必要がある)」、「做人要留有余地(身を処すためにはゆとりをもたなければならない)」、「多一個朋友多一条路(友人が一人多ければ、道が一本多くなる)」などもある。これらはいずれも、中国人の生活上の願いであり価値理念である。中国社会は近代化の過程で非常に大きな変化を遂げたが、上述した価値や行動様式は、安定性と持続性をもっており、中国人と中国社会を理解する一つの基盤となっている。では、それらの聞き慣れた表現をまとめてみるなら、その基本的含意は何だろうか。並べてみると、我々は次のことに気付く。それらの言葉に内包されている価値体系と行動様式が、〈関係〉および〈権力〉という二大テーマであり、しかも、それが共同体と国家の間の論理的関係に対応している、ということを。そこで本節では、その論理的つながりがいかに形成されているのかを検討したうえで、中国の社会構造と中国人の行動の関係を統合し、ミクロとマクロを結びつける分析枠組みを構築したい。同時に、中国の政治、経済、文化、教育、行動様式がいかに協調的に動いているのかを明らかにしたい。

一　研究視座と理論構成

共同体(community)という言葉は、社会学者によって、伝統的社会を指す言葉として用いられることが多い。また、国家と対抗する自発的な社会組織を示す言葉としても用いられている。中国では、community が「社区」と翻訳されて以降、その意味に微妙な変化が生じた。人々の生活地域や集住の特徴に関心が偏り、コミュニティ内部の共同意識や心理的アイデンティティなどが看過されてきてしまったように思われる。とりわけ重要なのは、その看過された共同意識や心理的アイデンティティが、人間関係の緊密性と相互依存性の産物だということだ。この点については、今後の研究が待たれるとして、「社区」という言葉には、共同体のもつ二つの顕著な特徴が込められている。一つ目は、地域性を基礎とする点である。「社区」の規模は確定しにくいが、規模の大小を問わず、類型学上の意味があり、特定の時間と空間における人々の生活にその文化的類型や特徴が見られることを表している。二つ目は、類型的なものである以上、「社区」は、他の類型とのあいだで、縦の比較、横の比較ができるということである。それは、ドイツの社会学者であるフェルディナント・テンニース(Ferdinand Tönnies)が社会学に残した伝統であり、その白眉は、共同体のもつ緊密性が「社会」との比較を通して分析できると看破した点にある。「社会」という言葉も、社会学的な意味において人々の付き合いに注目しているものの、付き合いを通して人々のあいだに生まれる社会的地位の違い、制度や構造上の違いに重心が置かれる。現在、多くの経験的研究は、地位、制度と構造の研究がマクロ的研究であり、普遍性を有していることを示そうとしている。実際にはマクロレベルにおいても、社会には類型上の差異があるのだが、現代の社会学理論はこの問題を回避してきた。なぜなら、そこに類似性や普遍性を見出してはじめて、これらのファクターを社会学の普遍的理論の構築に役立てることができるからである。ただ、初期の欧米の社会学者にまで遡ると、例えばテンニースの詳述したゲゼルシャフトとゲマインシャフト〔ゲゼルシャフトとは、選択意志を基礎として形成される社会関係、ゲマインシャフトは地縁・血縁・精神的連帯などによって自然発生的に形成される社会関係を指す〕[(1)]、デュルケムによる機械的連帯と有機的連帯〔第二部第三章を参照〕、タルコット・パーソンズ(Talcott Parsons)の個別主義と普遍主義〔個別主義とは、自分と特殊な関係にある対象と、同じ属性をもつ他の対象との間に区別をつける考え方を指し、普遍主義とは区別をつけない考え方を指す〕[(2)]などを見れば、我々はそこに社会類型の差異を部分的に見てとることができる。比較文化研究の分野でここ数十年来差異の解明に力を注いできた学者の努力は言うまでもない。

文化という視点から見ると、発展中の中国社会がその伝統と大きく異なっていることは認めざるをえない。しかし、いくら変化しようとも、欧米社会にはならない。むろん、欧米社会といっても、それ自体不確かな概念であり、それぞれ異なる文化類型を有するのであるが。したがって、社会の研究にしても、共同体の研究にしても、ある国や地域の実情に着目して進めることに理があると思うわけである。社会研究と共同体研究の違いは、社会形態や地域性など力点の置き方――国家レベルの歴史に着目するか／地方の歴史やエスノグラフィーに着目するか、「大伝統〔文字を媒介として少数のエリートに伝えられる伝統〕」を論ずるか／「小伝統〔家庭や共同体において口承により一般民衆に伝えられる伝統〕」を論ずるか、国家規模の社会形態や制度を論ずるか／地方のそれを論ずるか等――にあるにすぎない。前者が社会学者の研究関心の対象であるのに対し、後者は人類学者が好む対象である。私がここで試みたいのは、両者を結びつけることによって、国家と地方、官と民の双方向の影響を検討することである。この視座は、中国が歴史的に、家と国家の一体化傾向を有してきたという認識に基づいている。歴史学の分野では、それを「家国同構〔家と国家の同一構造〕」と呼んでいる。しかしその関係を考察すると、家と国家の一体化はあくまでも一種の観念にすぎず、客観的に見れば、両者のあいだに一定の対立と乖離が存在することが分かる。例えば、国家は、長期にわたり門閥制度、豪族勢力を抑制し、弱体化させてきた。また、外戚による政治干渉を防ぎ、世卿世禄制を改め、次第に科挙試験制度を整えていった。これらはいずれも、共同体と国家のあいだに、融合と緊張の関係が成り立っていることを示す。とくに科挙制度が成立して以降、共同体と国家のあいだには、一体化はしないが、つながってはいるという関係が構築された。そして、それにともない個人の人生の理想も、どうやって共同体から国家へと続く道を歩んでいくかという点に置かれるようになった。しかし、この道を順調に歩みたいならば、社会資源を総動員しなければならない。なかでも〈関係〉と〈権力〉は、互いに結びつきつつ中枢を成すものである。両者の関係に関する研究は、中国人と中国社会に関する多くの現象のよりよい解釈につながるだろう。

〈関係〉と〈権力〉の関係については、アメリカの歴史家プラセンジット・ドゥアラ(Prasenjit Duara)の研究が大いに着目された(3)。しかし、ここで用いられている諸概念――ネットワーク、文化、権力の概念(すなわち、彼のいうcultural nexus of power)――は、相互に絡み合い曖昧なものになっている。またこの研究は、国家権力の地方への浸透過程に重点が置かれているため、双方向的な影響についてはあまり論じられていない。そのほか、家族と権力の関係についての文崇一による研究がある。(4)この研究は、上層社会の門閥関係が社会政治へ与える影響を論じたものである。さらに、ハミルトンの研究も中国における国家と社会各層との関係を議論しているが、(5)その観点は私の観点と正反対である。ハミルトンによれば、各階層の人々は、秩序と調和を目的とし、制度のなかで自主的に活動している。社会構造の配置からみると、彼の観点は合理的である。しかし、官僚階層が体現している〈権力〉およびその社会的影響という観点から見ると、彼の理論的枠組みは少々理想化されすぎていると言える。私がここで論じようとしているのは、社会生活の随所に見られる国家のトップダウン的な〈権力〉の特徴ではなく、〈権力〉をめぐる関係者の連帯関係や官僚制度の中国的特徴でもない。議論したいのは、国家そのものが一種の官僚システムだという点にあるのである。(6)それは、各行政機構における分業協力、人間関係における複雑な処理において、特権を享受し強力な吸引力をもつ権力の場を構成している。対して共同体は、中国人の生存にまつわる現実により構成され、拡大した「家」を基本単位とする。いわゆる両者のあいだのつながりとは、つまり、共同体の成員がなぜ一種の〈関係〉の動力を形成するのか、そしてどのようなやり方で家・故郷から国家のレベルへと入り、〈権力〉を獲得し、共同体および後代の人々に報いるのかということである。この問題に関わる諸テーマは、これまで各学問領域や細分化された専門において探究されてきた。例えば、政治学の角度からは、官僚制の特徴と営みが研究され、社会学の角度からは、制度や権力、社会階層やその流動が論じられ、人類学の角度からは、共同体における親族と非親族の関係が検討され、心理学の角度からは、権威的人格の形成と特徴が分析され、歴史学の角度からは専制主義とその時代の特徴について、細部の考証と描写がなされてきた。しかし、私は長年中国人と中国社会の研究を行うなかで、このように細分化された分析方法では、そこにある連続性やつながりが断ち切られてしまい、体制のなかに生きる個人の理想や、そこから派生する潜在的な問題が看過されてしまうことになる、すなわち個人の行動と社会構造をつなぐ論理的な構成の問題が見落とされてしまうことになると気付いた。こうした意味で、ブルデューによる研究——ヨーロッパ社会を背景とした、社会空間、象徴空間、官僚的空間、ハビトゥス〔生活の諸条件を共有する人々の間に形成され、その集団のなかで持続的かつ臨機応変に知覚・思考・行為を生み出す心理的傾向の体系〕、権力、資本、再生産の研究――が、ここで私が言うところにもっとも近いように思う。[7] しかしこの一連の概念が私の視角と重なる部分があるからといって、我々が中国人と中国社会を認識する方法がすべてそこに集約されてしまうわけではない。さもなければ、私のテーマは、彼の分析枠組みまたは、彼の問題関心に引き込まれて解釈できてしまうだろう。現在までのところ、私が注目している現象を、生き生きと、そして深く描き出しているのは、中国の著名な小説のいくつかである。たとえば『儒林外史《じゅりんがいし》』、『官場現形記《かんじょうげんけいき》』、『紅楼夢《こうろうむ》』および多くの現代の官界小説である。また、それらがさらに凝縮したかたちで表現されているのは、中国の有名な成語や慣用句、警句あるいは格言である。もし我々がこれらに込められた感性や認識に満足し、これらの問題に理論上の答えを出せないならば、中国の社会学理論研究にとっては大変もったいない事態である。いわゆる中国人の理論、中国人の人生の理想や社会的願望、心理的エネルギーや行動の道筋、および国家と社会のあいだの相互作用を、一つの完全な分析枠組みのなかに統合してみたい。この分析枠組みはまだ粗削りなものであり、穴も多いだろうが、何事もまずは着手しなければ始まらないのだ。懸念すべきは、この枠組みにあれやこれやの問題があると心配するがあまり、まずは自身の専門テーマの研究を成し遂げてから考えようとすれば、こうした枠組みを形成することができないばかりか、ますますそこから遠のいてしまうということだ。明らかにこれは学問的基礎の問題ではなく、研究の見識に関わる問題である。

私がこれから展開する理論の構築方法と、過去の社会学理論の構築方法には論理の面で大きな違いがある。過去の欧米の理論の多くは、象徴的交換の理論にしても、社会的交換理論にしても、社会ネットワーク理論にしても、儀礼的連鎖の相互作用(interaction ritual chains)にしても、または構造主義にしても、ミクロから徐々にマクロへと拡げられたものであった。これに対し、私の研究順序は逆である。なぜなら私から見ると、マクロな構造は人間関係のロジックから導き出されるとはかぎらず、共同体に暮らす人々が歴史的に作り上げてきた一連の文化的設定なり文化設計がうち立てたものだからである。当然、設定や設計は、個々人あるいは一世代の人々の突発的な奇想ではなく、人々の置かれた環境による制約、変化、およびそこから生まれるコスモロジーと直接に関係している。ある構造の設計が部外者あるいは後世の人々から見てどんなに不合理で、批判すべき、あるいは実践上改革ないし転覆がなされるべきものに映ったとしても、その設計が長きにわたり、内部にいる個々人に、社会的価値と目標を実現するための駆動力を提供してきたことは確かなのだ。これはあたかもゲームのようなものである。時が過ぎれば軽蔑されるが、それに夢中になっているときには、まずはゲームのルールを理解して、その後ようやく遊べるようになるからである。まずゲームのルールを知り、それに従うことによってのみ、自身の知恵と技術をそのゲームに集中させることができる。例えば囲碁を打つにも、対戦の設計、ルールと個人の戦術が必要であろう。

このマクロからミクロへの推論の仕方は、中国人の日常語を用いるなら、社会的圧力こそが個人の原動力となるということである。そこで、個人の行動の戦略、戦術を議論する前に、まず中国社会の構造の圧力とは何かを議論したい。言うまでもなく、これは中国の社会や文化に沈殿してきた一連の安定した制度的仮定に関わるものである。

二　社会構造の圧力と個人行動の原動力の形成

以下に一連の具体的な仮定を示す前に、まず全体的な文化的設定として、中国の社会構造と個人の関係に見られる連続性という特徴について説明したい。中国人は個人を、独立性を有する個体として考えない傾向にある。つまり、中国において個人は、生命、生活の意味において、ほぼ独立性を有していないのである。その者自身の考えや行動は、彼なり彼女なりが個人として独立した存在であることを証明するものではなく、個の証明には、常に家や地方、国家との関係を示すことが必要となる。しかし独立性がないということをもって、中国人が自己利益、自己実現を考えないということにはならない。このような自己利益、自己実現もまた、家、他者、地方、国家と密接に関わってこそ意味をもつのである。この点は、儒家のいわゆる「仁」や「修身、斉家、治国、平天下」の思想に合致する(これに対し、道家は、一種の隠居、世外に身を置くことを説く)。これに関し、中国人の行動を規定するもう一つの設定と言えるのが、国家と社会が互いを包摂するという関係である。[8] 国家と社会は、欧米で形成されたような対立関係を構成しない。一方で、国家は全方位的に社会をコントロールするが、他方では、社会が全方位的に国家に影響を及ぼし、あるいは国家に浸透する。このような関係が国家と社会のあいだに成立しているがゆえに、本書では国家―社会の分析視角をあえてとらないのだ。そしてこの設定こそ、我々が、中国人の権力観および〈関係〉観を研究する際に、とりわけ重要となる。例えば、「官」は、国家行政システムにおける職位およびその職権を意味するだけでなく、それが社会生活においてもつ広範な影響力をも意味する。この種の影響力がどのようなものかは、その社会の特徴を映し出す。こうしたニュアンスは、「政府官僚」、「行政長官」、「公務員」など、今日使われている現代的名称には含まれないものである。もし中国が、こうした現代的名称を用いて「官」の概念を代替させようとしたとしても、「官」に込められていた古い意味あいが消失することは無いだろう。また、国家と社会が相互に絡み合っているからこそ、個人の行動、共同体および国家を結びつけて議論し、そこに何らかの論理を見出そうとする試みも意味をもつのである。

　中国社会の構造の形成過程は、おおよそ二つの段階に分けることができる。第一段階は、先秦時代であり、当時は封建制を採用していたが、なかでも宗法制は、中国社会の営みに深い影響を与えた。[9] この制度は秦が中国を統一したのちに廃止されたが、中国人の心に長く続く宗法観念を植え付け、客観的には「家族共同体」[10]を持続させた。それが展延し、今日に至るいわゆる「関係共同体」となるのである。[11] 第二段階は、おおよそ秦の始皇帝による中国統一後に作られた中華帝国の官僚制度である。この制度の成員は基本的には試験を通して選抜された。先秦時代に孔子は「学びて優なればすなわち仕う」という考えをもっていた。漢代以降、科挙試験のひな形が現れ始め、「察挙制《さっきょ》」、「九品中正制《きゅうひんちゅうせい》」を経て、最終的に隋唐時代に「科挙制」が形成された。科挙制は清朝末期に廃止されたが、現代中国で実施されている「大学入試統一試験（高考制）」や「国家公務員試験制度」は形式上、科挙制の延長と見ることもできる。

　私が思うに、社会成員の上昇のためのチャネルを考察することは、社会文化構造を認識する際のよい手がかりになる。まず簡単に、二つの類型を想定し、比較してみよう。まず、ある社会構造が世襲制を採用したと仮定する。その場合、社会集団はどれも閉鎖的なものとなり、相互のあいだには大きな溝ができるだろう。このような硬直化した社会構造においては、ある個人にどれほどの徳や資質があろうとも、あるいはどれほど努力したとしても、地位上昇の可能性はなく、結果として個人の修養、知力、学識などが地位の上昇に結びつかない社会ができあがる。例えば、ヨーロッパ社会における貴族制、インドのカースト制、中国の秦朝以前の宗法制などはどれもこのような社会であった。逆に、もし社会が開放的で、民主、市場、法律、公平などを重んずるならば、どのような社会が形成されるだろうか。その場合には、地位上昇の道が各種各様に開かれ、個人の修養、知力、学識ばかりでなく、個人のパフォーマンス、才能、専門、人格、能力、技術、趣味、忠心、手腕や弁舌、容貌などまでもが地位上昇をもたらす要素となりうるような社会が導かれるだろう。そこでは、社会の流動性により、正義の原則が体現され、性別、年齢、知識、学歴といったものによる制約は考慮しなくてもよくなる。そして、地位上昇の方法が多元化することにより、そこに向かう凝集力も大幅に緩和され、まさに「すべての道はローマに通ずる」状況が生まれる。以上二つの類型は、社会構造と流動性に関わる両極のパターンである。多くの社会は、どちらかの極そのものを行くというよりも、どちらかに近い状況に分布している。これに対し、中国の先賢たちが設計した社会構造は、どちらかの極に近いということもなく、まさに中間を行くものであった。それは閉鎖的ではなかったが、開放的でもなく、閉鎖的でありながら、開放的でもあった。社会の上層と下層の間の扉が、鍵をかけずに閉められているイメージである。一方では、中国人の地位上昇への道は狭いものであったが、他方では、公平な競争の機会が与えられ、それが、任官への道をめざすというほぼ唯一の社会的動力を生み出すこととなった。その結果、中国の社会空間は、次のような特徴を有することとなった。

第一に、世界の他の場所と同様に、中国社会は、統治階級と被統治階級に二分される。[12] ただ、伝統社会について具体的に見るならば、社会は主に、農民集団と「紳士」集団という二大社会集団によって成り立っていたのだが。[13] いずれにせよ、この社会構造のなかで、社会は上下二つの生活の場に分けられる。底辺には民の生活空間(民間文化およびその生活)があり、上には官の生活空間(官府およびそのイデオロギー)があり、両者は、文化(知識、書物、文学)によって隔てられる。イデオロギーと等級上の優位により、上層社会にはすさまじい優越感が生まれる。この種の優越感こそ、上層社会の権威を構成する基礎であり、社会のすべての成員に、上層の生活にあこがれるよう仕向けるものである。そして、この種のあこがれを可能にする社会の奨励メカニズムが、すなわち試験制度なのである。

第二に、地位上昇のための唯一の道が作られたことにより、上層社会の成員は、理論的には、社会のほぼすべての家あるいは親族ネットワークから提供されうるものとなった。このことは、一方では、家および地方共同体が、社会エリートと官員を生産し送り込む基本単位となることを意味する。他方で、エリートが世襲制をとらないというこの社会の特徴は、どのような家に生まれようとも、上層社会に入りたいのなら、もう一度初めからやり直さなければならないということを意味する。さもなければ、どのような家であっても、零落の危機に直面する。そして、個人と家と地域の緊密な結びつきにより、上昇した家の成員は、自らの故郷から離れるものの、その故郷に対し、物質面あるいは精神面で、恩を返すことが果たすべき報いとして課せられるのである。

第三に、科挙(およびその後に作られた各種試験)には、試験の前での平等原則および機会均等の原則があり、ほぼすべての男性が、体力や貧富に関わりなく、職業や出身地にも関わりなく、子どもから老人まで受験することができる。この点は理論上、すべての男性を勇み立たせるに十分であった。

第四に、試験の吸引力と動力は、上層と下層のあいだに存在する決定的な差異に由来する。一方は頭脳を用い、もう一方は体を使う。一方は支配者で、もう一方は服従者である。一方はエリートで、もう一方は平民である。一方は名誉や財産に恵まれ、栄耀栄華を極め、もう一方は日夜働いても、明日が見えない暮らしぶりである。一方は政治、経済、法律、文化などあらゆる面で特権を持ち、もう一方は、清廉なお役人様が後ろ盾になってくれるのを待つのみである。こうしたなか、個人が上昇への道を自らあきらめたとしても、家族からの大きな圧力に直面し、結局他人のために自らを犠牲にすることになるのだが、失敗すればうかばれない結末となる。

最後に、国家官僚制は、下層から上層への輸送ルートであるため、上層と下層のあいだに対立はなく、集団間に利益の衝突が生じたとしても、個人および家の地位の上昇下降によって解消される。しかし、試験に失敗して正規のルートを通ることのできない家による不正行為や賄賂、役人との結託等は、普遍的に見られる社会現象となった。また、すべての道が閉ざされた際には、社会への反逆も発生する。しかし彼らの成功が達成されるや、再び旧態依然たる社会モデルが選ばれるのだ。

社会にはまた、特定の職業と集団に属する人々がいる。「賤民」に類別されていた娼妓、芸人、隷卒（役所の下働きに従事する者）の家、[14] さらに社会体制外に生きる遊民《ゆうみん》がおり、彼らは科挙試験から排除されていた。しかし、同時に彼らの組織もまた、家の制度や共同体による影響を免れなかった。中国に各種存在する「会（同郷会、同業団体、商会など）」に至っては、いっそう家族単位に類似した特色をもち、おおよそ社会組織には似つかわしくない性格を有するようになった。

瞿同祖は以下のように指摘する。

> 権力の分配と地位の分配の関係は密接である。言い換えるなら、官僚政治とは声望と特権の根源である。官僚政治に参加することを許された者は、最高の社会的地位と最大の特権を有する。しかし士が平民の中で最高の地位を享受できるのは、彼らがすでに、これらの官員となるべき基本的訓練を受け、彼らの候補者となったからなのである。これこそ、試験体制の下で郷試に合格した者が、そうでない者より上の地位に就くことができる所以である。つまり、郷試に合格した者は、普通の知識人よりも権力構造に一歩近づいたことになる。マックス・ヴェーバーは、鋭い観察に基づき、次のように分析している。中国の社会階層は、財産ではなく官職によって決まる。「賤民」は平民とは異なる。少なくとも理論上は大多数の平民は試験に参加し、官界に入れるが、「賤民」は、このような権利を剝奪されている。政治権力について、彼らは永久に権力構造に足を踏み入れることはできない。したがって、彼らは社会においてもっとも低い地位に置かれるのである。誇張ではなく、声望の等級と権力の等級は密接に関連

している。伝統的中国社会の階層分化のあり方は、権力に基づいて階層体制を考察することによりはじめて、理解と説明が可能になるのである。このような意味で、「統治階級と被統治階級」という二分法は、中国社会と政治思想において鍵となる概念であり、その社会学的意義は無視できるものではない(15)。

上述のような構造的圧力に着目すれば、異なる文化設計において、個人の上昇への原動力に違いが生ずることも理解できるだろう。欧米の文化において、個人が勤勉であることの原動力は、主に贖罪救済型の宗教に由来する。多くの欧米人は、人は神の意思に従うことによってのみ救いが得られると信じている。そのため、欧米人の生活の原動力は、主に自身の勤労を通して神の選民になることにあり、この点こそヴェーバーの著作『プロテスタンティズムの倫理と資本主義の精神』の趣旨である(16)。しかし中国人の世界観に、この種の宗教の影響は見られない。「天人合一」あるいは「差序格局」の価値観においては、宇宙、社会、集団、家族から個人まで、それらのあいだには同種の営みが設定されているのである(17)。したがって、個人は現世の生活に、より多くの関心を割く。個人にとって、現世で自らと関わりのある先輩や同輩すべてが、想像あるいは現実のなかで、理想の実現を助けてくれる存在なのである。当然ながら、個人の理想の実現は、同時に、当人と縦横の関係でつながっている人々に変化をもたらす。このような文化的設定において、個人の上昇の原動力は、別世界の生活を追求することではなく、現世において個人の能力を発揮し、できれば官僚になって、関わりある人々に、財と栄誉を分け与えることに置かれる。「栄光を勝ち取る」ことと「恩恵にあずかる」ことが、中国人の生活の二大テーマであり、名声を得ることが、中国人の生活の原動力なのである(18)。当然、この名声には努力が必要である。儒家が唱導した修養、徳行、「君子となり、小人となるなかれ」は確かに重要だが、これは個人の資質を追求したものにすぎない。より重要なのは、この種の名声への追求が、功名への道と重なることであり、すなわち理想なのは、名声の蓄積と功名の達成が同時に実現できることである。

三　共同体と社会的交換

中国社会の文化構造と特徴に関するこれまでの議論をつうじ、中国社会の圧力と個人の原動力の関係を明らかにしたが、これではまだ十分ではない。ここでとりわけ重要なのは、個人の原動力とは個人の意思ではなく、その共同体の期待や支援に直接関係しているということである。顧炎武はこれについて、「科挙の受験者は、一〇人中八、九人は平民である。郷から挙人となれば、利益の斡旋で生計をたてるようになる」と述べた[19]。個人と共同体の関係について、費孝通は『郷土中国』の中で、「差序格局」概念を用いて次のように論じている[20]。まず中国人は、一ところにまとまって住むのを好む。このようにして、個人は自然と、範囲が徐々に拡がっていく社会的ネットワークの中に身を置くことになる。次に、このネットワークには、はっきりとした組織や、内外の集団を隔てる境界が無い。また、幾重にもおよぶ重層性を有する。すなわち、一個人は家庭の成員であると同時に、親族や郷村の構成員でもある。他方、成り行きで社会的ネットワークに身を置いた個人にとって、何らかの社会団体や組織に対し、そこに参加する、またはそこから抜けるというような発想は、そもそも起こりようもないものである。このような共存共栄のネットワークにおいては、望む望まないにかかわらず、一個人の言動が他人に波及する。すなわち、一人が栄えれば皆が栄え、一人が損をすれば皆が損をするという状況が生まれる。このような共同体の規範となるのは、倫理と道徳であり、フォーマルな制度や法律ではない。同時に、個人のあらゆる行為は、彼自身の趣味や志向ではなく、共同体の皆が何を望むかによって決められる。もし一人の人間が自分の好みや志向を押し通し、家族の期待を顧みないならば、個人、家、宗族ないし地域にとって大きな過失となる。例えば、中国の名著『紅楼夢』の賈宝玉《かほうぎょく》がその例である。彼の父母は彼が勉強して官僚になることを望んだが、学習への原動力は家内部の男女の色恋沙汰で消えていく。宝玉の父、賈政の棍棒による折檻も、一時の鬱憤を晴らしただけで、大家族を滅亡から救うことはできなかった。しかし、決してこの事例は、勉強して出世することが大家族と豊かな家特有の理想だということを示すものではない。それは、ほぼすべての家が共通して抱く理想なのである。違いはただ、成人男子の頭数が多くなればなるほど、成功の確率が高くなり、享受できる分け前が増えるというだけのことである。ここから、大家族（多子多福）が中国人の追求する生活の理想の一つとなったのである。この点さえ達成できれば、歴史の記録に載せられるには十分な理由となる。例えば史書には、中国の大家族は、九世代から一三世代が一族で同居するまでに発展することができるとの記載がある。一般的に見れば、経済的制約を受けるため、一つの家庭は三、四世代まで続いた後には分家し、最後には一族、一宗になり、一族の祖先を祀る祠堂が作られ、儀礼が執り行われる。通常、中国の地方の共同体は、いくつかの宗族から構成される。中国でよく見かける「趙家荘」、「馬家河」、「李家屯」などの地名は、いずれも一つの大きな宗族を地名に据えたものである。このように、中国では総じて、血縁と地縁が、コミュニティのネットワークの基礎を構成している。人類学者の著作には、これについて比較的詳細に描写したものがあるが、いずれも客観的な家の系譜や構造の描写にとどまる。行動という視点から見れば、親族ネットワークは必ずしもやり取りがあるというわけではない。中国には、「金持ちはたとえ山奥に住んでいても、遠い親戚が訪れる［富在深山有遠親］」ということわざがある。これは、ネットワークの繋がりが交換をつうじて獲得されることを示している。したがって、私はここで「家」内部の交換のメカニズムに重点を置いて考察したい。

欧米の社会学では、交換する物は通常、贈り物、すなわち物と物の交換であると理解される。さらに、ここでの仮定において、交換される物は、同じ物ではなく違う物である。ジンメルによると、交換とは本来、自己の所有しない価値ある物に対する渇望から発生するものである[21]。言うまでもなく、同じ物の交換は理論上意味がないと見なされる。ある人間は、自分がすでに持っている物と交換するために、誰かのところに出かけたりはしない。このように考えていくと、家、とりわけ、財を分け合うことを重んずる家の内部では一般的に交換は発生せず、資源の再分配があるのみである[22]。交換があると言い切れるのは何かと言えば、男女の分業の違いや妻のへそくりぐらいであろうか。現在交換理論が議論している交換活動は、外向性、社会性、市場性をもつものである。しかし私が思うに、家庭内にも、一種の交換が発生するのだ。それを同質性の交換と呼びたい。リチャード・エマーソン(Richard M. Emerson)は交換を二種類に分け、一つを同類交換、もう一つを異類交換と呼び、交換の形態が同類交換に近くなればなるほど、交換関係は閉鎖的になると指摘した。[23] この原理に従えば、中国の家においては、より閉鎖的な成員関係における同類交換が生まれる。そこで私がさらに検討したいのは、同類交換が発生するのは、あるいはそれが中国の拡大した血縁・地縁の範囲で発生するのは、家族が、長きにわたる感情の絆を育み、凝集力を高めようとしてきた結果だということである。例えば、真心と真心の交換、手助けの交換、付き添いの交換、〈人情〉の交換、互いに食事をごちそうすることなど、これらはいずれもごく日常的な光景である。これらの交換はどれも異なるものだが、一回の交換の後に「次の一回」が発生し、時間的な連続性と交換の往復循環が形成される点で共通している。反対にマイナスの同類交換は、歯には歯を、血には血を、仇には仇を、恨みには恨みをというふうに、憎しみの増幅を意味する。これは欧米の学界では「同害報復」と呼ばれ、[24] その目的は経済的な賠償ではなく、感情的な憂さ晴らしである。同類交換は、一般的に物質的利益や実用的価値に関わるものではなく、感情あるいは象徴(愛と憎しみ)の意味合いが強い。対して、異類交換は理性に偏る。異なる種類の資源間の交換が発生するのは、そのなかに計算できる利益があるからである。例えば、どのぐらいの体力を提供すればどのぐらいの収入が得られる、どのぐらいの時間を費やせばどのぐらいの報酬を得られる、どのような傷害ならどれだけの補償を得られる等である。いわば、異類交換は、欧米で生まれた法律や保険の前提となるものである。明らかに、交換は、その同質性が高いほど、関係の感情的傾向が強くなる。逆に、異質性が高くなるほど、関係の道具的傾向が強くなる。ここから分かるように、中国の家の内部における交換は、往々にして感情的な支えを求めるものであり、中国人の言ういわゆる「相依為命(互いに頼り合って生きていく)」ということなのである。一人の人間が家で勤勉に働いても、一旦共有制、均分制によって吸い取られてしまうならば、交換資源は徐々に同一化し、事態は悪化し、とりわけ道具理性(利益獲得の手段としての理性)の対象となる資源の枯渇を招くだろう。「差序格局」の拡大モデルに依拠して、家族関係から社会関係を類推するならば、家内部の同質性交換の発達は、民間社会や世間にも、同質性交換を発達させた。例えば、何かのしるしに贈り物をする、血盟を結ぶ、恩に報いる、殺人に死をもって償う、「不共戴天（同じ世に生かしておけないほど憎む）」などは、社会における同質性交換の表れと言える。

ここから、以下のような仮定を立てたい。同質性交換は家の成員の親密度を高める効果があるが、家の資源の増加をもたらさない。異質性交換であってはじめて、資源の増加および理性の発生の源となりうるのである。そこで、交換の異質性の機会を増加し、家の財を増やすべく、閉鎖的圏内では、少なくとも一人の人間が必ず家、宗族、故郷を離れ、より広い社会に参入し成功を収めることができるように仕向けるようになる。「成功」の形態の単一化傾向によって、中国の家々が同じ方向に動き出すことにより、最終的に「千軍万馬が丸木橋を渡る」ごとき熾烈な競争が生まれる。しかし、ここから家の危機がもたらされる場合もある。すなわち、その個人が獲得する資源が多ければ多いほど、または社会的価値が個人の独立を鼓舞すれば、彼は個人でこれらの資源を独り占めし、ひいては家、少なくとも親族と関係を断絶してしまう「六親不認（どんな親戚とも付き合わない）」かもしれない。このような状況を避けるために、社会は二つの事柄に核心的重要性を与える。一つは、故郷と外に出て行った者のあいだに、すでに形成された緊密な関係を維持すべきだということである。儒家は、個人と家族のあいだの恩情と道義的関係――例えば、生理的、感情的（血の通った肉親の情）、物質的、精神的支えなど――を強調する。これによって、外に出た者は、道義上、家族と資源や栄誉を分かち合う責任と義務を有し、いわゆる「報い」の関係が形成される[25]。二つ目は、社会をあげて、倫理的評価体系――感恩報徳を奨励し、忘恩不義を譴責する体系――をうち立て、人間に個人の意義など求めないよう奮闘するのである。私はここで、「天下の憂えに先んじて憂え、天下の楽しみに後れて楽しむ」ことにより、中国人の人生の模範となった北宋の忠臣、范仲淹《はんちゅうえん》を例に、たとえ先んじて天下に楽しませるをモットーとしている人物であっても、この行動枠組みから逃れることはできないことを説明したい。たとえば、范仲淹は家に宛てた手紙の中でこう述べている。

わが呉中の宗族はなはだ多し。われにとってはもとより親疎あり。しかれどもわが祖宗よりこれを見れば、すなわち等しくこれ子孫にしてもとより親疎なきなり。いやしくも祖宗の意にして親疎なければ、すなわち飢寒の者、われなんぞあわれまざるを得んや。祖宗よりこのかた徳を積むこと百余年にして、而して初めてわれに発して大官に至るを得たり。もしひとり富貴をうけて而して宗族をあわれまずんば、異日何をもってか祖宗に地下にまみえん。
（『全宋文』巻三八四）

おそらく一人の人間がひとえに自らの聡明才知により独自に外部資源を獲得したとしても、このような業績の獲得は、儒家文化体系のなかでは認められず、常に、家庭の養育、同等の知力と才能をもつ成員が彼のために払った犠牲のおかげであるとみなされてしまう。このような営みのロジックにおいては、ある現象がますます広がりを見せる。それはすなわち、社会的交換の異質性を実現するために、家庭、家族、宗族ないし共同体全体が名義上あるいは実質上、全力で一成員の成功のために助力することである。そうすれば、一個人の成功は個人的成果ではなく、共同体全体の成功になる。そこに、社会ネットワークと成功を求める者のあいだの交換関係がうち立てられ、彼の成功は社会ネットワークの成功と連動するだろう。費孝通は同じような観点から「落ち葉は根に帰る［落葉帰根］」の意味について、次のような解釈をした。「（功成り名を遂げた人は）農業人口の質の高さの維持に貢献したようだ。なぜなら、立身出世した者は自らの故郷を決して忘れず、少なくとも年老いたら故郷に戻り、外部から得た特権を利用し、故郷の利益を図ることに尽力したからである。したがって、一人の傑出した人物が現れれば、その地方からはさらに多くの人が頭角を現す。なぜなら彼がこれらの人々の第一歩を手助けするからである[26]」。

総じて言えば、功名を求めるために、一つの共同体のすべてのエネルギーが結集されるのだ。当然、失敗もまた、彼個人の失敗ではなく、故郷の共同体全体の失敗を意味する。したがって、理論上、失敗は許されざることであり、ここから、外で事業に失敗した者の多くが、故郷の人々に顔向けできなくなり、戻るに戻れないという事態が生ずる。このように考えれば、孟子の説いた「不孝は三つある」という言葉の意味が理解できるだろう。趙岐《ちょうき》の注釈による朱熹《しゅき》『四書集注《しょしっちゅう》・孟子・離婁上』によれば、孝道を重んずるには、次の三つのことをしなければならない。それは、家に男児がおり、立派に官として仕え、肉親の情を持ち節度を守り義理を立てることである。このうち、家に男児がいることは、後者二つを実現するための必要条件であり、後者二つは男としてしなければならない努力である。

四　共同体における〈関係〉の構築およびその策略

以上に、固定され閉鎖的な家のネットワークがいかに開かれてきたかを概観した。私は本書の前章や別稿で中国人の〈関係〉構築のあり方について、〈関係〉の長期性と無選択性について述べた(27)。ここでは、単に〈関係〉が発生する構造から説き起こすのではなく、上述の原動力のメカニズムのなかに落とし込んで、このような〈関係〉の構造がどのように活用され、どのように競争に満ちた形成のプロセスに組み込まれていくのかを考察したい。

ある個人が家から出たとき、彼の駆動力という観点から見れば、自身の構築してきた長期的で安定した関係ネットワークには三つの動力源がある。一つには、自然の共同体による支持ネットワークであり、次に、過渡的な道具性の強い社会ネットワークであり、最後に、成功によって得た特権を享受する利益共同体である。それらは重層的である。私は、どのようなネットワークを語る際にも、〈人情〉の問題を論ずる必要があると考える。かつて私は、〈人情〉を三種類――恩情に基づく報い、人情投資、相互の付き合い[礼尚往来]――に分類した(28)。このうち、相互の付き合いは、自然に形成された「家」による支持ネットワークの中に生まれやすく、人情投資は一般的に、すでに成功した者に対する〈関係〉構築に現れるものである。最も重要で、得がたい〈人情〉は、恩情の形成であり、その重要性については専門的議論が必要である。恩情は往々にして、人生の谷、あるいは苦難において生ずる。このような時、個人および家は出世の見込みがたたないばかりか、生活が苦しく、さらには切迫した状況にある。また、別の状況としては、かつて出世ができていた個人および家が、その栄光を失い、身分も名誉も失い、あるいは赤貧状態に陥ったりするケースも考えられる。つまり、人生の苦難にあって得た援助だからこそ、それを恩情と呼ぶのである。この時、苦しみの渦中にある者は孤立無援であるため、自らに手をさしのべてくれる者に対し感謝にたえない思いを抱くだろう。このように、恩情は中国では往々にして人間性の最も深いところにある真心だと理解されている。このとき、手をさしのべる者にとって、この家族が将来恩に報いてくれるかどうかは予測不可能である。したがって、ある区切られた時間についてみるならば、恩情とは救済あるいは施しの行為であり、社会的交換ではない。しかし、〈関係〉の長期性という意味においてみれば、一種の〈人情〉投資の長期的戦略と理解することもできる。あるいは、施しを行う側が、未来の社会的交換に期待できないにもかかわらず施しを行うからこそ、施された者が成功した場合に得られる報いの価値が図りきれないほど大きくなることもありうる。恩情は、その意味の中に大きな報い（恩返し）の意味を含むが故に「恩」の字を含むのだ。いわゆる「一滴の水の恩を涌き出る泉をもって報いる〔滴水之恩、湧泉相報〕」ということである。もし恩を施しても最終的に報いを得られないなら、それは恩ではなく、単なる扶助、賛助、救助、助力、喜捨である。このように、交換の戦略という観点から見ると、恩情関係の形成は一種の「潜在的で長期的な」〈人情〉投資である。その最大の特徴は、未来が予測不可能であるがゆえに、眼前の行為が、「艱難にあってこそ真情がわかる」という筋書きで、情けに満ちた行為として描かれることである。これは、「顕在的」な〈人情〉投資とは異なる。現実社会において、顕在的〈人情〉投資はしばしば生ずる。投資価値のある者から見れば、このような〈人情〉は予測する必要がなく、待つまでもなく、さらには報いがないことを心配する必要もない。投資により獲得できる手厚い報いは見て明らかであり、はっきりと道具的色彩を帯びるからである。恩情への報いと〈人情〉投資を比べると、潜在的な〈人情〉投資には、いまだ成功を達成していない者の未来への潜在能力を予測することが必要となるため、この点を見極められるかどうかが重要な鍵となる。まさにこうした事情によって、中国の人々は、個人の立身出世を占うことを最大の関心とし、八字《はちじ》〔生年月日・時間に相当する干支の八文字から運命判断をする占い〕、風水、運命判断、人相占いや吉祥語など、ある種の知識体系が作り出されてきた。その知識体系は、欧米の心理学研究と異なり、現在や事実に注目するのではなく、未来の前途、官運、富貴などに注目する。そしてもし、多くの人がこれではあまりに神がかっていると言うのなら、より直接的で有効な方法は、世渡りにおけるゆとり戦略である。すなわち事前にゆとりをもって人脈を蓄えておけば、たとえ蓄える際に多少人選を間違えたとしても、たいした問題にならない。そして、〈関係〉を構築する際にこの戦略を用いると決めたならば、次に生ずるのは処世上の術策の問題である。

中国人がいわゆる処世をしていくなかで、大事な原則は、万事につきゆとりを残しておくことである。そのロジックは同質性交換から異質性交換への転化に由来する。すなわち、異質性交換がなされる前に、先んじて感情の投資を行うということである。中国人には、感情の基礎の上に取引を行い、赤裸々な道具的交換行為を排除する傾向がある。これは、中国人はその価値観において、直接異質性交換に入ることを受けいれないからである。異質性交換の発生に立ち返って同質性交換をみると、それが、受動的な血縁、地縁等構造の要素によって規定されながら、同時に、将来に得られるかもしれない収益への期待に基づくある種の能動性を持っていることに気付く。すなわち、感情的な関係を維持することは、潜在的な収益の機会を維持することに等しく、関係を中断することは収益の機会を放棄したり減少させたりするに等しい。そして、付き合いから得られる未来の収益が確定できないと、そこに「時」の概念を持ち出す。時運、時機、時勢、時候等の概念を持ち出すことにより、人は待ち続けることに希望を見出し、たとえ投資に失敗した場合も、その原因を「時」に求めることができる。度重なる失望を、「まだ時機が満ちていないからだ」と解釈し、同質性交換における焦燥や苦しみを緩和するのである。このような未知数を考慮に入れて交換の収益を見ると、はたして利益の最大化がどこにあるのか、理性的な計算とは何であるのかは極めて不明瞭であり[29]、見えるのはただ、情理が織りなされる関係に込められた未来の報いに対する期待のみである。このような期待には明確な方向があるわけではないため、ゆとりを残す戦略も明確な指針を持たず、手当たり次第に網を張るというかたちになる。「世渡りには自らに退路を残すことが必要だ」、「世渡りにはゆとりが要る」、「友達が多ければ、道は歩きやすい」、「人助けを心がける［與人為善］」、「なるべく敵を作らない［少得罪人］」、「手心を加える［手下留情］」、「大目に見る［網開一面］」、「面子を立てる」などは、いずれも処世の基本原則である。この原則は、官界にも適用可能である。なぜなら、周囲の誰が官吏として順調に出世する運命にあるのか、誰にも分からないからである。実際、たとえ後に得られた収益が期待していたほど高くなくても、感情をつなぎとめておくことで、多くの社会的な収益が得られる可能性はある。例えば、名声を高めるかもしれないし、〈関係〉のリンクを作る際の仲介者になってくれるかもしれないし、困ったときに互いに助け合うことになるかもしれないし、情報を提供してくれるかもしれない。こうした部分こそ、社会関係資本に関わる問題であるが、その内容は、中国人の複雑な関係ネットワークから見ると、まったく説明力をもたない状況にある。ここで鍵となる問題は、欧米の交換理論や社会関係資本の理論において、時間のスパンを長くとることの重要性への言及が見られないということである。中国人の〈関係〉の発展は生涯にわたる計画であり、一つの事件や組織構成に限定された計画ではないのだ。

五　討論と結論——共同体から国家へ

以上、中国社会の構造から共同体への道をたどり、さらに個人の〈関係〉の戦略に至る図式を紹介した。この図式は一見したところ、欧米の社会理論で提唱されている国家—社会の視座と重なり合うように見えるかもしれない。欧米のこの視座においては、地方自治と国家権力が学界で議論される重要な論点であり、アメリカの連邦制度や日本の惣村《そうそん》など地方の自治能力が国家の制度建設に重要な影響を及ぼすことは、多くの学者の認めるところである。こうした観点から、学者の中には、中国の国家と社会を考察する際にも、中国の伝統社会において共同体自治が失われたのは、中国の知識人が法術をもって国家に献策し、自らの思想を用いて基層社会や共同体を改造したからだと説明する者もいる(30)。しかし私は、国家権力と共同体自治は中国にも存在し、郷紳が地方において自治に積極的に関わってきたと認識している。近代以降の知識人による郷村の改造も、元々は、農民が自らを管理できるよう、彼らの組織化を図るものであった。ただ、中国の知識人はやがて、家を基本とする農民の生活において、中国人はまさに「バラバラの砂[一盤散沙]」であり、内輪揉めを起こしやすく、とても組織化できるものではないということに気付き、結局自ら管理に参与する方向に舵を切ったのであった。欧米や日本と比べると、中国の特徴は、共同体と国家の結節点が単一であり、かつ開放性を有する点にある。つながりのあり方がもつこのような特徴により、一面では、多くの民衆の生活が、強い力で持続的に国家に引き寄せられていく状況を生み出す。また他方では、地方社会に暮らす庶民にとって、自らの利益を守るために、力を結集し連帯して国家に対抗するという状況は作り出しにくくなる。その結果、庶民に残された問題解決方法は、官の個人的力をつうじて、互いの衝突や利益をめぐる揉めごとを解消することである。むろん、マクロな観点から見れば、国家と地方のあいだには、制度的なつながりや公式の情報チャネルもある。しかし中国人は、このようなチャネルは、個人の〈関係〉の重要性には、はるかに及ばないと認識している。中国人ならば、ほぼ全員、次のような簡単な道理をわきまえている。すなわち、正式な制度の制定において共同体の利益を考慮してもらいたいならば、制度を制定する側の内部に身内を据え発言権を行使してもらう必要がある、と。事実、国家体制を担う官僚は皆、自らの故郷あるいは組織のために利益を獲得しようとしのぎを削っている。逆に、このような人がいないならば、共同体の利益は実現できないのである。次のようにも表現できる。すなわち、社会の利益や権利は、外部の力を通じて勝ち取るものではなく、内部の〈関係〉をつうじて獲得するものである、と。共同体にとって、政策決定層に加わることのできる人材を輩出することがどれほど重要かは、多くの証拠が説明するとおりである。したがって、中国社会では古くから、社会をあげて、〈身内を確保するべく〉様々な個人的関係――いわゆる人脈――が作られてきた。そして私が思うに、このような〈関係〉と〈権力〉の結びつきや営みによって、本来起こりえた大規模な社会事件が、未然に解消されてきたのだ。しかし、忘れてはならない。体制内部に官僚同士の矛盾が生じた場合、あるいは地方社会や共同体が自らの〈関係〉や〈権力〉のはたらきに絶望した場合には、随時、爆発的な社会衝突が起こりうるということを。

史学家の傅衣凌は、次のように述べる。

多元的な経済基礎と高度に集権的な国家政権の間には、相互に適応し、かつ相矛盾する作用が働いているため、中国伝統社会の統制システムは「公」と「私」の二つの部分に分けられていた。特に秦漢以降、大一統が真に形成され、六国の伝統を継承し、中央集権と地方分権の闘争はさらに激しさを増したが、両勢力はまた、互いに妥協し利用し合う関係にもあった。一方で、全社会に君臨していたのは、厳密な組織をもち、多くの官僚、官吏、家来および補佐を擁する国家システムであった。これは、国家から県および県に次ぐレベル(たとえば清代の巡検司《じゅんけんし》)に至る政権システムであり、軍隊、法律など政治的力、さらには経済的、習慣的力などに依拠してその支配権を確立した。まさしく「普天《ふてん》の下、王土にあらざるはなく、卒土の浜、王臣にあらざるはなし」という観念が広く浸透するなかで、国家の権力は絶対かつ無限であった。他方で、実際に基層社会を直接支配していたのは、郷族の勢力であった。郷族はアジア型コミュニティの名残であるが、中国の歴史の展開のなかで、幾度もその組織形態を変え、血縁とも地縁とも言える多層的、多元的な、複雑きわまりないネットワーク体系であり、かつ強い適応力を持っていた。伝統的な中国の農村社会に存在していた実体的、非実体的組織はいずれも郷族組織と見なされ、社会の構成員はみな、郷族のネットワークの支配下に置かれ、このネットワークの中でのみ、自己の社会的身分と地位が確定されるのであった。こうした意味で、国家政権の社会に対する支配は、実際には「公」と「私」の二大システムの衝突と相互利用の過程であった(31)。

上記の衝突について、傅衣凌は多方面にわたり多くを語っている。しかし、私はこれに対し、上昇のための道が簡単には得られないながら、依然として有効性を有している場合に、社会全体がそれを軸に回るのではないか、と思うのである。劉澤華は指摘する。

皇帝と官僚の結合こそ、中国古代の専制君主制の主体である。漢の武帝による儒家の尊重と官僚採用試験の導入により、民間知識人が官僚になるための道が開け、その結果、皇帝権力、思想的導き、社会教育および人材採用が一つに結びついた。これは専制君主制の維持に非常に有利であった。その後二千年、王朝は幾度も替わったが、封建制が終わるまで、この体制は、より改善されこそすれ、大きく変わることはなかった[32]。

地位追求のあり方が単一化するにつれ、〈権力〉が社会の重心となった。こうした観点から見れば、かつての中国社会における共同体と社会の関係を検討した先行研究は、コミュニティの自然生存状態ばかりに重きをおいて論じ、中華帝国の権力関係に関する言及が十分ではない[33]。反対に、官僚体制について論ずる研究者は、皇帝の権力および専制政治の特徴と作用にばかり重きを置き[34]、官の権力が中国人の日常生活に与えた影響についてはあまり議論していない。現実には、中国社会は、地方の共同体と国家権力がともに体現したものであり、「家本位」でありながら、「官本位」でもあるものだ。いわゆる中国人の人生の理想は、そのあいだに暮らす個人が、努力してこの両者を重ねあわせ、できるかぎりつないでおくことにある。しかし、この一連の命題が、いざ政治学、歴史学、社会学、および教育学など単独の研究分野の中に置かれるや、官本位と家本位の共棲性、およびそれが中国社会の共同体、とりわけ家族の生命に与える意味、ないし中国人の意識や行動に及ぼす深い影響は、それぞれ分解されバラバラになってしまう。

マクロな社会構造から見れば、官本位とは、その本質的な特徴として、国家が社会によって官僚化されるという側面を有しており、家庭、親族および同郷人の社会ネットワークが政治化する源である[35]。ここで、「郷紳」が官と民を結びつける役割を発揮していることが研究に値することは言うまでもないが、さらに、家本位の文化により、官と民のあいだに、幅広い縁故関係が生み出されうる状況が生まれる点も、重要視されるべきなのだ。他方、ミクロな社会の営みのあり方から見れば、官本位は、中国人の行動や習性に、権力にすりよろうとする傾向をもたらした。おもねりやお世辞、情勢に応じた立ち回り、こびへつらい、提灯持ち、粉飾や欺瞞などはこうした習性の代表例である。他方、家本位の営みはまた、国家体制にまで規模を拡大して援用されるようになった。家長制、「父母官〔地方官を父母にたとえる風習〕」、縁故採用、徒党を組む行為などは、こうした現れとして、官界にはびこっている。このように、〈関係〉の営みが延伸化される特徴により、また権力に境界がないことも原因となり、「日常的権威」や権力の再生産が生じやすくなる。[36]このように、共同体と国家を結びつけて考察してはじめて、我々は、個人や家族の安定しつつも変化に富んだ社会的栄誉、〈権力〉および勢力——即ち林語堂が「官、紳、富の陽性三位一体」と表現したもの[37]——がいかにして社会的エネルギーを発揮するのか、またなぜ〈関係〉と〈権力〉が中国のどの時代にあってももっとも重要なファクターであり続けたのかを理解することができるだろう。

要するに、わたしの基本的な観点は、社会構造の特徴が行動の方向性や動力をもたらすということである。これは、いわばマクロ研究からミクロの研究への道筋である。他方、中国社会の文化的共通理解やその構造的特徴は、中国の個人および家庭に、強大かつ単一的な駆動力をもたらしたが、それが最終的に可能となったのは、家庭内の交換のあり方と、社会階層間の流動的なチャネル設計との間に大きな符合性があったからであった。このような社会構造の中に身を置いた人々は、栄誉を勝ち取り、恩恵に浴するための戦略モデルに則ってしのぎを削るようになり、共同体の中で終始積極的に〈関係〉ネットワークを構築し、それによって内部の人間を国家へと送り出し、その人間はやがて自らの共同体に恩を返す。これは、研究するにはあまりにも複雑なテーマである。私の現在までの研究では、このようなおおまかな分析枠組みを提示することはできても、より精緻な研究や検証作業にはさらなる時間が必要である。本書の目標は、あくまで、細分化され、バラバラになった多くの先行研究を、できるかぎり統合し、一つの理論的枠組みの中に落とし込み、それによって深められた認識に基づき、より重要な結論を導き出すことであった。もしその中に、何らかの論理的繋がりを見いだすことができるなら、それらを分解してそれぞれの研究を行うことも可能になるだろう。そのとき、我々は各部分に関する研究が、大きな総体のなかのいかなる問題に答えるものなのかを、もっとはっきりと意識することができるにちがいない。たとえば、持続性という観点からみれば、中国では伝統的に、〈関係〉のダイナミクスの特徴が現出してきたが、ある特定の時期に、この特徴が間歇的に途切れたこともあった。一九四九年以降の三〇年について言えば、中国社会は共同体と国家の関係を一度は打破した、これは一度西洋の理論を用いて中国社会を改造しようとした時期であった。この理論の下、社会は、階級によって人と人の関係を区分するよう求められ、社会の営みを支えていた巨大なエンジンは、迅速に、家族、親族、同郷および社会の〈関係〉ネットワークから切り離され、一連の再編後には、組織さらに「家」内部の階級闘争を含む、激しい闘争が生じた。これに対し、続く四〇年は、共同体と国家の関係の回復期（単なる過去への回帰ではない）であった。この時期には、〈関係〉に基づくダイナミクスが再び解き放たれ、多くの社会現象が、再び〈関係〉さらには〈人情〉、〈面子〉などの概念を用いて解釈できるようになった。

このような枠組みを用いれば、社会の変化や現代化に関わる諸テーマについて、より系統的な研究が可能になるのではないだろうか。国家―社会関係の変化、利益集団の分化と統合、社会階層の変化、社会流動性の新たな動向、社会的平等の確立、教育と社会的地位の関係、共同体と社会組織ないし「単位制」の構造、計画出産の推進と結果、社会組織の行政化、市場経済下の権力と〈関係〉の営み、現世の理想と信仰の追求の差異、民主的社会建設の基礎、個人の生活と奮闘、処世の問題など――これらのテーマはいずれも、本書で提示した分析枠組みと密接に関係するものである。統合的枠組みを得たならば、それらの研究テーマも一つ一つバラバラなものではなくなる。近代化、市場化という大きな流れの中で、中国という大きな社会には、どのような変化が生じつつあるのか。すべてのテーマは、この枠組みの中で語られてこそ、意味をもつのだ。

（1）　滕尼斯・斐迪南著、林栄遠訳『共同体與社会』北京：商務印書館、一九九九年（Tönnies, Ferdinand, *Gemeinschaft und Gesellschaft: Grundbegriffe der Reinen Soziologie*. Wissenschaftliche Buchgesellschaft. Darmstadt. 1991. 邦訳は、テンニエス著、杉之原寿一訳『ゲマインシャフトとゲゼルシャフト――純粋社会学の基本概念〈上〉〈下〉』岩波書店、一九五七年）七四―七六頁。

（2）　特納著、呉曲輝等訳『社会学理論的結構』杭州：浙江人民出版社、一九八七年（Turner, Jonathan H. *The Structure of Sociological Theory*. Homewood, Illinois: Dorsey Press. 1974）、七八頁。

(3) 杜賛奇著、王福明訳『文化、権力與国家——一九〇〇—一九四二年的華北農村』南京：江蘇人民出版社(Duara, Prasenjit. *Culture, Power and the State: Rural North China. 1990–1942*. Stanford University Press. 1988)。
(4) 文崇一『歴史社会学——従歴史中尋找模式』台北：三民書局、一九九五年、二六二—二八六頁。
(5) 韓格理「天高皇帝遠——中国的国家結構及其合法性」韓格理著、張維安、陳介玄、翟本瑞訳『中国社会與経済』台北：聯経図書公司、一九九〇年、一一六頁。
(6) 翟学偉『中国社会中的日常権威』北京：社会科学文献出版社、二〇〇四年、二九〇—三〇五頁。
(7) 布爾迪厄・皮埃爾著、譚立徳訳『実践理性——関於行為理論』北京：三聯書店、二〇〇七年(Bourdieu, Pierre. *Raisons Pratiques*. Points. 1996. 邦訳は、ブルデュー、ピエール著、加藤晴久ほか訳『実践理性——行動の理論について(ブルデュー・ライブラリー)』藤原書店、二〇〇七年)、一—二二頁、八六—九五頁、一一九—一二三頁。
(8) 梁漱溟『中国文化要義　梁漱溟全集　第三巻』済南：山東人民出版社、一九九〇年、一五七—一六四頁。翟学偉「儒家的社会建構——中国社会研究與方法論視角」『社会理論学報』第二巻、一九九九年、一四四—一四八頁。
(9) 王国維「殷周制度論」『王国維論学集』北京：中国社会科学出版社、一九九七年、四頁。
(10) 何昌基『中国古代農村公社史』鄭州：中州古籍出版社、一九八九年、八九頁。
(11) 胡必亮『関係共同体』北京：人民出版社、二〇〇五年、一一—一六頁。
(12) 帕累托・維弗雷多著、劉北成・許虹編訳『精英的興衰』台北：桂冠図書公司、一九九三年(Pareto, Vilfredo. *The Rise and Fall of Elites: An Application of Theoretical Sociological*. New Brunswick: Transaction Publishers. 1991. 邦訳は、パレート、V著、川崎嘉元訳『エリートの周流——社会学の理論と応用』垣内出版、一九八一年)、一頁。Ch'u, T'ung-tsu. "Chinese Class Structure and Its Ideology". in Fairbank, J. K. ed. *Chinese Thought & Institutions*. University of Chicago Press. 1967. p. 250.
(13) 費孝通著、恵海鳴訳『中国紳士』北京：中国社会科学出版社、二〇〇六年、一〇八頁。周栄徳『中国社会的階層與流動——一個社区中士紳身份的研究』上海：学林出版社、九二頁。林語堂著、郝志東・瀋益洪訳『中国人』上海：学林出版社、一九九四年(Lin. Yutang. *My Country and My People*. Reynal & Hitchcock, Inc. 1935)、一九八頁。
(14) 馮爾康『中国社会結構的演変』鄭州：河南人民出版社、一九九四年、七六〇頁。
(15) Ch'u, T'ung-tsu. 前掲 "Chinese Class Structure and Its Ideology". p. 250.
(16) 韋伯・馬克斯著、于暁、陳維綱等訳『新教倫理與資本主義精神』北京：三聯出版社、一九八七年(邦訳は、ヴェーバー、マックス著、大塚久雄訳『プロテスタンティズムの倫理と資本主義の精神』岩波書店、一九八九年)二一七頁。

(17) 張世英『天人之際——中西哲学的困惑與選択』北京:人民出版社、一九九五年、一四六頁。李亦園「従民間文化看中国文化」『李亦園自選集』上海:上海教育出版社、二〇〇二年、二二五—二四〇頁。韓格理、前掲「天高皇帝遠——中国的国家結構及其合法性」一一六頁。費孝通『郷土中国』北京:三聯書店、一九八五年、二七頁。

(18) 帕森斯・塔爾科特著、張明徳・夏遇南・彭綱訳『社会行動的結構』南京:訳林出版社、二〇〇三年(Parsons, Talcott, *The Structure of Social Action*, New York: Free Press, 1949. 邦訳は、パーソンズ、タルコット著、稲上毅、厚東洋輔訳『社会的行動の構造』木鐸社、一九七六年)、五四七頁。

(19) 余英時「試説科挙在中国史上的功能與意義」『歴史人物考辨』桂林:広西師範大学出版社、二〇〇六年、七六頁。

(20) 費孝通、前掲『郷土中国』二七頁。

(21) 斉美爾・格奥爾格著、陳戎女等訳『貨幣哲学』北京:華夏出版社(Simmel, Georg, *The Philosophy of Money*, London, Boston: Routledge & Kegan Paul, 1978. 邦訳は、ジンメル、ゲオルク著、居安正訳『貨幣の哲学(新訳版)』白水社、二〇一六年)二三頁。

(22) 翟学偉「中国人在社会行為取向上的抉択」『中国社会科学季刊』一九九五年秋季巻。

(23) 特納・喬納森著、邱澤奇等訳『社会学理論的結構〈下〉』北京:華夏出版社、二〇〇一年(Turner, Jonathan H., op. cit.)、三〇一頁。

(24) 米勒、威廉・伊恩著、鄭文龍・廖溢愛訳『以眼還眼』杭州:浙江人民出版社、二〇〇九年(Miller, William Ian, *Eye for an Eye*, Cambridge University Press, 2007)、二一頁。

(25) 翟学偉「報的運作方位」『社会学研究』二〇〇七年第一期。

(26) 費孝通著、恵海鳴訳、前掲『中国紳士』九二—九三頁。

(27) 翟学偉「関係研究的多重立場與理論重構」『江蘇社会科学』二〇〇七年第三期。

(28) 翟学偉「人情、面子與権力的再生産」『社会学研究』二〇〇四年第五期。

(29) 翟学偉、前掲『中国社会中的日常権威』二六〇頁。

(30) 薛勇『学而時習之』北京:新星出版社、二〇〇七年、四—三〇頁。

(31) 傅衣凌「中国伝統社会——多元的結構」『中国社会経済史研究』一九八八年第三期。

(32) 劉澤華編『士人與社会』天津：天津人民出版社、一九九二年、一頁。

(33) 林耀華著、莊孔韶、林宗成訳『金翼：中国家族制度的社会学研究』北京：三聯書店、二〇〇八年。楊懋春著、張雄、沈煒訳『一個中国村莊——山東台頭』南京：江蘇人民出版社、二〇〇一年。許烺光著、王芃、徐隆徳訳『祖蔭下——中国郷村的親属、人格與社会流動』台北：南天書局、二〇〇一年（Hsu, Francis L. K., *Under The Ancestors' Shadow: Kinship, Personality, and Social Mobility in Village China*, Doubleday, 1967）。費孝通、前掲『郷土中国』。閻雲翔著、李放春、劉瑜訳『礼物的流動——一個中国村莊中的互恵原則與社会網絡』上海：上海人民出版社、二〇〇〇年。

(34) 王亜南『中国官僚政治研究』北京：中国社会科学出版社、一九八一年。艾蒂安・白楽日著、黄沫訳『中国的文明與官僚主義』台北：久大文化出版公司、一九九二年（Balazs, Etienne, *Chinese Civilization and Bureaucracy*, New Heaven: Yale University Press, 1964）。劉澤華『中国的王権主義』上海：上海人民出版社、二〇〇〇年。王毅『中国皇権制度研究』北京：北京大学出版社、二〇〇七年。

(35) Jacobs, B. J., "A Preliminary Model of Particularistic Ties in Chinese Political Alliances: 'Renqing' and 'Guanxi' in a Rural Taiwanese Township", *China Quarterly*, No. 78, 1979, pp. 237–273.

(36) 翟学偉、前掲『中国社会中的日常権威』二六〇頁。翟学偉、前掲「人情、面子與権力的再生産」。

(37) 林語堂著、郝志東・瀋益洪訳、前掲『中国人』一九三—一九六頁。

おわりに――変化し続ける中国をいかに理解するか

本書では二つの研究目的を提示した。一つ目は、欧米の社会科学における各種の理論と概念を用いて中国人や中国社会を把握するのではなく、自らの研究視座と理論的枠組みを作り上げることにより、既存の研究に挑むことである。二つ目は、中国人が日常生活の中で常用する〈関係〉、〈人情〉、〈面子〉ならびに〈権力〉という概念を、新たな枠組みを構築する際の基本概念とすることにより、中国社会の営みを支えるメカニズムを経験的かつ合理的に認識する術を獲得することである。本書の各章はいずれも、これらの目的を念頭に書かれたものである。しかし、私がここで筆を置くにあたり、読者の皆さんの中には、次のような疑問を抱く方もおられるのではないか。

一　想定される三つの問い――変化する中国と〈関係〉、〈人情〉、〈面子〉、〈権力〉

1．〈関係〉、〈人情〉、〈面子〉、〈権力〉といった概念は、農耕社会において形成された政治と社会の営みを分析するのには適しているかもしれないが、果たして工業化・商業化を遂げた今日の中国社会についてもなお、説明力をもつと言えるのだろうか。

2．本書では、研究に客観性をもたせるべく、〈関係〉、〈人情〉、〈面子〉、〈権力〉を中立的な概念として使用しているが、他方でこれらの概念は、実社会においてはしばしば、官僚の腐敗や汚職など、ネガティヴな社会現象や悪徳行為との関連で用いられることが多い。そうである場合、もし中国政府が腐敗を抑制し、断固たる姿勢で汚職官僚を処罰し、公務員や民衆に新たな価値観を提示し、条例を公布すれば、これらの概念は中国社会の認識においてかつてほどの重要性をもたなくなるのではないだろうか。

3．儒家の価値観が理想とするところは、一般に道徳至上主義であると理解されている。他方で、本書において提示した〈関係〉等の概念は儒家の価値観に由来しているものの、儒家の道徳の原則に背理しているように思える場面も少なくない。この問題を考える際に重要なポイントは、儒家の道徳が「家」を基礎としており、社会における〈関係〉の営みも「家」を基礎としていることである。そうであるならば、〈関係〉と道徳はどのような関係にあるのであろうか。衝突しているのか、それとも親和的なのか。例えば、中国では家風、家訓、さらには君子の人格が重視されてきたが、それらは社会における〈関係〉や〈人情〉に対し、ポジティヴな影響を与えるのか、それともネガティヴな影響を与えるのか。

これらの問題は、私の研究成果の有効性に大きな試練を突きつけているように見える。それと同時に、これらはいずれも、中国が近代化の過程で直面する諸課題の解明にかかわる重要なテーマを孕んでいる。伝統と近代、理想と現実、理論と実践、価値の追求と生存、大学生や大都市に暮らす住民と中小都市や農村に暮らす住民のあいだに厳然と存在する価値観の隔たり――これらの諸課題は長期にわたって学術研究の深層に沈殿し、これまで十分に問題化され、議論されることもなかった。とりわけ、学問の断片化、研究の細分化が進んだことにより、研究者が、社会の全般的変化にかかわるこれらの重要課題に答えることはますます難しくなりつつある。残念ながら私自身の力も及ばず、これらの大きな課題に答えよという読者の期待に十分に応ずるに堪えないのだが、思うところを若干記しておきたい。ここで十分に書けないところについては、将来さらに思考を積み重ね、より理にかなった回答を見いだしていけたらと願うばかりである。

二　歴史の流れと「変」・「不変」――〈関係〉に飲み込まれる個人・集団

思うに、中国の現実の問題を議論するときには、歴史の断片や社会の潮流にとらわれることなく、学術的な立場を明確にし、当該社会の基底を成す営みの方向性を判断しなければならない。つまるところ、本書で議論した問題は、二〇〇〇年以上も前から今日まで続く日常社会の営みの特徴であるが、我々が注目している現実の問題はここ数年、もしくは数十年の社会現象にすぎないということである。中国の改革開放四〇年だけをみても、その間には多くの画期的事象や社会的風潮が見てとれるが、いずれも一過性のものにすぎない。これに対し、〈人情〉、〈面子〉、〈関係〉、〈権力〉はどれをとっても、いまなお日常社会に存在している。本書に一貫した視座は、中国社会の基底を成す営みのメカニズムをどこに見出すか、ということであり、そのメカニズム形成の根源を他ならぬ〈関係〉に求めたのであった。社会の基礎としての〈関係〉は、表層に生ずる社会の変化からまったく影響を受けない。〈関係〉を相対化する概念に、「個人」ならびに「集団」という二つの概念がある。管見によれば、欧米では個人を基礎として社会の営みが形成されたのに対し、日本では、集団を基礎として社会の営みが形成された。対して、中国の文化には、古代から現在に至るまで、個人を基礎として社会を営む方法が存在しなかった。むろん、道家に言わせれば、自然に回帰しようとするにあたって個人が出現するのだが、その先には、個人の社会性が次第に消滅することが暗に想定してされている。また、儒家は表面上は集団を重視しており、欧米の学者の間に、中国社会を集団主義であるとする誤解を招いているが、実際には異なる。中国人には明確な境界意識が欠けており、そのため中国社会は集団的になりえないのである。例えば、近代社会の家族概念を見ても、それが集団という意味合いを持つのは、はっきりとした境界線をもつ概念だからだ。対して中国において、家族、宗族、家譜、家郷（故郷）などの概念は境界を有さない。中国人は、あいまいに「小家」と「大家（父母の家および父母の帰属する家を指す)」を区分するが、それについても既婚者は自らを「小家」と「大家」に同時に帰属させる必要があり、結婚とは「小家」を設けて「大家」から抜けることを意味しない。すべての「小家」の成員は異なる「大家」の架け橋となるのである。毎年、節句等の重要な日に集い、「大家」の中に回帰することにより、彼らは「大家」が重要であることを身を以て証明する。さらに伝統的な見方によれば、「小家」は「大家」に包摂され、その「大家」に境界は無い。いわゆる「大家庭」、「自家人(自分の家の者)」ないし「自己人(身内)」等の表現の指し示すところは、文字どおりの「家」を範疇とせず、自分に関わるあらゆる人を含む。どうしてそうなるのだろうか。それは、〈関係〉の作用が様々な境界を打ち破り、拡がっていくためである。そこにこそ〈関係〉の重要性がある。中国社会は、自由な個人から成るものでなく、集団として組織されたのでもなく、ネットワークである。したがって、個人化ないし組織化が中国にいかなる影響をもたらすかを考える際には、それらがネットワークの構造を打ち崩し、個人主義の原理にもとづく社会ないし集団的な社会を確立することができるかどうかを見極める必要がある。

確かに近代化以降、中国にはこのような変化の兆しが現れてきた。個人化の動きは、新文化運動における個性の表明や、近年の市場経済化にともなう個人の自由の獲得に見てとることができる。組織化については、社会主義社会が民衆をくまなく「単位」や人民公社などの集団制度に縛り付けたことに体現されている。ここで重要なのは、毛沢東が組織化の一歩として共産党組織を建設したとき、常に組織の境界に対する内外の認識を強化するべく尽力したという点である。この点は押さえておかねばならない。なぜなら、もし毛沢東によるこうした尽力がなされなかったとしたならば、共産党もまた国民党内部の複雑な派閥の一角を成すにとどまり、中国革命はまったく異なる様相を呈しただろうと想像できるからである。同じことは企業組織に関してもいえる。欧米社会においては、工業化の過程で、人々が集団に組織化され、都市化や企業化を経て、大規模な分業制の確立が促された。アメリカや日本では、巨大企業がどんどん形成された。しかし、中国社会のネットワーク構造は、このような企業の形成にとって、抑制要因となった。もし国家(国営企業)が揺るぎない決意をもって組織化を断行し、計画経済に基づいて運営を進めなかったならば、中国人は、自己流に相互の結託を図るばかりで、結果として数多くの零細企業が林立するような社会しか生み出せなかっただろう。〈関係〉が作用する中国社会にあって、企業は市場から注文を受けるや、他の企業と競争するよりもむしろ、自らのネットワーク内で仕事を割り振り共存しようとする。そうした状況では多くの場合、競争は企業間では生じえず、地方間の縄張り争いに終始する傾向にある。ネットワーク型社会に起因する傾向は、インターネット時代に入り、より顕在化しつつある。すなわち、インターネットの普及は、中国社会を個人化ないし集団化の方向に進ませるよりもむしろ、ますますネットワークに依存する社会へと導きつつあるのである。インターネット技術が人間関係にいかなる影響をもたらすのか、中国における〈関係〉の内在的構造をどのように吸収しうるのかという問題は、未だ解明されていない。しかし、インターネットというツールが、包括性・融通性を特徴とする〈関係〉のネットワークを包摂することにより、既存の〈関係〉の論理を維持しつつ、個人や集団に関わる諸問題を柔軟に処理できるようになった点は指摘すべきであろう。すなわち、インターネット空間においては、〈関係〉の論理と、個人化ならびに集団化の潮流とが互いに排除することなく、共存可能なものとなる。その結果、いわゆる欧米や日本で見られたような個人化や集団化は、中国においていっそう進みにくくなる。それは、例えば勤務態度に現れる。中国では、大学生であろうと、農民工であろうと、その仕事ぶりに共通して指摘できるのは、「だらけている」という特徴である。彼らは安定した仕事を必要としながら、一旦仕事に就くや職務をなおざりにする。これは、個人の勝手気ままな流動性の現れである。彼らにとってみれば、自らの〈関係〉や身内にこそ強固なつながりが認識されるものの、それ以外のすべての「安定」は一時的なものに過ぎず、〈関係〉を通して変えることのできるものなのだ。こうした意識は、日本企業の社員とは明らかに異なる点である。

ここで、〈関係〉とは、二者および複数の個人間の相互行為ではない点に留意してほしい。中国人が理解する〈関係〉の本質は、独立した個人を基礎とするものではない。中国において、人間がこの世に命を授かることは、独立した生命体としての個人の誕生を意味するのではなく、〈関係〉が始まるということを意味する。中国の文化にあって、新しい小さな生命は、その体があなた自身のものではなく、あなたの両親により与えられたものであると教え込まれる（「身体髪膚、受之父母、不敢毀傷」(『孝経』開宗明義)。それゆえ、中国社会は独立した個人を、その基礎として措定することはなく、独立した個人が他者と関係を結ぶことにより組織が形成されるという思考回路が生まれないのである。中国では、組織を一個人に還元することは不可能である。したがって、論理的に考えれば、近代化なり市場化なりが現代の中国人や中国社会的に根本的な変化がもたらすかどうかについて答えるためには、環境の変化を受けてもなお、中国人が自らを〈関係〉的な存在とみなしているかどうかを見極めればよい。そこに変化が生じてはじめて、中国においては「自由」、「平等」ないし「権利」をめぐる議論が起こるようになり、社会の営みも「和諧《わかい》」、「人情」ないし「面子」という既存の枠組みから脱するであろう。

三　「変わらぬ」中国を支える〈面子〉社会

現実社会の問題について見ていこう。ご承知のとおり、中国の歴史は王朝交替を繰り返し、多くの変革を経験してきた。古代において中国は宗法制社会であったが、秦による統一後、宗法は制度としてなくなり、郡県制に替わった。しかし宗法制は社会構造を規定する行動規範として人々のあいだにいまもなお息づいている。その領土が幾度北方少数民族の統治を受けたとしても、中国文化の基底を成すこの行動規範が消滅することはなかった。とりわけ近代化の過程において、中国は皇帝による統治を放棄し、辛亥《しんがい》革命によって共和政の時代を迎え、その後も新文化運動、戦争、社会主義体制の建設、それにともなう多くの政治運動を経験した。なかでも、伝統を徹底的に否定した文化大革命、およびその後に始まる四〇年にわたる改革開放は大きな出来事であった。一〇年に及ぶ文化大革命では、政治から文化に至るまで中国を全面的に変革することが目指された。また、改革開放は、中国をグローバルな世界経済に参入させることにより、市場経済を介した社会全体の変革を促進した。これだけ多くの激動を経験すれば、古来の社会や文化は変わり果て、見る影もなくなってしまうというのが一般的な憶測であろう。しかし、中国の人々は、今もなお日常生活の中で、〈関係〉、〈人情〉、〈面子〉、〈権力〉の営みが変わらないことを身にしみて感じているのである。

ここで若干補足を加えておこう。眼前に現れたまったく新しい物事に対して、既知の方法に固執し、それに依拠して未知を理解しようとするのか、あるいは既知の方法を放棄して、新たな発想、想像などによって未知を理解しようとするか、という点における中国の特徴である。例えば、「民主的な」社会というものは、中国人にとって未知のものである。そして、それを中国人が既有の文化的伝統の上に受けいれるのか、それとも文化的伝統を放棄してから受けいれるのかによって、もたらされる社会的結果はそれぞれ異なるものになる。世界の歴史的経験から見れば、既有の文化的基礎の上に受けいれた事例は多い。他方、革命や植民地化によって文化的伝統を否定する方法を経験した国もある。こうしたなかで、世界でも有数の数千年に及ぶ歴史を持つ中国文化は、上記のいずれの方法をとろうとも、結局は自らと適合しない社会的要素を包み込み、融解し、適合させてしまう点において特徴的である。仏教にしても、欧米的文化や価値体系にしても、いずれも中国にあっては同様の運命をたどるのである。

先の問題に戻って考えてみよう。中国社会は持続的に劇的変化を経験してきたが、それらがどのようなものであれ、鍵になるのはこれらの変化を受けいれる際に、〈関係〉や〈権力〉に関わる行動規範を放棄したのか否かという点である。これはまた、「変」と「乱」の関連性にたいする見方にも関わる。「変が起こることにより乱が生じる」こと必須であった中国において、どのようにすれば、「変をもたらしつつ乱を防ぐ」ことができるかという問題は常に統治者を悩ませてきた。その際、伝統的な〈関係〉や〈権力〉を利用することが、「乱」を防ぐ鍵となったことは、中国現代史の一つの教訓である。例えば、毛沢東は、何千年も家族単位で田畑を耕してきた農民を、家から切り離し、農業集団化と人民公社の建設を進めようとした。しかし、その実施は想像以上に困難であり、政府が強引に農民を人民公社の社員として組織化するや、農民は田畑を耕さなくなってしまった。結局のところ、改革開放以降、農業生産の回復を図るべく、「家庭聯産承包責任制」〔農民が、家族単位で政府から農地生産を請負う制度。国と村に一定数量の農作物を上納し、剰余生産分については自由に処分できる〕が実施されるようになった。このことは、社会を変革しようとするとき、中国人の熟知する〈関係〉

の論理に基づいて行うことが、「変」と「乱」のバランスを考慮する上で重要性を持つことを示している。〈関係〉を利用して社会を構築するという二千年前の儒家の知恵が、今日まで有効性を維持しているのは、様々な時代の必要から政治、経済、文化、社会、教育、生活スタイル等の変化がもたらされたとしても、基底には〈関係〉と〈権力〉が脈々と存続しているからである。欧米の学者は今日の中国経済の特徴を捉えてしばしば「門閥資本主義」と称する。それが的を射た表現であるかどうかはさておき、少なくとも中国の市場経済に〈関係〉というファクターが今もなお影響力を持っていることを示す表現であると言えるだろう。また、中国の都市と交通の発展はまさに日進月歩であるが、近代化の進展や「進歩」として捉えられる一連の開発を見ても、我々はその一部が、「イメージ・アップのための建設プロジェクト［形象工程］」ないしは「官僚の政治的業績［政績］」をアピールするためのプロジェクトとして推進されていることを知っている。こうした内実を外部者が理解するのは難しいかもしれない。すなわち、中国には、様々な問題の解決を後回しにしてまで、都市や農村の見かけ上の立派さを演出することにより人々の「〈面子〉意識」を満たそうとする意識や行為が通用してしまうのである。このようなロジックに基づき、〈権力〉の営みは、官僚にとって好ましくないものを躊躇なく消し去り、好ましい部分を出現させる。例えば、貧困層の集住する旧市街の再開発や道路の拡幅などは、他の国では難題で、利害関係者との交渉に時間を要するものであるが、中国の地方政府にとってはたやすいことである。また、中国政府は業務の効率向上を掲げ、「形式主義」を厳しく戒めているが、一向に効果がみられない。「形式主義」とは、いわば〈面子〉優先で仕事に対処することであり、根深い問題である。中央政府は、「官僚主義」に反対し、それを取り除くべく繰り返し指示を出すのだが、いつも〈面子〉重視の官僚たちの手により大々的な運動として盛り上がる一方で、実際に期待どおりの効果をあげたためしはない。彼らは〈面子〉のために威勢を張るだけで、実効性のある対策はとらないのである。この点に関して言えば、中国人にとっての〈面子〉とは、「すさまじい勢いでその場をごまかす［轟轟烈烈走過場］」ことにほかならない。また、中国人が今日熱心に取り組んでいる商工業組織の設立についても、〈関係〉、〈面子〉がものをいう。これらの組織の多くは実態上、現代的な企業や業界団体ではなく、家族経営に近い。あるいは「商会

〈特定地域出身の商人が外地で結束し設立する互助組織〉」のような性格を有している。他方でここ数年、欧米の大学から移植されたEMBA（エグゼクティブ経営学修士）学位制度が党や政府高官、実業家の間で流行しているが、本来、ビジネス・マネージメントの専門の知識を修得するために設立された本制度も、中国ではいささか異なる意味合いをもつ。すなわち、中国の地方政府の幹部や実業家が本制度に熱をあげるのは、修士学位証明を取得することによって〈面子〉が立つだけではなく、広く政財界に同窓生の〈関係〉を構築することによって、自らの資源ネットワークを拡大し、ビジネスに役立てるためである。人々の日常生活について見れば、病気になったときの診察難、保育園の待機児童、受験競争、就職難等の問題は、必要な〈関係〉が無いからこそ直面する問題なのであって、〈関係〉さえあれば問題にもならないのだ。〈関係〉と〈面子〉の営みは多くの問題をもたらしているが、なかでも指摘すべきは、中国人が、〈面子〉を立てあう社会にあって、人間関係や勉学、仕事、ビジネスなどの場で、批判や反対意見を闘わせることがない、ということではないだろうか。多くの場合、一個人、特に年長者、権威者、指導者のミスは誰からも指摘されず、結果としてミスが繰り返されることになる。さらに馬鹿げていることに、金や権力さえもてば、誰でも書家や映画監督、歌手、楽器の演奏家としてデビューでき、たとえ芸術的センスが皆無であったとしても、世間で拍手喝采を浴びることになる。このようにして、〈面子〉重視の営みにおいては、社会に本来あるべき基準が失われ、〈面子〉の大小が全てを規定する基準となってしまう。私が思うに、日本人の人間関係における「恥」と、中国人の〈関係〉における〈面子〉を比較対照すれば、そこから導き出される社会の営みはまったく異なるものとなるだろう。

四　腐敗の論理と儒家の「倫理」——「倫理」は勝つか

中国では、〈関係〉と〈権力〉の論理がマクロな意味において、政治と社会とを結びつけているため、中国人の意識のなかには、はっきりとした社会概念も、はっきりとした政治概念も存在しない。本書で論じてきたように、この二つの概念は中国にあっては不可分のものであり、互いに包摂し合うものである。中国の一部の官僚が腐敗行為を行うのは、彼らが自らの意識のなかに両者の境界を見出せないことに起因する。あるいは、明確な境界が存在しないことを故意に利用して腐敗行為を行うケースもある。いずれにせよ、〈関係〉が政治と社会の境界を取り払った結果、官僚にとってみても、公権力の及ぶべき範囲と私的な交際の境界がどこにあるのかが不明瞭なのである。正当な職権の行使と、「便宜を図る（［送人情］）」ための職権濫用行為の境界はどこにあるか。国家と社会の境界が明確であるなら、この問いに答えることは難しくないだろう。しかし〈人情〉を重んじる社会では、たとえその職権行使が正当であったとしても、そこには多分に〈人情〉が含まれ、その〈人情〉には、大きな見返りが期待される。この点を理解できないならば、いわゆる「ご祝儀現象（［紅包現象］）」も意味不明に映るだろう。無論、腐敗は、「人情を重んじる［講人情］」風潮、「〈関係〉を重んじる［講関係］」風潮の結果生ずる現象と言い切ることはできない。欧米の政治にあって、〈人情〉や〈関係〉を重んじることは少ないが、そこでも腐敗は同様に起こる。腐敗は、いかなる文化や政治体制においても起こりうるのである。しかし〈関係〉を欠いた社会において、腐敗は往々にして、レントシーキング、すなわち権力と金銭のあいだに取り引きがあった場合に生ずる。金銭の力により、当事者や弁護士が、法律の条文や然るべき手続きのあいだをすり抜けることで腐敗は生ずる。これに対し、〈人情〉社会では、権力と金銭の取引、ないし〈人情〉と法律のあいだの緊張関係〈違法行為〉は、往々にして〈関係〉の論理の中で解消されてしまう。「贈物をする［送礼］」、「接待する［請客吃飯］」、「視察を名目に旅行する［遊山玩水］」、「保養してもらう」、「女性を当てがう［美色］」等の行為は、〈関係〉に付随するものであるが、これらの行為に見られるように、〈関係〉と〈権力〉のやり取りには常に温情が付帯し、礼を送る者とそれを受け取る者双方に、あたかもこうした行為が理に適うものだと思わせる効果を持つ。たとえ権力者自身、こうしたやり取りが暗に孕んでいる腐敗行為を、「腐敗行為」として認識し、止めるべきと判断できたとして、彼は妻や子女あるいは親族がそのような行為をしないよう阻止できるだろうか。また、原則を守るために、同級生や戦友、友だちの頼み事を断ることはできるだろうか。実のところ、〈関係〉の力は金銭の力に増して多方面に及び、制御が難しく、容易にカモフラージュでき、あたかも道理に適ったもののようにみなしえてしまう特徴がある。ここで、国内外を震撼させた厦門遠華事件の事例を分析してみよう。

事件の主役は、厦門遠華集団の社長、頼昌星である。彼は一九九四年に遠華集団を設立し、一九九九年までの五年間、密輸貿易に関わった。密輸貿易の額は五三〇億人民元、脱税額は三〇〇億人民元に上り、計八三〇億元の損失を国に与えた。同事件が、一九四九年以来最大の経済犯罪事件だと評される所以である。頼昌星は、小学校三年生までしか教育を受けておらず、わずか五年間でこれほどの密輸貿易を行えたのは、偏に彼が国家と社会の間に巨大な〈関係〉ネットワークを構築したためであった。同事件は最終的に六〇〇名あまりの関係者が捜査され、うち三〇〇余名が刑事責任を問われる事態となった。しかしいったい一つの密輸貿易組織が、どのような技量を用いて、三〇〇余名(大部分が厦門市共産党委員会、市政府、公安機関、税関、銀行といった重要な部門の関係者。省級幹部三名、庁級幹部八名も含まれていた)もの人々を丸め込み、腐敗行為へと堕落させることができたのだろうか。どうやら頼昌星は友人づくりに非常に長けていたらしい。普段は気前が良く、付き合った者を楽しませ、満足させた。さらに彼は、自らの会社で求人を行う際に、市のトップや税関、公安、商品検査、出入国担当機関、銀行など重要な部門のキー・パーソンの子女や親族を進んで招き入れ、一万元ひいては数万元の給与待遇を与えた。彼らは基本的に会社の通常業務には携わらなかったが、各重要部門の重要人物につてを探す際には、つなぎ役としてその人物との〈関係〉を取り結ぶ役目を果たした。さらに頼昌星は、〈関係〉を取り結ぶ手段として、一億元以上もかけて「紅楼」と呼ばれるオフィス兼複合施設を建設した。紅楼は一階がレセプション会場、二階がレストランになっており、招かれた客人は高級な酒で接待され、一流のシェフが作った食事を堪能することができた。三階はサウナ・マッサージであり、若く美しい女性がサービスを提供した。四階はダンス・ホールで一流の音響と照明を備え、フロアで踊ることもできた。五階は客室で、酒と食事に満足し、歌い踊った後はここで休憩することができた。六階はプレジデンシャル・スイートルームで、人前に顔を出すことに不都合がある重要な賓客は直接ここに来ることができた。七階は自分の執務室で、壁には彼が重鎮たちと一緒に写った記念写真が飾られており、彼の後ろ盾の大きさを示していた。およそ紅楼に足を踏み入れた者は、一階から順に五階まで行って遊び尽くすや、重要な賓客の場合には直接六階に行ってもてなされるや、みな頼昌星の親友になり、彼のためならどんなことでもしたくなってしまうのであった。そして、頼昌星がこれらの友人と付き合うことによって、密輸貿易に便宜をはかってもらうのみならず、税関内部の人事異動にさえ影響を与えられるようになった。具体的には、〈人情〉、〈面子〉、〈権力〉の営みは、次のようにはたらいた。頼昌星は、石油を密輸するための石油タンクを借りるに当たって、福建省石油会社社長の承認を得なければならなかった。しかし彼自身の〈面子〉では不十分であり、彼と知り合いになるのは難しかった。そのため、頼は知人である厦門市副市長を紅楼に招待し、さらに副市長の名義で石油会社社長を招待し、一緒に食事をして、石油タンクのリースに関し、相談を持ちかけたのであった。社長としては、食事の招きに応じたのは、当然ながら副市長の顔を立てるためであった。その彼が、食事の席で頼昌星と副市長がとても良い〈関係〉にあることを見れば、リースの件についても承諾するより他なかった。実は、当の副市長がのちに獄中にて服役していた際の述懐によれば、彼はその社長とは面識がなく、リースの件についてもまったく関わっていないとのことであった。つまるところ、彼らはいずれも、このような方法を通してのみ、自らの目的が達成できることを仕事上の原則として了解しているのだ。ここで言うなれば、石油会社の社長が、副市長の面前では、頼昌星の顔を立てないわけにはいかないという原則を。ここで挙げた厦門遠華事件は、決して特殊な事例ではない。典型とも呼べる事例なのだ。中国の官僚による腐敗は多くの場合、〈関係〉と権力のくびきから離れられないことによって生ずる。もちろん、紅楼のように一気通貫のサービスを提供できる環境を作ったという点においては極端ではあるが、このような便利な環境がなくとも、官僚は往々にして様々な場所で各種のサービスを受けることになる。つまり、あるレストランで食事をもてなされ、別の場所に行ってカラオケ、さらに移動してサウナやホテル、というように。中国では、これまでにもすでに数多くの官僚や実業家が腐敗を犯した罪で逮捕されたが、専門家の推測によれば、摘発された者はほんの一握りに過ぎない。〈関係〉は〈権力〉と連動し、かつ腐敗行為の見極めにも困難が伴うため、未だ明るみになっていない腐敗案件は少なくとも百万件以上ある、と。

このように、中国の〈関係〉は、一般的な意味での関係とは異なる。欧米の社会科学において、関係は「社会関係資本」との関わりで理解されるが、中国における〈関係〉は、〈権力〉とシームレスに結びついている点に特徴がある。中国政府は腐敗を撲滅しようと躍起になっているが、このような社会のメカニズムを相手にしては、手の施し方が難しい。これは、サッカーの試合において、審判が選手の反則を防止しようとする行為に似ている。審判としては、常に笛を吹いたとしたら、試合はスムーズに運ばなくなるし、かといって思い切って笛を吹かないならば、スタジアムは格闘場へと様変わりしてしまうだろう。その基準を定めるのは容易ではないのだ。おそらく真の解決のためには、サッカーの試合の運営管理において、ペナルティを厳しく取り、選手のマナーを向上させるのが望ましい方法だろう。中国政府も同様に、腐敗行為の撲滅のために、続々と新たな政策や法規を公布し、加えて儒家の道徳の普及に解決の方策を求めている。

なぜ儒家の道徳が、解決の方策になりうるのかといえば、それは、儒家の道徳の本質が〈関係〉に対する規範体系だからにほかならない。儒家は、決して、〈関係〉を制限するために、思い切って社会の営みを個人に還元したり、集団に依拠したりすることはない。儒家思想の真髄はまさに〈関係〉のなかにあり、いわゆる「忠」、「孝」、「仁」、「義」等はいずれも〈関係〉に関する概念だからである。儒家は次のような点を、はっきりと心得ていた。一旦〈関係〉を放棄するならば、それはすなわち家の重要性や社会道徳の基盤をも失うことを意味し、世は乱れる。しかし同時に、〈関係〉に制約を加えないならば、世の中、国家、家庭、個人を危険にさらすことになる。そこで〈関係〉の方向性を誘導するべく、〈関係〉の上に、それを制約する方法を編み出さねばならない。そこで儒家は、常に積極性に満ち、肯定的な社会の価値観を体現しようとした。儒家が〈関係〉を規範化し、誘導するための具体的な方法としたものに「倫」と「礼」がある。この二つの概念を実践することにより、〈関係〉は恣意的に用いられることなく、社会は倫理と秩序に向かっていくと考えたのであった。しかし残念なことに、儒家の述べるこれら大きな道理は、身分の高い上流階層の統治者にのみ理解され、非識字者である多くの一般庶民は、衣食が満ち足りることのみを求め、これらの道理を理解しようとしなかった。まさしく孔子の言う「君子は義に喩り、小人は利に喩る」という現実があった。

そこで、大きな道理を成し遂げるため、儒家は実践においてはむしろ要求水準を下げ、日常生活の身近な場面にその実践の場を求めていった。すなわち、儒家の学説において理念上の概念である「仁」を、家庭の日常生活における「孝」へと降ろしたのである。『論語』には、次のような一節がある。「君子は本を務む。本立ちて道生ず。孝弟なる者は、其れ仁の本為る(君子というものは、物事の根本を大切にし、根本を確立する。その後に道が生まれる。孝弟こそが「仁」の根本である)」と。この一節は、統治する者に、二つの示唆を与えることとなった。一つは、「仁」とは高尚な理想であるが、日常の孝行を通して成し遂げられるものであり、普通の人々が「仁」の意味を理解できずとも問題ないということである。二つ目は、中国の政治、社会の統治は家における父子また長幼関係という最もシンプルな関係に還元できるものだということである。父子関係に倫理原理が作動すれば、一家のおきてや家訓が成立し、一家のおきてや家訓が成立すれば、家の日常の営みも整然かつ秩序立ったものになる。家訓を実行することは、全社会で「倫」や「礼」を実行することの縮図である。すなわち、こうした論理にあっては、家訓が国家規範ならびに社会規範のモデルなのであり、家をうまくまとめることこそが、社会統治の模範をつくることにもなるのだ。

このような思考の道筋がいったん形作られたところ、いったい誰が率先して手本を示せばよいのだろうか。『孝経』によれば、天子から庶民まで全員が責任を負うべきである。そこで、私が「序」で提示したヒョウタンモデルを思い起こしてほしい。主たる実践者は官僚になった知識人であり、当然、地方の紳士も含まれる。中国の歴史においては、上は指導者や高級官僚から、下は紳士や普通の知識人まで、いずれも家訓や家風を設け、その実践において模範を示した事例が多々語り継がれている。すなわち、家訓を守り日々を営む者が、家を確実に持続させ、そこから輩出された傑出した人物が、中国史上の模範人物になった事例である。他方、家訓に背き、官界で徒党を組み、権謀術数を弄し、己の利益ばかりを求める者はみな哀れな末路を迎えた、とある。こうして、家訓や家風を重んじることが、国を治め、政を為すための有効な手段であるという考えが浸透していったのである。

近年、安徽省に位置する桐城市の「六尺巷」が、官僚の教育基地として大変有名になった。なぜだろうか。ここにそのいわれとなった故事を紹介しよう。

清朝康熙年間、宰相の張英は代々ここの屋敷に住んでいた。隣には、別の一族である呉家が住んでいた。ある年、呉家が家を建築する際、張家の空き地を占拠し、張家はこれを不服とした。双方で紛争となり、互いに譲らず、県の衙門(役所)に訴えることになった。張・呉両家はいずれも名望ある家柄であり、県の役人は板挟みになり、判決は遅々として出なかった。張英の家族は、自分たちの言い分こそ筋が通っていると思い、張英に手紙を書き、家族がいじめられている旨訴え、後ろ盾になってほしいと求めた。しかし張英は手紙を読んだ後、家の者が土地の境界をめぐって争い、官府に迷惑をかけることに賛成せず、筆を執り四句からなる詩を書き家に送った。「一紙書来只為墻、譲他三尺又何妨、長城万里今猶在、不見当年秦始皇(壁のためだけに一通の手紙が来たが、三尺を譲ることに何の差し支えがあるだろうか。万里の長城は今もあるが、秦の始皇帝はもういない)」。わずか数行の詩だが、寓する意味は深い。張家は手紙を受け取った後、深く恥じ入り、何の躊躇もせず三尺の敷地を譲ることにした。呉家はこの様子を見て、張家は権勢をもつが、権威を笠に着て他をいじめるような真似をせず、「宰相の腹のなかは船が通れる」ほどの度量であると感動した。そこで、張家を真似て三尺の敷地を譲った。その結果、合わせて幅六尺の路地が作られ、故郷の人々は「六尺巷(六尺の路地)」と呼ぶようになった。

おそらく読者の皆さんは、この物語が、本書を貫く基本的な視座に、重要かつ生き生きとした多くの証拠を示してくれることに気づいたであろう。しかし、この故事は四百年も前に起きたことである。今になって中国政府が持ち出す背景には、どのような意図があるのだろうか。中国の官界に根深く存在する〈関係〉と〈権力〉の問題を前に、政府はこの故事が今日もなお幹部に対し教育的な意味を持っていると考えているのである。故事において彼らは当初裁判を起こしていた。しかし〈人情〉や〈関係〉を重んずる社会において、裁判官が単に事実を証拠として判断を下せば、そのような判決は二つの名望ある一族の恨みを買うことになりかねず、最悪の場合、自分の職位も危うくなってしまう。このような紛争を解決する方法は、結局、どちらの家の権勢がより大きいかを見極めることに他ならないのだ。そこで、張家の人々は宰相の張英に手紙を書き、高い地位を利用して呉家を抑圧しようとした。ここまでのストーリーは、中国においては紛争解決の過程が、常に〈関係〉、〈人情〉、〈面子〉、〈権力〉の営みに規定されてきたことを示している。しかし、そこで予期せぬ転機が起こる。儒家思想の影響を深く受けた張英は、自らの〈権力〉と〈関係〉を利用することを拒み、詩を記した手紙によって、一族を一歩退かせようとしたのだ。これをきっかけに、最終的に両家は、身分と地位のある大家族として、徳行という価値に導かれ、互いに一歩譲り合う選択をした。張英のふるまいは、両家の衝突を解消したのみならず、法の執行者を苦境から救い出した。この故事は、まさしく家風を重視することが、〈関係〉や〈権力〉、司法の審判にも増して社会の調和をもたらし、人の心を浄化するのだということを示している。〈関係〉の営みと儒家の関係規範の関わりを示す代表的な故事と言えるだろう。

五　とりあえずの答え

さて、ここまでの説明を踏まえ、上述の三つの問いに答えてみたい。

1. 〈関係〉、〈人情〉、〈面子〉、〈権力〉は確かに農耕文明社会の産物であるが、工業・商業を中心とする社会の発展を経てもなお、説得力を持つ。それは、中国社会が、大きな変化に対応しながらも、〈関係〉と〈権力〉の営みを運用し続けてきたことによる。当然、社会の近代化にともない、これらの概念が無条件に使用される場面は減ってくるだろう。例えば農耕社会では、〈関係〉、〈人情〉、〈面子〉、〈権力〉の営みは、家と国家が同一構造を成すという前提条件の上に受けいれられていたが、現代社会にあっては、国家と社会が分離され、両者間の社会の営みは、より緊張関係をはらんだものになりつつある。このような緊張関係を分析することが、社会の変化についての説明につながる。

2．伝統社会にあって〈関係〉、〈人情〉、〈面子〉、〈権力〉は確かに腐敗現象を生み出した。しかし、たとえ腐敗を処罰しなければならないとしても、これらの概念そのものに切り込むことはなかった。なぜなら、これらの概念がなければ、家庭や社会ないし国家の運営が困難になるためである。確かに近代化を経て、政治と社会の運営方式が改変されるにつれて、法治化、市場化、都市化、組織化、個人化などの潮流が現れ、それに呼応し、社会が求める平等や公平、正義等の概念とこれらの伝統概念のあいだに矛盾が生じるようになった。伝統概念がもつ負の側面は、ますます顕著になりつつある。しかし、今日の中国の社会構造は依然としてネットワーク型という特徴を維持しており、社会と国家から派生する各種の境界に対する人々の意識も不明瞭なものにとどまっている。ここに腐敗が蔓延し、〈関係〉という論理の下で合理化されてしまうことは、重視すべき問題である。腐敗行為に対しては、今日、直接的な金銭と権力の交換をはじめとする行為が厳しく取り締まられるようになったが、〈関係〉型の社会基盤が揺らいだと判断するには時期尚早である。問題の解決までは、まだ長い道を歩まなければならないだろう。

3．〈関係〉、〈人情〉、〈面子〉、〈権力〉は儒家思想に源を発しているが、儒家もそれが制約を受けないことの危険性を明確に認識していた。そこで、〈関係〉にたいする規範が儒家の旨となったのである。儒家は、中国社会の特徴に基づき、規範の核心は父子関係に始まり、天下にまで広げ、上は天子から下は庶民までみなこの規範に則って事をなすべきであると考えた。こうして、家法、家訓や家風を作ることが、中国歴代王朝の家業や伝承を受け継ぎ、責任感、理想などを掲げる人々によって大いに重視されてきたのだ。その重要性は社会統治のコストを引き下げ、良好な社会モラルと人間関係を構築できる点にある。ただし、今日提唱されている「家風建設」が社会モラルの向上にとって良い方法になりうるかと問われれば、懐疑的にならざるを得ない。この問いに答えるには、家風を重視することで生じうる社会的効果を見極める前に、まずは家業や伝承を受け継ぎ、責任感、理想などを掲げる人間が今日どれほど残っているのかを見極めなければならない。この点において、私は楽観的にはなれない。

〈人情〉、〈面子〉、〈関係〉、〈権力〉といった論理が中国社会の理解において依然として高い説明力を持つ理由は、まさにそれらが今もなお現実に営まれているからである。マクロな視点から見れば、国家と社会に関する一連の改革により全体として近代化の方向へと発展しているが、ミクロな視点から見れば、〈関係〉の営みは終始人々の日常的な行為に浸透し、しかもマクロな変化にあわせて柔軟に自己調整をおこなってきたことが分かる。もしかすると、社会の変化が一定程度進んだその先に、中国人が熟知し堅守してきた原則や方法が、ついにその効力を失いはじめる局面が到来するのかもしれない。しかし、そのような変化がいかにして生ずるのか、どの程度まで変化するのか、現時点では予断を許さない。

編訳者後記

「社会」という言葉は、中国にとって「舶来品」である。したがって、近代用語としての「社会」が持つ意味合いを念頭に入れて、中国人の行動や意識、人間集団、構造、制度などを理解しようとするならば、多くの人々は、おそらく、求める結論に至るまでに、思考の行き詰まりに直面することだろう。

一方、今日の中国において、「社会」という言葉は、定義はしにくいものの、今や日常用語のようになっている。中国という社会は、その基底に何らかの一貫した論理を潜在させながら、確実に、日々営まれているのだ。

しかし、中国という社会について認識し、解釈することは、中国社会の日常を生きている中国人にとってすら容易なことではない。グローバル化が進むなか、国境をまたぐ人の移動は常態化しているが、外国人にとって、あるいは外国で長く生活したのちに就職などで帰国した中国人にとっては、なおいっそう難儀であろう。いかにすれば中国社会を理解できるか、中国社会に溶け込むことができるか。彼らは、しばしば難しい局面に遭遇する。編訳者の一人である朱も、七年にわたる日本留学から帰国した際、当初は母国であるはずの中国社会に慣れず、「八方塞がり」とさえ感じられる悶々とした日々を過ごした。いかに中国という社会を正しく認識し、難局を打開できるか、「対策」探しに苦労を重ねていたとき出会ったのが、南京大学社会学院の同僚である翟学偉教授の著作――『人情、面子與権力的再生産』、『中国人的関係原理――時空秩序、生活欲念極其流変』、『中国人的臉面観』(いずれも北京大学出版社より出版)であった。

翟氏の中国社会に関する論考は、中国の儒学にも、欧米の社会学理論にも回収できないところに特徴がある。これは、翟氏自身の説明によれば、儒学にしても、欧米の社会学理論にしても、それだけで中国の社会の現実を解釈するには、どうしても不都合が生じてしまうためである。本書をお読みになった皆さんには、この点をご理解いただけたのではないだろうか。

既存の学問に不満やもどかしさを抱いた翟氏は、なんとかして中国社会により接近できる方法を見出そうと長年にわたり試行錯誤を続けてきた。そのやり方は、中国社会の日常に見られる様々な事象を仔細に分析し、そこから愚直に分析概念を抽出し、入念に論理を作り上げるというものであった。中国発の社会学の理論体系を打ち立てるべく、学問上の「第三の道」を切り拓いてきた学者と言ってよい。近年になってようやく、「社会学の本土化」を進めた代表的な学者として、中国でも認められ、賞賛を浴びるようになったが、当初はまったく浮かばれなかった。儒学にもよらず、欧米の社会理論にもよらない研究スタイルを頑固に貫こうとする彼は、社会学の再建期(一九八〇年代から一九九〇年代ごろまで)にあって、「あなたの研究は『箸にも棒にも掛からぬ』ものだ」と批判され、長く孤独な「一人旅」を続けた。困難な時期を経て、努力が実を結び、当初の志をある程度成し遂げることのできた彼は、学者として幸せ者かもしれない。

本書は、上記三冊の著作のうち、『人情、面子與権力的再生産』、『中国人的関係原理』から編訳者が一部を選んで再編集し、著者により日本語版として編集するに必要な書き直しを行ったものである。「日本語版序」と「おわりに」は書き下ろしである。大幅な改編作業を経て、元の内容からはほぼ新しいものに生まれ変わった。日本語への翻訳には、編訳者のほかに、川瀬由高博士(江戸川大学専任講師)、横田浩一博士(国立民族学博物館外来研究員)、高娜博士(東南大学専任講師)、沈清清氏(南京大学出版社)にもご協力をいただいた。日本語訳の初稿を編訳者の朱が中国語の原文と照らし合わせつつ確認し、修正を加えた上で、同じく編訳者の小嶋が、日本の読者むけに、文章本来の意味あいを保ちつつ、よりわかりやすい表現への大幅な書き直しをおこなった。さらにその後、朱が逐字に確認をした。

この過程は、決して簡単なものではなかった。振り返れば、二人の編訳者がこの翻訳出版を企画してから、ここまでたどり着くのに、四年以上もの歳月を費やしてしまった。万事を放擲して、打ち込まないと進まないということに気づいたときにはすでに予想を超えた長い時間が過ぎ去っていた。予定通りに進めることのできなかった編訳者を、ずっと温かく見守り、たえず励ましのお言葉、建設的なご助言をくださった岩波書店の馬場公彦氏には、感謝の言葉が尽きない。馬場氏なしに、この企画が成し遂げられることはなかっただろう。

北京大学出版社から、出版許可やその後の延長許可の快諾をいただいたことにも感謝しなければならない。本書の出版にあたり、南京大学社会科学処に「中央高校基本科研業務費専項資金資助」の件でお世話になり、また国際合作・交流処の陳暁清科長にも、様々な形でお世話になった。ここに記して謝意を表したい。また、出版費用の一部を賄ってくださった南京大学商学院ＥＤＰ（Executive Development Programs）の責任者である寧孜勤氏、朱輝明氏にも深謝したい。

また、二人の編訳者の家族にも謝意を記すことをお許しいただきたい。我々が、ときに家事育児をなげうって翻訳に没頭できたのも、寛容な家族あってのことである。そしてまた、編訳者二人に、信頼と友情を育み、本企画に導いてくれた「縁」にも感謝したい。

最後に、田中重好先生（名古屋大学名誉教授）、國分良成先生（慶應義塾大学名誉教授）をはじめ、二人の編訳者の学問上の問題意識を導いてくださった学恩にも感謝の意を伝えたい。

二〇一九年七月

朱　安　新
小嶋華津子

編訳者略歴

朱 安 新

名古屋大学大学院環境学研究科博士課程修了，博士(社会学)．南京大学社会学院准教授，同学院社会学部副学部長．『日本都市社会学会年報21』2003年(共著)，『水と世界遺産』2007年(共著)，『入門 グローバル化時代の新しい社会学』2007年(共著)，『福利社会——理論、制度和実践』2014年(共編著)，『中国の公共性と国家権力』2017年(共著)など

小嶋華津子

慶應義塾大学大学院法学研究科博士課程単位取得退学，博士(法学)．慶應義塾大学法学部教授．慶應義塾大学東アジア研究所現代中国研究センター長。『現代中国政治外交の原点』2013年(共編著)，『現代中国の市民社会・利益団体——比較の中の中国』2014年(共編著)，『中国の公共性と国家権力——その歴史と現在』2017年(共編著)

翻訳協力

川瀬由高

首都大学東京大学院人文科学研究科博士後期課程単位取得満期退学，社会人類学博士(首都大学東京)．江戸川大学社会学部現代社会学科講師．専門は社会人類学，中国民族誌学

(担当部分：日本語版序；第1部　第1章，第2章；第2部　第1章，第2章；第3部　第3章)

横田浩一

首都大学東京大学院人文科学研究科博士後期課程単位取得満期退学，社会人類学博士(首都大学東京)．国立民族学博物館外来研究員

(担当部分：第3部　第2章，第4章，おわりに)

高　　娜

名古屋大学大学院環境学研究科社会学講座博士後期課程修了．社会学博士(名古屋大学)．中国東南大学人文学院社会学部専任講師．専門は環境社会学

(担当部分：第2部　第3章)

翟 学 偉(Zhai Xuewei, てき・がくい)

1960 年南京生まれ．博士(歴史学)，中国国家教育部長江学者特聘教授．1988 年，南開大学社会学部修士課程修了(法学修士)，2002 年，南京大学歴史学部中国近代史専攻修了(歴史学博士)．南京大学社会学院心理学部長を経て，現在は同学院社会学部長・教授・博士課程指導教官．学術誌『社会理論学報』(香港)，『本土心理学研究』(台湾)，『開放時代』『中国社会心理学評論』『中国研究』などの編集委員を兼任．『中国人的関係原理』『人情、面子與権力的再生産』『中国人的臉面観――形式主義的心理動因與社会表征』『翟学偉作品集』『中国社会中的日常権威』『中国人行動的邏輯』『関係與中国社会』など

現代中国の社会と行動原理――関係・面子・権力

翟 学 偉

2019 年 9 月 5 日　第 1 刷発行

編訳者　朱安新《しゅあんしん》　小嶋華津子《こじまかずこ》

発行者　岡 本　厚

発行所　株式会社 岩波書店

〒101-8002 東京都千代田区一ツ橋 2-5-5

電話案内 03-5210-4000

http://www.iwanami.co.jp/

印刷・三秀舎　製本・松岳社

ISBN 978-4-00-061360-6　　Printed in Japan